Arno Hielscher

Sommerblumen

in Wort und Bild

285 Farbfotos
200 Zeichnungen

Neumann Verlag Leipzig · Radebeul

2. Auflage 1985, 41. bis 90. Tausend

VLN 151-310/137/85 · LSV 4349
Lektor: Bernhard Röllich
Gestaltung: Heide Siegemund
Titel- und Pflanzenfotos: Volker Hielscher
Samenfotos: Dr. Kurt Brückner
Zeichnungen: Ernst Halwaß
Offsetreproduktionen: Sachsendruck Plauen
Lichtsatz, Druck und buchbinderische
Weiterverarbeitung: INTERDRUCK
Graphischer Großbetrieb Leipzig – III/18/97
Printed in the German Democratic Republic
Bestell-Nr. 799 045 1

02600

Vorwort

In ihrer formenreichen und farbenprächtigen Vielfalt nehmen unsere Sommerblumen einen wichtigen Platz in der Palette der unzähligen Zierpflanzen ein. Das durch züchterischen Fleiß ständig vervollkommnete, umfangreiche und leistungsfähige Sortiment erfreut sich zunehmender Beliebtheit. Darüberhinaus stehen zahlreiche weitere Arten in den ursprünglichen botanischen Formen zur Verfügung.

Pflanzen mit Wuchshöhen, die von wenigen Zentimetern bis zu mehreren Metern reichen und die aufrechte, überhängende, kletternde oder kriechende Sprosse besitzen, können auf vielseitigste Weise verwendet werden. Die kurze Entwicklungszeit, die Anpassungsfähigkeit an Boden und Klima und insbesondere die einfache Vermehrung und Anzucht sind Vorzüge der Sommerblumen, die von Millionen Blumenfreunden in ihren Gärten ebenso gern genutzt werden, wie sie für die Verschönerung unserer Städte und Gemeinden oder den Anbau in Zierpflanzenspezialbetrieben von Bedeutung sind.

Dem Einfallsreichtum für Pflanzkombinationen und der gemeinsamen Pflanzung mit anderen, ausdauernden Blumen sind kaum Grenzen gesetzt. Von April bis Oktober, mit den Höhepunkten in den Sommermonaten, erfreuen uns die einjährigen Zierpflanzen vielerorts.

Mehrere Arten sind als Schnittblumen weiter im Kommen! Wer schätzt nicht die Schönheit und Schnitthaltbarkeit unserer *Antirrhinum majus* oder *Callistephus chinensis*? Aber auch die Eleganz der noch seltener für den Blumenschnitt gebräuchlichen Arten, wie z. B. *Layia elegans*, fordert uns zu Anbauversuchen heraus. Ich meine, daß wir die Möglichkeiten noch längst nicht ausgeschöpft haben, unser Schnittblumenangebot mit diesen Kindern der Sonne und des Sommers zu bereichern.

Da Sommerblumen meist nur einjährig angebaut werden, kann die Auswahl der für verschiedene Anwendungsbereiche geeigneten Arten und Sorten jährlich neu getroffen werden. Pflanzen, die uns nicht gefallen oder die am Standort nicht befriedigend gedeihen, werden wir nicht mehr anpflanzen.

Das Buch vermittelt die wichtigsten Informationen zum Anbau und zum Sortiment. Mehr als 190 bekannte und fördernswerte Sommerblumen werden in Wort und Bild dargestellt. Alle beschriebenen Arten sind farbig oder als SW-Strichzeichnungen abgebildet. Außerdem werden illustrierte Beispiele der praktischen Anwendung gezeigt, die zu eigenen Ideen und Gestaltungen anregen sollen.

Die Tabellen und themenbezogenen Listen erleichtern dem ganz Eiligen die Schnellinformation und fassen inhaltliche Aussagen übersichtlich zusammen.

Die intensive züchterische Arbeit in mehreren Ländern läßt ständig neue Sorten entstehen. Dadurch sind die Sortimente bewegt und wechselhaft, teilweise auch ländergebunden. Dieser Tatsache entsprechend, werden der moderne züchterische Stand, wichtige Zuchtrichtungen und Klasseneinteilungen beschrieben.

Für die Sortenwahl sollten die jährlich neu erscheinenden Kataloge und Angebotslisten verwendet werden. Sie enthalten länderspezifisch alle verfügbaren und besonders empfehlenswerten Einzelsorten. Durch diese Gestaltung wird das Buch den Charakter eines über viele Jahre hin aktuellen Ratgebers tragen.

Die inhaltlichen Aussagen sind auf den Anbau von Sommerblumen im Freien zugeschnitten. Die Möglichkeiten der Unterglaskultur mancher Arten werden genannt, jedoch nicht im einzelnen erläutert. Diese bedeutungsvollen Verfahren bleiben spezieller Fachliteratur vorbehalten.

Neben der Behandlung aller wesentlichen Fragen enthält das vorliegende Buch mannigfaltige Erfahrungen aus Fachbetrieben, von Spezialisten und Freizeitgärtnern.

Allen, deren Rat und Unterstützung ich beanspruchen durfte, sei herzlich gedankt!

Besonders große Unterstützung erhielt ich von Herrn Eberhard Sehm, Nossen, von Herrn Richard Schellhase und Herrn Klaus Wegfraß, Erfurt, sowie von Herrn Rudolf Schröder und seinen Mitarbeitern vom Botanischen Garten der Technischen Universität Dresden. Meine Gattin Charlotte Hielscher übernahm die Arrangements und Gestaltungen für die Pflanzenaufnahmen, die sämtlich von unserem Sohn Volker ausgeführt wurden.

Meine Hochachtung gilt Herrn Ernst Halwaß, der die graphischen Darstellungen mit Sachverstand und künstlerischer Präzision anfertigte.

Dem Verlag danke ich für die anspruchsvolle Ausstattung und besonders für die jederzeit verständnisvolle Zusammenarbeit.

Ich wünsche sehr, daß dieses Buch eine interessierte Aufnahme findet und Freude bereitet. Möge es dazu beitragen, viele neue Freunde unserer schönen Sommerblumen zu gewinnen.

Erfurt im Herbst 1983 — Dr. Arno Hielscher

Inhaltsverzeichnis

Was beinhaltet der Name „Sommerblumen"?

Allen Sommerblumen ist gemeinsam, daß sie jährlich neu vermehrt werden. Das geschieht meistens aus Samen, seltener und heute kaum noch durch Stecklinge.

Bei dieser Bezeichnung handelt es sich um keine wissenschaftlich fundierte botanische Klassifikation, sondern um einen gärtnerischen Sammelbegriff.

Die Mehrzahl der zuzuordnenden Arten sind einjährige Gewächse. Es sind überwiegend krautartige Pflanzen, die innerhalb eines Jahres, oft bereits innerhalb weniger Monate, aus Samen keimen, Stengel und Blätter entwickeln, knospen, blühen und fruchten. Danach sterben sie ab. Der Entwicklungskreislauf wird mit der Ausbildung von reifem Samen geschlossen. Die einjährigen Pflanzen sind gegenüber den Stauden (Perennen) nicht ausdauernd.

Bei vielen Arten liegt die Entwicklung zeitlich in einem Kalenderjahr. Diese Vertreter bezeichnen wir als sommereinjährige oder sommerannuelle Pflanzen. Oft wird der Begriff „Einjahrsblumen" auf sie begrenzt.

Außerdem kennen wir solche Arten, die im Sommer oder Herbst keimen, als Sämlinge überwintern, im folgenden Kalenderjahr blühen und danach Samen bilden und absterben. Auch ihr Entwicklungszyklus vollzieht sich im allgemeinen innerhalb von zwölf Monaten. Wir bezeichnen sie als wintereinjährige oder winterannuelle Pflanzen.

Schließlich zählen zu den Sommerblumen auch Arten, die zweijährig oder ausdauernd sind, jedoch nur einjährig angebaut werden. Die Ursachen dafür sind unterschiedlich. So sind manche dieser Vertreter, z. B. *Begonia-Semperflorens-Hybriden*, nicht winterhart. Die jährliche Neuanzucht aus Samen ist für den Anbau als Zierpflanze rationeller als eine frostfreie Überwinterung. Andere, z. B. *Bellis perennis*, überwintern im Freien, erreichen jedoch nur bei jährlicher Neuaussaat die für die Kulturformen typischen, hohen Leistungseigenschaften.

Einige Arten, z. B. *Digitalis purpurea*, können sowohl mehrjährig als auch einjährig angebaut werden. So fördern wir z. B. beim Fingerhut die Mehrjährigkeit, indem wir die abblühenden Blütenstiele entfernen. In Samenkatalogen finden wir diese Art oft sowohl unter den einjährigen als auch unter den mehrjährigen Freilandzierpflanzen.

Verschiedene Sommerblumen wurden früher vollkommen oder überwiegend durch Stecklinge vermehrt, z. B. *Ageratum houstonianum, Calceolaria integrifolia, Senecio bicolor.* Während sie damals gesondert als vegetativ zu vermehrende Gruppenpflanzen bezeichnet wurden, sind sie heute als samenvermehrbare Pflanzen Bestandteil unseres Sommerblumensortimentes.

Auch die niedrigen, samenvermehrbaren Dahlien, die Mignon-Dahlien, werden wie Sommerblumen ausgesät und verwendet und ihnen deshalb zugerechnet. Die Vielzahl der halbhohen und hohen, durch Stecklinge oder Knollenteilung zu vermehrenden Dahliensorten ist in entsprechenden Katalogen zu finden und wird im Buch deshalb nicht berücksichtigt.

Den Sommerblumen zugeordnet werden schließlich die einjährigen und einjährig angebauten Ziergräser, die aus praktischen Erwägungen und der Übersichtlichkeit wegen gesondert, alphabetisch geordnet, beschrieben werden.

Bei einer Reihe von Sommerblumen wird der Schmuckwert vorwiegend oder ausschließlich durch ihre Fruchtkörper bestimmt. Einige von ihnen, z. B. *Capsicum annuum, Cucurbita pepo* var. *ovifera* sind schon recht verbreitet, andere, z. B. *Lagenaria siceraria*, sollten als interessante Zierpflanzen mehr beachtet werden.

Über die Bedeutung lateinischer und deutscher Pflanzennamen

Für jede Pflanze gibt es nur einen gültigen botanischen Namen, der stets lateinisch ausgedrückt wird. So heißt z. B. die Ringelblume „Calendula officinalis L.“. Der Name besteht aus der Gattungsbezeichnung »Calendula« und der Artbezeichnung »officinalis«. Der Botaniker nennt dies binäre Nomenklatur, also zweiteilige Namensgebung. Dazu kommt die Abkürzung für die Autoren des Namens, d. h. für die Persönlichkeit, welche diese Art erstmals so benannt hat. In unserem Beispiel ist mit der Bezeichnung „L.“ der bekannte schwedische Naturforscher, Arzt und Botaniker Carl Ritter von Linné (1707–1778), der Begründer des Linnéschen Pflanzensystems, gemeint.

Durch die botanische Forschung ergeben sich nicht selten Veränderungen des Namens. So sind in den letzten Jahrzehnten aus unterschiedlichen Gründen auch viele Sommerblumen mit neuen wissenschaftlichen Bezeichnungen für die Gattung oder Art versehen worden. Die veralteten und damit ungültigen Namen werden als Synonyme in Klammern hinter die gültige Bezeichnung gesetzt. Mitunter haben sich die inzwischen ungültigen Bezeichnungen im praktischen Sprachgebrauch eingebürgert. Deshalb werden die wichtigsten Synonyme orientierend und informatorisch erwähnt und zusätzlich in einer Liste alphabetisch erfaßt.

Die botanischen Bezeichnungen wurden oft nach Eigenschaften, Herkunft oder Eigennamen gewählt. Sie sind interessant und aufschlußreich. So deutet im obigen Beispiel die Artbezeichnung „officinalis“ darauf hin, daß die Pflanze als Arzneipflanze verwendet wurde und wird.

Bei verschiedenen, züchterisch besonders intensiv bearbeiteten Sommerblumen wird bei der Benennung der Kulturformen auf die ursprüngliche Artbezeichnung verzichtet. So sind Namen wie *Begonia-Semperflorens-Hybriden, Coleus-Blumei-Hybriden, Nemesia-Hybriden* oder *Viola-Wittrockiana-Hybriden* für die betreffenden Sortimente wissenschaftlich vertretbarer als die Artbezeichnungen. Vielfach sind an der Entstehung der modernen Hybriden mehrere Arten der betreffenden Gattungen beteiligt.

In der botanischen Systematik werden die Gattungen nach der Übereinstimmung bzw. Ähnlichkeit bestimmter Merkmale in Pflanzenfamilien zusammengefaßt. Die in diesem Buch erfaßten Gattungen gehören 39 verschiedenen Familien an, ein Ausdruck der botanischen Vielfalt der Sommerblumen. Auch Pflanzenfamilien tragen eine botanische Bezeichnung, deren Wortstamm meistens einer wichtigen zugehörigen Gattung entlehnt ist.

Auf botanische Bezeichnungen können wir nicht verzichten. Sie sind als wissenschaftliche Namen zur Verständigung notwendig. Dem Garten- und Blumenfreund bereiten sie oft Schwierigkeiten. Wie überall, überwindet man solche Klippen am schnellsten durch Interesse und Engagement. Dann wird das Ungewohnte und Unbequeme bald zur Freude und Selbstverständlichkeit.

Wer sich nicht an lateinische Bezeichnungen gewöhnen möchte oder kann, benutzt die oftmals originellen deutschen Bezeichnungen. Dabei ist allerdings zu beachten, daß viele Arten mehrere gebräuchliche Namen tragen, die mitunter noch auf bestimmte territoriale Gebiete begrenzt sind. Es kommt auch vor, daß der gleiche deutsche Name für zwei verschiedene Sommerblumenarten benutzt wird, z. B. „Schlafmützchen“ für *Chrysanthemum carinatum* und für *Eschscholzia californica.* In den nachfolgenden Beschreibungen werden die gebräuchlichsten deutschen Bezeichnungen genannt.

Herkunft und Ansprüche

Unsere Sommerblumen stammen aus mehreren klimatisch und bodenbedingt unterschiedlichen Verbreitungsgebieten. Demzufolge sind ihre Ansprüche an das Klima und die Bodenverhältnisse differenziert und auch unter Berücksichtigung der natürlichen Anpassungsfähigkeit der Pflanzen zu beachten.

In Gebieten, in denen infolge der jahreszeitlich unterschiedlich verteilten Niederschläge nur kurze Vegetationsperioden möglich sind, haben sich die kurzlebigen Pflanzen in ihrer Entwicklung vom Samen zur blühenden und fruchtenden Pflanze den bestehenden klimatischen Rhythmen angepaßt. Die über Monate dauernden Trockenzeiten überstehen die Pflanzen im Ruhestadium als Samen in trockenheißen Böden.

Diese Eigenschaften im Anbau als Sommerblumen nutzend, erzielen wir unter vorteilhaften Entwicklungs- und Wachstumsbedingungen in wenigen Monaten aus den samenvermehrten Pflanzen stattliche blühende Exemplare.

So gedeihen die reizenden Vertreter der südafrikanischen Kapflora am besten an vollsonnigen, warmen Standorten mit mäßiger Bodenfeuchtigkeit. Gattungen wie *Arctotis, Dimorphotheca, Dorotheanthus, Gazania* oder *Venidium* entfalten die für sie typische Blumenfülle am vollkommensten unter Berücksichtigung heimatlicher Vegetationsbedingungen.

Sommerblumen, die aus heißen Mittelmeerländern stammen, bevorzugen viel Licht und Sonne sowie durchlässige Böden ohne stauende Nässe. Bekannte Gattungen wie *Amberboa, Calendula, Lavatera, Lobularia, Malope* oder *Nigella* gehören heimatbedingt zu den anspruchsarmen Zierpflanzen, würden aber an schattigen Plätzen mit kühlen und feuchten Böden versagen.

Ähnlich verhalten sich die Vertreter aus den nordamerikanischen Wüstengebieten oder regenarmen Trockensteppen des mexikanischen Hochlandes, von denen unsere Zinnie wohl am bekanntesten ist. Trokkene und warme Sommer begünstigen ihre Entwicklung.

Viele Sommerblumen stammen aus Mitteleuropa. Sie gehören zur einheimischen Wildflora und da und dort noch zu verbreiteten Unkräutern. So sind *Bellis perennis*, das Gänseblümchen, *Centaurea cyanus*, die Kornblume und *Chrysanthemum segetum*, die Saatwucherblume, bekannte Vertreter heimischer Kräuter. Ihre durch die Züchtung vervollkommneten Ausgangsarten gehören zu unseren bekanntesten Freilandzierpflanzen.

Durch die Züchtung haben sich manchmal die Eigenschaften der Ausgangsformen und dadurch auch die Sorten verändert. Starkwüchsige Arten und Sorten und solche mit großen Blättern stellen jedoch immer besonders hohe Ansprüche an die Wasser- und Nährstoffversorgung.

So erfüllen z. B. *Ricinus communis*, hochwüchsige Sorten von *Helianthus annuus* und andere starkwachsende Sommerblumen unsere Erwartungen nur dann, wenn wir ihnen bei guten Lichtbedingungen die für das Wachstum erforderlichen Wassermengen und Nährstoffe ausreichend und im richtigen Verhältnis bieten. Auf trockenen und nährstoffarmen Standorten bringen solche Pflanzen enttäuschende Wachstumsleistungen, für die manchmal irrtümlich Sorteneigenschaften verantwortlich gemacht werden.

Als Pflanzenfreunde sollten wir immer bemüht sein, bei der Wahl der Standorte für bestimmte Arten oder umgekehrt bei der Wahl der Pflanzen für gegebene Standorte heimatbedingte Ansprüche und durch die Züchtung entstandene Anforderungen zu beachten.

Wer sich auf die Anforderungen seiner Sommerblumen einstellt, die Arten und Sorten klug auswählt, wird grundlegende Fehler von vornherein vermeiden. Die Sommerblumen danken uns dafür mit gutem Gedeihen und reichlichem, lang anhaltendem Flor.

Anbauvorbereitungen, Anzucht und Pflege

Standortfragen

In Gärten und öffentlichen Anlagen haben wir uns in der Verwendung der Sommerblumen überwiegend auf begrenzte Standorte und damit gegebene Bedingungen einzustellen.
Die zahlreichen Gattungen und Arten bieten für milde und rauhe Lagen, leichte und schwere Böden sowie trockene und feuchte Standorte vielfältige Auswahlmöglichkeiten.
Wenn wir es auch in den wenigsten Fällen mit extremen Verhältnissen zu tun haben, so können wir im Laufe der Jahre fast überall vertretbare oder sogar gute Bedingungen schaffen, unter denen die meisten Arten gedeihen.
Besonders die zielgerichtete Humuswirtschaft trägt dazu bei. Der durch sachkundige Behandlung im Garten selbst erzeugte Kompost stellt dabei die wichtigste Reserve dar. In einem ständig mit Humus versorgten Boden läßt sich durch Vorratsdüngung am ehesten eine ausgewogene Nährstoffbilanz bei pflanzengerechter Bodenreaktion erreichen. Nicht selten werden dafür Laboruntersuchungsergebnisse zugrunde gelegt.
Ergänzend zu diesen Maßnahmen kommen die Be- und Entwässerung, die für Kleinflächen ebenso unerläßlich sind wie für den Großanbau.
Für anspruchsvolle, insbesondere wärmebedürftige Arten bieten sich durch Baulichkeiten, Gehölze und Hecken wohl überall geschützte Gartenplätze an.
Der von ausdauernden Wurzelunkräutern weitgehend freie Boden ist für den Anbau von Sommerblumen ebenso notwendig wie für andere Gartenpflanzen. Nutzungsfolgen, intensive Bodenvorbereitung und -pflege sind hierfür die wichtigsten Voraussetzungen. Dort, wo Sommerblumen auf größeren Flächen zum Schnitt angebaut werden und die Möglichkeit der Flächenwahl besteht, sind sandige Lehmböden mit ausreichendem Humusgehalt und einem pH-Wert von 6,0 bis 7,5 zu bevorzugen. Ungeeignet sind alle extrem leichten und nassen, schweren Böden. Wesentlich ist eine gute Bodenstruktur, die besonders durch die Wahl der richtigen Vorkultur beeinflußt wird. Als geeignet haben sich Kartoffeln, Getreide und nicht zu spät abzuerntendes Gemüse bewährt.
Die Phosphorsäure- und Kali-Düngung kann bereits im Herbst als Vorratsdüngung, entsprechend dem Versorgungsgrad des Bodens, verabreicht werden. Die Stickstoff-Gaben erfolgen vor der Aussaat bzw. Pflanzung oder als Kopfdüngung.

Was wir beim Einkauf von Samen und Pflanzen beachten sollten

Für einen erfolgreichen Anbau von Sommerblumen ist es wichtig, bereits vor dem Einkauf von Samen und Jungpflanzen aus dem umfangreichen Sortiment geeignete Arten und Sorten auszuwählen. Die wichtigsten Gesichtspunkte hierbei sind die Standortvoraussetzungen einerseits und die vorgesehenen Verwendungszwecke andererseits.
So müssen wir beachten, ob vollsonnige oder halbschattige Plätze zur Verfügung stehen, ob es sich um warme und geschützte Lagen handelt oder ob unsere Pflanzen mit rauhen Bedingungen vorlieb nehmen müssen. Auch die Bodenbeschaffenheit und die Möglichkeiten, während der Vegetationszeit zusätzlich zu bewässern, sind für unseren Einkauf wesentliche Auswahlkriterien.
Für Einfassungen, niedrige Beete, Balkonkästen und andere Gefäße gibt es geeignete und bewährte Sortimente. Ganz andere Sorten dagegen wählen wir in der Regel, wenn wir frische Blumen schneiden oder gar zum Trocknen geeignete Schnittblumen gewinnen wollen.
Für die genannten und viele andere Verwendungszwecke bieten die beschriebenen Arten und Hybriden sehr reiche Auswahlmöglichkeiten. Im speziellen Teil und in den Übersichtslisten am Ende des Buches werden dafür alle notwendigen Informationen vermittelt.
Für jeden, der als Anfänger zu wählen hat, sind anspruchsarme und anpassungsfähige Arten am geeignetsten. Solche mit höheren Standort- und Pflegeansprüchen können anfangs leicht zu Mißerfolgen führen und sollten lieber in folgenden Jahren erprobt werden.
Bei den Arten werden meistens Sorten und Mischungen verschiedener Farben angeboten. Auch hier bestimmt der beabsichtigte Verwendungszweck, was wir davon auswählen.
Über die Saatgutmengen, die für jeweils 1 000 Pflanzen erforderlich sind, geben die Übersichtstabellen Auskunft. Im Haus- und Kleingarten benötigen wir meistens geringere Mengen einer Art oder Sorte. Dementsprechend legen wir vor dem Kauf unseren Bedarf fest. Im Angebot stehen uns außerdem gerade für diese Zwecke Kleinstmengen und Portionen in buntbedruckten Tüten zur Verfügung, auf deren Rückseite meistens Kurzinformationen zur Aussaat und weiteren Behandlung gegeben werden.

Von Sommerblumen sollten wir jährlich frisches Saatgut kaufen und die Keimfähigkeitsvermerke auf der Samentüte beachten. Durch die Samenfirmen werden Qualität und Keimfähigkeit des Saatgutes in den Keimlaboratorien regelmäßig überprüft. Daneben werden Sortenechtheit und Leistungsfähigkeit der Neuzüchtungen und anderen Sorten ständig in Probegärten kontrolliert. Vielfach wird wertvolles Saatgut in speziellen, keimschützenden Verpackungen angeboten.

Die Keimfähigkeit von nicht verbrauchtem Saatgut erhalten wir am besten, wenn wir die Tüten kühl und trocken lagern. Eine vor der Aussaat selbst durchgeführte Keimprobe gibt uns über die Keimfähigkeit und den dementsprechenden Saatgutbedarf Auskunft.

Verschiedene Arten setzen auch im Garten Samen an, dessen Ernte und Wiederaussaat für manchen Gartenfreund reizvoll sein mag. Nachkommenschaften solchen Saatgutes enttäuschen aber häufig, sowohl in der Farbechtheit als auch in anderen Leistungseigenschaften. In den Saatzuchtbetrieben erfolgt die Vermehrung des Saatgutes unter erhaltungszüchterischen Aspekten und der Kontrolle erfahrener Züchter. Wir sind deshalb gut beraten, Samen für alle Sorten aus dem Fachhandel zu kaufen und auf „Eigenbau" zu verzichten.

Empfindliche Arten mit notwendiger Vorkultur, wie z. B. *Begonia-Semperflorens-Hybriden* oder *Petunia-Hybriden*, kaufen wir als Jungpflanzen. Dabei beachten wir, daß die Pflänzchen kräftig und gedrungen gewachsen sind. Welke, verweichlichte und im Wuchs vergeilte Jungpflanzen führen häufig zu Ausfällen oder ergeben schwache Sommerblumen. Wichtig ist außerdem ein kräftig entwickelter Wurzelballen, denn er bietet die beste Garantie dafür, daß alle Jungpflanzen nach dem Aussetzen ins Freie zügig weiterwachsen. Heute werden Anzuchten häufig in Torf-, Ton- und Plastetöpfen bzw. in Multitopfpaletten durchgeführt. Diese Kultur hat sich vielerorts bewährt und schafft für alle so herangezogenen Arten beste Voraussetzungen für eine gute Entwicklung.

Vermehrungs- und Anzucht-Varianten

Theoretisch könnte man alle Arten direkt an Ort und Stelle ins Freiland säen. Einige sind jedoch im Jugendstadium besonders wärmebedürftig oder haben eine lange Vegetationszeit, so daß sie erst spät im Herbst blühen würden. Andere besitzen feinen Samen, der auf Freilandbeeten nur zu einem geringen Teil auflaufen und brauchbare Pflanzen ergeben würde. Im Interesse einer optimalen Jungpflanzenentwicklung und zur Minimierung von Verlusten in der Vermehrung und Anzucht wählen wir deshalb die für die einzelnen Arten geeigneten und den jeweiligen Standorten entsprechenden Methoden.

Im folgenden sollen die Hauptvarianten der unterschiedlichen Vermehrungs- und Anzuchtverfahren genannt werden:

1. Arten, die im Gewächshaus ausgesät und vorkultiviert werden. Da die Mehrzahl der Kleingärtner über diese Voraussetzung nicht verfügt, bleibt dieses Verfahren überwiegend Fachbetrieben vorbehalten.
2. Arten, die in einem halbwarmen Frühbeet vermehrt und weiterbehandelt werden.
3. Arten, die im kalten Frühbeet oder unter dem Schutz entsprechender Glas- oder Folienbauten ausgesät und bis zum Auspflanzen gehalten werden.
4. Arten, die auf Freiland-Saatbeete gesät und als Jungpflanzen auf Beete gepflanzt werden.
5. Arten, die direkt an den Freilandstandort gesät und nach dem Keimen vereinzelt werden. Einige dieser Arten, so z. B. *Eschscholzia californica*, vertragen ein Umpflanzen nicht.

Zwischen diesen Verfahren gibt es Zwischenformen und Überschneidungen. Bei zahlreichen Arten können außerdem mehrere der genannten Varianten zur Vermehrung angewandt werden. Die Wahl ist von den territorialen Standortbedingungen und vom Umfang des Anbaues abhängig. Im feldmäßigen Anbau, in dem es auf den arbeitswirtschaftlich vertretbaren Aufwand besonders ankommt, wird sehr häufig direkt ins Freie ausgedrillt, auch wenn der Saatgutaufwand höher ist und die Blütezeit etwas später als bei einer Vorkultur-Variante eintritt. Ansonsten sollte man im Zweifelsfalle ein Vorkulturverfahren wählen, um frühzeitig und lange blühende Pflanzen heranzuziehen und unnötige Risiken zu vermeiden. Wer die Vorkultur selbst nicht durchführen kann, kauft zum gegebenen Zeitpunkt im Fachhandel kräftige Jungpflanzen.

Aussaat und Vorkultur unter Glas

In den Begriff „unter Glas" haben wir heute „unter Plaste" einzuschließen, da für viele moderne Anzuchteinrichtungen dieser Werkstoff als Dachhaut verwendet wird.

In Gewächshäusern sind die besten Bedingungen gegeben. Im Handel werden verschiedene Typen von Kleingewächshäusern angeboten, die dem Hobbygärtner die erforderlichen Voraussetzungen bieten. Sie können mit Seitentischen und Hängebrettern ausgerüstet werden. In ihnen lassen sich Sommerblu-

men in Saat- und Pikiergefäßen ausgezeichnet heranziehen. Für die frühen Aussaaten ist dafür allerdings eine Beheizungsmöglichkeit erforderlich.
Für viele Sommerblumen reichen Frühbeete als Vermehrungs- und Anzuchteinrichtungen aus. Die Erwärmung im zeitigen Frühjahr erfolgt mit organischem Material. Der früher für warme Kästen verwendete Pferdedung steht uns nur noch selten zur Verfügung. Wir verwenden heute deshalb bereits im Herbst geharktes Laub, welches wir mit 15 bis 20 Gewichtsprozent Anteilen von Strohhäcksel oder Langstroh mischen. Das Packen des Frühbeetes erfolgt gleichmäßig, das Material wird festgetreten. Nach reichlicher Bewässerung streuen wir je 1,5 m^2 Fensterfläche 3,5 kg ungeölten Kalkstickstoff aus. Anschließend wird eine ungefähr 15 cm hohe Kulturerdeschicht aufgebracht. Durch den Verrottungsprozeß entsteht eine Bodenwärme von 15 bis 18°C, die auch bei Außentemperaturen mit einigen Minusgraden das Frühbeet ausreichend erwärmt. Nach erfolgter Keimung ist wesentlich, daß die Sämlinge nahe am Glas stehen, damit sie kräftig und gedrungen wachsen. Der Abstand vom Saatbeet bis zum Fenster soll deshalb nicht größer als 30 bis 35 cm sein. Mit zunehmendem Wachstum und fortschreitender Jahreszeit wird stärker gelüftet, bis die Fenster schließlich zur Anpassung an die Freilandbedingungen ganz abgenommen werden können.
Gartenfreunde, denen weder ein Gewächshaus noch Frühbeet zur Verfügung steht, können manche Sommerblumen auch im Zimmer aussäen und die Saatschalen oder Töpfe am Fensterbrett aufstellen. Für dieses Provisorium gibt es natürlich sortimentsbedingt Grenzen, aber viele weniger anspruchsvolle Arten, wie z. B. die verschiedenen Tagetes und die meisten Kletter- und Schlingpflanzen, lassen sich auch unter diesen Bedingungen befriedigend heranziehen. Viel Licht, rechtzeitige Abhärtung der Jungpflanzen und ständig gleichmäßig feuchtes Substrat sind gerade hier besonders zu beachten.
Als Aussaaterden werden vor allem im Gartenbau vielfach die im Handel angebotenen Torfkultursubstrate verwendet. Sie haben den Vorteil bester biologischer, physikalischer und chemischer Eigenschaften und sind außerdem frei von Krankheitserregern und Unkrautsamen.
Ansonsten wird für die Aussaat eine mit Torfmull versetzte, abgelagerte Komposterde verwendet. Für Kleinstaussaaten beschaffen wir uns solches Substrat im Fachhandel oder in einer Gärtnerei. Zu beachten ist, daß die Aussaaterde gedämpft oder chemisch desinfiziert ist. Wenn wir die chemische Desinfektion selbst durchführen, müssen die den Präparaten beigefügten Anleitungen streng beachtet werden, da diese Mittel auch für den Menschen nicht ungefährlich sind. Die Gebrauchsfertigkeit derartig entseuchter Substrate wird ebenfalls angegeben und sollte sicherheitshalber mit Testpflanzen der Gartenkresse erprobt werden.
Um auch vom Samen her weitgehende Keimfreiheit zu gewährleisten, sollte wertvolles Saatgut vor der Aussaat chemisch gebeizt werden. Für kleine Samenmengen bei größeren Sortimenten empfiehlt sich die Anwendung von Trockenbeizmitteln direkt in der Samentüte. Das erfolgt unmittelbar vor der Aussaat, indem man eine Messerspitze Beizmittel in der Tüte durch Schütteln mit dem Samen mischt. In einem feinen Sieb wird das nicht an den Samen haftende Beizmittel entfernt.
Bei dem durch einige Saatgutbetriebe angebotenen pillierten Sommerblumensamen wird das Korn durch einen anorganischen Stoff vergrößert und in eine rundliche Form gebracht. Dadurch werden die Voraussetzungen für eine maschinelle Aussaat in gleichmäßigen Abständen geschaffen, wodurch das Vereinzeln entfällt. Diese im Gemüsebau bereits seit längerer Zeit bekannte Methode ist für den feldmäßigen Anbau von Sommerblumen geeignet.
Als Saatgefäße werden meistens Ton- oder Plasteschalen verwendet. Sie besitzen Abzugslöcher und werden im unteren Teil zunächst mit gröberem, abgesiebtem Substrat gefüllt. Darauf kommt die eigentliche Aussaaterde, die nach dem Füllen besonders an den Schalenrändern leicht angedrückt wird, ehe sie nochmals bis zum Rand nachgefüllt und sauber abgestrichen wird. Schalen, die mit einer Scheibe abgedeckt werden sollen, sind nur 1 bis 1,5 cm unter den Schalenrand zu füllen.
Ausgesät wird aus der Tüte oder mit einem in der Mitte geknickten, kräftigen Papier. Besonders wichtig ist, daß man gleichmäßig und nicht zu eng sät. Sommerblumen, die bei Frühbeetaussaaten direkt aus dem Saatbeet ins Freie gepflanzt werden sollen, werden weitläufiger gesät als solche, die für das Pikieren vorgesehen sind.
Einige Arten mit besonders großen Samenkörnern werden in 10 bis 12 cm große Blumentöpfe gesät, aus denen sie später mit kräftigem Ballen direkt ins Freie gepflanzt werden. Bei diesen Aussaaten füllt man die Töpfe für die Aussaat nur bis zur reichlichen Hälfte mit Erde. Erst nach der Keimung, wenn die Sämlinge über den Topfrand hinaus gewachsen sind, wird die restliche Erde nachgefüllt.
Die Erdschicht über dem Saatgut soll etwa die Höhe der Samengröße haben. Das ist besonders bei größeren Samenkörnern und Dunkelkeimern zu beachten. Feinsämereien und Lichtkeimer dagegen werden nach der Aussaat nur mit einem glatten Brettchen leicht angedrückt und nicht mit Erde bedeckt.
Nach der Aussaat wird das Keimbeet mit einer feinen Brause angefeuchtet. Schalen mit Feinsämereien werden bis unterhalb der Oberkante getaucht, damit

sich das Substrat von unten her mit Wasser vollsaugen kann, ohne daß die gleichmäßige Lage des Samens gefährdet wird. Für das Keimergebnis ist gleichmäßige Bodenfeuchtigkeit von entscheidender Bedeutung. Bereits ein einmaliges Austrocknen kann alles in Frage stellen. Das Gießwasser soll abgestanden und auf etwa 18°C angewärmt sein. Aussaaten von Feinsämereien mit Scheibenabdeckung erfordern, daß die mit Tropfen behangenen Scheiben anfangs täglich gewendet werden, um einem durch Tropfwasser begünstigten Krankheitsbefall vorzubeugen. Nach dem Keimen werden die Scheiben nach einigen Tagen mit Hilfe kleiner Hölzchen gelüftet, ehe sie von den erstarkenden Sämlingen ganz abgenommen werden.

Aussaaten, vor allem von empfindlichen Sommerblumen, wie z. B Begonien, werden im Frühjahr stets in den frühen Vormittagsstunden gegossen, damit das Laub nachts wieder abgetrocknet ist. Vorbeugend gegen verschiedene Sämlingskrankheiten wird alle 2 bis 3 Wochen mit einem einschlägigen Präparat leicht überbraust.

Die in den Tabellen angegebenen Keimtemperaturen sind verbindliche Richtwerte. Sie sollten nicht überschritten werden, um kräftige, gedrungene und gegen Krankheiten widerstandsfähige Jungpflanzen zu erzielen.

Gegen starke Sonneneinstrahlung werden frische Aussaaten und junge Sämlinge mittags zusätzlich mit Papier beschattet. In Frühbeeten werden hierfür Schattierleinen benutzt.

Pikiert werden die meisten Arten, wenn die Pflänzchen 2 bis 3 Laubblätter entwickelt haben. Die Entfernungen betragen 3 bis 5 cm im Verband, d. h. gegeneinander versetzt. Begonien, die zweimal pikiert werden, werden das erste Mal nur 1,5 bis 2 cm weit pikiert. Starkwüchsige Arten dagegen erhalten einen Abstand von 8 bis 10 cm.

Als Hilfsmittel für diese Arbeit benutzen wir ein zugespitztes Pikierhölzchen, mit dem die Sämlinge sowohl aus dem Saatbeet gehoben als auch in die Schalen, Kisten oder in das Frühbeet gepflanzt werden. Die pikierten Sämlinge werden vorsichtig angegossen und in den ersten Tagen gegen starke Sonneneinstrahlung beschattet.

Verschiedene Arten werden nach dem Pikieren, andere nach weitläufiger Aussaat auch direkt aus dem Saatbeet in 6 bis 10 cm große Töpfe gepflanzt. Die Wahl der Topfgröße und ob man die Jungpflanzen einzeln oder zu mehreren in die Töpfe setzt, ist von der betreffenden Art abhängig. Deshalb wird in den nachfolgenden Abschnitten bei den einzelnen Vertretern auf die bewährtesten Methoden hingewiesen.

Als Töpfe kommen Ton- oder Plastegefäße, Multitopfplatten und vor allem die verschiedenen Ausführungen von Torftöpfen und deren Kombinationen in Betracht.

Vor dem Pikieren und nach dem Einwurzeln düngt man Sämlinge und Jungpflanzen 0,1 bis 0,2 %ig mit einem stickstoffreichen Volldünger. Das Substrat muß bei der Düngung feucht sein. Nach der Düngung, die nicht bei praller Sonne erfolgen darf, werden die Pflanzen mit „reinem" Wasser abgespült, um Blattverbrennungen zu vermeiden. Als wichtige Voraussetzung für das verlustarme Auspflanzen müssen die Jungpflanzen durch Licht und Luft rechtzeitig abgehärtet und an die Freilandbedingungen gewöhnt werden.

Pflanzung

Die besten Pflanzzeitpunkte sind vom jeweiligen Klima, dem Standort und besonders von den Eigenschaften der betreffenden Arten abhängig. Frostempfindliche Sommerblumen werden stets erst ab Mitte Mai, also nach den „Eisheiligen", ausgepflanzt. Die Erfahrung zeigt, daß eine erst Ende Mai/Anfang Juni erfolgte Pflanzung empfindlicher Arten nicht nachteilig ist. Die Pflanzen holen früher ausgebrachte Jungpflanzen in der Entwicklung bald ein.

Die günstigsten Pflanztage sind solche, an denen regnerisches, trübes Wetter herrscht. Unter solchen Bedingungen wachsen die Pflanzen ohne zu welken und mit nur geringen Verlusten an. Grundsätzlich sollte man frisch gepflanzte Sommerblumen einzeln angießen oder die Flächen kräftig beregnen.

Jungpflanzen aus Anzuchtbeeten müssen vorsichtig herausgehoben werden, um die feinen Wurzeln zu schonen. Beim Pflanzen müssen die Wurzeln senkrecht in die Erde kommen.

Jungpflanzen aus Ton- oder Plastegefäßen werden vorsichtig ausgetopft, solche aus Torftöpfen mit der organischen Ballenhülle gepflanzt. Für alle Jungpflanzen gilt, daß ihre Ballen zum Zeitpunkt des Auspflanzens gut durchfeuchtet sind.

Die Pflanzabstände richten sich nach den Eigenschaften der Arten und Sorten. In Gärten und Anlagen stehen Sommerblumen oftmals enger als im feldmäßigen Großanbau, wo die Entfernungen weitgehend von der Bearbeitungstechnik bestimmt werden. Auch unterschiedliche Verwendungszwecke können die Standweiten beeinflussen. So pflanzt man für Hecken und natürliche Abgrenzungen enger als auf Beeten und in Gruppen.

Aussaat auf Freilandsaatbeete und an Ort und Stelle

Der Boden muß in jedem Fall gut gelockert sein und eine feinkrümelige Oberflächenstruktur aufweisen.
Auf Freilandsaatbeete werden vor allem einige winterannuell angebaute Arten, wie z. B. *Campanula medium* oder *Digitalis purpurea*, gesät. Die Aussaat erfolgt weitläufig genug, um von dort auf Überwinterungsbeete oder Anzuchtbeete zu pflanzen. Später kommen diese Sommerblumen entweder als Schmuckpflanzen an den endgültigen Freilandstandort, oder sie werden getopft und als Topfblumen verwendet.
Zahlreiche Sommerblumen können ohne vorherige Anzucht direkt an Ort und Stelle auf Beete oder Rabatten gesät werden. Pikieren oder Eintopfen entfallen somit ganz.
Die überwiegend unempfindlichen und raschwüchsigen Arten beginnen oftmals bereits nach 8 bis 10 Wochen zu blühen und können für einen langen Flor leicht in Folgesätzen ausgesät werden. Einige von ihnen sind auch für Herbstaussaaten geeignet, die stets besonders früh mit der Blüte einsetzende Pflanzen ergeben.
Im Haus- und Kleingarten wird meistens breitwürfig ausgesät, während in Anlagen häufig die Reihensaat bevorzugt wird. Das Saatgut wird mit einer Eisenharke flach eingehackt und mit dem Harkenrücken leicht angedrückt. Bis zur Keimung muß für ein gleichmäßig feuchtes Erdreich gesorgt werden.
Nach der Keimung werden die jungen Bestände vereinzelt. Auch wenn es manchmal schwer fällt, sollte die angegebene Standweite eingehalten werden, damit sich die Pflanzen später vollkommen entwickeln und reich blühen. Von einigen besonders vitalen Arten kann man die zu dicht stehenden Sämlinge an andere Standorte umsetzen, wobei die Beete bei der Entnahme der Pflänzchen ausreichend feucht sein sollten.

Pflege

Nach der Aussaat oder Pflanzung im Freien sind alle Pflegemaßnahmen darauf zu richten, unseren Sommerblumen die bestmöglichen Wachstumsbedingungen zu sichern.
Der Boden ist mehrfach zu lockern, um seine Durchlüftung zu begünstigen und die natürliche Feuchtigkeit zu erhalten. Besonders schwere, lehmige Böden neigen nach Regenfällen dazu, eine harte, dem Pflanzenwachstum abträgliche Kruste zu bilden. Deshalb führen wir bald, nachdem das Erdreich abgetrocknet ist, eine Bodenlockerung durch. Mit diesem Arbeitsgang werden gleichzeitig auflaufende Samenunkräuter bekämpft. Ihre Dichte ist von der Bodenvorbereitung, aber auch vom Witterungsverlauf abhängig. Bei feuchter Witterung gedeihen nicht nur die Sommerblumen, sondern auch die Unkräuter gut. Je eher und regelmäßiger wir in solchen Perioden hacken und das Unkraut bereits im Kleinstadium bekämpfen, um so geringer wird der Gesamtaufwand für die Bodenpflege sein. Wer nicht rechtzeitig hackt, wird das Versäumte möglicherweise in den folgenden Wochen mit einer aufwendigen Handjäte nachzuholen haben. Selbstverständlich muß die Arbeit mit der Hacke so sorgfältig erfolgen, daß Schäden an den Wurzeln oder oberirdischen Teilen der Sommerblumen vermieden werden.
In größeren, für die Schnittblumenproduktion angebauten Beständen werden für die Unkrautbekämpfung vor und nach dem Auflaufen des Samens spezielle chemische Mittel, sogenannte Herbizide, angewandt. Die Bodenlockerung wird dadurch jedoch nicht ersetzt. Mit zunehmendem Wachstum schließen die Bestände im Sommer, und die Bodenlockerung wird abgeschlossen.
Während des Wachstums und in heißen, trockenen Sommerwochen müssen wir durch zusätzliche Bewässerung für ausreichende Bodenfeuchtigkeit sorgen. Die Methoden der Bewässerung richten sich nach den vorhandenen Voraussetzungen, der Größe und Lage der Flächen. So werden Gießkanne, Schlauch oder Regner je nach den örtlichen Bedingungen verwendet. Im Großanbau ist besonders wichtig, daß die Anbauflächen bewässert werden können. Im Hochsommer wird im Gegensatz zum Frühjahr abends oder nachts bewässert. Grundsätzlich gilt, besser einige Male kräftig zu wässern als den Boden häufig und nur oberflächlich anzufeuchten.
Während des Wachstums werden entsprechend der Nährstoffbevorratung des Bodens und der Ansprüche der einzelnen Arten ein bis zwei Kopfdüngungen verabreicht. Im Abstand von 6 bis 8 Wochen streut man 40 bis 60 g/m^2. Verwendet wird ein schnellwirkender Stickstoffdünger oder ein stickstoffreicher Volldünger, der in Verbindung mit der Bodenpflege eingearbeitet und anschließend eingewässert wird.
Winterannuell angebaute Sommerblumen werden im Spätsommer nicht mehr mit Stickstoff gedüngt, um die Frostwiderstandsfähigkeit zu begünstigen. Dagegen verabreicht man im März eine die Entwicklung fördernde Kopfdüngung.
Besonders wichtig sind Bewässerung und Düngung in Balkonkästen und anderen Pflanzgefäßen, wo die Pflanzen auf engstem Raum Höchstleistungen zu vollbringen haben. Schließlich erwarten wir von Mai bis in den Herbst eine ununterbrochene Blüte.

Nährstoffmangelerscheinungen sind oft ab August zu beobachten. Die Pflanzen bringen keinen Zuwachs mehr, der Flor läßt nach, und ein Teil des Laubes verfärbt sich oder fällt ab. Dem begegnen wir durch eine rechtzeitige, am besten flüssige Düngung, die mehrmals im Abstand von 3 bis 4 Wochen wiederholt wird. Verwendet werden Volldünger, deren Konzentration nach Vorschrift gewählt wird. Im Zweifelsfalle sollte die Konzentration stets schwächer zubereitet werden. Dafür düngt man häufiger. Gerade in Gefäßen darf das Substrat zum Zeitpunkt der Düngergabe nicht trocken sein, sonst sind Schäden durch überhöhte Salzkonzentration nicht zu vermeiden. Sie sind durch Blattverfärbungen erkennbar.

Bei vielen Sommerblumen, so z. B. bei *Antirrhinum majus* oder *Lathyrus odoratus*, lassen sich Blütenreichtum und Blühdauer günstig durch fortlaufenden Schnitt abgeblühter Stiele oder Blüten beeinflussen. Auf diese Weise hindert man die Pflanzen daran, Samen anzusetzen. Damit werden außerdem Seitentriebbildungen und neuer Knospenansatz angeregt.

Bei anderen Arten, z. B. bei *Iberis umbellata* oder *Nemesia-Hybriden*, verlängert man den Flor, indem man abblühende Pflanzen um ein Drittel zurückschneidet. Besonders buschig wachsende, kleinblütige Massenblüher eignen sich für diese Maßnahme. Neue Trieb- und Knospenbildungen unterstützen wir durch Volldüngergaben.

Pflanzenschutz

Durch die Kurzlebigkeit der Sommerblumen wirken alle unsere Maßnahmen wie die der Anzucht, Pflege sowie der Standortwahl und -beeinflussung besonders intensiv. Sie entscheiden darüber, ob sich unsere Pflanzen kräftig und gesund entwickeln oder ob die ihren Anforderungen widersprechenden Umwelteinflüsse das Gegenteil bewirken.

Die Schönheit und Leistungsfähigkeit der durch die züchterische Tätigkeit hervorgebrachten Sorten werden sich nur dann entfalten, wenn wir für optimale Wachstums- und Entwicklungsbedingungen sorgen.

Schwächliche und vergeilte Jungpflanzen, wie sie bei Lichtmangel, überhöhter Temperatur oder zu dichtem Stand während der Anzucht entstehen, führen schon nach der Pflanzung zu Ausfällen und lassen kaum eine weitere gute Entwicklung zu. Schäden durch Sonnenbrand, Trockenheit oder Kälte sind oft auf ungenügende Abhärtung der Jungpflanzen, auf fehlende zusätzliche Bewässerung oder zu frühes Auspflanzen zurückzuführen. Diese und andere durch uns selbst beeinflußte oder ausgelöste Erscheinungen machen den Hauptteil der umfangreichen, jährlich auftretenden Schäden und Verluste aus. Dazu kommt, daß die durch ungünstige Umwelteinflüsse geschädigten Pflanzen weniger widerstandsfähig als gesunde Sommerblumen sind. Sie werden von vielen parasitär bedingten Krankheiten vorrangig befallen und sind auch gegen manche Schädlinge besonders anfällig.

Eine gezielte vorbeugende und direkte Bekämpfung z. B. von Rostkrankheiten und speziellen Schädlingen ist bei dem großen Sortiment und der vielfach gemischten Pflanzung der Sommerblumen oft nur bedingt möglich. Dort, wo artenspezifisch bedeutsame Parasiten auftreten, wird bei der Vorstellung der Arten darauf eingegangen. Nachfolgend werden die häufig und bei mehreren Sommerblumen auftretenden Pilzkrankheiten und Schädlinge kurz besprochen.

Schädigende Pilze
(in der Reihenfolge der Wichtigkeit)

Umfall- oder Vermehrungskrankheit

Die Sämlinge fallen um und sterben ab. Der Wurzelhals und die unteren Stengelteile sind braun bis schwarz verfärbt. Die befallenen Teile schrumpfen ein und sterben ab. Der Boden ist von feinen, weißgrauen Pilzfäden überzogen.

Grundsätzlich wird entseuchtes Substrat verwendet. Starke Temperaturunterschiede, hohe Feuchtigkeit und stagnierende Nässe sind zu vermeiden. Man sollte nicht zu dicht säen.

Das Saatgut gefährdeter Arten ist zu beizen. Vorbeugend werden die Saatbeete mit Spezialmitteln überbraust.

Häufig befallen werden *Begonia*-Arten und alle *Cruciferae*.

Falscher Mehltau

Auf den Blattunterseiten bildet sich ein weißgrauer Schimmelrasen. Die Oberseiten färben sich bleichgelb, später dunkler. Auch die Stengel und Blütenknospen werden befallen. Die Pflanzenteile vertrocknen und sterben ab.

Die Anzuchterden sind zu entseuchen. Hohe Boden- und Luftfeuchtigkeit sind zu vermeiden. Bei der rechtzeitig einsetzenden chemischen Bekämpfung müssen besonders die Blattunterseiten gründlich benetzt werden.

Befallen werden z. B. *Cheiranthus* und *Helichrysum*.

Echter Mehltau

Die Ober- und Unterseiten der Blätter und die Stengel sind mit einem weißen, mehlartigen Belag bezo-

gen, den man abwischen kann. Das Laub verformt sich, wird braun und stirbt ab.
Die Bekämpfung muß rechtzeitig und vorbeugend erfolgen. Neben schwefelhaltigen können andere organische Präparate gespritzt werden, um die weitere Ausbreitung der Krankheit zu verhindern.
Befallen werden z. B. *Begonia, Lathyrus* und *Myosotis.*

Wurzelbräune

Die Pflanzen welken plötzlich und sterben ab. Erkrankte Wurzeln sind braun gefärbt und eingeschrumpft. Sie werden schließlich morsch und zerfallen.
Die Krankheit kann in allen Entwicklungsabschnitten auftreten. Mit Stickstoff überdüngte Böden mit hohen Anteilen organischer Substanz begünstigen den Befall.
In Anzuchten werden chemische Präparate als Gießmittel mehrfach angewendet.
Häufig wird z. B. *Lathyrus* befallen.

Grauschimmelkrankheit

An Blättern, krautigen Stengeln und Blüten treten braunfaule Stellen auf, die sich mit weißgrauem Schimmelrasen überziehen. Der Erreger befällt bevorzugt junge und geschwächte Pflanzen. Am wichtigsten ist ein luftiger und heller Standort. Überhöhte Feuchtigkeit und Stickstoffüberdüngung sind zu vermeiden. Vorbeugend kann mit geeigneten pilztötenden Mitteln gespritzt werden. Häufig befallen werden z. B. *Erysimum, Cheiranthus* und *Myosotis.*

Fusarium-Welke

Die Pflanzen welken plötzlich, häufig einseitig. Blätter und Blüten verfärben sich gelb, dann braun und sterben ab. Die Verluste können größere Bestände erfassen.
Da die Infektion über die Wurzeln erfolgt, sind die Pflanzflächen jährlich zu wechseln. Sommerastern sollen erst wieder nach 5 Jahren auf der gleichen Fläche angebaut werden. Das Saatgut ist zu beizen. Frischer Dung und übermäßige Stickstoffgaben begünstigen den Befall. Eine ausreichende Kalkversorgung ist wichtig. Welkeresistente Sorten sind zu bevorzugen. Besonders häufig werden z. B. *Callistephus* und *Dianthus* befallen.

Rostkrankheiten

Auf den Blättern und Stengeln zeigen sich rostbraune bis dunkelbraune Pusteln. Die befallenen Teile sterben ab.
Die verschiedenen Wirtspflanzen der Rostarten sind in der näheren Umgebung möglichst zu meiden oder zu entfernen. Befallene Pflanzenteile sollten entfernt und verbrannt werden. Wiederholt ist vorbeugend mit chemischen Mitteln zu spritzen. Rostresistente Sorten sind zu bevorzugen.
Stark gefährdet sind z. B. *Antirrhinum, Dianthus* und alle *Malvaceae.*

Tierische Schädlinge
(in der Reihenfolge der Wichtigkeit)

Schnecken

An Blättern und Blüten treten Fraßstellen mit Schleimspuren auf. Sämlinge und Jungpflanzen können in kurzer Zeit vernichtet werden. An Zierpflanzen schädigen vor allem Nacktschnecken, die nachts die Pflanzen befallen. Wirksam ist die Bekämpfung mit schneckentötenden Ködermitteln, die in gekörnter Form angeboten und in die Bestände gestreut werden.
Geschädigt werden vor allem Sämlinge und Jungpflanzen, u. a. bei Dahlien.

Erdflöhe

Die Keimblätter und Blätter, besonders von Freilandaussaaten, zeigen zahlreiche kleine, kreisrunde Fraßstellen. Durch das massenhafte Auftreten werden oftmals vernichtende Schäden angerichtet. Erdflöhe sind durch insektizid wirkende Stäubemittel schnell und wirksam zu bekämpfen. Wichtig ist allerdings, daß dies rechtzeitig genug erfolgt. Auf trockenen und warmen Böden vermehren sich die Schädlinge besonders stark.
Befallen werden häufig z. B. *Cheiranthus, Iberis, Matthiola* und *Reseda.*

Springschwänze

An Sämlingen werden die Keimblätter, besonders jedoch die unterirdischen Stengelteile und Wurzeln befressen. Auf der Erde befinden sich massenhaft kleine, springende Insekten. Sie leben in organischer Substanz und lieben Feuchtigkeit.
Die Saatbeete werden mehrfach mit insektiziden Mitteln begossen. Springschwänze treten besonders häufig in Aussaatgefäßen und Frühbeeten auf.

Asseln

Die oberirdischen Pflanzenteile, besonders der Stengelgrund, werden angefressen. Aber auch Wurzeln

und besonders Sämlinge können geschädigt werden.
Zur chemischen Bekämpfung werden Streu-, Stäube-, Spritz- oder Räuchermittel eingesetzt. Asseln lieben Feuchtigkeit und halten sich tagsüber meistens in zerfallenden organischen Substanzen versteckt auf. Eine direkte Bekämpfung in den Schlupfwinkeln ist besonders wirkungsvoll.
Der Schädling tritt an zahlreichen Sommerblumenarten auf.

Nematoden

Die verschiedenen Wurzel-, Blatt- und Stengelnematoden (auch Älchen oder Fadenwürmer genannt) führen zu Wachstumsstockungen, Verfärbung und Absterben des Laubes bzw. zu Mißbildungen der Stengel. Gegen Wurzelälchen werden die Anzuchterden entseucht. Freilandflächen können vor der Bestellung mit Spezialmitteln behandelt werden. Befallene Pflanzen werden mit Wurzeln entfernt und verbrannt. Tagetes haben eine entwicklungshemmende Wirkung auf freilebende Älchen. Ihr Anbau trägt zur Gesundung befallener Flächen bei. Gegen andere Nematoden werden systemisch wirkende Mittel angewandt.
Häufig geschädigt werden z. B. *Begonia, Cheiranthus, Lathyrus* und *Viola*.

Spinnmilben, „Rote Spinne“

Die Blätter sind an den Oberseiten weißgelblich gesprenkelt. An den Unterseiten befindet sich ein feines Gespinst mit rötlichen oder gelblichen Milben. Bei stärkerem Befall nimmt die Verfärbung zu, die Blätter vertrocknen und sterben ab. Bei hoher Wärme und Lufttrockenheit können jährlich bis zu zehn Generationen auftreten und große Schäden anrichten.
Zur Bekämpfung werden verschiedene Präparate angeboten, die im Abstand von 10 bis 12 Tagen eingesetzt werden.
Befallen werden viele Sommerblumenarten.

Blasenfuß

Auf dem Laub erscheinen gelbliche bis silbrig schimmernde Saugstellen. Schwarze Kotflecken sind ein weiteres Merkmal. Die bis 1 mm langen, gelblichen oder dunklen Insekten sind mit bloßem Auge erkennbar. Die Blätter zeigen Verkorkungen und Vergilbungen. Knospen und Blüten verkümmern oder verkrüppeln.
Die Bestände werden alle 10 bis 12 Tage mit Insektiziden behandelt. Der Schädling befällt viele Sommerblumenarten.

Blattläuse

Die Blätter sind gekräuselt und eingerollt. Triebe sind häufig verkrümmt. An Blattunterseiten und Trieben sitzen oft große Mengen verschieden gefärbter Blattläuse. Die als „Honigtau” bezeichnete klebrige und zuckerhaltige Ausscheidung der Schädlinge dient als Nährboden für einen Rußpilz, der die Pflanzenteile schwärzt.
Für die Bekämpfung stehen wirkungsvolle insektizide Mittel zur Verfügung. Mit solchen, die systemisch wirken, können befallene Pflanzen auch gegossen werden.
Blattläuse sind Universalschädlinge und befallen viele Arten.

Feldmäuse

Besonders die saftigen Pflanzenteile einiger Arten werden gern gefressen. In Frühbeeten überwinternde Pflanzen können großen Schaden erleiden.
Die Bekämpfung erfolgt durch Giftköder-Präparate, die besonders im Winter gut angenommen werden. Ansonsten sind Fallen mit angerösteten Ködermitteln zu jeder Zeit eine sichere Bekämpfungsmaßnahme. Dabei ist so vorzugehen, daß Vögel nicht die ausgelegten Köder fressen können.
Besonders an *Cheiranthus* und *Dianthus* können große Schäden angerichtet werden.

Kaninchen

An vielen Arten, vor allem in ausgepflanzten Nelkenbeständen können in wenigen Tagen verheerende Schäden verursacht werden. Gefährdete Beete sollte man durch entsprechend sichere Maschendrahtbespannungen schützen. Die direkte Bekämpfung der Tiere erfolgt mit den hierfür zugelassenen Mitteln und Methoden.

Zur Verwendung der Sommerblumen

Gewinnung und Anwendung frischer Schnittblumen

Wenn wir die vom Sortiment her gebotenen Möglichkeiten ausschöpfen, können wir aus dem Freien von April bis zum Eintritt des Frostes im Spätherbst frische Schnittblumen ernten. Beim Einkauf von Saatgut sollten wir davon ausgehen, welche Voraussetzungen unser Garten für den Anbau bietet und in welchen Monaten wir Wert auf Blumenschnitt legen.

Auch im Haus- und Kleingarten ist es sinnvoll, diese Sommerblumen auf gesonderte Beete zu säen oder zu pflanzen, um die Schönheit der dem Gartenschmuck dienenden Rabatten nicht zu beeinträchtigen.

Wollen wir allerdings Sommerblumen nur gelegentlich und in kleinen Mengen schneiden, wird eine getrennte Pflanzung nicht lohnen. Wichtig ist, ob wir für Tischvasen Blumen mit einer Stiellänge von 30 bis 60 cm wünschen oder ob kleine Gefäße gesteckt werden sollen. Für Bodenvasen benötigt man hochwachsende Arten und Sorten, nicht unter 100 cm Höhe.

Bei vielen Sommerblumen können wir die Dauer des Freilandflors durch regelmäßigen Blumenschnitt verlängern. Geschieht dies nicht, entwickeln sich alsbald Früchte und Samen auf Kosten neuer Triebe und Blüten. Dort, wo diese Erscheinungen besonders ausgeprägt sind, wird bei der Behandlung der einzelnen Arten darauf hingewiesen.

Natürlich sind wir an einer langen Haltbarkeit der geschnittenen Sommerblumen interessiert. Bereits der sachkundige Anbau beeinflußt dieses Ziel wesentlich. Zu dicht gesäte oder gepflanzte Bestände, zu feuchter und mit Stickstoff überdüngter Boden und nicht zuletzt sonnenarme Plätze wirken sich auf die Schnitthaltbarkeit ungünstig aus. Auch die richtigen Schnittzeitpunkte sind nicht unbedeutend. Am günstigsten ist es, morgens im taufrischen Zustand zu schneiden. Die Gewebe sind dann durch die nächtliche Wasseraufnahme bei nur geringer Verdunstung am straffsten. Auch das Entwicklungsstadium der Blumen zur Zeit des Schnittes muß beachtet werden. Allgemein sollen die stark gefülltblühenden und großblumigen Sommerblumen verhältnismäßig weit erblüht sein. Schneidet man solche Arten oder Sorten in der Knospe, erreichen sie zumeist nicht ihre vollkommene Schönheit.

Alle Mohnarten dagegen muß man unbedingt knospig schneiden, wenn sie sich lange halten sollen. Sie bleiben dann geschnitten manchmal länger frisch als an der Pflanze.

Ährige und rispige Blütenstände sind oft schnittreif, wenn die unteren Blüten geöffnet sind. Die anderen blühen dann, wie z. B. beim Löwenmaul, in der Vase nach. Auch hierzu werden in den folgenden Abschnitten spezifische Hinweise gegeben.

In der Neuzüchtung von Sommerschnittblumen wird heute auf den Faktor Schnitthaltbarkeit besonders geachtet, zumal sortenbedingte Unterschiede bei vielen Arten beobachtet werden können. Bei geschnittenen Blumen verlängern wir die Haltbarkeit durch das Anschneiden der Stielenden, durch ausreichende Wasserhöhe in den Vasen und durch die Erneuerung des Wassers, wenigstens alle zwei Tage. Blätter, die im Wasser stehen würden, müssen entfernt werden, bevor man die Blumen in die Vase stellt.

Krautartige Stiele nehmen nicht nur an der Schnittfläche, sondern auch über die im Wasser befindlichen Stielwände Feuchtigkeit auf. Je verholzter der Stiel ist, um so bedeutungsvoller wird die Funktion der Schnittfläche für die Wasseraufnahme. Solche Stiele sollten wir mit langen Schrägschnitten nicht nur an-, sondern täglich nachschneiden.

Aus Erfahrungen werden für einige Sommerblumen nachfolgende Angaben zur Schnitthaltbarkeit der im Buch beschriebenen Arten genannt:

Amberboa	6 bis 8 Tage
Antirrhinum	8 bis 10 Tage
Calendula	6 bis 8 Tage
Callistephus	8 bis 12 Tage
Campanula	8 bis 10 Tage
Centaurea	8 bis 10 Tage
Chrysanthemum	8 bis 12 Tage
Clarkia	6 bis 8 Tage
Coreopsis	8 bis 10 Tage
Cosmos	6 bis 8 Tage
Delphinium	6 bis 9 Tage
Dianthus	8 bis 12 Tage
Gaillardia	6 bis 8 Tage
Helianthus	8 bis 10 Tage
Iberis	7 bis 10 Tage
Lathyrus	8 bis 10 Tage
Matthiola	6 bis 8 Tage
Mirabilis	6 bis 10 Tage
Rudbeckia	8 bis 10 Tage
Salpiglossis	6 bis 8 Tage

Scabiosa	8 bis 10 Tage
Tagetes	8 bis 10 Tage
Tithonia	6 bis 8 Tage
Verbena	6 bis 8 Tage
Zinnia	10 bis 14 Tage

In Spezialbetrieben des Zierpflanzenbaues werden mehrere Sommerblumenarten, meistens zur Vorverlegung der Blütezeit, unter Glas angebaut. Hierfür stehen oft besondere Sorten zur Verfügung.
Mit geschnittenen Sommerblumen verfolgen wir in der Gestaltung die Absicht der lockeren, runden und bunten Anordnung. Blumenformen von *Calendula officinalis, Chrysanthemum carinatum, Chrysanthemum segetum, Callistephus chinensis, Gazania-Hybriden, Gaillardia pulchella, Dianthus caryophyllus, Rudbeckia hirta* und *Zinnia elegans* eignen sich aufgrund ihres radialen Charakters besonders gut für eine kreisförmige Anordnung. Sträuße oder Steckarbeiten in dieser Form lassen sich vorteilhaft mit *Gypsophila elegans* oder Gräsern mit lockeren Blütenständen gestalten. Auch *Cosmos bipinnatus* macht einen Strauß gefällig und duftig.
Die verdichtende Verarbeitung bei entsprechendem Farbenspektrum führt zu den Biedermeiersträußen. Der Typ des Mittsommerbrautstraußes, ergänzt durch farbige Bänder, spiegelt ebenfalls diese Verarbeitungsrichtung wider.
Die asymmetrische, einseitige Verarbeitung von Sommerblumen in Steck- und Bindearbeiten kann dem Standort oder Verwendungszweck des Blumengebindes vorteilhaft entsprechen. Dazu ist mit möglichst festen langstieligen Blumen die optische Schwerlinie der Arbeit zu bilden. Hierfür eignen sich Blumen des vertikalen Typs wie *Antirrhinum, Delphinium* oder *Matthiola*, ergänzt durch Stauden wie *Eremurus* und vor allem durch Gladiolen. In einseitiger Verarbeitung lassen sich auch aparte Typen wie *Dianthus chinensis, Lathyrus odoratus, Celosia argentea* var. *plumosa* oder *Cleome spinosa* entsprechend wirkungsvoll gestalten.
Neben der Formgebung ist das Farbenspiel in der Sommerblumenverarbeitung wichtig. Eine lebendige, farbige Wirkung wird dann erzielt, wenn mindestens Rot, Gelb und Blau (Grün ist als Grund durch das Laub vorhanden) vertreten sind. Weiß wirkt aufhellend und vermittelnd und ist im Vergleich zu den Herbstfarben ein besonderes Kennzeichen des Sommers. Am häufigsten fehlt in der Schnittblumenverarbeitung jedoch das Blau. Deshalb sind z. B. *Callistephus, Centaurea, Delphinium, Limonium* und andere Arten in den blauen Sorten so wichtig.
Sommerblumen lassen sich gut zusammen mit Stauden verarbeiten. Von den Schnittblumen aus der Unterglas-Produktion lassen sie sich mit *Dianthus caryophyllus*, Edelnelken und Gerbera kombinieren, wobei deren Blütengröße nicht zu groß sein darf. Sehr gut eignet sich die *Alstroemeria*. Anthurien und Orchideen ergeben von der Pflanzengesellschaft her keine natürliche Verbindung zu Sommerblumen.
Auch Rosen gehören nicht unbedingt in eine Sommerblumenzusammenstellung, nur in sehr kleinen Formen oder als Polyantha-Sorten und in einseitiger Verarbeitung.
Steckarbeiten werden auf einem Kenzan (Steckigel) oder in Maschendraht ausgeführt. Steckmasse ist nur bedingt zu empfehlen, weil die Wasserversorgung dann oft nicht ausreicht.
Man sollte keramische Gefäße, vor allem jedoch schlichte Materialien bevorzugen, welche die bunte Vielfalt der Sommerblumen gut zur Wirkung kommen lassen.

Trockenblumen

Das Angebot und die Verarbeitung von Trockenblumen haben in den letzten Jahren zugenommen. Diese erfreuliche Tatsache dürfte auf das vergrößerte Sortiment und die vielfältigen binderischen Möglichkeiten zurückzuführen sein. Nicht nur in gemischten oder mit nur einer Art gebundenen, lockeren oder Biedermeiersträußen werden Trockenblumen und getrocknete Gräser verarbeitet, auch wirkungsvolle Gestecke und sonstige Arrangements sind ein schöner Schmuck. Häufig werden sie in Verbindung mit Keramik, Metallgefäßen oder kunstgewerblichen Knüpfarbeiten verwendet.
Welcher Gartenfreund hat nicht schon einmal den Anbau von *Helichrysum bracteatum* oder *Limonium sinuatum* selbst erprobt und sich an den getrockneten Blütenstielen lange Zeit erfreut. Das moderne Sortiment bietet uns zum Trocknen eine größere Anzahl schöner Arten und Sorten. Dazu kommen mehr als zwei Dutzend Arten einjähriger Gräser, die einen Anbauversuch immer lohnen. Mehrere der geeigneten Sommerblumen, wie z. B. *Xeranthemum annuum*, können direkt an Ort und Stelle ausgesät werden, andere, wie z. B. alle *Limonium*-Arten, sollten wir sicherheitshalber oder ausschließlich unter Glas vermehren und als kräftige Jungpflanzen an die vorgesehenen Plätze setzen.
Die Qualität der getrockneten Blumen und Blütenstände hängt entscheidend vom richtigen Schnittzeitpunkt ab, auf den bei der Besprechung der Arten im einzelnen eingegangen wird.
Geschnitten wird stets bei warmem, sonnigem Wetter am späten Vormittag oder in den Nachmittagsstunden.
Die Stiele werden in dünnen Sträußen gebündelt, damit sie gut und gleichmäßig durchtrocknen. Das

überflüssige Laub wird vorher entfernt, denn es behindert die schnelle Trocknung und begünstigt andererseits das der Haltbarkeit abträgliche Nachblühen. Zum Bündeln benutzt man gern Gummiband, weil die Stiele zusammenschrumpfen und manchmal herausrutschen. Die Bunde werden mit den Stielenden nach oben in sonnen- und regengeschützten, luftigen Räumen aufgehängt. Der Trocknungsprozeß soll langsam und gleichmäßig erfolgen, deshalb sind beheizte Räume nicht geeignet.

Sommerblumen als Freilandschmuckpflanzen

Die Einsatz- und Gestaltungsmöglichkeiten sind bei unseren Sommerblumen umfassender und vielseitiger als bei anderen im Freiland verwendeten Zierpflanzen.

Das trifft für die Gärten ebenso wie für die Grünanlagen unserer Städte und Gemeinden zu. Gerade in dichtbesiedelten Städten trägt der Blumenschmuck in Fußgängerbereichen, auf Plätzen und an Gebäuden zur schönen Ausgestaltung bei. Er macht Wohngebiete und Stadtzentren freundlicher und einladender und erhöht das Wohlbefinden der Bewohner und Gäste. Auch für die Bepflanzung von Parkanlagen, zur Ausschmückung von Kureinrichtungen und zur Gestaltung von Gartenbauaustellungen sind Sommerblumen unentbehrlich.

Besonders gern werden Blumenbeete mit harmonisch aufeinander abgestimmten Sommerblumen-Gemeinschaften bepflanzt. Die Arten und Sorten müssen dabei ähnliche Ansprüche an den Standort und Boden stellen. Wuchscharakter, Pflanzenhöhe, Farbe der Blüten und nicht zuletzt die Blütezeit und Blühdauer sind bei der Auswahl zu beachten.

Manche Vertreter erfordern geradezu Nachbarschaften von Arten aus ähnlichen Heimatgebieten und mit den gleichen ökologischen Bedingungen. So wirken Gemeinschaftspflanzungen südafrikanischer Sommerblumen wie *Arctotis, Dimorphotheca, Gazania, Venidium* und anderer besonders reizvoll.

Gesättigte und ungesättigte Farben nebeneinander sollte man vermeiden, da kräftige, leuchtende Farben oft stark vorherrschen und andere unterdrücken. Dabei ist es unwesentlich, ob die Farben vom gleichen Farbton abstammen. So übertönt das grelle Rot vieler Sorten von *Salvia splendens* alle zarten Farben. Weiß wirkt mit fast allen Farben, außer mit den hellgelben, harmonisch. Bei größeren Gemeinschaftspflanzungen kann durchaus ein Farbton dominieren, ohne Eintönigkeit zu erzeugen. Mehr als drei Hauptfarben sollten in Zusammenstellungen nicht vereinigt werden, damit kein unruhiger Gesamteindruck entsteht. Die Farbe Grün wirkt in der Farbkomposition als verbindendes Element, so bei Sommerblumen mit entsprechend hohem Laubanteil und grünlaubigen Blattschmuckpflanzen. Dagegen eignen sich Arten mit mehrfarbigem Laub für gemischte Beete und Rabatten nur bedingt; sie sind, individuell angepflanzt, Anziehungspunkt und Blickfang.

Immer häufiger werden Sommerblumen und Stauden miteinander kombiniert. Natürlich müssen sie im Wuchs und in ihrer Gestalt harmonisch wirken und in den Blütenfarben aufeinander abgestimmt sein.

Derartig zusammengesetzte Schmuckpflanzungen erweisen sich in zweifacher Hinsicht als vorteilhaft. So lassen sich die oft zu aufwendigen Sommerblumenpflanzungen mit einem Grundgerüst von standfesten, nicht wuchernden und gesunden Staudenarten weniger aufwendig und damit wirtschaftlicher gestalten. Andererseits erweist sich die reine Staudenpflanzung nicht selten als Problem, da sich die anfangs eng gepflanzten Arten bereits nach 3 bis 4 Jahren gegenseitig bedrücken und den harmonischen Gesamteindruck stören. Solche Beete erfordern dann, daß ein Teil der Staudenpflanzung aufgenommen, entfernt oder umgepflanzt wird, eine aufwendige und deshalb oft vernachlässigte Maßnahme.

Durch weiträumigere Grundbesetzungen und die jährlich zu erneuernden Zwischenpflanzungen mit Sommerblumen werden wir sowohl den ästhetischen als auch den wirtschaftlichen Anforderungen an eine anspruchsvolle Blumenpflanzung am besten gerecht.

Für das Grundgerüst haben sich besonders Arten der nachfolgenden Staudengattungen bewährt: *Aster, Delphinium, Helenium, Helianthus, Heliopsis, Monarda, Phlox, Rudbeckia, Solidago* sowie diszipliniert wachsende, ausdauernde Gräser.

Die für verschiedenartigste Zwischenpflanzungen geeigneten Sommerblumenarten sind am Ende des Buches übersichtlich zusammengefaßt.

An gemischten Pflanzungen sind nicht selten auch Pelargonien, Fuchsien und andere blühende Gruppenpflanzen beteiligt. Einige dieser Vertreter, die früher ausschließlich durch Stecklinge oder andere vegetative Methoden vermehrt werden konnten, sind durch den züchterischen Fortschritt inzwischen ebenfalls durch Samen vermehrbar und tragen dadurch den Charakter von Sommerblumen. Mit Ausnahme der Pelargonien werden die wichtigsten deshalb im folgenden speziellen Teil eingeordnet.

Sommerblumen in Gemeinschaft mit Blumenzwiebeln sind schön und zweckmäßig. Während einige niedrige Arten als Unterpflanzung z. B. zwischen hohen, späten Tulpen bodenbedeckend wachsen, können andere, rechtzeitig gesät oder gepflanzt, die freien Flächen nach dem Absterben des Zwiebellaubes ausfüllen.

Eine besonders charakteristische Form der kombinierten Pflanzung sind die Teppichbeete. Hierzu werden niedrige Schmuckpflanzen in ein oder mehreren Blütenfarben und nicht selten mit dunkelrotem oder andersfarbigem Laub verwendet. Wuchscharakter, Blütenform und andere Individualeigenschaften treten gegenüber dem durch Blüten- und Laubfärbung erreichten Gesamteindruck in den Hintergrund. Mit der strengen geometrischen Pflanzweise werden Ornamente, Wappen, Figuren, Stadtwappen, Zifferblätter und selbst Buchstaben oder Wörter gestaltet. In barocken Parkanlagen, aber auch in öffentlichen Schmuckpflanzungen einiger Länder ist diese Art der Beetgestaltung verbreitet.

Eine Anzahl niedriger bis mittelhoher Sommerblumen ist für die Einfassung von Blumenbeeten oder Rasenflächen geeignet. Es handelt sich dabei um solche mit verzweigtem, buschigem Wuchs und reichem, langanhaltendem Blütenflor.

In großräumigen Anlagen wirken einheitlich bepflanzte Blumenbeete außerordentlich dekorativ. Wesentlich ist dabei, daß die verwendeten Sorten in der Wuchshöhe, Blütenfarbe und anderen Eigenschaften sortenecht fallen, um den uniformen Gesamteindruck zu sichern. Auf solchen Beeten sind ausgeglichene Bodenverhältnisse, gleichmäßige Feuchtigkeit und Nährstoffversorgung besonders bedeutungsvoll.

Für die Folgepflanzungen werden entsprechende Arten mit Ballen und oft bereits im knospigen oder blühenden Zustand vorbereitet. Große, in ihrer Gesamterscheinung repräsentativ und eigenartig wirkende Sommerblumen pflanzen wir gern einzeln oder in kleinen Gruppen. Diese, als Solitärpflanzen bezeichneten Arten wirken am besten in Rasen- und Beetflächen oder vor Baulichkeiten und Zäunen. Im Rasen benötigen Solitärpflanzen eine offen gehaltene Bodenscheibe. Vor allem müssen genügend Wasser und Nährstoffe zugeführt werden, da der Rasen selbst viel Feuchtigkeit verbraucht.

In vielen Gärten finden sich in der Nähe von Baulichkeiten, an Zäunen, Trockenmauern oder im Steingarten begrenzte Plätze, die wir jeweils mit einer Gruppe reichblühender, den Standortbedingungen entsprechenden Arten besetzen können. Gerade an solchen, oftmals geschützten Stellen sollten wir mutig auch den Anbau noch seltener Sommerblumen, wie z. B. *Brachycome iberidifolia* oder *Nierembergia hippomanica* var. *violacea*, wagen.

Mit mehreren Arten lassen sich kurzzeitig Abgrenzungen, Sichtschutzpflanzungen oder kleine Hecken schaffen. Letztere kann man manchmal, wie z. B. *Kochia*, sogar wie Gehölze in Formen schneiden. Für diese Zwecke werden die Pflanzen etwas dichter als auf Beeten gesät oder gepflanzt.

Viele Sommerblumen sind für die Bepflanzung von Grabstätten und Gräbern geeignet. Meistens sind es niedrige oder schlank wachsende Arten und Sorten, die den engen Platzverhältnissen entsprechen. Sie sollen reich und lange blühen, pflegearm sein und sich auch halbschattigen Standorten anpassen können. Als Erstbepflanzung ist wohl das Stiefmütterchen für die Frühjahrsblüte am bekanntesten, danach wird es durch sommerblühende Vertreter abgelöst. Man bevorzugt hierfür Jungpflanzen mit kräftigen Ballen, die sich auch noch im knospentragenden und blühenden Zustand an Ort und Stelle setzen lassen.

Empfehlenswert für Gärten und Anlagen sind die einjährigen und einjährig angebauten Schling- und Kletterpflanzen . Neben Zäunen, Mauern und Hauswänden können frei stehende Klettergerüste, Pergolen und Spaliere begrünt werden. An Sitzplätzen oder zu Nachbargärten hin lassen sich in wenigen Monaten lebende Abgrenzungen schaffen. Auch auf Terrassen und Balkons können uns diese reizvollen Sommerblumen erfreuen. Als Standorte sind dort Kübel, größere Töpfe und Schalen oder Balkonkästen geeignet. Viele Arten tragen einen reichen Blütenschmuck. Einige sind noch viel zu selten anzutreffen und verdienen größere Beachtung. Mehrere Vertreter sind schnell- und starkwüchsig. Dementsprechend ist für ausreichende Bewässerung und Düngung zu sorgen, damit sich vollkommene Pflanzen entwickeln.

Für die Bepflanzung von Balkons steht uns ein großes und schönes Sommerblumensortiment zur Auswahl. Balkonpflanzungen ersetzen vielen Stadtbewohnern den Garten und werden besonders sorgfältig gepflegt. Sie verschönern darüber hinaus das Gesamtbild unserer Städte und Gemeinden. Es ist erfreulich, daß diese Form der pflanzlichen Ausgestaltung durch initiativreiche Maßnahmen seitens der Städte und Gemeinden, der gärtnerischen Spezialbetriebe und in den Wohngebieten durch viele Bürger selbst gefördert wird. Trotzdem bleiben bisher noch viele Möglichkeiten ungenutzt.

Als Gefäße werden Balkonkästen aus Holz oder Plaststoffen, aber auch Schalen, Tröge und Töpfe verwendet.

Selbstverständlich kann man alle Gefäße auch auf Terrassen oder exponierten Gartenplätzen aufstellen. Für die pflanzliche Besetzung wählt man neben den kletternden oder hängenden besonders kleinere und gedrungen wachsende Arten, die reich und langanhaltend blühen. Für vollsonnige oder halbschattige Balkon- oder Gartenplätze werden, wie für die Freilandbepflanzungen, jeweils geeignete Vertreter gewählt. Alle sollen gegen Witterungsunbilden widerstandsfähig sein und sich nach Möglichkeit im Abblühen selbst putzen. Da die Gefäße nur ein begrenztes Substratvolumen besitzen, ist regelmäßig und ausreichend zu bewässern und zu düngen. Vorschläge für Bepflanzungen von Balkonkästen und anderen Gefäßen mit verschiedenen Sortimenten werden in einer Liste am Ende des Buches unterbreitet.

In den Anlagen der Städte und Gemeinden werden vielgestaltige Pflanzbecken verwendet. Neben blühenden Gruppenpflanzen werden zur Bepflanzung vorrangig Sommerblumen gewählt.

In einigen Großstädten haben sich Holzcontainer mit wabenförmigen Einsatzelementen bewährt. Diese sind leicht auswechselbar. Dadurch wird die Vorkultur der Pflanzen in den Einsatzelementen möglich. In gut vorbereiteten Aufeinanderfolgen der Bepflanzung bieten solche Gefäße vom Frühjahr bis Herbst eine niveauvolle und abwechslungsreiche Schmuckwirkung.

Auch Hygrocontainer haben sich zunehmend bewährt. Sie bestehen aus Betonschalen, Ringelementen aus Beton und mit Erde gefüllten Einsätzen. Das Substrat wird über Saugplatten kapillar mit Wasser versorgt. Diese Gefäße erweisen sich als rationell und praktisch. Die mit Substrat gefüllten und bepflanzten Einsätze werden vorbereitet angeliefert und in die Schalen eingesetzt. Die Wasserversorgung ist gleichmäßig und kontinuierlich. Die Schalenelemente können aneinandergefügt gruppiert werden.

Eine besondere Methode der Anwendung von Sommerblumen stellen die Mooswände dar. Sie benötigen nicht viel Platz und können deshalb auch auf dem Balkon und in kleinsten Gärten aufgestellt werden. Mooswände bestehen aus einem mit 40 bis 50 mm weitem Maschendraht bespannten Gestell, welches mit Moos oder Torfmull gefüllt wird. Diesen Substraten werden vorher pro Liter je 1 g Hydrovolldünger und 1 g kohlensaurer Kalk beigemischt. Mooswände werden mit niedrigen, buschig wachsenden Sommerblumen ein- oder mehrseitig bepflanzt. Die Pflege besteht darin, das Substrat durch Überbrausen feucht zu halten und wöchentlich mit einer 0,2 %igen Lösung zu düngen. Nach jeder Düngung werden die Pflanzen leicht abgebraust. Abgeblühte Pflanzenteile werden entfernt. Das Substrat sollte jährlich erneuert werden.

Bienenweidepflanzen

Eine gute Bienenweide gewährleistet als Entwicklungstracht, wie es in der Imkersprache heißt, das Heranwachsen starker, bestäubungstüchtiger Bienenvölker. Als Massentracht bildet sie die Grundlage für hohe Honigerträge.

Etwa zwei Dutzend Sommerblumen sind für den Imker willkommene Bienenweidepflanzen. Bei entsprechender Auswahl stehen vom Frühjahr bis zum Herbst blühende Arten zur Verfügung, die schön und nützlich zugleich sind.

Einige davon, wie z. B. *Lobularia maritima, Phacelia tanacetifolia* oder *Reseda odorata*, werden gern zeitlich gestaffelt ausgesät, um die Blühzeiträume entsprechend zu erweitern. Sie werden nicht selten mit der ausschließlichen Funktion als Bienenweide beetweise angebaut.

Andere, wie *Callistephus chinensis, Rudbeckia hirta* oder die *Zinnia*-Arten, zählen zu den schönsten und am häufigsten angebauten Freilandzierpflanzen, die gleichzeitig intensiv von den Bienen beflogen werden.

Somit tragen auch viele Sommerblumen als willkommener Bestandteil landwirtschaftlicher und gartenbaulicher Nutzpflanzen dazu bei, das jahreszeitlich kontinuierliche Trachtfließband unserer Imker zu bereichern.

Verwendete Zeichen und Abkürzungen

- ✳ guter Zierwert
- ✳✳ sehr guter Zierwert
- ✳✳✳ vorzüglicher Zierwert
- ♃ ausdauernde Pflanze, Staude
- ♄ Halbstrauch
- ♉ Knollengewächs
- ⊙ zweijährige Pflanze
- ① wintereinjährig oder wintereinjährig angebaut
- ⊙ sommereinjährig oder sommereinjährig angebaut
- ○ sonniger Standort
- ○○ sehr sonniger Standort
- ○○○ prallsonniger und trockener Standort
- ◐ halbschattiger Standort
- ● schattiger Standort
- ⊕ kalkhaltigen Boden liebend
- ≏ frischen Boden liebend
- ≌ feuchter Boden erforderlich
- I–XII Saat- oder Pflanzmonate bzw. Blütemonate
- D Duftpflanze
- buntlaubige Pflanze
- Früchteschmuck
- Kletterpflanze
- Hängepflanze
- Kriechpflanze
- ▭ bodenbedeckende Pflanze
- □ Rabatten- und Beetpflanze
- Einfassungspflanze
- Y für Vor-, Unter- und Zwischenpflanzungen geeignet
- ⊥ für Einzelpflanzung geeignet, Solitärpflanze
- für Heckenpflanzungen geeignet
- Topfpflanze
- für die Bepflanzung größerer Gefäße geeignet
- B Balkonpflanze
- ✂ zum Schnitt geeignet
- Trockenblume
- ⬡ Bienenweidepflanze
- Giftpflanze
- syn. ungültiger Name
- var. Varietät

Gattungen und Arten in alphabetischer Reihenfolge

Sommerblumen und Früchteschmuckpflanzen

Ageratum houstonianum

Ageratum L. · Leberbalsam
Compositae · Korbblütler

Griechisch: ageratos = nicht alternd, ewig jung. Bekannt sind etwa 30 Arten aus Mittel- und Südamerika. Es handelt sich um aufrechte, meist stark verzweigte Kräuter oder Sträucher. Sie tragen gegenständige, in den oberen Stengelteilen wechselständige Blätter. Die vielblütigen, dichten Köpfchen sind in Rispen oder Doldentrauben angeordnet. Die Blütenkronen können blau, purpurn, rosa oder weiß gefärbt sein.

Ageratum houstonianum Mill. · Leberbalsam
(syn. Ageratum mexicanum Sims)
⁎⁎ ♄ ⊙ ○ ◐ ▭ □ ⁞ Y ⊍ [B] ✂

Botanisches: Die Art ist von Mexiko bis Peru beheimatet, mehrjährig und halbstrauchartig. Sie wird 10 bis 60 cm hoch. Durch die gute Verzweigung wirken die Pflanzen dicht buschig. Die Blätter sind behaart, herzförmig bis eirund und gekerbt. Die meist blauen Blütenköpfchen sitzen dicht zusammen, so daß sie wie eine geschlossene, samtene Farbdecke wirken. Blütezeit Juni bis Oktober.

Züchtung/Sortiment: Die wertvolle, einjährig angebaute Sommerblume wurde intensiv züchterisch bearbeitet. Das moderne Sortiment enthält eine Anzahl 10 bis 25 cm hoher F_1-Hybriden. Die hell- bis dunkelviolettblauen Sorten wachsen gleichmäßig und buschig, eine für Beetpflanzen erforderliche und geschätzte Eigenschaft. Sie zeichnen sich durch einen frühzeitig einsetzenden, einheitlichen und lang anhaltenden Flor aus. Einige Sorten erweisen sich als besonders widerstandsfähig gegen Hitze und Regen. Für den Blumenschnitt werden mehrere 50 bis 70 cm hohe Sorten angeboten.

Vermehrung/Anzucht: Den Leberbalsam sät man von Januar bis März in Schalen unter Glas aus. Die Sämlinge werden pikiert und schließlich einzeln in 8 bis 9 cm große Töpfe gesetzt. In 8 bis 10 cm Höhe wird kräftig gestutzt, um buschige Pflanzen zu erreichen. Ausgepflanzt wird Mitte Mai im Abstand von 15 bis 25 cm.

Früher vermehrte man ausschließlich durch Herbststecklinge, die frostfrei überwintert wurden. Durch die aus Samen echt und einheitlich zu vermehrenden Sorten wurde diese aufwendige Methode für den gartenbaulichen Anbau hinfällig. Für den Pflanzenfreund bleibt die Stecklingsvermehrung eine interessante und reizvolle Möglichkeit der Betätigung mit Sommerblumen. Vor allem kann man die im Frühjahr beim Stutzen anfallenden Köpfe leicht als Stecklinge bewurzeln und damit zusätzliche Jungpflanzen gewinnen.

Standort/Pflege: Sonnige, warme Lagen und ein nicht zu leichter Boden bieten beste Wachstumsbedingungen. Bei großflächiger Verwendung ist eine gleichmäßige Bodenbeschaffenheit und Nährstoffversorgung für die einheitliche Pflanzenentwicklung bedeutungsvoll. Regelmäßige Bewässerung und Düngung während des Sommers sind die besten Voraussetzungen für lange und reichblühende sowie von Spinnmilben frei bleibende Bestände. Wenn man die abgeblühten Köpfchen entfernt, verlängert man den Flor um viele Wochen.

Verwendung: Die wertvolle Beet-, Gruppen- und Einfassungspflanze wird oft auch in Teppichbeeten verwendet. Reizvoll und dankbar ist sie auch als Schalen- und Balkonpflanze. Als Schnittblumen stellen *Ageratum* eine willkommene Bereicherung des Sortiments für bunte Sommerblumensträuße dar.

Alcea rosea

Alcea L. · Stockmalve, Stockrose

Malvaceae · Malvengewächse

Griechisch: althaea = Malve, von althein = heilen. Etwa 25 Arten stammen aus den gemäßigten Zonen Europas. Die zwei- bis mehrjährigen, krautartigen Pflanzen werden unterschiedlich hoch. Sie besitzen Laub, welches gelappt und geteilt ist. Die Blüten sind in endständigen Trauben oder Doldentrauben angeordnet. Der Hüllkelch ist im Gegensatz zur Gattung *Malva* 6- bis 9blättrig.

Alcea rosea L. · Stockmalve, Stockrose
(syn. Althaea rosea (L.) Cav.)
⁎⁎ ♃ ⊙ ⊙ ○ ♒ □ ⊥ ≡ ✂

Botanisches: Die Heimatgebiete sind wahrscheinlich der Orient und Südosteuropa. Die zwei- bis mehrjährigen, 200 bis 250 cm hohen, dekorativen Pflanzen besitzen straffe, weichfilzig-borstige Stengel und tragen langgestielte, herzförmige, meist fünf- bis siebenlappige und gekerbte Blätter. Die kurzgestielten Blüten sitzen einzeln oder zu zweit in den Achseln der langen Traube. Blütezeit Juli bis September.

Züchtung/Sortiment: Das Sortiment enthält gefülltblühende Sorten in Weiß, Gelb sowie in rosa und roten Farbtönen. Alle werden 200 cm hoch. Aus Ungarn stammen zwei Sortengruppen, die, sommerannuell behandelt, bereits im Aussaatjahr blühende Pflanzen ergeben und 50 bis 60 cm bzw. 120 bis 130 cm hoch werden. Diese Schnittsorten blühen von Juli bis September.

Vermehrung/Anzucht: Ausgesät wird von Mai bis Juni in ein offenes Frühbeet oder auf gut vorbereitete Freilandbeete. Die Sämlinge werden in humoses Substrat pikiert. Für die weitere Anzucht gibt es zwei Möglichkeiten. Entweder topft man in 10 bis 12 cm große Töpfe, um diese an geschützter Stelle im Freiland eingesenkt zu überwintern, oder man pflanzt 30 cm weit auf Beete. In beiden Fällen ist ein leichter Winterschutz ratsam. Im Frühjahr kommen die Pflanzen im Abstand von 75 bis 100 cm an den endgültigen Standort. Sommerannuell zu behandelnde Sorten werden im März ausgesät.

Standort/Pflege: Stockrosen verlangen einen sonnigen Standort und gedeihen in geschützter Lage, so in der Nähe von Baulichkeiten, besonders gut. Der Boden soll etwas lehmig, tiefgründig und nährstoffreich sein. Herbstpflanzungen an Ort und Stelle können infolge Frost oder Nässe zu Ausfällen führen. Durch Trockenheit und Nährstoffmangel wird der gefürchtete Malvenrost gefördert. Krankes Laub entfernt und verbrennt man. In größeren Beständen wird gegen Rost vorbeugend mit fungiziden Mitteln gespritzt, wobei die Blattunterseiten gut benetzt werden müssen.

Verwendung: Die Stockmalve gehört zu den ältesten Gartenpflanzen und wirkt infolge ihrer stattlichen Erscheinung einzeln und in Gruppen sehr dekorativ. Auf bunten Sommerblumenbeeten steht sie am besten im Hintergrund. Bei der reichhaltigen Auswahl farbiger Sorten achtet man besonders auf die harmonische Wirkung mit den Pflanzennachbarn und dem Hintergrund.

Wenn man nach der Blüte die Stiele entfernt und somit den Fruchtansatz ausschließt, bleiben die Malven jahrelang als Gartenpflanzen erhalten. In großen Vasen wirken sie als Schnittblumen sehr repräsentativ.

Amaranthus L. · Amarant

Amaranthaceae · Amarantgewächse

Griechisch: amaranton = das Unverwelkliche. Der Name bezieht sich auf das noch frische Aussehen der Blütenstände auch nach dem Abblühen. Man kennt etwa 50 einjährige, seltener mehrjährige Arten.

Es handelt sich um aufrechte oder niederliegende Kräuter mit sehr zahlreichen, unscheinbaren Einzelblütchen, die in aufrechten oder überhängenden schwanzartigen Blütenständen zusammengefaßt sind.

Amaranthus caudatus L. · Fuchsschwanz

✳✳ ⊙ ○○ ♀ □ ⊥ ⊍ ✂

Botanisches: Die bekannte Sommerblume ist im tropischen Afrika und Asien beheimatet. Die aufrechten 60 bis 100 cm hohen Pflanzen besitzen reichbe-

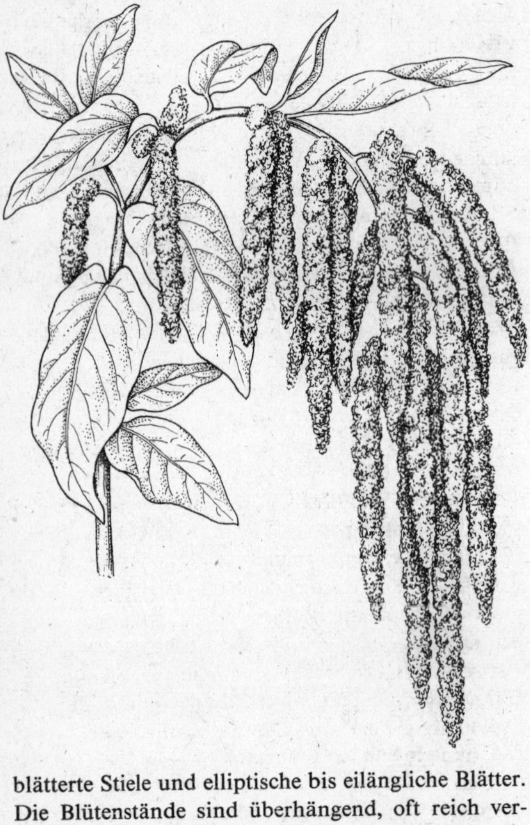

blätterte Stiele und elliptische bis eilängliche Blätter. Die Blütenstände sind überhängend, oft reich verzweigt und plüschartig, bei der Stammform amarantrot. Die Belaubung ist teilweise rotbraun gefärbt. Blütezeit August bis September/Oktober.

Züchtung/Sortiment: Die Sorten tragen dunkelrote oder auch grüne Blütenstände, Stengel und Blätter. Sie werden durchschnittlich 75 cm hoch.

Amaranthus hybridus L. · Fuchsschwanz-Hybriden (syn. Amaranthus hypochondriacus L.)

✳✳ ⊙ ○○ ♀ □ ⊥ ⊍ ✂ ⚘

Botanisches: Sie sind der vorgenannten Art ähnlich, jedoch bestehen die rispig-ästigen Blütenstände aus langen, aufrechten oder nur oben überhängenden, sehr stumpfen Ähren. Die Mittelähre ist verlängert, während die Seitenähren meist ziemlich kurz und einander genähert sind. Blütezeit August bis September/Oktober.

Züchtung/Sortiment: Im Sortiment werden Sorten in Wuchshöhen zwischen 30 und 50 cm geführt, sowohl in purpur als auch in grün ausgefärbten Blütenständen, Stengeln und Blättern.

Vermehrung/Anzucht: Die Aussaat kann entweder im April unter Glas oder an Ort und Stelle auf Freilandbeete erfolgen. Mitte Mai werden die Pflanzen im Abstand von 40 bis 50 cm ausgepflanzt, bei Direktaussaat auf die gleiche Entfernung vereinzelt.

Die Blüte beginnt bei Direktaussaat nach 12 bis 14 Wochen und hält bis in den späten Herbst hinein an.

Standort/Pflege: Der Fuchsschwanz wächst am besten an einem warmen, geschützten und sonnigen Standort. Der Boden soll nährstoffreich und nicht allzu lehmig sein.

Verwendung: Beide Arten sind für bunte Sommerblumenbeete in Anlagen und Gärten geeignet. Beim Pflanzen muß man beachten, daß der Fuchsschwanz den ihm gemäßen Standraum erhält, damit die schönen Blütenstände voll zur Wirkung kommen. Die grünlich blühende Gartenform gefällt besonders in Verbindung mit dunkellaubigen Pflanzen und vor dunklem Hintergrund. Als Schnittblume ist der Fuchsschwanz ebenfalls geeignet. *A. hybridus* bewährt sich recht gut als Trockenblume. Die Blütenstände müssen zum Schnittzeitpunkt voll entwickelt sein. Die Laubblätter werden vor dem Trocknen ent-

fernt. Zum Trocknen müssen wir die Schnittstiele bündeln und aufhängen.
Es kommt häufig vor, daß sich nach Selbstaussaat des reifen Samens im nächsten Jahr zahlreiche Pflänzchen am Vorjahrsstandort ansiedeln.

Amberboa (Pers.) Less. · Flockenblume
Compositae · Korbblütler

Amberboa moschata (L.) DC. · Wohlriechende Flokkenblume
(syn. Centaurea moschata L.; Centaurea suaveolens L.)
⁎⁎ ⊙ ○ ⊕ □ ✂ ⬡

Botanisches: Die aus dem Orient stammende, einjährige und krautartig wachsende Art wird bis 80 cm hoch. Die Blätter sind fiederschnittig. Die langgestielten Blumen wirken durch die feinstrahligen Blütenkronen zart und locker. Sie duften stark und blühen gelb, blau, rosa, purpurfarben oder weiß. Blütezeit Juni/Juli bis September.
Züchtung/Sortiment: Die Bezeichnung der verschiedenfarbigen Sorten ist durch die im Fachhandel eingebürgerte, aber nicht korrekte Bezeichnung „Imperialis" irreführend. Sie werden bis auf die 65 cm hohe gelbe Form alle etwa 80 cm lang.
Vermehrung/Anzucht: Für die Frühblüte sät man im März/April unter Glas aus. Die Pflänzchen pikieren wir zu mehreren in kleine Töpfe, um sie später in 20 cm Abstand auszupflanzen. Oft genügt es auch, im Frühjahr an Ort und Stelle auszusäen und nach dem Auflaufen zu vereinzeln.
Standort/Pflege: Die Flockenblumen lieben warme Standorte in voller Sonne bei gut durchlässigem, kalkhaltigem Boden.
Verwendung: Die farbenfreudige und elegante Sommerschnittblume erfreut uns bis zu einer Woche in der Vase, allerdings verblaßt sie gegen Ende der Schnitthaltbarkeit etwas. Vorkultivierte Flockenblumen blühen bereits ab Juni, direkt ins Freiland gesäte ab Juli.

Ammobium R. Br. · Papierknöpfchen
Compositae · Korbblütler

Griechisch: ammos = Sand; bios = leben; bedeutet Sandbodenpflanze. Die 2 Arten aus Australien besitzen filzige oder kahle, steife Äste. Die Blätter sind wechselständig oder am Stengelgrund zusammengedrängt und ganzrandig. Die Köpfchen sitzen einzeln oder zu wenigen an den Enden der gabelig verzweigten Äste.
Ammobium alatum R. Br. · Sandimmortelle, Papierknöpfchen
⁎ ♃ ⊙ ○○ □ ✂ ⚘

Botanisches: Diese mehrjährige, bei uns einjährig gezogene Art mit auffallend geflügelten, weißfilzigen

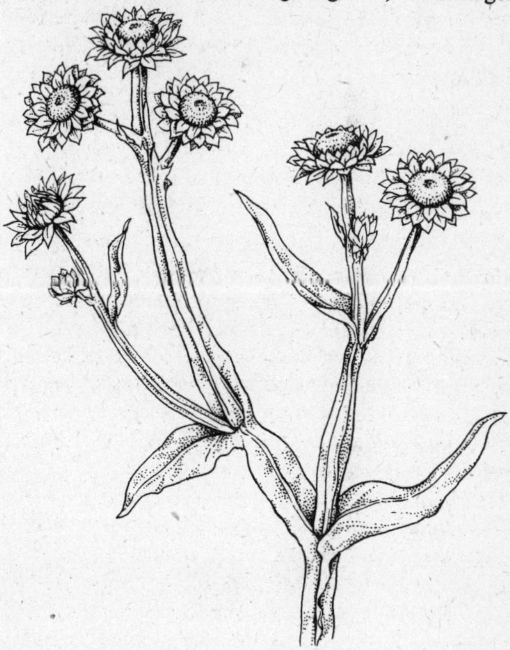

Stengeln kann eine Wuchshöhe bis 50 cm erreichen. Die Größe der trockenhäutigen Blumen beträgt bis 1,5 cm. Die inneren, zuerst gelben, später schwärzlichen Blütenkronen sind von einem mehrfachen

Kranz häutiger, blumenblattartiger, weißer Hüllblätter umgeben. Blütezeit Juli bis September.
Züchtung/Sortiment: Farbsorten sind nicht bekannt. Im Handel ist die besonders großblumige Gartenform 'Grandiflorum' mit bis 1,5 cm großen Blumen.
Vermehrung/Anzucht: Die kräftigsten Pflanzen erhält man, wenn Anfang April unter Glas gesät und nach dem Auflaufen einmal verstopft wird. Mitte Mai pflanzt man dann im Abstand von 20 bis 25 cm ins Freie. Bei genügend dünner Aussaat muß nicht unbedingt pikiert werden.
Standort/Pflege: Sonnige und warme Standorte bei leichtem oder mittlerem Boden sind durchweg geeignet. Verkrustete Böden sollten durch rechtzeitiges Hacken gelockert werden.
Verwendung: Die Sandimmortelle ist eine nicht allzu häufig angebaute Sommerblume. Sie eignet sich ähnlich wie *Helichrysum* oder *Limonium* als Trockenblume. Zu diesem Zweck schneidet man sie, bevor die Blumen voll geöffnet sind, da nur dann die Hüllblätter ihre weiße Farbe behalten. Es ist möglich, die Köpfchen der bündelweise getrockneten Stiele zu färben.
Für Gemeinschaftspflanzungen mit anderen Sommerblumen ist diese Art wegen der geringen Blumengröße unbedeutend. Wenn man sie zusammen mit Gräsern oder anderen Gewächsen trockener Gebiete pflanzt, erzielt man eigenartig schöne Wirkungen. Als Einzelpflanze wirkt sie durch den gabelig-steifen Wuchs und die grün geflügelten Stengel fremdartig und interessant.

Vermehrung/Anzucht: Man sät Anfang bis Mitte April unter Glas aus. Geschieht dies genügend weitläufig, kann auf das Verstopfen verzichtet werden. Mitte Mai wird 20 bis 25 cm weit ausgepflanzt.
Standort/Pflege: Ein vollsonniger Standort ist für reiches Blühen Voraussetzung. Der Boden soll leicht und nährstoffreich, jedoch nicht mastig sein.
Verwendung: Der Anbauwert liegt in der nicht allzu häufigen blauen Blütenfarbe. Man setzt die Pflanzen gruppenweise mit in bunte Pflanzungen. Für den Anbau auf größeren, geschlossenen Flächen gibt es im Sortiment der Sommerblumen bessere Vertreter.

Anchusa L. · Ochsenzunge
Boraginaceae · Boretschgewächse

Griechischer Pflanzenname, wahrscheinlich von anchusa = Schminke; die Wurzeln einer Art enthalten einen roten Farbstoff, der zum Schminken gedient haben soll. Die etwa 40 Vertreter ein-, zwei- und mehrjähriger Arten aus Europa, Afrika und Westasien sind oft borstig oder rauh behaart und besitzen längliches bis lanzettförmiges Laub. Die Blüten sind blau, violett oder weiß, seltener auch gelb.
Anchusa capensis Thunb. · Kapochsenzunge
✳ ⊙ ⊙ ○ □
Botanisches: Die zweijährige, bei uns einjährig angebaute Art aus Südafrika ist rauhhaarig und wird 40 bis 60 cm hoch. Sie trägt in großen Blütenständen blaue Einzelblüten mit weißem Schlund und purpurrotem Rand. Blütezeit Juli bis September/Oktober.
Züchtung/Sortiment: Die älteste und bekannteste Sorte ist 'Blauer Vogel'. Seltener ist die weiße Gartenform.

Antirrhinum L. · Löwenmaul
Scrophulariaceae · Braunwurzgewächse

Griechisch: anti = gegen, hier im Sinne von Gegenstück, Ähnlichkeit; rhis, rhinos = Nase. Die 40 ein- und mehrjährigen Kräuter oder Halbsträucher aus Nordamerika und dem Mittelmeergebiet wachsen aufrecht und verzweigt und besitzen meist ganzrandige Blätter. Die Blüten sind entweder einzeln und achselständig oder in Trauben an den Zweigenden angeordnet. Die Blüten tragen zweilappige Oberlippen und dreilappige Unterlippen mit hervortretenden Gaumen. Sie kommen in vielen Farben vor.
Antirrhinum majus L. · Gartenlöwenmaul
✳✳✳ ♃ ⊙ ○ ≗ □ ⁞ Y ⊍ ⊍ [B] ✂
Botanisches: Heimat ist das Mittelmeergebiet. Die einjährig angebaute Staude ist in sehr unterschiedlichen Wuchshöhen, verzweigt und mit ganzrandigen, linealischen Blättern bekannt. Die Blüten sitzen in endständigen, allseitswendigen Trauben, oft dicht gedrängt und einzeln. Die Stammform blüht purpur-

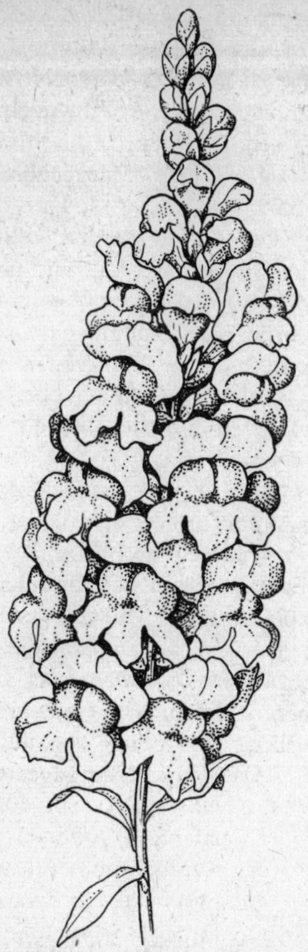

rot, andere Abarten in Weiß, Gelb und zahlreichen roten und orangefarbenen Tönen. Blütezeit Juni bis September.

Züchtung/Sortiment: Das gesamte Sortiment umfaßt ein reichhaltiges Farbspiel, in dem vor allem die gelben, rosa- und lachsfarbenen, roten und bronzefarbenen Töne ausgebildet sind. Durch intensives züchterisches Wirken entstanden verschiedene Sortengruppen.

Diese kann man nach Wuchshöhen und Blütenformen wie folgt einteilen:

1. Hohe Sorten (Maximum-Gruppe):

Die 80 bis 100 cm hohen Sorten sind vor allem als Schnittblumen geeignet. Sie sind großblumig und werden sowohl mit einfachen als auch gefüllten Blüten angeboten. Die F_1-Hybriden dieser Gruppe sind besonders starkwachsend, verzweigen sich ohne Seitentriebe auszubilden und tragen lange, dichtbesetzte Blütentrauben. Einige blühen frühzeitig und sind deshalb vor allem für den Frühanbau unter Glas geeignet.

Eine 70 bis 80 cm hohe Gruppe von F_1-Hybriden wird als „radiärblütig“ bezeichnet, da die Blüten anstelle geschlossener Lippen offen sind und Penstemon (einfache) oder Azaleenblüten (gefüllte) ähneln.

Die 60 cm hohe Hyazinthiflorum-Gruppe trägt bis 25 cm lange Blütentrauben, die den Blütenständen der Hyazinthen ähneln.

2. Halbhohe Sorten (Nanum Grandiflorum- und Nanum Maximum-Gruppe):

Die 40 bis 60 cm hoch wachsenden Sortengruppen umfassen Sortimente, die für Beetbepflanzungen, aber auch für den Schnitt geeignet sind. Auch hier werden F_1-Hybriden angeboten, die besonders standfest sind, bei guter Verzweigung kräftige Stiele entwickeln und dichtbesetzte, teils hyazinthenähnliche Blütentrauben tragen.

3. Niedrige Sorten (Majus Pumilum/Zwerglöwenmaul):

Die nur etwa 20 cm hohen Sortengruppen wachsen bis zu 40 cm breit. Auch hiervon gibt es leistungsfähige F_1-Hybriden, die besonders schnell wachsen, reich blühen und teilweise auch radiär entwickelte Blüten besitzen.

Vermehrung/Anzucht: Das im Jugendstadium langsam wachsende Löwenmaul wird bereits frühzeitig, meistens von Januar bis März, ausgesät. Die in den Saatgefäßen entwickelten Sämlinge werden pikiert. Besonders kräftige Jungpflanzen erreicht man, wenn sie danach noch in Anzuchttöpfe gesetzt werden. Bereits ab Mitte April kann in Abständen von 20 bis 30 cm ins Freie gepflanzt werden. Leichter Nachtfrost schadet den Pflanzen nicht. In der Regel werden die Pflanzen zwischen dem 4. und 5. Blatt entspitzt, damit sie sich gut verzweigen.

Standort/Pflege: Die Pflanzplätze und Beete sollen möglichst sonnig und bei den hohen Sorten auch windgeschützt liegen. Der Boden muß ausreichend und ausgewogen mit Nährstoffen versorgt sein. Zusätzliche Bewässerung und Düngung sind für gutes Gedeihen und reiche Erträge erforderlich. Nach Beginn der Blüte ist fortlaufend zu schneiden. Abgeblühte Stiele werden entfernt, um den Flor lange zu erhalten.

Verwendung: Das Löwenmaul gehört bereits seit dem 16. Jahrhundert zu den beliebten Gartenpflanzen. Während die hohen Sorten vor allem für den Anbau von Schnittblumen geeignet sind, eignen sich die anderen für Beete, Einfassungen, für die Pflanzung zwischen Stauden und für Steingärten. Auch in breiten Schalen, in Töpfen und Balkonkästen gibt es für das Zwerglöwenmaul interessante Anwendungsmöglichkeiten.

Bei der Gewinnung von Schnittblumen ist zu beachten, daß sich die Stielenden nach kurzer Zeit stets senkrecht aufrichten. Deshalb sollte man die Stiele bis zum Vasenstecken möglichst senkrecht in Gefäße stellen. In der Vase hält das Löwenmaul 8 bis 10 Tage. In gärtnerischen Spezialbetrieben gewinnt der Anbau von Schnittsorten unter Glas und Plaste ständig an Bedeutung.

Arctotis L. · Bärenohr
Compositae · Korbblütler

Griechisch: arctos = Bär; otos = Ohr; bezieht sich auf die Behaarung der Pflanzen. Die etwa 30 Arten ein- oder mehrjähriger Gewächse stammen aus Südafrika. Die Blätter sind grund- oder stengelständig, gebuchtet oder fiederartig eingeschnitten und filzig bis wollig behaart. Die langgestielten Blumen tragen edel geformte Zungenblütenkronen in Gelb, Rosa, Orange, Violett oder Weiß. Die Scheibenblüten sind purpurfarben, braun oder violett.

Arctotis venusta T. Norl. · Schopflavendelblättriges Bärenohr
(syn. Arctotis stoechadifolia auct. non Bergius)
✳ ⊙ ○○○ □

Botanisches: Die eigentlich ausdauernde, bei uns jedoch einjährig angebaute Art ist 60 bis 70 cm hoch. Sie wächst von unten her verzweigt, trägt tief gebuchtete und gelappte Blätter und ist an den oberirdischen Pflanzenteilen mit einem weichfilzigen bis feinhaarigen Belag überzogen. Die Stammform besitzt weiße, am Grunde gelbliche und unterseits blauviolette Zungenblüten; die Scheibenblüten sind hellblau. Die gesamte Blume wirkt gleichmäßig, edel und erinnert sehr an Gerbera. Blütezeit Juli bis September.

Züchtung/Sortiment: Als Gartenformen werden 35 bis 40 cm hohe *Arctotis-Hybriden* angeboten, die in allen Teilen größer und bei denen die Zungenblüten unterseits lavendelblau gefärbt sind. Außerdem gibt es Mischungen herrlicher pastellfarbener Töne. Leider sind sie bei uns wenig verbreitet.

Vermehrung/Anzucht: Man sät Ende März bis Anfang April unter Glas aus. Die kräftigsten Pflanzen erhält man, wenn man die Sämlinge in kleinen Töpfen weiterkultiviert, um sie Ende Mai mit Wurzelballen ins freie Land zu pflanzen. Die sich schon bei den Sämlingen entwickelnden Pfahlwurzeln werden auf diese Weise geschont, wodurch die Pflanzen störungsfrei weiterwachsen. Die Pflanzenabstände betragen 25 bis 30 cm.

Standort/Pflege: Der Gartenstandort sollte warm und geschützt, der Boden nicht kalt und nicht allzu schwer und feucht sein. Bei diesen Voraussetzungen und einem trocken-warmen Sommer entwickeln sich prächtige und reichblühende Pflanzen. In naßkalten Jahren dagegen ist das Wachstum unbefriedigend. Während der Entwicklung ist der Boden regelmäßig zu lockern.

Verwendung: Trotz der hohen Ansprüche sollten wir mehr Mut zum Anbau dieser formen- und farbenprächtigen Sommerblumen aufbringen. Vor allem Haus- und Kleingärten bieten sich für einen Anbauversuch an. In öffentlichen Anlagen erscheint der Anbau dagegen gewagt, da in ungünstigen Jahren durch Ausfälle unschöne Wirkungen und zusätzliche Arbeiten entstehen. Als Schnittblumen sind *Arctotis* kaum geeignet, da sie nur wenige Tage in der Vase halten und abends sowie an trüben Tagen die Köpfchen schließen.

Argemone L. · Stachelmohn, Distelmohn
Papaveraceae · Mohngewächse

Griechisch: argemone = eine Mohnart, welche gegen weiße Flecken auf den Augen gebraucht wurde. Etwa 10 Arten wachsen in Nord-, Mittel- und Südamerika, meist in Gesellschaft von Trockenpflanzen. Die überwiegend ein- oder zweijährigen Kräuter besitzen graugrüne, eingeschnitten-fiederteilige, stachelig-gezähnte oder steifborstige Blätter. Die Blüten sind weiß oder gelb.

Argemone grandiflora Sweet. · Großblütiger Stachelmohn
✳✳ ⊙ ○○○ ♧ □ Y ⊥ ⬡

Botanisches: Die einjährige Art stammt aus dem mexikanischen Hochland. Sie wird 60 bis 100 cm hoch, wächst verzweigt und besitzt stachelig-gezähnte, buchtig-halbgefiederte Blätter. Die Blüten sitzen zu 3 bis 6 dicht zusammen und erreichen bis zu 12 cm Durchmesser. Sie sind reinweiß bei etwas grünlichem Grund. Blütezeit Juli bis September.

Züchtung/Sortiment: Eine züchterische Bearbeitung und Sorten sind unbekannt. Bisher ist der Stachelmohn überwiegend in botanischen Gärten anzutreffen.

Vermehrung/Anzucht: Die Aussaat erfolgt im März unter Glas in Töpfe oder Schalen. Die erstarkten

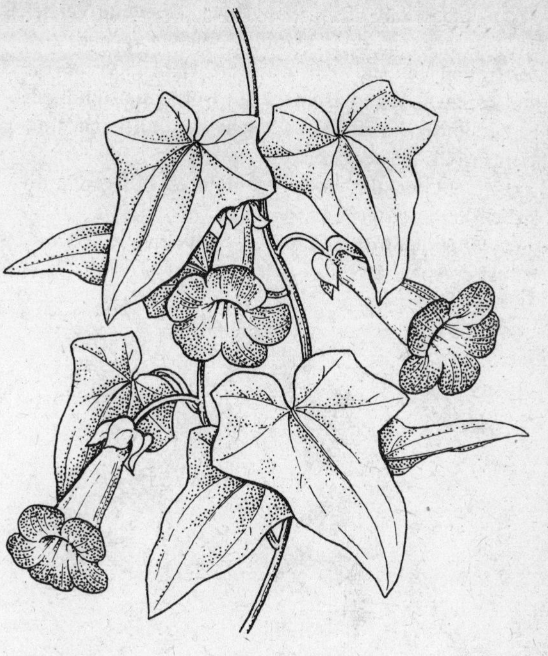

Sämlinge werden nicht zu spät in kleine Töpfe pikiert. Ausgepflanzt wird mit gut durchwurzelten Ballen Ende Mai im Abstand von 30 bis 40 cm.
Standort/Pflege: Bevorzugt werden warme und sehr sonnige Plätze. Auf nährstoffreichen, kräftigen Böden entwickeln sich prächtige Exemplare, deren ungewöhnlich große und schöne Blüten eine Augenweide sind.
Verwendung: Bisher wird diese attraktive Sommerblume leider nur selten angebaut. Einzeln oder in Gruppen besitzt sie eine hervorragende Schmuckwirkung. Die in großer Anzahl erscheinenden Blüten werden gern von Bienen beflogen. Der Stachelmohn verdient künftig unsere Aufmerksamkeit als neue und schöne Freilandblume.

Asarina Mill. · Maurandie
Scrophulariaceae · Braunwurzgewächse

Die dem Löwenmaul sehr ähnliche Gattung ist durch eine Anzahl kletternder Arten bekannt geworden, die aus Mittel- oder Südamerika stammen. Die Pflanzen klimmen mit Hilfe ihrer langen Blattstiele. Die Blüten können blau, violett, purpurn bis rosa gefärbt sein.

Asarina barclaiana (Lindl.) Pennell · Maurandie
(syn. Maurandya barclaiana Lindl.)
∗ ♄ ⊙ ⊙⊙ ≷ ⊥ ≣ [B]
Botanisches: Die aus Mexiko stammende Art ist in der Heimat eine verholzende, kletternde Staude. Die langgestielten Blätter sind breit dreieckig, herzförmig und lang zugespitzt. Die Pflanze klimmt mit den Blattstielen. Die Blütenkronen sind bei der Stammform purpurfarbig, kommen jedoch auch rosa, lila oder weiß vor. Blütezeit Juli bis September.
Züchtung/Sortiment: Angebaut wird die botanische Art in ihren Formen. Sorten sind nicht bekannt.
Vermehrung/Anzucht: Die Maurandien werden Anfang März in Saatschalen ausgesät, später pikiert und schließlich zu dritt in 8-cm-Töpfe gesetzt. Es ist vorteilhaft, die Pflänzchen zu pinzieren, wenn sie 10 cm hoch sind. Dann treiben die Seitenäste gut durch, und wir erhalten buschig verzweigte Pflanzen. Schließlich erhält jeder Topf einen 80 cm langen Stab, damit die Triebe schon klettern können. Ausgepflanzt wird Mitte Mai.
Standort/Pflege: Heimatbedingt benötigen Maurandien warme und geschützte Gartenplätze bei voller Sonne. Der Boden soll gut durchlässig sein und gleichmäßig feucht gehalten werden.
Verwendung: Diese so schön blühende Kletterpflanze berankt Pergolen und andere Klettervorrichtungen, Mauern, Wände und Gartenlauben. Es ist keine Pflanze zur Massenverwendung, sondern eher eine Besonderheit für den Einzelstand in wenigen Exemplaren.

Asperula L. · Waldmeister
Rubiaceae · Krappgewächse

Lateinisch: asper = rauh; asperulus = etwas rauh; dies bezieht sich auf die rauhen Pflanzenteile einiger

Arten. Insgesamt kennt man 90 verschiedene Vertreter aus Europa, dem Mittelmeergebiet, Asien und Australien. Sie sind ein- oder mehrjährig, verzweigt mit gegenständigen Blättern und oft quirlständigen Nebenblättern. Die Blüten erscheinen zahlreich, sind klein, weiß, rot oder rosa.

Asperula orientalis Boiss. et Hohen. · Morgenländischer Waldmeister
(syn. Asperula azurea Jaub. et Spach.)
✳ ⊙ ◐ ● ≌ ♧ ▭ □ Y ⬡

Botanisches: Heimatgebiete sind verschiedene Gegenden im Kaukasus. Die Pflanzen werden nicht höher als 20 bis 30 cm und machen einen zierlichen Eindruck. Dies ist auf die reichliche und feinstengelige Verzweigung sowie auf die länglichen, quirlartig angeordneten Blättchen zurückzuführen. Die endständigen, kopfigen Blütenstände tragen ein Büschel kleiner, blauer und duftender Einzelblüten. Blütezeit Anfang Juni bis Juli.

Vermehrung/Anzucht: Man sät im März bis April breitwürfig an Ort und Stelle aus. Nach zwei Wochen erscheinen die Sämlinge, die man so verzieht, daß der Abstand 10 bis 15 cm beträgt.

Standort/Pflege: Die Ansprüche sind für Sommerblumen ungewöhnlich, denn der Waldmeister liebt einen halbschattigen Standort bei humos-feuchtem Boden.

Verwendung: Als Liebhaberpflanze zeichnet sich die Art durch ihre blauen Blütenteppiche, den angenehmen Duft und die frühe Blütezeit aus. Sie wird in erster Linie auf geschlossenen Beetflächen oder unter Gehölzen angepflanzt. Der kurzen Blütezeit wegen ist sie allerdings auf kleinere Gärten beschränkt. Der Rückschnitt nach der Blüte wie bei *Lobularia* führt hier zu keinem zweiten Flor.

Begonia L. · Begonie, Schiefblatt
Begoniaceae · Schiefblattgewächse

Benannt nach Michael Begon, Gouverneur von Santo Domingo, der von 1638 bis 1701 lebte. Bekannt sind etwa 400 Arten aufrechter, klimmender oder hängender Kräuter und Halbsträucher aus tropischen bis subtropischen Gebieten Amerikas, Afrikas und Asiens. Die Blätter sind zweizeilig angeordnet, meistens ungleichseitig und sehr vielgestaltig. Die gestielten, einhäusigen Blüten stehen in trugdoldigen Ständen, die immer den Blattachseln entspringen.

Begonia–Knollenbegonien-Hybriden · Knollenbegonie
(syn. Begonia × tuberhybrida Voss)
✳✳✳ ♁ ⊙ ○ ◐ ≌ □ ⁞ ▽ ▽ [B]

Züchtung/Sortiment: Die züchterische Entstehung der vielgestaltigen Klassen begann in England, nachdem in der zweiten Hälfte des 19. Jahrhunderts zahlreiche Arten aus Südamerika eingeführt wurden. Seitdem haben sich Züchter auch in Belgien, Frankreich, der CSSR und in der Bundesrepublik Deutschland intensiv mit dieser Zierpflanze beschäftigt und ein umfangreiches, wertvolles Sortiment entstehen lassen. Obwohl die Vermehrung und Anzucht jährlich aus den, wenn auch nicht winterharten Knollen erfolgen kann, werden alle modernen Sorten heute aus Samen vermehrt und wie Sommerblumen behandelt. Die Kultur unterscheidet sich kaum von der unserer *Begonia-Semperflorens-Hybriden.*

Obwohl das in ständiger Bewegung befindliche Sortiment eine große Variationsbreite besitzt, kann nachfolgende Einteilung zugrunde gelegt werden:

1. Riesenblumige: („Gigantea") Begonien bis 30 cm hoch; einfache bis gefüllte Sorten in vielen Farben und Farbkombinationen; Sorten mit glattrandigen, gewellten und gefransten Blüten; Blütendurchmesser 15 bis 20 cm; Topf- und Beet-Begonien.
2. Kleinblumige: („Multiflora") Begonien 15 bis 25 cm hoch; verschiedene Blütenfarben und -formen; Blütendurchmesser bis 4 cm; Beetbegonien.
3. Mittelblumige: Zwischen beiden Klassen gibt es einen Mitteltyp („Multiflora Maxima"), der 20 bis 25 cm hoch wird und bis 9 cm große Blüten entwikkelt.

Zu dieser Gruppe kann man wohl auch die als „Bertinii" geführten Sorten zuordnen. Die etwa 20 cm hohen Pflanzen tragen zahlreiche einfache, längliche und hängende Blüten; für Beete, Töpfe und Schalen geeignet; die volle Sonne vertragenden und gegen Mehltau widerstandsfähigeren F_1-Sorten des „Bertinii"-Typs bereichern das Sortiment.

4. Großblumige F_1-Hybriden: Dieser zwischen „Gigantea" und „Multiflora Maxima" stehende Typ bleibt niedrig, wächst gedrungen und von unten her verzweigt. Die reichblühenden Hybriden tragen 8 bis

Begonia-Knollenbegonien-Hybriden werden für Einfassungen, bunte und einheitlich bepflanzte Rabatten, Teppichbeete oder Pflanzkübel bevorzugt. In Hausnähe erfreuen sie uns als Balkon-, Schalen- und Topfpflanzen. Obwohl sie bei frostfreier Überwinterung der Knollen ausdauernd sind, werden heute alle modernen Sortimente aus Samen vermehrt und wie Sommerblumen behandelt.

'Pirnaer Frühblühende' Stiefmütterchen

'Erfurter Frühblühende Riesen'

'Schweizer Riesen'

'Schweizer Riesen'

Viola-Wittrockiana-Hybriden blühen von März bis Juli, oft bereits im Herbst. Die einzelnen Rassen unterscheiden sich vor allem durch die Frühzeitigkeit, die Größe und Farbe der Einzelblüten. Außerdem sind Wuchseigenschaften und Widerstandsfähigkeit bedeutungsvoll. Jährlich werden viele Millionen Stiefmütterchen für Frühlingsbeete, Balkonkasten- und Schalenbepflanzungen verwendet.

Chrysanthemum segetum Saatwucherblume

Zinnia angustifolia Schmalblättrige Zinnie

Ursinia anethoides Bärenkamille

Coreopsis basalis Mädchenaugen

Zur Pflanzenfamilie der Korbblütler zählen zahlreiche Gattungen und Arten von Sommerblumen. Viele von ihnen sind seit langem verbreitet und fehlen selten in unseren Gärten und Anlagen. Wer kennt nicht die schönen Sorten der heimischen Saatwucherblume! Andere, nahe verwandte Einjahrsblumen, wie die Bärenkamille, haben sich als Neulinge im Sortiment noch zu bewähren.

Nicotiana x sanderae Ziertabak

Nicotiana sylvestris Bergtabak

Nicotiana alata Geflügelter Tabak

Impatiens glandulifera Drüsentragende Balsamine

Polygonum orientale Orientknöterich

Japanische Blumenwiese auf der iga in Erfurt

Alle Ziertabake brauchen Sonne und Wärme. Die hochwachsenden Arten und Hybriden eignen sich als wirkungsvolle Solitärpflanzen, während die niedrigeren für Beete und Pflanzgefäße zu empfehlen sind. – Die Drüsentragende Balsamine und der Orientknöterich wünschen nährstoffreiche und ausreichend feuchte Standorte, dann entfalten sie als stattliche Exemplare ihre volle Schönheit.

Molucella laevis   Muschelblume

Anchusa capensis   Kapochsenzunge

Mirabilis jalapa   rotblühend Wunderblume

Mirabilis jalapa   weißblühend Wunderblume

Linum grandiflorum   Großblütiger Lein

Lindheimera texana   Lindheimerie

Die noch selten angebauten Muschelblumen mit ihren außergewöhnlich attraktiven Kelchblättern eignen sich vor allem zum Trockenschnitt. Die interessanten Wunderblumen können an einer Pflanze unterschiedlich gefärbte Blüten tragen. Sie gehören, wie die Lindheimerien, noch zu den Seltenheiten in unseren Gärten, lohnen aber durch die Schönheit ihrer botanischen Eigenarten das Ausprobieren.

Helianthus annuus 'Sunkist' Einjährige Sonnenblume

Helianthus annuus 'Sunkist' Einjährige Sonnenblume

Layia elegans Layia

Ammobium alatum Sandimmortelle

Sonnenblumen benötigen für eine gute Entwicklung der Pflanzen viel Sonne, nährstoffreiche Böden und ausreichend Feuchtigkeit. Während die hohen Sorten einzeln oder in kleinen Gruppen sehr dekorativ wirken, eignen sich die niedrigen Gartenformen, darunter auch die Sorte 'Sunkist', für geschlossene Pflanzungen, Abgrenzungen ebenso wie für Schnittzwecke.

Dimorphotheca sinuata 'Tetra Goliath' Kapringelblume

Gazania-Hybriden Gazanie

Tithonia rotundifolia Tithonie

Arctotis venusta Schopflavendelblättriges Bärenohr

Bis auf die in Mittelamerika beheimatete Tithonie stammen die anderen drei Sommerblumen aus Südafrika. Allen ist jedoch gemeinsam, daß sie sonnige und warme Standorte benötigen und in kühlen, feuchten Sommern unbefriedigend gedeihen. Die „Südafrikaner" vertragen sogar Trockenheit, während Tithonien zur vollen Entfaltung ausreichend Feuchtigkeit und Bodennährstoffe brauchen.

Bellis perennis Gänseblümchen (Wildform)

Bellis perennis 'Excelsa Weiß' Tausendschön

Gypsophila elegans Einjähriges Schleierkraut

Scabiosa atropurpurea 'Reinweiß' Purpurskabiose

Bei unserem als Wildpflanze so verbreiteten Gänseblümchen wird der durch züchterisches Schaffen erzielte Fortschritt besonders deutlich. Die in einem reichhaltigen Sortiment angebotenen Sorten sind beliebte Frühlings- und Frühsommerblüher für niedrige Beetpflanzungen und Pflanzgefäße. Schleierkraut und Purpurskabiose sind aus dem Sortiment der Hochsommerblüher nicht mehr wegzudenken.

Heliotropium arborescens Heliotrop, Sonnenwende

Portulaca grandiflora Portulakröschen

Calceolaria integrifolia Pantoffelblume

Impatiens wallerana Fleißiges Lieschen

Heliotrop, Pantoffelblumen und das Fleißige Lieschen sind eigentlich ausdauernde Pflanzen, die früher frostfrei überwintert und durch Stecklinge vermehrt wurden. Durch die Züchter wurden Sorten unterschiedlicher Formen und Farben in großer Vollkommenheit geschaffen, die heute ausschließlich durch Samen vermehrt werden.

Salvia farinacea   Mehlige Salvie

Salvia coccinea   Scharlachrote Salvie

Schizanthus-Wisetonensis-Hybriden   Schmetterlingsblume

Salvia patens   Abstehende Salvie

Echium vulgare   Gemeiner Natternkopf

Linaria maroccana   Leinkraut

Noch längst haben wir nicht alle Möglichkeiten, die uns das Salvien-Sortiment für den Garten bietet, erschlossen. Alle im Bild vorgestellten Arten sind zum Blumenschnitt für bunte Sträuße geeignet. Sie passen auch gut in Sommerblumenbeete. Der Imker schätzt sie, wie auch den Gemeinen Natternkopf, als wertvolle Bienenweidepflanzen.

Silene pendula Hängendes Leimkraut

Silene coeli-rosa Himmelsröschen, Lichtröschen

Saponaria calabrica Seifenkraut

Dorotheanthus bellidiformis Mittagsblume

Mesembryanthemum crystallinum Eispflanze

Cuphea ignea Zigarettenblümchen

Das Zigarettenblümchen ist ausdauernd, bei uns jedoch nicht winterhart. Es wird deshalb jährlich aus Samen neu vermehrt. Bevorzugt werden sonnige bis halbschattige Standorte. Im Gegensatz dazu sind die anderen fünf Sommerblumen sonnenhungrig und auch für trockene Plätze geeignet.

Clarkia pulchella, die Niedliche Sommerfuchsie, stammt aus Nordamerika. Sie wächst buschig und trägt blaugrünes Laub. In der Blumenzüchtung wurde sie häufig als Kreuzungspartner verwendet. Noch wenig bekannt ist *Argemone grandiflora,* der Großblütige Stachelmohn. Er bevorzugt warme und sehr sonnige Plätze und verdient künftig mehr Beachtung.

Papaver rhoeas   Klatschmohn (Feldbestand)

Rudbeckia hirta   Einjähriger Sonnenhut

Centaurea cyanus   Kornblume

Papaver rhoeas   Klatschmohn

Die Farben- und Formenvielfalt des Klatschmohnes läßt kaum noch die Abstammung von der heimischen Wildform vermuten. Der einjährige Sonnenhut ist als Schnittblume beliebt. Er muß voll erblüht geerntet werden. Die dicht gefüllten Sorten der Kornblume umfassen ein reiches Farbspiel.

Einzelblüte der einfachblühenden Sortengruppe in Rosa

Gefülltblühender Stockmalven in verschiedenen Farben

Einzelblüte der Sorte 'Chamois'

Einzelblüte der Sorte 'Scharlach'

Als eine der ältesten Gartenpflanzen hat *Alcea rosea*, die Stockmalve, noch immer einen festen Platz im bunten Reigen der sowohl winterannuell als auch sommereinjährig anzubauenden Zierpflanzen. Für beide Anbaumethoden gibt es geeignete Sortengruppen. Stockmalven wirken durch ihre Gesamterscheinung und die herrlichen Blüten sowohl im Freien als auch in der Vase sehr repräsentativ.

'Orangenstrahlen'

'Pazifik Schönheit Zitronengelb'

'Pazifik Schönheit Cremeweiß'

'Pazifik Schönheit Mischung'

Calendula officinalis, die Gartenringelblume, ist schön und anspruchslos zugleich. Hinzu kommt, daß sie direkt ins Freie gesät werden kann. Die Sorten werden 20 bis 60 cm hoch. Dadurch eignet sich die Ringelblume als Beet- und Topfpflanze ebenso wie für den Blumenschnitt. Der Farbbereich beinhaltet überwiegend gelbe bis orangefarbene Töne.

Die große Sommerblumenrabatte auf der iga in Erfurt überrascht jährlich die Besucher durch neue Pflanzen- und Farbkombinationen. In der Flächenwirkung zahlreicher Arten und Sorten entdecken wir so manches anregende Gestaltungselement für unsere Gärten und Anlagen.

9 cm große, gefüllte Blüten. Die als „Nonstop" bezeichnete Klasse ist als Topfpflanze sowie für Beete in sonnigen und halbschattigen Lagen geeignet und stellt eine echte Verbesserung im Sortiment dar.

Begonia-Semperflorens-Hybriden · Eisbegonie (syn. Begonia × semperflorens-cultorum Krauss)

✳✳✳ ♃ ⊙ ○ ◐ ♒ ◊ □ ⁞ Y ⊔ ⊔ B

Züchtung/Sortiment: Die 1821 aus der brasilianischen Heimat zufällig in den botanischen Garten Berlin eingeführte Art ist ausdauernd, wird jedoch als Sommerblume behandelt. Die seit vielen Jahrzehnten in mehreren Ländern durchgeführte intensive Züchtung bezog weitere Arten ein und führte zu einem breiten Sortiment beliebter Zierpflanzen, die heute unter der obengenannten Bezeichnung verbreitet sind.

Angebaut werden leistungsfähige F_1-Sorten, welche ausgeglichene, wüchsige, reichblühende und meistens witterungsbeständige Bestände ergeben. Einige buschig wachsende Topfsorten blühen gefüllt, da sie durch Stecklinge von den im Gewächshaus überwinternden Mutterpflanzen jährlich neu gewonnen werden müssen, ist ihr Anbau sehr begrenzt.

Man unterscheidet niedrige (12 bis 20 cm), mittelhohe (20 bis 25 cm) und halbhohe bis hohe Sorten (25 bis 30 cm), die entweder grün- oder dunkellaubig sind. Verschiedene triploide Sortengruppen sind nicht in der Lage, Samen anzusetzen und blühen deshalb besonders reich und langanhaltend.

Vermehrung/Anzucht: Begonien werden bereits zeitig im Dezember und Januar ausgesät, da die sehr kleinen Sämlinge anfangs nur langsam wachsen. Die Saatgefäße werden im Gewächshaus aufgestellt und besonders sorgfältig behandelt. Man pikiert die Sämlinge zweimal, zuerst in Schalen oder Handkisten, später auf halbwarme Frühbeete. Mitunter erfolgt die Anzucht im letzten Abschnitt auch in kleinen Töpfen. In der zweiten Maihälfte, sobald keine Spätfröste mehr auftreten, pflanzt man 15 bis 25 cm weit ins Freie aus.

Standort/Pflege: An sonnigen Standorten blühen Begonien besonders reich und langanhaltend, aber auch halbschattige Plätze sind geeignet. Durch die Züchtung wurden große Fortschritte, auch in der Widerstandsfähigkeit gegen Hitze und andere Witterungseinflüsse, erreicht. An unterschiedliche Bodenverhältnisse passen sich Begonien durchaus an, allerdings entwickeln sich die Pflanzen auf nährstoffarmen und trockenen Böden nur unvollkommen, und die Blühdauer ist stark verkürzt. Deshalb muß im Sommer zumeist zusätzlich gewässert werden.

Verwendung: Begonien haben ein breites Anwendungsfeld als Sommerblumen. Unsere Gärten und Anlagen sind ohne diese reichblühenden und dankbaren Gartenpflanzen nicht denkbar. Auf Einfassungen und Teppichbeeten, bunten und einheitlichen Beet- und Rabattenpflanzungen, in Balkonkästen, Schalen und als Topfpflanzen begegnen wir diesen schönen Blumen. Zur Bepflanzung von Grabstätten werden sie häufig und vielseitig verwendet.

Bellis L. · Maßliebchen
Compositae · Korbblütler

Lateinischer Pflanzenname, der wahrscheinlich von bellus = hübsch abgeleitet wurde. Wir kennen 8 bis

10 Arten niedriger Kräuter aus vielen Gebieten der nördlichen Halbkugel. Die Blätter sind grundständig, und die Blumen erheben sich einzeln auf verhältnismäßig langen Stielen. Sie bestehen aus einer gelben Mittelscheibe röhriger Blüten und einem oder mehreren Kreisen verschiedenfarbiger zungen- oder röhrenförmiger Randblüten.

Bellis perennis L. · Gänseblümchen, Tausendschön

✱✱ ♃ ① ○ ◐ □ ⁞ Y ▽ [B] ✂

Botanisches: Die als „Gänseblümchen" bekannte, ausdauernde Wildform ist in unserem Raum und anderen europäischen Ländern verbreitet. Die 1 bis 1,5 cm breiten Blümchen erscheinen in fast ununterbrochener Folge vom Frühjahr bis zum Herbst. Die Randblütenkronen der Wildform sind weiß bis rötlich. Abends schließt sich die Blume. Blütezeit März bis Juli, bei der Wildform bis September.

Züchtung/Sortiment: An der züchterischen Vervollkommnung der winterannuell angebauten Art wird seit langem und bis heute intensiv und erfolgreich gearbeitet. Mit dem immer vielgestaltigeren und leistungsfähigeren Sortiment erweiterten sich gleichzeitig die Verwendungsmöglichkeiten.

Die Sortengruppen und Klassen unterscheiden sich besonders durch die zungen-, nadel- oder röhrenartig ausgebildeten Petalen der Einzelblüten, die in halb- bis dicht gefüllten Körbchen vereinigt sind. Die Blumen erreichen bei den großblumigen Sorten 6 bis 7 cm Durchmesser. Die Höhe der verschiedenen Klassen variiert zwischen 12 und 20 cm. Neben den herkömmlichen Sorten in Weiß, Rosa und Rot werden auch F_1-Hybriden angeboten. Die modernen Sorten haben mit dem heimischen Gänseblümchen nur noch den Namen gemeinsam.

Vermehrung/Anzucht: Ausgesät wird im Juni und Juli unter Glas, oft im Frühbeet. Die Sämlinge werden, wenn sie genügend erstarkt sind, im Abstand von 15 bis 20 cm auf Freilandbeete ausgepflanzt. Da die Pflanzen meistens erst im Frühjahr an den endgültigen Bestimmungsort gepflanzt werden, schützt man im Garten die Beete den Winter über mit einer leichten Decke Fichtenreisig. In strengen Wintern mit wenig Schnee können trotzdem Schäden auftreten.

Der Kleingärtner kann von Ende März an Jungpflanzen kaufen, wenn er die eigentlich leichte Anzucht nicht selbst übernehmen will. Mitunter erhält er dann schon blühende Pflanzen.

Standort/Pflege: Die Überwinterungsbeete sollen an geschützten Plätzen angelegt werden. Der Stand kann sonnig bis halbschattig sein. Das Tausendschön paßt sich verschiedenen Bodenverhältnissen an. Extreme Feuchtigkeit oder Trockenheit verträgt es schlecht.

Verwendung: Bellis nimmt man gern für Frühlingspflanzungen auf Beeten, für Einfassungen, Unterpflanzungen von Tulpen und Narzissen-Standorten, Balkonkästen, Schalen und Töpfe. Kombinationen mit anderen zweijährigen Frühlingsblühern sind möglich. Man muß allerdings beachten, daß sie gegenüber z. B. gelbblühenden Stiefmütterchen hinsichtlich Leuchtkraft und Gesamteindruck nicht mithalten können. Deswegen wird man seltener große Flächen geschlossen mit dieser Art besetzen.

Tausendschön säen sich im Garten leicht selbst aus. Solche Nachkommenschaften sind nicht empfehlenswert, da sie meist unvollkommenere Eigenschaften gegenüber der ursprünglichen Sorte besitzen. Wenn man im Februar die Beete überbaut oder die Pflanzen mit kräftigem Ballen im Herbst oder Winter unter Glas bringt, erreicht man eine früh einsetzende Blüte. Die Temperaturen dürfen dabei nicht höher als 10 bis 12°C liegen, andernfalls entwickelt sich das Laub auf Kosten der Blumen. Solche frühblü-

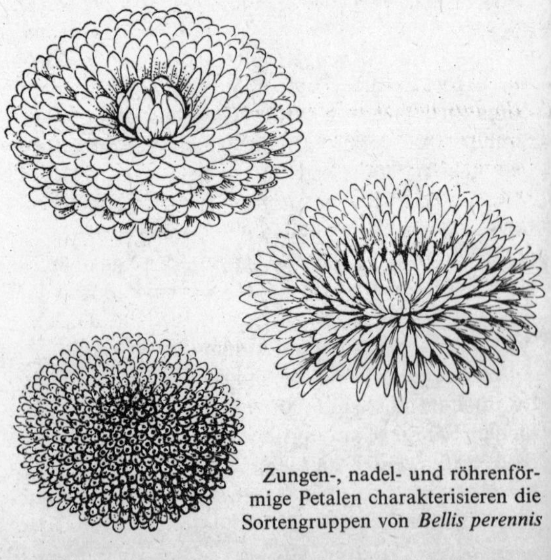

Zungen-, nadel- und röhrenförmige Petalen charakterisieren die Sortengruppen von *Bellis perennis*

henden Bellis werden gern zur Schalenbepflanzung oder für kleine Sträuße verwendet. Selbst vollerblühte Pflanzen lassen sich ohne Schäden in Gefäße oder an einen anderen Freilandstandort setzen.

Brachycome Cass. · Sternblümchen
Compositae · Korbblütler

Griechisch: brachys = kurz, kome = Haar; der Name bezieht sich auf den kurzen Haarschopf der Samenstände. Die 50 einjährigen und ausdauernden Kräuter stammen vom australischen Erdteil. Die meisten Arten bilden aufrechte, verzweigte Büsche mit vielen meist kleinen Einzelblumen an den zarten Stielen. Die häufigsten Farben sind Weiß, Rot, Rosa, Blau und Violett.

Brachycome iberidifolia Benth. · Sternblümchen

✳ ⊙ ○ □ ⁞

Botanisches: Die stark verästelte, bis 30 cm hohe Pflanze besitzt wechselständige, fiederige Blätter mit schmal-linealischen Zipfeln. Der Pflanzenaufbau wirkt feingliedrig. Die Blumen erscheinen sehr zahlreich, werden bis 3 cm breit und duften angenehm. Die schwarzen Scheibenblüten werden bei der Stammform von einem Kranz blauer, am Grunde weißer Zungenblüten umgeben. Blütezeit ist Juli bis September, wenn man in Folgesätzen vermehrt.

Züchtung/Sortiment: Es werden heute einige farbenreine Sorten mit blauen, roten oder weißen Strahlenblütenkronen angeboten. Alle werden 20 bis 25 cm hoch.

Vermehrung/Anzucht: Freilandaussaaten bleiben meistens erfolglos. Deshalb sät man ab Anfang April unter Glas aus, verstopft einmal und setzt die Jungpflanzen Mitte Mai in 20 cm Abstand auf die Beete.

Standort/Pflege: Sternblümchen sind wärmebedürftig und empfindlich gegen Nässe. Deshalb soll der Boden durchlässig und der Standort sonnig sein. In kühlen und feuchten Sommern muß man damit rechnen, daß sich die Pflanzen unbefriedigend entwikkeln.

Verwendung: Obwohl die Blütezeit im Vergleich zu anderen Sommerblumen kürzer ist, sie hält etwa 6 Wochen an, verzichtet man nur ungern auf diese zierliche Beetpflanze mit den unzähligen farbenfrohen und duftenden Blumen. Am geeignetsten ist sie für gemischte Pflanzungen sowie für gruppenweise Verwendung einzelner Sorten auf Beeten und für Einfassungen.

Brassica L. · Kohl
Cruciferae · Kreuzblütler

Lateinisch: brassica = Kohl. Bei den etwa 200 bekannten Arten handelt es sich überwiegend um einoder zweijährige Kräuter, die besonders im Mittelmeergebiet verbreitet sind. Das Laub ist recht verschiedenartig. Die Blüten sind gelb, seltener weiß.

Brassica oleracea L. · Gemüsekohl, Zierkohl

✳ ⊙ ⊙ ○ ≌ ♀ ⁞ ⊥

Botanisches: Die Wildformen stammen von den Küsten des atlantischen Westeuropa. Die zwei-, seltener einjährigen krautartigen bis leicht verholzenden Pflanzen tragen kahle, verschieden grün gefärbte Blätter, deren untere gestielt und obere sitzend sind. Die lockeren, traubenartigen Blütenstände sind mit einer Vielzahl meist weißgelber Blüten besetzt. Blütezeit Mai/Juni.

Züchtung/Sortiment: Neben den für die Ernährung so wichtigen Kohlarten werden seltener, wenn auch schon seit langem, einige Formen als Schmuckpflanzen verwendet. Vielleicht ist es gewagt, den soge-

nannten Zierkohl den Sommerblumen zuzuordnen, aber schließlich entsprechen Anzuchtmethode und Verwendungszweck denen vieler einjährig gezogener Blütenpflanzen.
Die Zierkohl-Kulturformen besitzen durch die gekrausten bis gewellten Blätter, besonders jedoch aufgrund der im Frühherbst intensiven, unterschiedlichen Ausfärbung der inneren Blätter einen beachtlichen Schmuckwert. Die Ausfärbungen bewegen sich im Farbspiel Weiß, Gelblich, Violett, Rosa und Rot. Diesen Eigenschaften entsprechen die im Handel angebotenen Sortimente.
Vermehrung/Anzucht: Die Aussaat erfolgt im April unter Glas oder auch von April bis Juni auf Freilandsaatbeete. Die Jungpflanzen werden im Abstand von 40 bis 50 cm ausgepflanzt.
Standort/Pflege: Der starkwüchsige Zierkohl benötigt kräftigen und nährstoffreichen Boden sowie reichlich Bewässerung und Düngung. Der Standort soll sonnig sein.
Verwendung: Die eigentliche Schmuckwirkung tritt mit sinkenden Temperaturen, also ab September auf, da erst dann die intensive Ausfärbung einsetzt. Allerdings hält sie dann oft bis in den November an. Zierkohl wird in unseren Gärten und Anlagen sicher eine Rarität bleiben. Einerseits kann er mit anderen Zierpflanzen zusammen kaum kombiniert werden, andererseits der späten Ausfärbung wegen. Schließlich zeigen auch nur vollkommen ausgebildete Pflanzen die erwartete dekorative Wirkung. Kümmerlinge dagegen sind keine Zierde.

Browallia L. · Browallie
Solanaceae · Nachtschattengewächse

Die Gattung wurde nach Johann Browallius (1707 bis 1755) benannt, der als lutherischer Bischof in Finnland wirkte. Die aus dem tropischen Amerika stammenden 6 Arten sind bis auf eine annuell. Das Laub ist ganzrandig und häutig. Die blauen, violetten oder weißen Blüten sitzen auf einzeln stehenden Stielchen, die in den oberen Teilen in einer einseitswendigen Ähre angeordnet sein können.
Browallia viscosa H.B.K. · Klebrige Browallie
✳ ⊙ ○○ □ ⁞ Y ⊎ [B]
Botanisches: Charakteristisch für die einjährige, 30 bis 60 cm hohe Pflanze sind die weichen, klebrigen Drüsenhaare. Die Blüten erscheinen achselständig und in großer Anzahl und sind blau mit weißem Schlund. Blütezeit Juli bis September.
Züchtung/Sortiment: Die im Anbau befindlichen Kulturformen werden nicht höher als 30 cm, die Zwergsorten gar nur 15 bis 20 cm.
Vermehrung/Anzucht: Die Aussaat erfolgt im März unter Glas in kleine Gefäße. Die Sämlinge werden zu 3 bis 4 Stück in Torftöpfe pikiert und Ende Mai gut abgehärtet im Abstand von 20 bis 40 cm an den Freilandstandort gepflanzt. Mehrmaliges Pinzieren fördert den buschigen Wuchs.
Standort/Pflege: Zum guten Gedeihen ist unbedingt eine warme und geschützte Lage bei voller Sonne erforderlich. Der Boden soll ebenfalls warm und von sandig-lehmiger Beschaffenheit sein.
Verwendung: Wir sollten Browallien mehr als bisher auch für bunte Pflanzungen mit anderen Sommerblumen beachten. Die schöne blauviolette Farbe ist schließlich nicht allzu häufig und bereichert die Farbpalette wohltuend.

Calceolaria L. · Pantoffelblume
Scrophulariaceae · Braunwurzgewächse

Lateinisch: calceolus = kleiner Schuh, Pantoffel. Die artenreiche Gattung umfaßt annähernd 300 Vertreter, die in Süd- und Mittelamerika beheimatet sind. Nur 2 Arten stammen aus Neuseeland. Bei allen handelt es sich um Kräuter, Halbsträucher oder Sträucher, deren Blätter gegen- oder quirlständig angeordnet sind. Die achsel- oder endständigen Blüten erscheinen einzeln oder sind trugdoldig – mehrblütig vereint. Ihre Farbe ist sehr unterschiedlich, besonders oft liegt sie im Bereich gelber bis purpurfarbener Töne.
Calceolaria integrifolia Murr. · Pantoffelblume
(syn. Calceolaria rugosa Ruiz et Pav.)
✳✳ ♄ ⊙ ○ ◐ □ ⁞ Y ⊎ ⊎ [B]
Botanisches: Die aus Chile stammende, halbstrauchartig wachsende Pflanze wächst in der Heimat mehr oder weniger verzweigt und kann dort über 100 cm hoch werden. Neben den zahlreichen, kleinen, eirun-

den bis länglichen und gekerbten bis glattrandigen Blättern schmückt vor allem die Vielzahl der leuchtend gelben Pantoffelblüten. Blütezeit Mai bis Oktober.

Züchtung/Sortiment: Diese Pantoffelblumen werden seit Jahrzehnten einjährig vermehrt und als Sommerblumen verwendet. Intensive züchterische Bearbeitung führte dazu, daß unser Sortiment heute im wesentlichen durch einige F_1-Sorten mit hohen Leistungseigenschaften bestimmt wird. Die 20 bis 25 cm hohen Sorten wachsen kompakt und geschlossen, sind frühblühend, großblumig und reichblühend. Die sehr ausgeglichenen Sorten zeichnen sich durch einen ununterbrochenen Blütenflor, auch unter zeitweilig ungünstigen Witterungseinflüssen, aus. Einige sind speziell als Topfpflanzen geeignet. Mit dem heutigen Sortiment wurde die früher der schlechten Samenkeimung und der Unausgeglichenheit wegen praktizierte Stecklingsvermehrung uninteressant und abgelöst.

Vermehrung/Anzucht: Ausgesät wird, entsprechend dem vorgesehenen Verwendungszweck, von November bis Februar in Saatschalen unter Glas. Die Pflänzchen werden pikiert und später in Jungpflanzentöpfe gesetzt. Ab Mitte Mai pflanzt man die gut durchwurzelten Ballen nach entsprechender Abhärtung der Pflanzen im Abstand von 20 bis 25 cm aus.

Standort/Pflege: An sonnigen bis halbschattigen Gartenplätzen, auf ausreichend bewässerten und mit Nährstoffen versorgten Böden entwickeln die Pantoffelblumen einen reichen und langanhaltenden Flor.

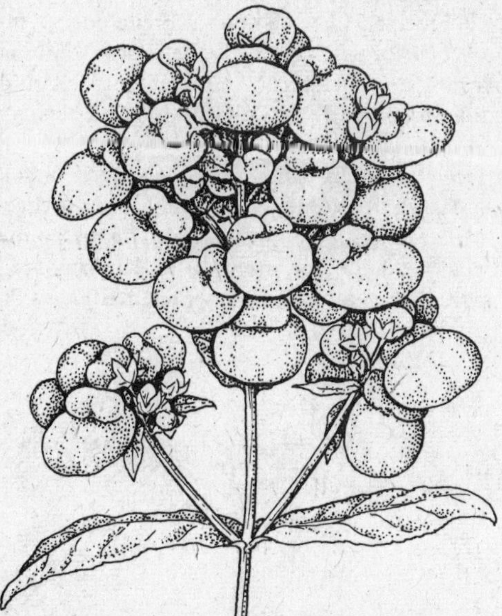

Verwendung: Calceolarien können wirkungsvoll mit anderen Sommerblumen, vor allem in roten, braunen und blauen Farbtönen, kombiniert werden. Beetpflanzungen, Einfassungen, Balkonkästen und keramische Gefäße bieten variable Anwendungsmöglichkeiten.

Calendula L. · Ringelblume
Compositae · Korbblütler

Lateinisch: calendae = der erste Tag jedes Monats; bezieht sich im übertragenen Sinn auf die mehrmonatige Blühdauer. Etwa 20 Arten ein- oder mehrjährige Kräuter aus dem Mittelmeergebiet, dem Iran und von den Kanarischen Inseln sind bekannt. Die Blütenspitzen sitzen in gestielten Köpfchen und sind gelb bis orangefarben.

Calendula officinalis L. · Gartenringelblume
✳✳ ⊙ ○ □ ✂

Botanisches: Die Art stammt aus Südeuropa und dem Mittelmeergebiet. Die Pflanzen sind bis 50 cm hoch, breitbuschig und verzweigt, die Blätter länglich, wechselständig und ungeteilt. Blütezeit Juni bis September, bei Folgesaaten.

Züchtung/Sortiment: Das moderne Sortiment umfaßt Sortengruppen von 20 bis 30 cm Höhe und solche, die 50 bis 60 cm hoch werden. Dementsprechend ist die Verwendung als Beet- und Topfpflanze oder für den Schnitt möglich. Die Blumen der gelben bis orangefarbenen Sorten blühen einfach, halbgefüllt oder gefüllt und erreichen Durchmesser bis zu 10 cm. Die Blütenkronen sind sortenbedingt zungen- oder röhrenförmig.

Vermehrung/Anzucht: Die Hauptaussaatzeit liegt von März bis Mai. Herbstsaat ist möglich. Gesät wird an Ort und Stelle. Durch Staffelung der Vermehrungszeiten kann man vom Frühsommer bis zum Herbst blühende Bestände im Garten haben. Man kann bei einem Aussaatsatz mit einer Blühdauer von etwa 6 Wochen rechnen. Die Sämlinge werden auf Abstände von 25 bis 30 cm vereinzelt, wobei man die entfernten Pflänzchen an anderer Stelle wieder aufpflanzen kann.
Verwendung: Da sich bei dieser Art Schönheit und Anspruchslosigkeit mit einfacher Anzucht verbinden, ist sie eine der häufigsten Gartenpflanzen für Beete und Schnitt. Es ist zu beachten, daß die Blütezeit kürzer als bei den meisten anderen Sommerblumen ist. In der Vase halten sich die Schnittstiele 6 bis 8 Tage. Man verlängert die Haltbarkeit, wenn die Blumen beim Schneiden noch nicht völlig geöffnet sind.

Callistephus Cass. · Sommeraster
Compositae · Korbblütler

Griechisch: kallos = schön, stephos = Kranz. Es gibt nur eine Art, die besonders in China und Japan beheimatet ist.

Callistephus chinensis (L.) Nees · Sommeraster
∗∗∗ ⊙ ○ ∾ □ ⁞ Y ◡ ◡ [B] ✂ ⬡
Botanisches: Die einjährigen Kräuter wachsen aufrecht und verzweigt. Sie werden bis 90 cm hoch und tragen wechselständige, grob gezähnte oder eingeschnittene Blätter. Die Blumen sind in Größe und Form sehr variabel. Die Stammform besitzt dunkelpurpurfarbene Zungenblüten und gelbe Röhrenblüten. Blütezeit Juli bis Oktober.
Züchtung/Sortiment: Das intensive und erfolgreiche züchterische Wirken in mehreren Ländern hat nicht nur ein umfangreiches Sortiment hervorgebracht, sondern dieser Art einen ganz vorderen Platz innerhalb des Sommerblumensortiments gesichert. Zahlreiche Sortengruppen mit hunderten von Sorten bieten in den Wuchseigenschaften, Blumenformen und -farben eine kaum zu überblickende Vielfalt. Wir teilen das Sortiment in drei Hauptgruppen ein:
1. Hohe Sorten:
Dazu zählen Sortengruppen in Pflanzenhöhen zwischen 50 und 80 cm, also vorwiegend als Schnittblumen geeignete. Neben einfachblühenden gibt es halbgefüllte Formen, bei denen mehrere Reihen Zungenblüten um die gelbe Blumenmitte angeordnet sind. Am vielfältigsten sind jedoch die gefülltblühenden Sorten, bei denen die Scheibenblüten zungen- oder röhrenartig verlängert sind. Ihre Anordnung, Länge, Breite und Form entscheiden im Zusammenhang mit der Blumengröße, der Wuchshöhe und -form sowie der Blütezeit über die Zugehörigkeit zu dieser oder jener Sortengruppe. So altbekannte Vertreter wie die Meister-, Straußenfeder-, Prinzeß- oder Paeonien-Astern zählen auch heute noch in fast allen Ländern zum Stammsortiment. Dazu kommen neue Gruppen mit weiteren züchterischen Fortschritten, die sich in besonders aufrechten und schlanken Wuchsformen, hohen Erträgen, in der Witterungsbeständigkeit und Schnitthaltbarkeit, der Größe (bis 14 cm Durchmesser), Form und Farbe der Blumen ausdrücken. Die unerschöpflichen Möglichkeiten weiteren züchterischen Schaffens werden auch künftig noch Vollkommeneres hervorbringen.
2. Halbhohe Sorten:
Zu dieser nicht allzu umfangreichen, 40 bis 50 cm hohen Gruppe zählen die sehr früh blühenden Juli- oder Frühwunder-Astern sowie die Pompon-Astern mit ihren halbkugeligen Blumenkissen.
3. Niedrige Sorten:
Diese besonders für Beete und als Topfpflanzen geeigneten Sortengruppen werden nur 20 bis 30 cm hoch. Sie unterscheiden sich durch breite oder pyramidale Wuchsformen, durch Größe, Form, Füllung und Anzahl der Blumen. Witterungsfestigkeit und lange Blühdauer sind für die Gruppe besonders bedeutungsvoll.
Vermehrung/Anzucht: Die Aussaaten werden von Februar bis April, meistens ab Mitte März durchgeführt. Man sät weit genug ins Frühbeet, von wo die gut abgehärteten Jungpflanzen ab Mai in das Freiland ausgepflanzt werden. Ein zwischenzeitliches Pi-

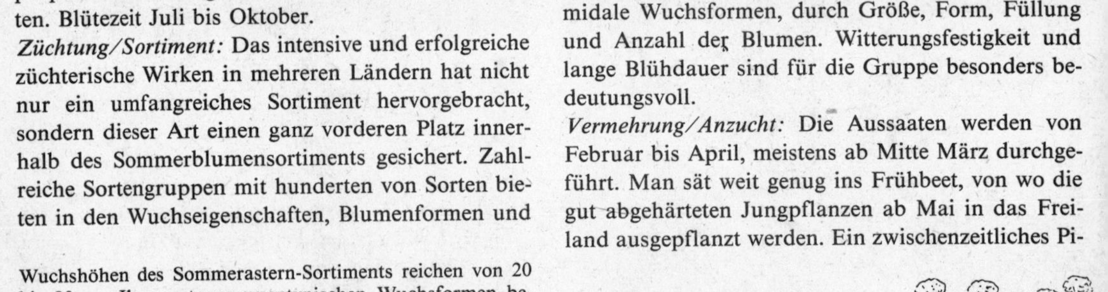

Wuchshöhen des Sommerastern-Sortiments reichen von 20 bis 80 cm. Ihre sortengruppentypischen Wuchsformen bestimmen die Verwendung.

Callistephus chinensis hat viele Sortengruppen von 20 bis 80 cm Höhe. Ihre sortengruppentypischen Wuchsformen bestimmen die Verwendung.

kieren wird nur selten und ausschließlich bei den frühesten Sätzen durchgeführt. Die Pflanzentfernungen betragen, den Sorteneigenschaften entsprechend, 20 bis 40 cm. Im feldmäßigen Anbau ist es üblich, Sommerastern im April direkt an Ort und Stelle zu drillen.

Im Anbau der Sommerastern treten seit langem immer wieder hohe Verluste durch die über einen pilzlichen Erreger verursachte Asternwelke auf. Durch die Züchtung wurden zahlreiche welkeresistente Sorten und Sortengruppen geschaffen, die widerstandsfähiger, jedoch keineswegs immun gegenüber der gefährlichen Erkrankung sind. Neben anderen vorbeugenden Maßnahmen ist der jährliche Wechsel der Anbaufläche wichtig und am wirkungsvollsten.

Standort/Pflege: Die besten Ergebnisse erreichen wir an vollsonnigen Plätzen bei lehmig-humosen Böden. Die jährlich zu wechselnden Flächen sollen sich in alter Dungkraft befinden; frischer Stalldung darf dagegen nicht verabreicht werden. In trockenen und nährstoffarmen Böden entwickeln sich besonders die gefülltblühenden Sorten oft unvollkommen. Während des Wachstums ist für zusätzliche Bewässerung und Düngung zu sorgen. Besonders wichtig für eine gute Entwicklung ist eine rechtzeitige und mehrmalige Bodenlockerung, mit der die Pflanzungen gleichzeitig unkrautfrei gehalten werden.

Verwendung: Die hohen und halbhohen Sorten sind ausgezeichnete Schnittblumen, deren Anbau verstärkt und erweitert werden sollte. Eine Schnitthaltbarkeit von 8 bis 12 Tagen und länger ist möglich. Halbhohe und besonders die niedrigen Sommerastern eignen sich bestens für geschlossene und bunte Beetpflanzungen oder für Einfassungen. Einige Sorten werden als ausgezeichnete, buschig wachsende und reichblühende Topfpflanzen angeboten. Auch keramische Ziergefäße und Balkonkästen lassen sich mit Sommerastern dekorativ bepflanzen. Wichtig ist stets, für den jeweiligen Verwendungszweck geeignete Sorten auszuwählen, wozu uns das umfangreiche Sortiment alle Möglichkeiten bietet.

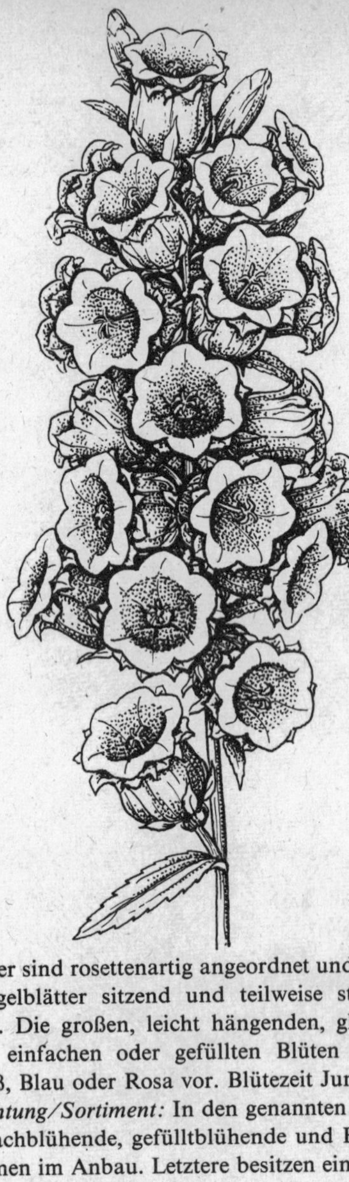

Campanula L. · Glockenblume
Campanulaceae · Glockenblumengewächse

Lateinisch: campanula = Glöckchen. Die etwa 300 Arten stammen aus arktischen, gemäßigten und subtropischen Gebieten der nördlichen Halbkugel. Es sind meistens ausdauernde Kräuter mit end- oder achselständigen, glockenförmigen Blüten in Blau und Weiß.

Campanula medium L. · Marienglockenblume

✱✱ ⊙ ⊙⊙ ⊕ □ Y ⊥ ✂

Botanisches: Beheimatet ist die Art in Südeuropa und Frankreich. Die zweijährige Pflanze mit breitpyramidalem Wuchs wird bis 100 cm hoch. Die Grundblätter sind rosettenartig angeordnet und gestielt, die Stengelblätter sitzend und teilweise stengelumfassend. Die großen, leicht hängenden, glockenförmigen, einfachen oder gefüllten Blüten kommen in Weiß, Blau oder Rosa vor. Blütezeit Juni bis Juli.

Züchtung/Sortiment: In den genannten Farben sind einfachblühende, gefülltblühende und Halskrausen-Formen im Anbau. Letztere besitzen einen halskrausenförmigen Kelch. Alle werden 80 bis 90 cm hoch.

Vermehrung/Anzucht: Man sät im Mai/Juni unter Glas aus, evtl. auch auf gut vorbereitete Freilandbeete. Nach dem Auflaufen wird bei dichtem Stand vereinzelt oder in 10 cm Abständen pikiert und im Hochsommer 40 cm weit im Freiland ausgepflanzt. Im ersten Jahr entstehen nur große Blattrosetten, die man über Winter mit einer Reisigdecke vor Frostschäden schützt.

Von der Aussaat bis zur Blüte vergehen 12 Monate. Durch Glas- oder Folienbauten im Frühjahr kann man eine Verfrühung um 2 bis 3 Wochen erreichen. Dann ist ein heller und luftiger Stand besonders zu beachten.

Standort/Pflege: Ein nährstoffreicher, kalkiger und nicht zu feuchter Gartenboden bei vollsonnigem Stand sind die Voraussetzungen für gutes Gedeihen. Außer dem Winterschutz sind keine Pflegemaßnahmen erforderlich.

Verwendung: Diese Art wird seit dem 16. Jahrhundert angebaut und gehört zu den traditionellen Gartenpflanzen. Im Garten und in Anlagen werden die Sorten auf Blumenrabatten und in frei stehenden Gruppen verwendet. In Staudenpflanzungen sind sie gute Lückenfüller. Geschnitten halten die Blütenstiele bis zu 10 Tagen, besonders wenn man sie nach dem Schnitt für einige Stunden tief in Wasser stellt.

Capsicum L. · Spanischer Pfeffer, Paprika
Solanaceae · Nachtschattengewächse

Die Herkunft und Bedeutung des Namens sind unsicher. Die halbstrauchartig bis strauchartig wachsenden Arten sind in Mittel- und Südamerika beheimatet. Die Blüten sind klein und unansehnlich. Die außergewöhnlich formenreichen und oft großen Beerenfrüchte sind lebhaft gefärbt und von scharfem Geschmack.

Capsicum annuum L. · Spanischer Pfeffer, Zierpaprika

⁎⁎ ♄ ⊙ ○ ☘ □ ⊍ ✂ ⚘

Botanisches: Es handelt sich um einen wahrscheinlich aus Mexiko stammenden, bis 200 cm hohen Strauch, der einjährig angebaut bis 70 cm hoch wird. Für die Bedeutung als Zierpflanze haben die einzeln oder zu mehreren stehenden, meist weiß bis gelblich gefärbten Blüten keinen Wert. Sie erscheinen ab Juni und entwickeln überaus verschiedenartige, kugelige, konische bis walzenförmige Beerenfrüchte, die aufrecht bis hängend angeordnet sein können. Sie sind glänzend rot, gelb, orangefarben oder violett gefärbt.

Züchtung/Sortiment: Die Variabilität der Früchte und ihr hoher Schmuckwert führten durch die Züchtung zu einem vielgestaltigen und farbenfreudigen Sortiment. Es reicht heute von Sorten mit nur 15 bis 20 cm Wuchshöhe bis zu solchen mit 90 cm langen Stielen und auf das unterschiedlichste gefärbten und geformten Beerenfrüchten. Eine kurze Entwicklungszeit mit früher Blüte und Fruchtbildung sind erwünschte Grundeigenschaften. Die seit einigen Jahren angebotenen F_1-Sorten zeichnen sich durch besonders ausgeglichene Wuchseigenschaften aus.

Vermehrung/Anzucht: Die Aussaat wird in der Zeit von Januar bis März unter Warmhausbedingungen durchgeführt. Nach dem Pikieren werden je nach Sorte und Verwendungszweck ein bis drei Pflanzen in 10 bis 11 cm große Töpfe gesetzt. Sie werden bei 15 bis 18°C weiter kultiviert und Ende Mai ausgepflanzt.

Standort/Pflege: Der Zierpfeffer ist wärmebedürftig und gedeiht nur in geschützten Lagen bzw. unter Glasschutz. Das verwendete Substrat sollte torfhaltig und durchlässig sein. Die Nährstoffversorgung erfolgt durch entsprechende Düngung kontinuierlich und ausgeglichen während der Fruchtreife. Topfpflanzen müssen, wenn nötig, entspitzt werden. Schnittsorten wachsen am besten ausgepflanzt unter Glas. Sie werden bis auf 6 bis 8 Triebe ausgebrochen und Ende Juli oft geköpft.

Verwendung: Topfpflanzen mit zierenden Früchten werden aus Folgesaaten vom Sommer bis zu Weihnachten angeboten. Die Schnittstiele werden geerntet, indem man nach dem Ausfärben der Früchte die ganzen Pflanzen aus der Erde zieht und entblättert. Sie wirken auch getrocknet noch dekorativ. Einige Sorten können an geschützten Standorten auch als Beetpflanzen verwendet werden.

Celosia L. · Celosie
Amaranthaceae · Amarantgewächse

Griechisch: kelos = flammend, brennend; bezieht sich wahrscheinlich auf die leuchtend roten Farben einiger Vertreter. Es sind etwa 60 sehr variable Arten bekannt, die alle aus warmen Klimagebieten unserer Erde stammen. Enge verwandtschaftliche Beziehungen bestehen zur Gattung *Amaranthus.*

Celosia argentea L. · Hahnenkamm oder Federbuschhahnenkamm

Botanisches: Von diesem in vielen tropischen bis subtropischen Ländern verbreiteten Gewächs stammen mehrere eigenartig schöne Formen, die schon seit langer Zeit als Zierpflanzen in den Gärten zu finden sind. Blütezeit Juni bis September.

Züchtung/Sortiment: Man unterscheidet bei Celosien den botanischen Varietäten entsprechend zwei verschiedene Ausbildungen mit vielen Kulturformen:

1. **Celosia argentea** var. **cristata** (L.) O. Kuntze (syn. Celosia cristata L.) ist der eigentliche Hahnenkamm.

✻ ⊙ ○○ ♀ □ ⁞ ⊍ [B]

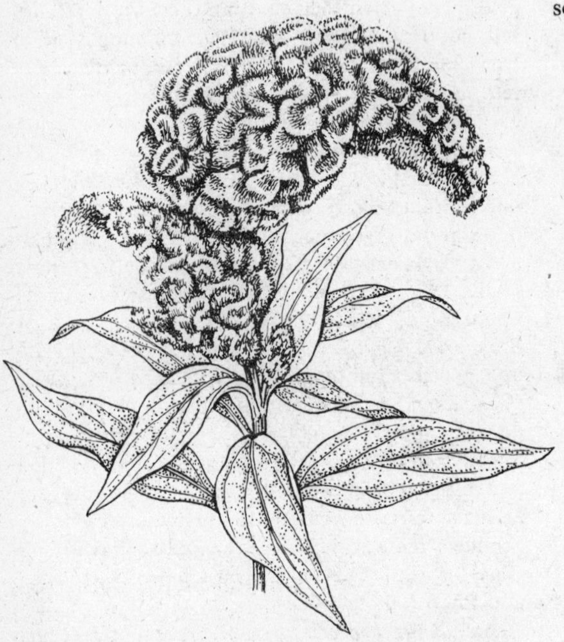

Botanisches: Der samtige Blütenstand der 20 bis 30 cm hohen Pflanzen besitzt eine gekräuselte Hahnenkammform, die sich bogenartig über dem länglich zugespitzten, teilweise dunkelbronze gefärbten Laub wölbt.

Züchtung/Sortiment: Die Farbskala reicht von Goldgelb über Orange, Rot bis Violett. Für den Anbau von Schnitt-, besonders Trockenblumen unter Glas oder Folie werden spezielle Sorten in Wuchshöhen von 50 bis 100 cm angeboten.

2. **Celosia argentea** var. **plumosa** (Burvenich) Voss (syn. Celosia plumosa Burvenich) wird als Federbuschhahnenkamm bezeichnet.

✻✻ ⊙ ○○ ♀ □ ⁞ ⊍ ⊍ [B] ✂ ⚘

Botanisches: Der deutsche Name bezieht sich auf die Form der aufrechten und lockeren Blütenstände. Die verästelten Pflanzen blühen leuchtend rot, orange oder gelb.

Züchtung/Sortiment: Die Beetsorten werden 20 bis 35 cm hoch. Weiterhin gibt es 50 bis 80 cm hohe Gartenformen, die für den Schnitt geeignet sind und die man in den wärmeren europäischen Ländern als Freilandschmuck sieht.

Vermehrung/Anzucht: Die Aussaat erfolgt Ende März/Anfang April unter Glas. Es wird zweimal pikiert. Ende Mai/Anfang Juni werden die Pflanzen, oft bereits mit sich entwickelndem Blütenstand, 20 bis 25 cm weit ausgepflanzt bzw. in Töpfe, Schalen oder Balkonkästen gesetzt.

Standort/Pflege: Celosien gedeihen nur in warmen und sonnigen Lagen auf leichten, jedoch ausreichend feuchten und nährstoffreichen Böden. In kühlen und regnerischen Sommern wachsen sie schlecht.

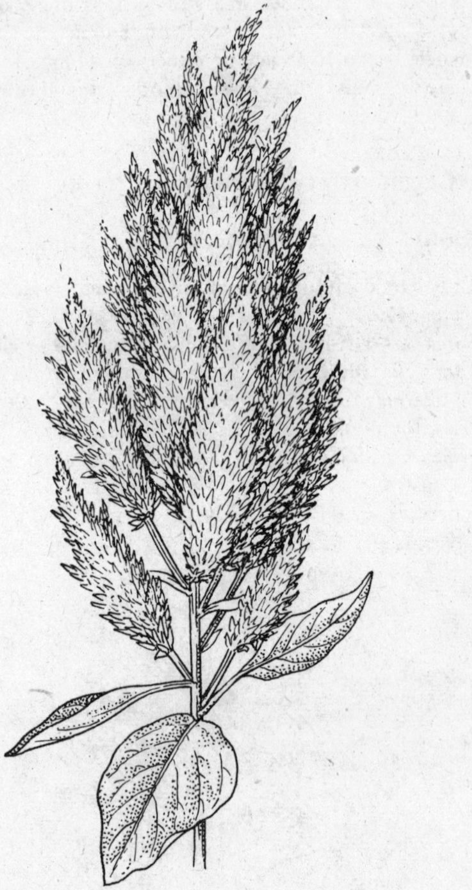

Verwendung: Man kann die Hahnenkämme im Garten und in Anlagen pflanzen, muß jedoch besonders ihren Wuchs berücksichtigen. Die eigenwillig wachsenden „Cristata"-Formen sollte man nur in Gruppen als Einfassungen oder auf Teppichbeeten für sich verwenden, da sie mit anderen Sommerblumen zusammen schlecht harmonieren. Die „Plumosa"-Sorten eignen sich bei geschickter Nachbarnwahl auch für Mischpflanzungen. An Südseiten ergeben Celosien in Balkon- und Fensterkästen schöne Wirkungen. Während des Sommers sind sie auch in Ziergefäßen ein Schmuck verschiedenster Standorte. Die höheren Sorten der ‚Plumosa'-Formen können als Schnittblumen frisch oder getrocknet verwendet werden.

Centaurea L. · Flockenblume
Compositae · Korbblütler

Griechisch: kentauron = Zentaur; Fabelwesen der griechischen Sage, das halb Mensch, halb Pferd war. Der heilkundige Zentaur Chiron soll mit Blättern der Flockenblumen Wunden geheilt haben. Es gibt etwa 500 einjährige, meistens jedoch ausdauernde Arten aus Europa, Nordafrika und Asien. Die Gestalt ist sehr unterschiedlich. Die purpurfarbenen, blauen, gelben oder weißen Blumen stehen einzeln oder in Rispen auf mehr oder weniger langen Stielen. Die Randblüten sind teilweise verlängert und unfruchtbar, so daß der Eindruck eines Zungenblütenkranzes entsteht.

Centaurea cyanus L. · Kornblume

⁎⁎ ⊙ ○○ □ ✂ ⬡

Botanisches: Die Wildpflanze ist in Europa verbreitet und bekannt. Sie wird 60 bis 90 cm hoch, ist ver-

zweigt und flaumig behaart. Die rutenförmigen Zweige tragen azurblaue, seltener purpurfarbene oder weiße Blüten. Blütezeit Juni bis Juli.

Züchtung/Sortiment: Im Handel ist eine Reihe dicht gefülltblühender Sorten in 80 bis 90 cm Wuchshöhe erhältlich. Bekannt sind weiße, rosa, rote und blaue Farbsorten.

Vermehrung/Anzucht: Man sät an Ort und Stelle im Freien aus. *C. cyanus* kann man entweder schon im September oder im März/April vermehren; die Blüte beginnt dementsprechend im Mai oder Juni. Die Sämlinge werden auf 15 bis 20 cm Entfernung verzogen, damit sich die Pflanzen gleichmäßig und vollkommen entwickeln. Für den Schnittanbau sind Reihenaussaaten vorteilhaft.

Standort/Pflege: Kornblumen benötigen für eine reiche Blüte vollsonnigen Stand, sonst werden sie leicht dünnstengelig und legen sich um. Der Boden soll durchlässig und nicht zu trocken sein. Von Beginn der Blütezeit an sollte laufend geschnitten werden, da der Flor sonst schnell nachläßt und der Bestand bald abblüht.

Verwendung: Kornblumen sind für den Schnitt, bedingt auch für gemischte Beetpflanzungen geeignet.

Cheiranthus L. · Goldlack
Cruciferae · Kreuzblütler

In dem Namen steckt das arabische Wort kheyri = wohlriechend und das griechische anthos = Blüte. Beide beziehen sich auf den auffallend starken Duft der Goldlackblüten. Bekannt sind 10 bis 12 Arten meist ausdauernder Kräuter oder Halbsträucher, die im Anbau wie ein- oder zweijährige Pflanzen behandelt werden. Viele Arten wachsen buschig verzweigt und haben längliche, flaumig behaarte Blätter. Die endständigen, dicht traubigen Blütenstände tragen gelbe, braune oder purpurviolette Einzelblüten.

Cheiranthus cheiri L. · Goldlack

⁎⁎ ♄ ① ⊙ ○ ◐ ⊕ ♒ □ Y ⊍ ⊍ [B] ✂ ⬡

Botanisches: Der südeuropäische Halbstrauch wird in der Kultur zwei- oder einjährig gezogen. Die Pflanzen sind ursprünglich verzweigt, mit steifen, aufrecht stehenden Ästen. Es gibt aber auch eintriebig wachsende Formen. Die stark duftenden gelben, braunen oder purpurvioletten Einzelblüten sitzen in endständigen, lockeren oder dichten Trauben, die sich während der Blütezeit verlängern. Blütezeit Mai bis Juni/September bei sommerannuellen Sorten.

Züchtung/Sortiment: Die züchterischen Bemühungen haben zu sehr unterschiedlichen Sorten geführt. So gibt es heute buschige und eintriebig wachsende, gefüllt- oder einfachblühende, 30 bis 70 cm hohe Sorten in gelben, roten, braunen und violetten Farbtönen. Unterschiede bestehen auch hinsichtlich der Entwicklungszeit. Bei Sorten mit zweijähriger Kultur vergehen von der Aussaat bis zum Blühbeginn etwa 10 bis 11 Monate, bei solchen mit einjähriger Kultur nur 4 bis 5 Monate.

Vermehrung/Anzucht: Der Kleingärtner kauft die Pflanzen im Frühjahr getopft beim Gärtner oder im Einzelhandel, da die eigene Anzucht doch etwas kompliziert ist.

Der zweijährige Goldlack wird bereits im Mai oder Anfang Juni breitwürfig im Frühbeet ausgesät. Er gehört zu den Dunkelkeimern. Deshalb werden neben Fenstern zusätzlich Schattendecken oder Papier aufgelegt, jedoch gleich nach der Keimung wieder entfernt. Die 5 cm hohen Sämlinge werden 25 bis

30 cm weit auf Beete gepflanzt. Im September/Oktober kommen sie in 12 cm große Töpfe, die man am besten in Frühbeeten frostgeschützt überwintert. Auch während dieser Zeit ist auf gleichmäßige Feuchtigkeit zu achten und bei milder Witterung reichlich zu lüften, um pilzlichen Erkrankungen vorzubeugen. Im Gartenbau bringt man die überwinterten Töpfe evtl. im Februar ins Gewächshaus, um bei Temperaturen von 8 bis 10°C seine frühe Blüte bereits ab Ende März zu erreichen.
Für den Schnitt werden entsprechende Sorten im Herbst in Frühbeeten oder Gewächshäusern ausgepflanzt. Auch solche Pflanzungen brauchen von Januar/Februar ab 8 bis 10°C, damit sie früher blühen.
Einjährige Sorten werden 4 bis 5 Monate vor dem gewünschten Blühtermin auf ähnliche Weise vermehrt. Märzsaaten blühen im Freien ab August, Juni- bis Septembersaaten im Winter unter Glas.
Standort/Pflege: Goldlack braucht viel Licht und Luft. Im Winter muß bei Frost direkte Sonnenbestrahlung vermieden werden. Frühbeete sind so häufig wie möglich zu lüften. Die Pflanzen dürfen unter Glas nie zu dicht stehen, sonst kann ihr Laub erkranken. Der Boden soll kalkhaltig, tiefgründig und gut mit Nährstoffen versorgt sein. Es ist stets auf gleichmäßige Feuchtigkeit zu achten. Für ein gutes Wachstum ist der Boden mehrmals zu lockern. Frische Stalldunggaben als Vorratsdüngung sind zu vermeiden, da sie den Krankheitsbefall fördern.
Verwendung: Die normale Blütezeit des Goldlacks liegt zwischen der anderer Frühlingsblüher und der Ende Juni mit dem Flor beginnenden Sommerblumen. Man pflanzt ihn deshalb gern in Gruppen oder auf Frühlingsbeeten im Garten aus. Schön wirken braune Farbtöne zwischen gelben, hohen Gartentulpen, aber auch Gemeinschaften mit Stiefmütterchen und anderen zeitigen Vertretern sind reizvoll. Das Sortiment bietet uns auch niedrige, buschig wachsende Sorten für Balkon- und Fensterkästen, Töpfe, Schalen und andere keramische Gefäße.

Chrysanthemum L. · Wucherblume, Chrysantheme
Compositae · Korbblütler

Griechisch: chrysos = Gold, anthemon = Blume. Mehr als 200 Arten ein- oder mehrjähriger Kräuter, seltener Sträucher kommen auf der nördlichen Halbkugel vor. Die Blüten sitzen in langgestielten, köpfchenartigen Blütenständen. Die Arten kommen in zahlreichen verschiedenen Farben vor, innerhalb einer Art gibt es ein- oder mehrfarbige Blumen.
Chrysanthemum carinatum Schousb. · Kielwucherblume
✱✱ ⊙ ○ ⊕ □ ✂

Botanisches: In der Heimat Nordwestafrika wachsen die 50 bis 80 cm hohen Kräuter mit etwas flei-

schigen Stengeln und Blättern. Die Pflanzen sind auch im nichtblühenden Zustand an den charakteristischen doppelt-fiederschnittigen Blättern leicht erkennbar. Bei den Blumen heben sich verschiedengefärbte Farbzonen voneinander ab; dadurch entsteht der Eindruck einer Kokarde. Insbesondere die Scheiben- und Randblütenkronen sind unterschiedlich gefärbt. Blütezeit Juli bis Oktober.
Züchtung/Sortiment: Die Farbsorten zeichnen sich durch auffallende und sehr wirkungsvolle Farbzonen und dunkel gefärbte Blumenscheiben aus. Weiterhin werden Gartenformen angeboten, die zu einem hohen Prozentsatz gefüllt sind. Der Anbau von bunten Mischungen ist verbreitet. Alle Sorten werden 50 bis 60 cm hoch.

Chrysanthemum coronarium L. · Kronenwucherblume, Goldblume
✳ ⊙ ○ □ ✂

Botanisches: Heimat Mittelmeergebiet. Die bis 100 cm hohen, buschig-verzweigten Kräuter tragen doppelt-fiederteilige Blätter. Die Blumen sind langgestielt, 4 bis 8 cm breit, gelb oder weiß mit grünlicher Scheibe. Blütezeit Juni bis September.
Züchtung/Sortiment: Die Gartenformen besitzen lange, feste Stiele, sind reich verzweigt und werden 60 bis 120 cm hoch.

Chrysanthemum multicaule Desf. · Vielstengelige Goldblume
✳ ⊙ ○ □ ⦙ Y ⊍ [B]
Botanisches: In der algerischen Heimat wächst diese Art auf sandigen Hügeln. Sie ist einjährig und wird etwa 25 cm hoch. Die Stengel sind in den unteren Teilen stark verzweigt. Das Laub ist linealisch bis spatelförmig, grob gezähnt oder gelappt bis fiederschnittig. Die langgestielten, bis 4 cm breiten Blumen besitzen leuchtend gelbe Strahlenblüten und grün-

lichgelbe Scheibenblüten. Blütezeit Juni bis September.
Züchtung/Sortiment: Die angebotenen Sorten ähneln der botanischen Ausgangsform.

Chrysanthemum parthenium (L.) Bernh. · Mutterkraut, Goldkamille
(syn. Matricaria eximia hort.)
✳✳ ♃ ⊙ ○ □ ⦙ Y ⊍ ⊍ [B]
Botanisches: Die Heimat liegt im Kaukasus und in Kleinasien. In Europa ist diese Art seit langem verwildert. Die ausdauernden Kräuter werden 30 bis 70 cm hoch. Alle Pflanzenteile besitzen einen stren-

gen Duft. Charakteristisch ist der aufrechte und stark verzweigte Wuchs. Die Blätter sind weich und fiederschnittig. Die kleinen, kurzgestielten Blütenköpfchen sitzen in Doldentrauben zusammen. Oft fehlen zungenförmige Blütenkronen. Dann sind alle Blüten röhrenartig, und die Blumen wirken wie ein farbiger Knopf. Blütezeit Juni bis September.

Züchtung/Sortiment: Die 20 bis 60 cm hohen Sorten sind der Kamille ähnlich oder beim Wegfall der Zungenblütenkronen röhrenartig gefüllt. Das Farbspiel bewegt sich zwischen gelb und weiß.

Chrysanthemum segetum L. · Saatwucherblume

✳✳ ⊙ ○ □ ⛉ [B] ✂

Botanisches: Heimatgebiete sind Europa, Nordafrika und Westasien. Die Art ist bei uns als Ackerunkraut bekannt. Die 40 bis 60 cm hohen Kräuter sind mehr oder weniger stark verzweigt und tragen längliche, ungeteilte, grobgezähnte oder dreispaltig eingeschnittene Blätter. Die Blütenköpfe sind langgestielt, einfach oder gefüllt, meist gelb, seltener weiß. Blütezeit Juni bis Oktober.

Züchtung/Sortiment: Die 50 cm hohen Sorten blühen mit gelb gefärbten Zungenblütenkronen bei schwarzbrauner Mitte. Sorten mit Anteilen gefüllter Blumen und Mischungen sind ebenfalls bekannt.

Vermehrung/Anzucht: C. carinatum, C. coronarium, C. multicaule und *C. segetum* sät man Ende März bis Mai in Saatschalen oder Frühbeete aus, um die abgehärteten Pflanzen später ins Freiland zu setzen, oder man nimmt die Aussaat breitwürfig bzw. reihenweise im April/Mai direkt an Ort und Stelle vor. Entscheidend für die Wahl sind Klima- und Standortbedingungen sowie Umfang und Zweck des Anbaues.

Für *C. parthenium* kommt nur die Aussaat unter Glas von Februar bis April in Frage. Nach einmaligem Pikieren wird Mitte Mai ausgepflanzt.

Die Pflanzenabstände sollten je nach Art und Sorte 25 bis 35 cm betragen.

Standort/Pflege: Alle einjährig gezogenen Chrysanthemen wachsen auf kräftigen, sandig-lehmigen Böden am besten. Es darf jedoch nicht zu stark oder einseitig mit Stickstoff-Düngemitteln gedüngt werden, da sonst die Schnitthaltbarkeit ungünstig beeinflußt wird. Während *C. carinatum* einen kalkreichen Standort wünscht, wächst *C. segetum* besonders auf kalkärmeren Böden. Die Lage soll für alle Wucherblumen sonnig sein. Für die hochwachsenden Sorten ist ein windgeschützter Stand vorteilhaft.

Verwendung: Die über 50 cm hohen Arten und Sorten zählen zu den bekanntesten Massenschnittblumen für die Sommermonate. Bunte Sträuße ohne unsere einjährigen Chrysanthemen sind kaum denkbar. Die großen, farbenfrohen Blumen, die langen, festen Stiele und die 6 bis 8 Tage währende Schnitthaltbarkeit sind eine gute Visitenkarte. Dazu kommen die zwischen 15 und 30 Stielen zu erzielenden Schnitterträge je Pflanze.

Als Beet- und Einfassungspflanzen, besonders für Gemeinschaftspflanzungen in bunten Sommerblumenrabatten, sind Chrysanthemen unentbehrlich. *C. parthenium* und *C. multicaule* kann man auch als Topf- und Schalenpflanzen oder in Balkonkästen bzw. in dekorativen Gefäßen für Schmuckzwecke verwenden.

Clarkia Pursh · Clarkie
Onagraceae · Nachtkerzengewächse

Die Gattung wurde nach dem englischen Kapitän William Clark benannt, der 1770 bis 1838 lebte und Begleiter von Lewis, dem Erforscher der Rocky Mountains, war. Sieben einjährige Arten stammen aus den westlichen Teilen Nordamerikas. Die verzweigten Kräuter tragen wechselständige, lanzettliche bis linealische Blätter. Die Blüten sitzen einzeln in den Blattachseln und gehen am Ende der Äste in eine endständige Traube über. Die Farbskala umfaßt in erster Linie rote bis purpurfarbene Töne.

Clarkia pulchella Pursh · Niedliche Sommerfuchsie

✳ ⊙ ○ ♁ □ Y ✂ ⬡

Botanisches: Die Heimatgebiete liegen in Nordamerika. Die buschig wachsenden Kräuter werden 30 bis 40 cm hoch. Die Stengel sind oft purpurrot überlaufen. Die lanzettlichen Blätter sind blaugrün. Die Kronenblätter laufen am Grund nagelartig aus. Diese Art wurde in der Züchtung häufig als Kreu-

zungspartner verwendet. Blütezeit Juli bis September.

Clarkia unguiculata Lindl · Sommerfuchsie
(syn. Clarkia elegans Dougl. non Poir.)
⁕⁕ ⊙ ○ ◊ □ Y ✂ ◯

Botanisches: In der kalifornischen Heimat wird die Pflanze bis zu 60 cm hoch. Sie ähnelt sehr der vorgenannten Art. Blütezeit Juli bis September.

Züchtung/Sortiment: Die gegenwärtig angebauten Sorten blühen durchweg gefüllt. Sie werden bis zu 60 cm hoch und umfassen ein reichhaltiges Farbenspiel. Vielfach sind sie aus Kreuzungen zwischen *C. pulchella* und *C. unguiculata* hervorgegangen.

Vermehrung/Anzucht: Besonders kräftige und gesunde Pflanzen erhält man aus der Direktsaat an Ort und Stelle. Dies kann in nicht allzu rauhen Gegenden und in geschützter Lage bereits im September geschehen. Am gebräuchlichsten ist es, Ende März oder im April zu säen. Man sollte rechtzeitig auf 20 bis 25 cm Entfernung ausdünnen, damit sich die rasch wachsenden Sommerfuchsien nicht gegenseitig hochtreiben. Besonders standfeste Pflanzen erhält man durch einmaliges Entspitzen, wodurch sich alle Sorten schon von unten her besser verzweigen und kräftigen. Sie blühen dann allerdings etwas später.

Standort/Pflege: Sommerfuchsien können auf jedem guten Gartenboden angebaut werden. Die kräftigsten und standfestesten Pflanzen wachsen in sonniger Lage. Im Hauptwachstum wirkt sich eine Volldüngung günstig aus.

Verwendung: Die schönen Sorten sind als dankbare Schnittblumen beliebt. Die Ernte erfolgt, wenn sich die unteren Blüten am Stiel geöffnet haben. Danach stellt man die Stiele für 3 bis 4 Stunden tief in Eimer und füllt erst dann die Vasen. Die Haltbarkeit ist überraschend gut. Wenn man direkt für Schnittzwecke anbaut, sind Reihensaaten dem breitwürfigen Säen der gleichmäßigeren Entfernung wegen vorzuziehen. In bunten Sommerblumenpflanzungen wirken Clarkien ebenfalls gut.

Cleome L. · Cleome
Capparaceae · Kaperngewächse

Die Herkunft des Namens ist nicht bekannt. Die etwa 200 einjährigen Kräuter und Halbsträucher stammen aus verschiedenen subtropischen oder tropischen Gebieten. Die Blätter sind bei einem Teil der Arten zusammengesetzt. Die Blüten stehen einzeln oder in traubigen Ständen vereinigt; Hauptfarben sind Gelb, Purpur, Rosa und Weiß.

Cleome spinosa Jacq. · Spinnenpflanze
(syn. Cleome gigantea hort. non L.)
⁕⁕ ⊙ ○ ≈ □ Y ⊥

Botanisches: Diese Art wächst verwildert in vielen Ländern; ihre eigentliche Heimat sind die wärmeren

Gebiete Süd- bis Nordamerikas. Sie erreicht eine Höhe bis 150 cm und verzweigt sich von unten her. Die Oberfläche ist behaart und etwas klebrig. Das Laub besteht aus mehreren zusammengesetzten Einzelblättchen. Die purpurrosa bis weiß gefärbten Blüten sind langgestielt in reichblütigen Trauben angeordnet, die sich im Laufe ihrer Entwicklung verlängern. Auffallend und eigenartig wirken die sechs langen Staubblätter jeder Einzelblüte. Sie sind Spinnenbeinen ähnlich und haben zum deutschen Namen dieser Pflanze geführt. Blütezeit Juli bis September.

Züchtung/Sortiment: Die Sorten in Weiß, Dunkelviolett, Karminrosa und Hellrosa werden 90 cm hoch und sind sehr attraktiv. Daneben werden Farbmischungen angeboten.

Vermehrung/Anzucht: Diese wärmeliebende Art sät man Mitte bis Ende März im Gewächshaus bei 18 °C in Schalen oder Handkisten aus. Die Sämlinge werden einzeln in 8 cm große Töpfe gepflanzt, später evtl. nochmals in 10- bis 12-cm-Töpfe umgesetzt und bis zum Auspflanzen Ende Mai bei 15 °C gehalten. Die Pflanzabstände sollten nicht geringer als 50 cm sein.

Der Gartenfreund kauft die Jungpflanzen im Mai beim Gärtner, da sich eine eigene Anzucht kaum lohnt.

Standort/Pflege: Spinnenpflanzen benötigen ihrer Herkunft und ihrem schnellen Wachstum entsprechend einen warmen, sonnigen Stand und nährstoffreichen Boden. Auf lockerem und durchlässigem Boden wachsen sie zügig.

Verwendung: Die eigenartigen Formen des Blütenstandes und der Einzelblüten müssen am Gartenstandort voll zur Geltung kommen und dürfen nicht in der Farben- und Formenvielfalt bunter Sommerblumenbeete untergehen. Deshalb pflanzt man Cleomen am besten in Gruppen zu nur wenigen Einzelpflanzen in den Rasen, vor Baulichkeiten oder Abgrenzungen oder in niedrig gehaltene Sommerblumenbeete. Die bizarren Blütenformen wirken am schönsten, wenn sie sich gegen einen einfarbigen Hintergrund oder gegen den blauen Himmel in ihrer vollen Pracht abheben. Sowohl in Klein- und Hausgärten als auch in Parks und anderen öffentlichen Anlagen bieten sich solche Standorte immer an. Durch rechtzeitigen Rückschnitt abblühender Stiele entwickeln sich an den Seitentrieben neue Blütenstände. Man erreicht auf diese Weise einen langen Flor.

Cobaea Cav. · Glockenrebe
Polemoniaceae · Sperrkrautgewächse

Die Gattung wurde nach dem spanischen Gelehrten Barnabas Cobo benannt, der von 1582 bis 1647 lebte. Die 9 ausdauernden, strauchartig wachsenden und kletternden Arten stammen aus Mittel- und Südamerika. Ihre auffallend großen Blüten sitzen einzeln, nickend oder hängend in den Blattachseln.

Cobaea scandens Cav. · Glockenrebe, Krallenwinde
✳ ♄ ⊙ ○○ ♒ ⦚ ⊥ ▤ [B]

Botanisches: Der aus Mexiko stammende Strauch wird bei uns einjährig als Kletterpflanze angebaut. Die zwei- bis vierpaarig gefiederten Blätter laufen in eine Wickelranke aus, die durch Umwandlung von

Fiederblättchen entstanden ist. Die großen, glockenartigen Blüten sind langgestielt und violett gefärbt. Neben der Stammform gibt es eine weißblühende Varietät. Blütezeit August bis Oktober.
Züchtung/Sortiment: Angebaut werden die botanischen Formen; Sorten sind nicht bekannt.
Vermehrung/Anzucht: Ausgesät wird im Februar/März in Saatschalen oder zu 3 bis 5 Korn in einen Topf. Die weitere Anzucht erfolgt im 10- bis 12-cm-Topf, dem man einen 80 cm langen Stab beigibt, damit die Ranken rechtzeitig Halt finden. Ausgepflanzt wird nach Mitte Mai im Abstand von 60 bis 100 cm.
Standort/Pflege: Die Glockenrebe benötigt einen geschützten und warmen Gartenplatz bei voller Sonne. Da die Art schnell und üppig wächst, darf es an ausreichender Bodenfeuchtigkeit und kontinuierlicher Nährstoffversorgung nicht fehlen. Die Kletterpflanze benötigt entsprechende Voraussetzungen. An schattigen Standorten erscheinen die Blüten längst nicht so zahlreich.
Verwendung: Die raschwüchsigen Kletterer bewachsen Pergolen oder ähnliches Gitterwerk ebenso wie Mauern oder Lauben.

Coleus Lour. · Coleus
Labiatae · Lippenblütler

Griechisch: koleos = Scheide. Die mehr als 120 Arten stammen aus Afrika und dem tropischen Asien. Die gegenständig angeordneten Blätter sind eiförmig bis herzförmig. Durch die oft ausgeprägte Laubfärbung und die formenreich ausgebildeten Blattränder wirken die krautartig bis halbstrauchartig wachsenden Pflanzen attraktiv.
Coleus-Blumei-Hybriden · Buntnessel
(syn. Coleus blumei Benth.)
✱✱ ○ ○ ◐ B
Botanisches: Die Sammelbezeichnung umfaßt eine große Gruppe von Hybriden, deren ursprüngliche Herkunft ungeklärt ist. Die ausdauernden, halbstrauchartigen und vielgestaltigen Pflanzen werden als Zierpflanzen heute fast ausschließlich aus Samen jährlich neu vermehrt.
Züchtung/Sortiment: Die intensive züchterische Arbeit führte ständig zur Vergrößerung und Vervollkommnung des Sortimentes. Die verschiedenen Sortengruppen und Klassen mit ihren zahlreichen farben- und formenreichen Einzelsorten unterscheiden sich durch die Höhe und Wuchsform, die Größe, Form, Zeichnung und Ausfärbung des Laubes sowie den Anteil der sortenecht fallenden Nachkommenschaft. Die Blüte soll möglichst spät einsetzen.
Vermehrung/Anzucht: Die Aussaat erfolgt in den Zierpflanzenbetrieben ab Januar. Durch Folgesaaten

werden ganzjährig schöne Topf- und Schalenpflanzen herangezogen. Nach dem Pikieren werden die jungen Pflanzen bei 15 bis 18°C gehalten und später je nach dem vorgesehenen Verwendungszweck in 8 bis 10 cm große Gefäße bzw. Torftöpfe gesetzt. Früher hat man die Buntnessel durch Stecklinge vermehrt, die, warm gesteckt, in wenigen Tagen wurzeln. Heute ist dieses Verfahren weitgehend durch die Aussaat abgelöst worden. Ab und zu ist es aber für den Blumenfreund heute noch reizvoll, Stecklinge zur eigenen Freude zu vermehren. Ausgepflanzt wird Mitte Mai.
Standort/Pflege: Sonnige bis halbschattige Plätze bei ausreichender Bodenfeuchtigkeit bieten die besten Bedingungen.
Verwendung: Die Verwendung als Blattschmuckpflanze reicht von kleinen Schalen über größere Standgefäße bis zu Ampeln. Für letztere gibt es besondere Sorten mit langwachsenden, überhängenden Trieben. Auf Freilandbeeten kann man Coleus-Gruppen mit blühenden Sommerblumen kombinieren, man muß dabei aber die bunte Farbwirkung des Laubes berücksichtigen.

Convolvulus L. · Ackerwinde
Convolvulaceae · Windengewächse

Lateinisch: convolvere = sich winden, umrollen, umwickeln, das bezieht sich auf die windenden Stengel vieler Arten. Es sind fast 200 ein- und mehrjährige Vertreter bekannt, die in den gemäßigten und subtropischen Gebieten verbreitet sind. Von den vielgestaltigen Arten hat sich nur eine als Sommerblume durchgesetzt.

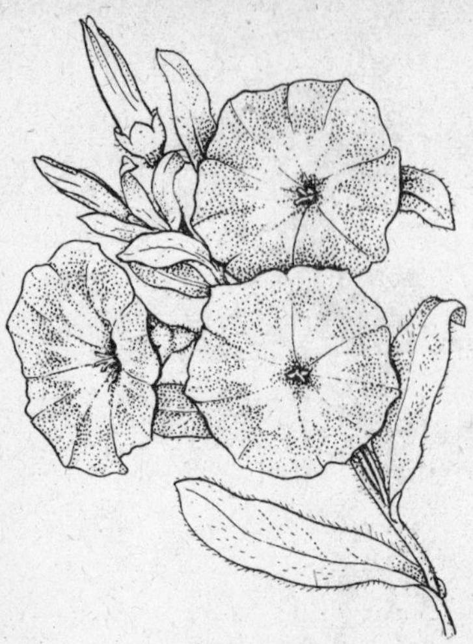

Convolvulus tricolor L. · Dreifarbige Winde

∗ ⊙ ○ ⊕ ▭ □ ⁞ Y ⬡

Botanisches: Die in Südeuropa und Nordafrika beheimateten Pflanzen wachsen niederliegend, später aufrecht und bilden dann etwa 30 cm hohe Büsche. Die Stengel sind behaart und ästig, die Blätter etwas rauh und länglich-lanzettlich. Alle Blüten sitzen in den Blattachseln auf langen Stielen, so daß sie das Laub überragen. Die blauen Trichter mit weißer Mitte und schwefelgelbem Schlund öffnen sich bei schönem Wetter morgens, um sich spät nachmittags wieder zu schließen. Blütezeit Juni bis Oktober.

Züchtung/Sortiment: Neben 25 bis 30 cm hohen Farbsorten in Blau, Purpurfarben und Weiß sind Mischungen im Anbau.

Vermehrung/Anzucht: Üblich ist die Aussaat an Ort und Stelle von Anfang bis Mitte Mai. Nach dem Auflaufen darf man nicht vergessen, die Sämlinge auf 20 bis 25 cm Entfernung zu vereinzeln. Bei eventueller Vorkultur mit Aussaat im April ist direkt in Anzuchttöpfe zu säen, da sich die Jungpflanzen nicht ohne Verluste umsetzen lassen.

Standort/Pflege: Für reichliche Blüte ist ein sonniger Gartenplatz Voraussetzung. Der Boden soll durchlässig, warm, kalkreich und ausreichend mit Nährstoffen versorgt sein. Auf mastigen und feuchten Standorten wird das Laub sehr üppig, und es entwickelt sich auf Kosten der Blüten.

Verwendung: An dieser Pflanze schätzen wir vor allem die reiche und lang anhaltende Blüte. Wir bedekken gern größere Flächen geschlossen mit ihr oder pflanzen sie gemeinsam mit anderen Sommerblumen. In Gemeinschaft sind farbechte Einzelsorten günstiger als Farbmischungen. Nachteilig ist, daß die Blüten der Winden bei regnerischem Wetter und Dunkelheit geschlossen sind. Bei schöner Witterung öffnen sie sich morgens gegen 8 Uhr und schließen sich nachmittags ab 17 Uhr.

Coreopsis L. · Mädchenauge
Compositae · Korbblütler

Griechisch: koris = Wanze, opsis = Aussehen; die jungen Blumenknospen ähneln den Wanzen. Bekannt sind fast 120 einjährige oder ausdauernde, überwiegend krautartige Vertreter aus Nord- und Südamerika, dem tropischen Afrika und von den Sandwich-Inseln. Die Form und Beschaffenheit des Laubes können sehr unterschiedlich sein. Die Blumen sind langgestielt, mit zungenförmigen Rand- und röhrigen Scheibenblüten in gelben und rotbraunen bis braunen Farbzusammenstellungen. Viele Arten wachsen buschig und tragen zahlreiche Stengel und Blumen.

Coreopsis basalis (Otto et A. Dietr.) S. F. Blake
Mädchenauge

∗∗ ⊙ ○ □ ⁞ ✂

Botanisches: Die aus Texas stammenden Kräuter erreichen Wuchshöhen bis 100 cm. Die Stiele sind weich, mit feinen Haaren bedeckt oder kahl. Das Laub ist fiederartig geteilt. Die langgestielten Köpfchen tragen dunkelgelbe Zungenblüten mit einem rotbraunen Grundfleck. Ihre Mittelscheibe ist braungelb bis purpur gefärbt. Blütezeit Juli bis September.

Züchtung/Sortiment: Der Farbenspiegel der Sorten und Mischungen umfaßt braunrote bis gelbe Töne. Die Pflanzen werden 50 cm hoch.

Coreopsis tinctoria Nutt. · Mädchenauge
[syn. Calliopsis tinctoria (Nutt.) DC.]

∗ ⊙ ○ □ ⁞ ✂

Botanisches: Die nordamerikanischen Kräuter besitzen bei buschigem Wuchs zierliche, verzweigte Stengel. Die Blätter sind im unteren Teil der Pflanze doppelt-fiederteilig mit länglichen Einzelblättchen. Die Teilung der Stengelblätter ist geringer. Sehr zart wirken die zahlreichen gelben und braunen Blumen. Blütezeit Juli bis September.

Züchtung/Sortiment: Die Sorten dieser Art blühen wie die von *C. basalis* in gelben bis braunen Farbtönen. Die Wuchshöhe variiert zwischen 30 und 100 cm.

Vermehrung/Anzucht: Die Aussaat an Ort und Stelle ist ab Mitte April möglich. Die jungen Pflanzen müssen den Sorteneigenschaften entsprechend auf 15 bis 25 cm vereinzelt werden. Aussaaten unter Glas sind bei *C. tinctoria* angebracht, wenn man auf Blumenrabatten in Anlagen der Schmuckwirkung wegen pflanzt statt aussät. Auch der Kleingärtner kauft solche Jungpflanzen gern, wenn sie mit einem kleinen Topfballen angeboten werden.

Standort/Pflege: Am besten eignen sich sonnige Lagen und normale Gartenböden ohne extreme Feuchtigkeit. Man kann *Coreopsis* auch als größere Exemplare noch verpflanzen. Voraussetzung ist allerdings ein guter Wurzelballen und buschiger Wuchs. Nach dem ersten Flor werden die Pflanzen um die Hälfte zurückgeschnitten. Der Durchtrieb wird durch Bewässerung und Volldüngung unterstützt. Nach wenigen Wochen blühen sie erneut und erfreuen uns durch den langanhaltenden Flor.

Verwendung: Das Sortiment bietet viele Verwendungsmöglichkeiten für bunte Sommerblumenbeete, wo gruppenweise gesät oder gepflanzt wird. Als Schnittblume hält sich das Mädchenauge oft über eine Woche in der Vase.

Cosmos Cav. · Schmuckkörbchen, Kosmee (syn. Cosmea Willd.) *Compositae* · Korbblütler

Griechisch: kosmos = Schmuck. Viele der 25 Arten ein- und mehrjähriger, meistens hoher Kräuter aus den wärmeren Gebieten Amerikas besitzen feingefiederte Blätter und langgestielte Blumen. Die Farben der Blütenkronen sind rot, rosa, gelb oder weiß.

Cosmos bipinnatus Cav. · Schmuckkörbchen, Kosmee

✱✱ ⊙ ○ ♒ □ ⊥ ⩸ ✂ ⬡

Botanisches: Heimat ist Mexiko. Die 80 bis 120 cm hohe Art wächst verzweigt. Sie trägt doppeltfieder-

schnittige Blätter, die beinahe fadenartig wirken. Die Stammform blüht rosenrot. Blütezeit Juli bis Oktober.

Züchtung/Sortiment: Die meisten Sorten werden 100 cm hoch. Sie blühen rosa, rot oder weiß. Manche tragen einen zonenartigen, dunklen Ring. Einige sind halbgefüllt. Der Blühbeginn ist sortenunterschiedlich und zu beachten. Es gibt sowohl riesenblumige als auch Massenschnittsorten.

Vermehrung/Anzucht: Kosmeen erfordern eine Vorkultur. Sie werden deshalb im März oder Anfang April in kalte Kästen ausgesät. Sollen die Sämlinge direkt aus dem Saatbeet ins Freie gepflanzt werden, ist weitläufig zu säen. Man kann die kleinen Pflänzchen auch in Torftöpfe setzen. Das Auspflanzen erfolgt Mitte Mai nicht unter 40 cm, damit für die Entwicklung der Büsche genügend Standraum zur Verfügung steht. Typisch für Kosmeen ist, daß sie oft erst mit abnehmender Tageslänge zu blühen beginnen. Bei früher Aussaat im März, also wenn die jungen Pflanzen noch im Kurztag heranwachsen, tritt die Blüte bereits im Juli ein. Eine Ausnahme bildet eine tagneutrale Gruppe, die auch bei späteren Aussaaten ab Mitte April schon früh blüht.

Standort/Pflege: Bei der Raschwüchsigkeit dieser Art ist ein nährstoffreicher, guter Gartenboden mit ausreichender Feuchtigkeit vorteilhaft, wenn sich kräftige Pflanzen entwickeln sollen. Bei Stickstoffüberdüngung und in schattiger Lage neigen die Pflanzen zu lagerndem Wuchs. Deshalb ist ein vollsonniger Standort zu bevorzugen. Abgeblühte Stiele sind regelmäßig zu entfernen.

Verwendung: Kosmeen sind in erster Linie Schnittblumen. Allerdings eignen sie sich nicht zum Versand oder längeren Transport, sondern sollen vielmehr baldmöglichst in die Vase kommen. Die Haltbarkeit beträgt 6 bis 8 Tage und ist am besten, wenn zum Schnittzeitpunkt die Scheibenblüten noch nicht geöffnet sind. Auf bunten Sommerblumenbeeten pflanzt man Kosmeen einzeln oder in Gruppen zur Auflockerung und Belebung des Gesamteindrukkes. Ausgezeichnet wirken sie in Verbindung mit Baulichkeiten im Garten, insbesondere vor dunklem Hintergrund, auch als heckenartige Abgrenzung.

Cucurbita ficifolia

Cucurbita L. · Kürbis
Cucurbitaceae · Kürbisgewächse

Griechisch: cucumis = Gurke, orbis = Kreis; der Name bezieht sich auf die oft runde Form der Früchte. Die etwa 25 Arten stammen aus warmen Gebieten des Erdballs, überwiegend aus Amerika. Es handelt sich dabei um ein- oder mehrjährige, niederliegende und kletternde Kräuter. Das Laub ist groß und mitunter gelappt. Aus den großen gelben, einhäusigen Blüten entwickeln sich größere oder kleinere Früchte von einem geradezu unerschöpflichen Formenreichtum. Am bekanntesten ist der als Gemüse angebaute Speisekürbis.

Cucurbita ficifolia Bouché · Feigenblättriger Kürbis
∗ ♃ ⊙ ○ ♒ ◊ ♣ ≷ ⋙ □ ⊥

Botanisches: Die nierenförmigen bis runden Blätter sind tief fünflappig gebuchtet. Die 20 bis 40 cm dikken, eiförmigen bis runden Früchte wirken durch die grüne und weißstreifige Schale sehr schön. Sowohl das Laub als auch die Früchte zieren. Diese Art wird heute vielfach auch als Veredlungsunterlage für Gewächshausgurken benutzt.

Züchtung/Sortiment: Sorten sind nicht bekannt.

Cucurbita pepo var. ovifera

Cucurbita pepo L. var. **ovifera** (L.) Alef. · Zierkürbis
∗∗ ⊙ ○ ♒ ♣ ≷ ⋙ □ ⊥

Botanisches: Als Zierkürbisse werden die Früchte dieser Abart unseres Gartenkürbis gern angebaut. Die harten Fruchtkörper sind ungenießbar.

Züchtung/Sortiment: In den Gärten sind die vielfältigsten Formen zu finden, die kugelig, birnen- oder löffelartig, glatt oder warzig, gelb, grün oder zweifarbig sein können. Ihr Durchmesser ist von 4 bis über 20 cm.

Vermehrung/Anzucht: Man sät Mitte/Ende April je 2 bis 3 Samenkörner in 10 bis 12 cm große Töpfe aus und zieht die Jungpflanzen im warmen Gewächshaus oder Frühbeet heran. Im Kleingarten kann man Mitte Mai auch direkt ins Freiland aussäen. Das geschieht, indem man horstartig 3 bis 4 Samen in 50 bis 70 cm Abstand auslegt. Gegenüber den Gefäßvermehrungen sind die im Freien ausgesäten Pflanzen um 2 bis 3 Wochen in der Entwicklunng zurück.

Standort/Pflege: In bezug auf das schnelle Wachstum werden die Kürbisse kaum von anderen einjährigen Gartenpflanzen übertroffen. Innerhalb eines

Tages kann man einen in Zentimetern ausdrückbaren Zuwachs feststellen. Diese Eigenschaft erfordert eine besondere Beachtung der Standort- und Bodenverhältnisse. Man wählt möglichst warme, vollsonnige Lagen, evtl. auch Böschungen oder Klettervorrichtungen, am besten Südseiten. Der Boden muß humos und sehr nährstoffreich sein. Während des Hauptwachstums muß regelmäßig zusätzlich gewässert und gedüngt werden.

Verwendung: Besonders bei Kindern sind diese schnellwüchsigen, farbenfrohen und formenreichen Einjahrsgewächse sehr beliebt. Sie gehören in jeden Schulgarten. Man kann mit Zierkürbissen große Beet- und Böschungsflächen abdecken. Auch Ecken mit allerlei Gerätschaften sowie Erdlager lassen sich schnell durch entsprechende Pflanzungen verdecken. An Mauern, Gerüsten, Pergolen und an frei stehenden Pyramidengerüsten kann man die Pflanzen klettern lassen. Das dichte Blattwerk, die leuchtend gelben Blüten und die herrlichen, haltbaren Früchte bereiten in Gärten und Anlagen immer große Freude.

Die Zierkürbisfrüchte erfreuen uns auch nach Abschluß der Vegetation noch monatelang als exotisch anmutender Schalenschmuck. Die Haltbarkeit der Früchte ist dann besonders gut, wenn sie voll an der Pflanze reifen und nicht vorzeitig geerntet werden.

Cuphea P. Br. · Köcherblümchen, Höckerkelch
Lythraceae · Weiderichgewächse

Griechisch: kyphos = Höcker. Die über 200 Arten vom amerikanischen Kontinent sind Kräuter, Halbsträucher oder Sträucher. Die gestielten Blüten sitzen in den Achseln der gegen- oder quirlständigen Blätter. Die verlängerte Blütenröhre ist oft kronblattartig gefärbt.

Cuphea ignea A. DC. · Zigarettenblümchen

✳ ♃ ⊙ ○ ◐ □ ⁝ ⊍ [B]

Botanisches: Die ausdauernde, bei uns jedoch nicht winterharte Art aus Mexiko wird in der Heimat bis 100 cm hoch. Die verzweigten Pflanzen tragen gestielte, oval-lanzettliche Blättchen und auf langen Stielen sitzende Blütenröhren. Ihre Farbe ist leuchtend rot. An der Mundöffnung tragen sie einen schwarzen Ring mit weißer Zone. Blütezeit Juli bis September.

Züchtung/Sortiment: Die im Wuchs etwas niederliegende Pflanze wird im einjährigen Anbau 25 bis 30 cm hoch. Die Sorten entsprechen im wesentlichen der Ausgangsform.

Vermehrung/Anzucht: Ausgesät wird Ende Februar/Anfang März in Saatschalen unter Glas. Von

dort aus kann man in kleine Töpfe pflanzen, wo sich die Pflanzen zügig entwickeln und gute Wurzelballen bilden. Um buschigen Wuchs zu erreichen, entspitzt man die 8 cm hohen Jungpflanzen. Nicht zu kurz geschnittene Köpfe kann man als Stecklinge bewurzeln. Früher wurde diese Pflanze frostfrei überwintert und überwiegend vegetativ vermehrt. Das ist jedoch aufwendig und kaum noch üblich. Ausgepflanzt wird ab Mitte Mai 20 bis 40 cm weit.

Standort/Pflege: Warme und sonnige Lagen sind am besten; auch Halbschatten wird vertragen. Durch entsprechendes Stutzen kann man unterschiedliche Wuchsformen für mannigfaltige Verwendungszwecke erreichen.

Verwendung: Diese Art ist eine willkommene Abwechslung zwischen bzw. in Verbindung mit niedrigen Sommerblumen oder als Einfassung von Rasenflächen.

Cynoglossum L. · Hundszunge
Boraginaceae · Boretschgewächse

Griechisch: Kyon, kynos = Hund, glossa = Zunge; der Name ist wahrscheinlich auf die Form der Blätter bezogen. Es sind 80 bis 90 Arten bekannt, die in gemäßigten Zonen weiter Gebiete der Erde verbreitet sind.

Cynoglossum amabile Stapf et Drumm. · Liebliche Hundszunge

✳ ⊙ ○ ⊕ ▭ □ ⬡

Botanisches: Diese aus China stammende, einjährige krautartige Gartenpflanze ähnelt dem Vergißmeinnicht. Die Gartenformen werden 35 bis 40 cm hoch, sind dicht behaart, wachsen buschig und blühen intensiv blau. Blütezeit Juni bis September.

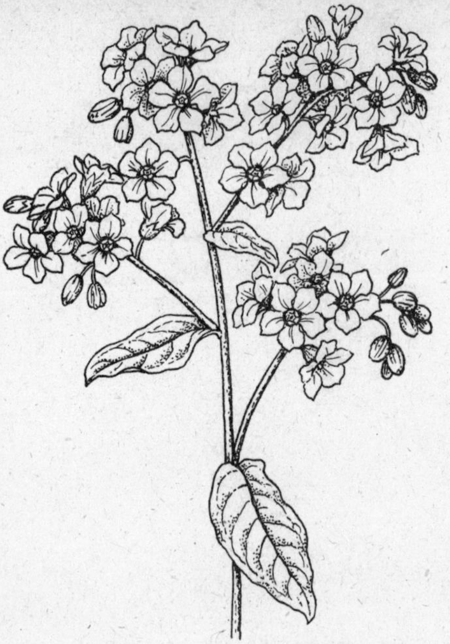

Züchtung/Sortiment: Neben blauen Sorten gibt es auch rosa und weiß blühende Formen.
Vermehrung/Anzucht: Ausgesät wird Anfang April in Reihen von 20 cm Abstand direkt auf Feilandbeete. Nicht selten säen sich die Pflanzen selbst aus, so daß auf den Vorjahrsstandorten viele Sämlinge auflaufen. Sie müssen vereinzelt werden.
Standort/Pflege: Der Platz für den Anbau muß sonnig und in warmer Lage gewählt werden. Der Boden soll kalkhaltig und nährstoffreich, aber nicht mastig sein.
Verwendung: Die Hundszunge wirkt am vorteilhaftesten auf größeren, geschlossenen Flächen, wo sie einen leuchtend reinen Farbteppich in Blau bildet. Gern wird sie als Bienenweide genutzt. Eine Mischpflanzung in bunten Beeten ist möglich. Der Flor kann durch rechtzeitigen Rückschnitt nach der ersten Blüte um viele Wochen verlängert werden.

Dahlia Cav. · Dahlie, Georgine
Compositae · Korbblütler

Die Gattung wurde nach Andreas Dahl (1751 bis 1789), einem schwedischen Botaniker, benannt. Mehr als ein Dutzend Arten kommen in den Gebirgen Mexikos und Guatemalas vor. Die ausdauernden Kräuter tragen knollige Wurzeln und unterscheiden sich durch sehr unterschiedliche Wuchshöhen und -formen. Die nickenden, oft langgestielten Blumen unterscheiden sich nicht nur hinsichtlich der Größe, sondern besonders durch die Anzahl und Form der prächtig gefärbten Zungenblütenkronen.

Dahlia-Hybriden · Gartendahlie
[syn. Dahlia × cultorum Thorsr. et Reis.; D. variabilis hort. non (Willd.) Desf.]
✳✳ ♁ ⊙ ○ ♒ □ ┆ Y ⊔ ⊔ [B] ✂
Züchtung/Sortiment: Die Anfang des 19. Jahrhunderts aus den amerikanischen Heimatgebieten eingeführten Arten und Hybriden waren die Grundlage der seitdem sehr intensiven und erfolgreichen Züchtungsarbeit in Europa. Jedem sind die Vielfalt und Vielgestaltigkeit des immer noch bewegten Sortiments mit den vielfältigen Anwendungsmöglichkeiten bekannt. Während die Mehrzahl der mittelhohen und hohen Beet- und Schnittsorten jährlich durch Stecklinge aus überwinterten Knollen vermehrt wird, können die meisten niedrigen Sorten wie Sommerblumen jährlich aus Samen mit geringem Aufwand und in großem Umfang vermehrt werden.
Die 25 bis 40 cm hohen Sortengruppen enthalten einfache, halbgefüllte oder gefüllte Typen in vielen Farben. Einige Sorten können in Farben samenecht vermehrt werden, überwiegend werden jedoch Farbmischungen angeboten. Geschätzte Eigenschaften sind niedrige, kompakt wachsende Pflanzen mit kleinem Laub und einer früh einsetzenden, langanhaltenden reichen Blüte. Blützeit Juli bis September/Oktober.
Vermehrung/Anzucht: Ausgesät wird von Februar bis April im Gewächshaus oder Frühbeet. Die pikierten und später in 8 bis 10 cm große Torftöpfe gesetzten Jungpflanzen pflanzt man im Mai/Anfang Juni 25 bis 35 cm weit an den vorgesehenen Standort. Im Gartenbau werden die niedrigsten Sorten auch als ab Mai blühende Topfpflanzen angezogen.

Für diese werden durch künstliche Belichtung vorzeitig Langtagbedingungen geschaffen und damit eine früh einsetzende Blüte induziert.

Standort/Pflege: Dahlien wachsen und blühen am besten an vollsonnigen Standorten in jedem Gartenboden. Da die niedrigen Sorten wie alle Dahlien Knollen bilden, ist die frostfreie Überwinterung und nächstjährige Wiederaufpflanzung dieser Dauerorgane möglich. Die Hauptvermehrungsart ist jedoch die jährliche Neuvermehrung aus Samen.

Verwendung: Das breite Sortiment der niedrigen Dahlien ermöglicht die vielfältigste Verwendung in Gärten und Anlagen, aber auch in Gefäßen. Für den Schnitt und die Binderei sind die 35 bis 40 cm hohen Sorten bedingt ebenfalls geeignet.

Delphinium L. · Rittersporn
Ranunculaceae · Hahnenfußgewächse

Griechisch: delphinion = Pflanzenname bei Dioscorides. Wir unterscheiden mehr als 400 ein- oder mehrjährige Kräuter, die in den nördlichen gemäßigten Zonen in Vorder- und Mittelasien sowie in den Gebirgen des tropischen Afrika beheimatet sind. Sie besitzen formenreiche, geteilte oder gelappte Blätter. Viele Arten tragen langgestielte traubige Blütenstände mit unterschiedlich gefärbten, zum Teil gefüllten Einzelblüten.

Delphinium ajacis L. emend J. Gay · Hyazinthen-Rittersporn

✳✳ ⊙ ○ ♣ □ ⊥ ✂ ⚘

Botanisches: Die aus dem Mittelmeergebiet stammende, 40 bis 110 cm hochwachsende Art ist in Mitteleuropa verwildert. Die untersten Blätter sind gestielt und mehrfach handförmig geteilt, die oberen fast sitzend und meist dreifach dreispaltig. Die eintriebig wachsende Pflanze besitzt einen traubenartigen und vielblütigen Blütenstand. Die kurz gestielten, dünn gespornten Blüten sind blauviolett, seltener rosa oder weiß. Blütezeit Juni/Juli bis August.

Züchtung/Sortiment: Neben einer 50 cm hohen Sortengruppe, die eintriebige und hyazinthenähnliche Blütenstände besitzt, werden auch hohe, verzweigte Sorten von mehr als 100 cm Wuchshöhe angeboten. Von beiden sind neben Farbsorten auch Mischungen im Anbau. Das Farbspiel bewegt sich von Weiß, über Rosa, Rot bis zu hell- und dunkelblauen Tönen.

Delphinium consolida L. · Acker-Rittersporn

✳ ⊙ ○ □

Botanisches: Die in Europa und Kleinasien weit verbreitete und bekannte Art wird 30 bis 50 cm, in Gartenformen bis 120 cm hoch. Die sparrig verzweigten Stengel tragen doppelt bis mehrfach geteilte Blätter.

Delphinium ajacis

Delphinium consolida

Die violetten Blüten sitzen in teilweise verästelten, lockeren Trauben. Blütezeit Juni bis August.

Züchtung/Sortiment: Die hellblau, rosa, rot oder weiß blühenden Sorten werden 110 bis 150 cm hoch. Gleichzeitig sind Mischungen im Angebot.

Vermehrung/Anzucht: Ausgesät wird an Ort und Stelle im freien Land. Die Aussaatzeit bestimmt das Erblühen. Vermehrt man bereits im Oktober, kann man im folgenden Juni mit der Blüte rechnen. Märzaussaaten ergeben im Juli und August blühende Pflanzen. Ob man im Herbst oder im Frühjahr aussät, hängt auch davon ab, wann die benötigten Beetflächen frei sind. Die Abstände richten sich nach angebauten Sorten und betragen 20 bis 30 cm. Für Anlagenbepflanzungen kann man die Pflanzen nach Herbstsaat pikieren oder topfen und in kalten Frühbeeten überwintern. Von dort aus wird im Frühjahr so zeitig wie möglich an den endgültigen Standort gepflanzt.
Standort/Pflege: Alle Rittersporne brauchen einen nährstoffreichen Gartenboden in gutem Zustand. Der Standort soll vollsonnig und windgeschützt sein, da die hohen Sorten nicht genügend standfest sind. Auch bei zu dichtem Stand werden die Pflanzen in den Stengeln zu weich. Hohe Sorten können durch Längsdrähte in den Reihen abgstützt werden.
Verwendung: Bestens bewährt haben sich einjährige Rittersporne als Beet- und Gruppenpflanzen in Gärten oder Anlagen. Sie eignen sich für bunte Sommerblumenrabatten ebenso gut wie für Einzelgruppen an bevorzugter Stelle. Prächtig wirken Bepflanzungen großer Flächen mit nur einer Farbsorte der niedrigen Gruppe. Leider ist die Blühdauer verhältnismäßig kurz, so daß man sich rechtzeitig über die anschließende Besetzung Gedanken machen muß. Alle Sorten sind auch als Schnittblumen geeignet, vorausgesetzt, daß sie bald nach dem Schnitt in Vasen kommen. Die Haltbarkeit in der Vase beträgt eine Woche und länger.
Für das Trocknen von Delphinium-Fruchtständen eignen sich Sortengruppen, die schöne, geschlossene Fruchtstände entwickeln und gleichzeitig reifen, wie das bei einigen Klassen von *D. ajacis* der Fall ist.

Dianthus L. · Nelke
Caryophyllaceae · Nelkengewächse

Griechisch: dios = göttlich, Zeus; anthos = Blume, Blüte. Fast 300 Arten ein- oder zweijährige Kräuter, Stauden oder Halbsträucher stammen aus dem Mittelmeergebiet, teils auch aus Mittel- und Ostasien oder Afrika. Viele Arten wachsen an vollsonnigen und lufttrockenen Standorten. Sie tragen deshalb oft schmales, mit blaugrauem Wachsüberzug versehenes Laub und besitzen ein tiefgreifendes und verzweigtes Wurzelsystem. Die Blütenblätter sind ganzrandig, gezähnt oder gefranst, zum Kelch hin nagelartig verschmälert. Die Blüten kommen in Rot, Rosa, Lachsfarben, Gelb oder Weiß, teilweise auch mehrfarbig vor.

Dianthus barbatus L. · Bartnelke
∗∗∗ ♃ ① ○○ ⊕ □ ⁞ Y ✂
Botanisches: Die Heimat ist Südeuropa, besonders der Balkan. Es handelt sich um eine ausschließlich zweijährig angebaute Pflanze. Das Laub ist dunkelgrün und breitlanzettlich, weicht also in der Form von dem der übrigen Gartennelken ab. Die farbenreichen und duftenden Blüten sitzen in dichten kopfigen Büscheln auf bis 50 cm hohen Stielen. Blütezeit Juni bis Juli.
Züchtung/Sortiment: Die meisten Farbsorten und Mischungen werden 50 bis 60 cm hoch, einige bleiben auch niedriger. Die Blüten sind bei den Sorten überwiegend einfach, bei den Mischungen werden auch gefüllte Formen angeboten. Neben Weiß enthält das Sortiment vor allem rosa, rote und purpurfarbene Töne.
Einige neuere Sorten reagieren nicht mehr auf die Tageslänge. Sie können sowohl winterannuell (April/Mai-Blüte) als auch sommerannuell über Februaraussaat zur Sommerblüte angebaut werden.
Dianthus caryophyllus L. · Garten- und Landnelke
∗∗∗ ♃ ① ⊙ ○○ ⊕ □ ⁞ Y ⊍ ✂
Züchtung/Sortiment: An der Entstehung des umfangreichen Formenkreises sommer- und winterannuell angebauter, duftender Gartennelken dürften neben *D. caryophyllus* weitere Arten beteiligt gewesen sein. Seit Jahrzehnten bekannt sind die Chabaud-Nelken, deren 50 cm langen, starken Stiele fast zu 100 % gefüllte und große Blüten tragen. Die in weißen, gelben, rosafarbenen und roten Farbtönen bekannten Nelken sind auch heute noch geschätzte

Schnittblumen. Einige verwandte Sortengruppen, wie die ganzrandigen Regina-Nelken, vervollkommnen das Sortiment sommerannuell angebauter Nelken. Blütezeit Juli bis Oktober.
Auch für die winterannuelle Kultur werden mehrere Sortengruppen und Mischungen, wie die altbekannten Grenadin-Nelken mit 60 cm langen Stielen und gefüllten Blüten im gleichen Farbbereich angebaut. Eine nur 20 cm hohe Mischung besonders großblumiger F_1-Hybriden stellt eine wertvolle Ergänzung dar. Blütezeit Juni bis August.
Dianthus chinensis L. · Chinanelke, Kaisernelke, Heddewigsnelke
⁎⁎ ♃ ⊙ ⊙ ○○ ⊕ □ ⁞ Y ⊍ ⊍ [B] ✂
Botanisches: Die in China beheimateten Pflanzen sind zweijährig bis ausdauernd. Sie werden als Zierpflanzen einjährig angebaut. Die Wuchshöhe beträgt 20 bis 40 cm. Charakteristisch sind die meistens gezähnten oder geschlitzten Kronblätter in sehr reichhaltigen Farben. Blütezeit Juli bis September/Oktober.
Züchtung/Sortiment: Die moderne Züchtung ließ ein vielfältiges und leistungsstarkes F_1-Sortiment entstehen, das diesen Nelken eine große Zukunft als Sommerblumen ermöglichen wird. Die Sorten duften zwar nicht, aber dafür entschädigen die buschig-verzweigten, früh- und reichblühenden Farbsorten und Mischungen mit den bis 6 cm großen Blüten in einem reichen Farbenspiel. Die einfach- oder gefülltblühenden Gartenformen werden 15 bis 30 cm hoch und lassen somit vielfältige Anwendungsmöglichkeiten als Sommerblumen zu. Die altbekannten Heddewigsnelken und Kaisernelken gehören zu dieser großen Gruppe.
Vermehrung/Anzucht: Die Besprechung erfolgt der Übersichtlichkeit wegen getrennt nach den beschriebenen Gruppen und Arten.
Chabaudnelken:
Man geht davon aus, daß die Blüte 5 bis 6 Monate nach der Aussaat beginnt. Da die Blühleistung im Herbst nachläßt, wird der Hauptwert auf die Sommerblüte gelegt. Dafür muß bereits im Februar/Anfang März in Schalen oder Handkisten im Gewächshaus ausgesät werden. Nach dem Auflaufen werden die Sämlinge sehr hell und luftig gehalten. Wenn sie genügend erstarkt sind, verstopft man sie in Handkisten. Später wird ein zweites Mal auf Frühbeete verstopft. Auf jeden Fall müssen die jungen Nelken bis zum Auspflanzen ausreichend abgehärtet sein. Ausgepflanzt wird ab Ende April im Abstand von 25 bis 30 cm auf Freilandbeete. Man darf die Pflanzen nicht zu tief setzen, da sie sonst anfällig gegen Krankheiten werden können.
China-Nelken:
Ausgesät wird im März in das halbwarme Frühbeet. Nach einem Pikieren werden die Jungpflanzen mit Topfballen weiterkultiviert, um Mitte Mai 20 cm weit ausgepflanzt zu werden. Die niedrigen Sortengruppen können für die Anzucht von blühenden Topfpflanzen in Folgesätzen bereits ab Januar vermehrt werden.
Bart- und Landnelken:
Man sät Ende Mai/Anfang Juni unter Glas aus. Ein Verstopfen ist bei dichter Aussaat erforderlich; es er-

folgt auf kalte Frühbeete. An den endgültigen Standort im Freien pflanzt man ab Mitte Juli, spätestens jedoch bis Mitte August aus. Später wurzeln die Pflanzen häufig nicht mehr genügend ein und wintern dann leicht aus.
Standort/Pflege: Alle ein- und zweijährig angebauten Nelken brauchen einen vollsonnigen Standort. Gut entwickeln sich die Pflanzen auch auf Süd- oder Südwesthängen, wenn der Boden zur Zeit des Hauptwachstums und der Blüte genügend feucht gehalten werden kann. Im Jahr vor der Pflanzung sollte mit organischen Düngemitteln gründlich gedüngt werden. Als Böden eignen sich solche mit Lehmgehalt und ausreichendem Kalkgehalt besonders. Bei guter Bewässerung kann man jedoch auch auf Sandböden ausgezeichnete Nelken erreichen. Für die zweijährig angebauten Gruppen und Sorten ist ein leichter Winterschutz mit Fichtenreisig angebracht, da in Wintern mit geringer Schneedecke und starken Frösten sonst größere Auswinterungsschäden auftreten können.
Verwendung: Chabaudnelken und alle anderen Gruppen mit einer Wuchshöhe ab 40 cm sind in erster Linie als Schnittblumen geeignet. Ihr Ertrag ist abhängig von den Eigenschaften der betreffenden Gruppe, aber auch von den Standortbedingungen, den Witterungsverhältnissen und der Pflege. So werden bei Chabaudnelken in Jahren mit sonnenreichen und warmen Herbsten die Schnitterträge nicht selten doppelt so hoch liegen wie bei trübem und kaltem Wetter. Bei Landnelken werden bis 40 Stiele, im Durchschnitt 20 bis 25 Stiele erreicht. Bei Chabaudnelken erreicht man bis zu 18 Stiele von der Pflanze.
Die Schnitthaltbarkeit aller Nelken beträgt 8 bis 12 Tage. Es gibt bei unseren Sommerblumen kaum etwas Schöneres als einen Strauß großblumiger und reinfarbener Nelken.
Auch auf Freilandbeeten, bunten Sommerblumenrabatten und in Einfassungen wirken Bart- und Chinanelken in den niedrigen Gruppen vorteilhaft. Bartnelken kann man anschließend an früh räumende Einjahrsblumen pflanzen und damit gleichzeitig schon wieder die Voraussetzungen für die Blüte des kommenden Jahres schaffen.

Diascia Link et Otto · Diascie
Scrophulariaceae · Braunwurzgewächse

Griechisch: dis = doppelt; askos = Schlauch. Die etwa 50 südafrikanischen Arten sind einjährige oder ausdauernde Kräuter von zierlichem Wuchs. Die Blätter sind einfach oder gefiedert, die Blüten achselständig oder traubig angeordnet und violett bis rosa gefärbt.

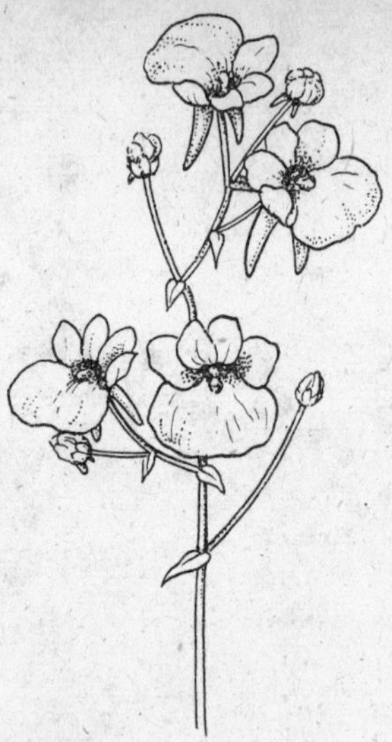

Diascia barberae Hook f. · Diascie
✳ ⊙ ○ □ ⁞ Y
Botanisches: Die einjährige, 25 bis 30 cm hohe, krautartige Pflanze besitzt eiförmige, abgestumpfte Blätter, die im unteren Teil gestielt sind. Die Blüten sitzen in endständigen, aufrechten Trauben, sind bis 2 cm groß und fleischfarbig bis korallenrosa. Blütezeit Juli bis September.
Züchtung/Sortiment: Außer Gartenformen in den genannten Farbtönen ist eine weitere in Lachsrosa im Anbau.
Vermehrung/Anzucht: Die Anzucht kann wie bei vielen Sommerblumen durch März-Aussaat unter Glas erfolgen. Kräftige Jungpflanzen erreicht man, wenn man mehrere Sämlinge zusammen in kleine Töpfe setzt und Ende Mai im Abstand von 20 bis 25 cm ins Freiland pflanzt.
Standort/Pflege: Wie andere, aus Südafrika stammende Sommerblumen wächst auch diese Art am besten an warmen, sonnigen Plätzen in durchlässigem Boden. Da sie aus etwas feuchteren Gebieten in Küstennähe stammt, ist sie nicht so regenempfindlich.
Verwendung: Man kann Diascien sowohl gemeinschaftlich mit anderen einjährigen Gartenblumen als auch in größeren, geschlossenen Gruppen pflanzen.

Digitalis L. · Fingerhut
Scrophulariaceae · Braunwurzgewächse

Lateinisch: digitus = Finger. Die Gattung umfaßt etwa 2 Dutzend Arten aus Europa, West- und Mittelasien. Die überwiegend krautartigen Pflanzen besitzen ganzrandige oder gezähnte Blätter. Die Stengelteile und Blätter sind kahl, zottig oder filzig. Die ansehnlichen, vielfältig gefärbten und gezeichneten

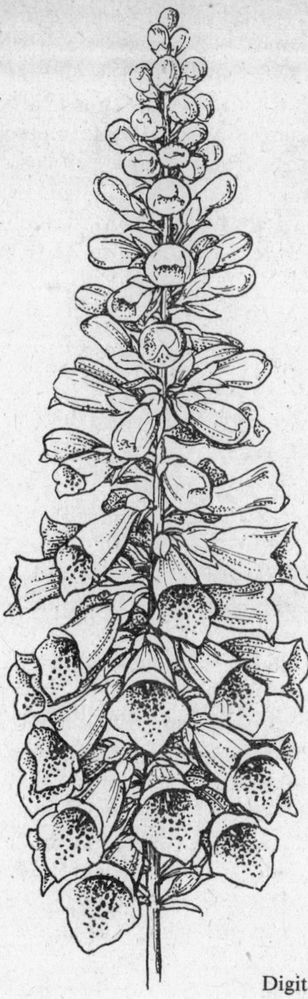

Digitalis purpurea

Blüten sitzen in langen, endständigen, oft einseitswendigen Trauben.

Digitalis purpurea L. · Purpurfingerhut

✳✳ ♃ ⊙ ○ ◐ ≏ □ Y⊥ ✂ ✗

Botanisches: Die in Europa beheimatete und bei uns besonders in lichten Wäldern heimische Pflanze, die zwei- bis mehrjährig ist, wird als Gartenpflanze überwiegend zweijährig behandelt. Die Pflanzen werden bis 120 cm hoch und sind filzig behaart. Im Aussaatjahr bildet sich zunächst eine Rosette spitzeiförmiger Blätter, aus denen im Folgejahr der beblätterte, traubenartige Blütenstand mit den fingerhutähnlichen Einzelblüten hervorgeht. Sie sind bei der Wildform hellpurpurfarben und tragen innen dunkle Flecken. Blütezeit Juni bis August.

Züchtung/Sortiment: Bekannt sind die als „Gloxiniflorae" bezeichneten Gartenformen mit besonders großen, getigerten und gepunkteten Blüten in einem breiten Farbspiel. Die als ‚Excelsior-Hybriden' bezeichnete Gruppe wird bis 120 cm hoch und ist durch die dichtbesetzten Trauben mit großen, waagerecht abstehenden Einzelblüten beliebt. Daneben sind Mischungen mit nur 80 cm hohen Pflanzen im Anbau.

Vermehrung/Anzucht: Am vorteilhaftesten sät man im Juni in kalte Kästen oder auf vorbereitete Saatbeete, aus denen man die Sämlinge pikiert, um sie im folgenden Frühjahr mit gutem Wurzelballen an Ort und Stelle zu pflanzen. Diese Methode hat den Vorteil, daß man Pflanzenverlusten durch Auswinterung mittels leichtem Frostschutz am besten vorbeugen kann. Da sich der Purpurfingerhut in der Natur, aber auch im Garten oft durch Selbstaussaat weitervermehrt, kann selbstverständlich auch an Ort und Stelle gesät werden. Dann beläßt oder versetzt man allerdings nur die kräftigsten Jungpflanzen. Der Abstand zwischen den Pflanzen sollte 40 bis 50 cm betragen.

Standort/Pflege: Halbschattige bis schattige Plätze entsprechen den häufigsten natürlichen Standorten, jedoch wird auch volle Sonne gut vertragen. Entscheidend für gutes Gedeihen ist ein humoser, kalkarmer und durchlässiger Boden. Es lohnt sich, wenigstens die Pflanzstellen mit Torf oder Nadelstreu vorzubereiten.

Wenn man die Blütenstiele unmittelbar nach dem Verblühen abschneidet, bestocken sich die Pflanzen oft nochmals und blühen erneut im nächsten Jahr, wenn auch nicht mehr so kräftig. Außerdem verlängern wir dadurch die Lebensdauer dieser an sich mehrjährigen Pflanze.

Verwendung: Der Purpurfingerhut wirkt in Einzelstellung oder Gruppen, besonders in Verbindung mit Nadelgehölzen, anderen Vertretern des Heidegartens oder vor dunklen Baulichkeiten sehr attraktiv. Gemeinschaftspflanzungen mit anderen Gartenpflanzen, besonders auch schattenliebenden Stauden und Farnen, sind nicht selten. Beachten muß man stets, daß die Pflanzen weit genug stehen, um sich in voller Pracht entwickeln zu können. Die langen Stiele lassen sich auch wirkungsvoll als Schnittblume verwenden. Der Fingerhut ist giftig und gehört nicht in Gärten, in denen sich Kleinkinder aufhalten.

Dimorphotheca Moench · Kapkörbchen
Compositae · Korbblütler

Griechisch: dimorphos = zweigestaltig, theke = Behälter; der Name bezieht sich auf die unterschiedliche Form der Früchte. Es gibt sieben ein- und mehrjährige Kräuter oder Halbsträucher aus Südafrika. Das Laub ist wechselständig angeordnet, ungeteilt oder gefiedert. Die Blumen sitzen einzeln auf langen Stielen und blühen in gelben und anderen Tönen.

Dimorphotheca sinuata DC. · Kapringelblume
(syn. Dimorphotheca aurantiaca hort. non DC.)
⁎⁎ ⊙ ○○○ □ ⁞ ✂
Botanisches: Die südafrikanische Einjahrsblume besitzt länglich-lanzettliche Blätter und verzweigt sich bereits von unten her. Sie wird 30 bis 40 cm hoch und blüht organgegelb, wobei die Zungenblütenkronen am Grunde häufig violett gefärbt sind. Blütezeit Juni bis September.
Züchtung/Sortiment: Das heutige Sortiment scheint aus Kreuzungen obiger Art mit *D. pluvialis* (L.) Moench hervorgegangen zu sein. Dadurch ist das Farbenspiel noch reichhaltiger geworden. Die 30 bis 50 cm hohen Sorten blühen weiß, gelblich und in orangefarbenen Tönen. Sie ähneln sehr unseren Gerbera-Blumen.
Vermehrung/Anzucht: Man sät unter günstigen Bedingungen an Ort und Stelle ins Freiland. Dies kann ab Anfang April breitwürfig oder in Reihen erfolgen, je nachdem, ob man für Beetpflanzungen oder für den Schnitt anbaut. Die heranwachsenden Pflanzen müssen sortenbedingt auf 15 bis 25 cm vereinzelt werden. März-Aussaaten unter Glas ergeben besonders kräftige Pflanzen. Dazu sät man entweder einige Korn gleich in kleine Torftöpfe oder pikiert die Sämlinge später hinein. Die Jungpflanzen werden durch rechtzeitiges Lüften abgehärtet.
Standort/Pflege: Der heimatlichen Herkunft entsprechend wählt man einen vollsonnigen und trockenen Standort. Der Boden soll vor allem durchlässig und keinesfalls mastig sein. In nassen und kalten Sommern muß man mit Mißerfolgen rechnen. Für die Dauer der Blütezeit ist es wichtig, die abgeblühten Stiele regelmäßig zu entfernen.
Verwendung: Als Beetpflanze eignet sich die Kapringelblume vorzüglich. Besonders schön wirken Beete oder breite Einfassungsstreifen, die mit nur einer Sorte bepflanzt werden. Die orangefarbenen Töne sind in Gärten und Anlagen stets ein besonderer Anziehungspunkt. Zu beachten ist, daß sich die Blumen nur bei Sonnenschein öffnen. Einige Sorten werden heute in größeren Mengen als Massenschnittblumen angepflanzt. Jeder sollte damit im Garten einen Versuch wagen.

Dolichos L. · Helmbohne
Leguminosae · Hülsenfrüchtler

Griechisch: dolichos = der Lange; bei Theophrast ist dies der Name einer bohnenartigen Hülsenfrucht. Mehrere Dutzend Arten stammen aus tropischen und subtropischen Gebieten der Erde. Die Gattung ähnelt äußerlich sehr *Phaseolus*, von der sie sich durch einige botanische Merkmale der Blüten und Früchte unterscheidet.

Dolichos lablab L. · Helmbohne
⁎ ⊙ ○ ◐ ⦚ ⊥ ▤ [B]
Botanisches: Die aus dem tropischen Afrika stammende, einjährige, 300 bis 400 cm hoch windende, verzweigte Pflanze besitzt dreizählige Blätter. Die Blüten sind violett und sitzen in lockeren, hängenden Trauben. Schmuckwert besitzen auch die 5 bis 6 cm langen, glänzend purpurvioletten Hülsen. Blütezeit August bis Oktober.
Züchtung/Sortiment: Bekannt ist noch eine weißblühende Kulturform.
Vermehrung/Anzucht: Ausgesät wird bereits im März unter Glas. Am besten legt man wenige Samenkörner in kleine Töpfe. Es empfiehlt sich, frühe-

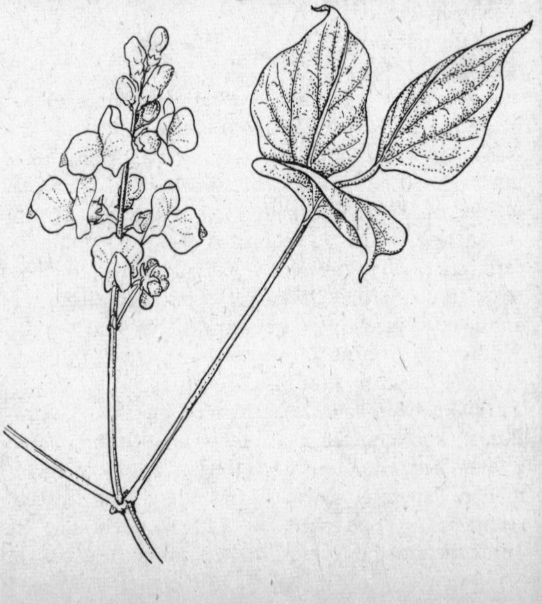

stens Ende Mai, besser erst in der ersten Junihälfte auszupflanzen.
Standort/Pflege: Die selten angebaute Art wächst nur an warmen und geschützten Gartenplätzen in gutem, durchlässigem Boden. In botanischen Gärten wird sie manchmal in Schauhäusern gezeigt.
Verwendung: Die Helmbohne ist eine tropische Schlingpflanze zum Ausprobieren für die Gartenfreunde, die Raritäten und botanische Besonderheiten lieben. In tropischen und subtropischen Gebieten wird sie als Nutzpflanze angebaut.

Dorotheanthus Schwant. · Mittagsblume
Aizoaceae · Mittagsblumengewächse

Der Autor hat den Namen aus den Wörtern „Dorothea“ (so hieß seine Mutter) und griechisch „anthos“ zusammengesetzt. Man kennt sieben südafrikanische Arten, die alle als einjährige, etwas fettfleischige (sukkulente) Kräuter wachsen. Die Blätter sind länglich lanzettlich. Eine Pracht sind die den Korbblütlern sehr ähnlichen Blüten in ihrer Farbenvielfalt.

Dorotheanthus bellidiformis (Burm. f.) N. E. Br. · Mittagsblume
(syn. Mesembryanthemum criniflorum L. f.)
✱✱ ⊙ ○○○ ▭ □ ⁞ Y [B]

Botanisches: Die kleinen, verzweigten Pflanzen erfreuen sich großer Beliebtheit. Sie werden kaum höher als 10 cm; ihre fleischigen und rauh-warzigen Blätter sind bis 8 cm lang. Die Farbskala umfaßt beinahe alle Töne, dabei sind sie innerhalb einer Blüte zonenartig abgestuft. Im Hochsommer wirkt ein blühender Beetbestand wie ein seidig glänzendes Kissen. An sonnigen Tagen öffnen sich die Blüten täglich 6 bis 8 Stunden, nachts und bei trübem Wetter sind sie geschlossen. Blütezeit Juni bis September.
Züchtung/Sortiment: Sorten sind bisher nicht bekannt.
Vermehrung/Anzucht: Man sät im März bei 15°C in Gefäße unter Glas aus. Die Sämlinge pflanzt man zu mehreren in kleine Töpfe, damit der Übergang zum Auspflanzen erleichtert wird. Ausgepflanzt wird Ende Mai in Abständen von 20 cm.
Standort/Pflege: Der sonnigste Platz ist gerade gut genug. Der Boden soll leicht, sandig und warm sein. Feuchte Böden sind ungeeignet, denn dort blühen die Pflanzen zu wenig. In feuchten und kühlen Sommern kommt es zu Ausfällen.
Verwendung: Diese Sommerblume bietet uns die Möglickeit, auch trockenste Standorte erfolgreich zu bepflanzen. Dort, wo die Mehrzahl der anderen Arten versagt, findet dieses Gewächs seine günstigsten Bedingungen. Zusammenpflanzungen mit im Charakter ähnlichen Sommerblumen sind möglich, aber auch größere, einheitliche Bepflanzungen sind wirkungsvoll. Sehr vorteilhafte Wirkungen ergeben breite Einfassungen beiderseitig eines Wegabschnittes, die Bepflanzung trockener Böschungen oder Gestaltungen in Verbindung mit Steinen. Für Balkonkästen an Südseiten sind die Pflanzen empfehlenswert, wobei man sie durchaus mit farblich harmonierenden Pelargonien kombinieren kann. Wenn man die Samenkapseln nach dem Abblühen regelmäßig absammelt, fördert man die Neubildung von Blüten und einen langanhaltenden Flor.

Eccremocarpus Ruiz et Pav. · Hängefruchtranke
Bignoniaceae · Bignoniengewächse

Griechisch: ekkremes = herabhängend, karpos = Frucht; den Eigenschaften der Pflanze entspre-

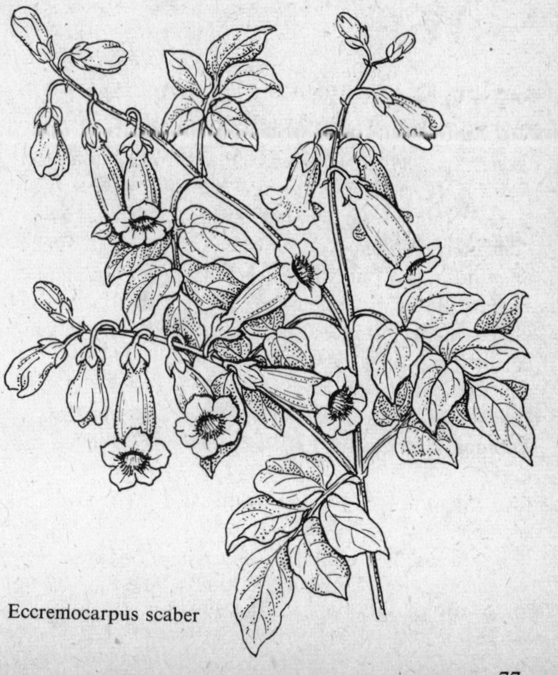

Eccremocarpus scaber

chende Bezeichnung. Bekannt sind vier Arten aus Peru und Chile, die als kletternde, kahle oder flaumige, immergrüne Sträucher verbreitet sind. Das Laub ist gegenständig angeordnet und doppeltfiederschnittig; der Blattstiel endet in einer Ranke. Die Blüten sitzen in lockeren Trauben und sind gelb, rot oder orangefarben.

Eccremocarpus scaber Ruiz et Pav. · Schönranke

∗ ♃ ♄ ⊙ ○ ♒ ⦚ ⊥ ⩩ [B]

Botanisches: Dieser chilenische Strauch ist bei uns stets nur eine einjährig gezogene Pflanze, die hoch klettert. Ab einer bestimmten Höhe erscheinen aus den Blattachseln Nebentriebe und dann langgestielte, röhrenförmige Blüten in 2 bis 3 cm Länge. Sie sind orangerot. Blütezeit Juli bis Oktober.

Züchtung/Sortiment: Es treten einige Farbabweichungen auf. Dabei gibt es schöne gelbe und rote Farbtöne in Sorten.

Vermehrung/Anzucht: Die Jungpflanzenanzucht ist dem Gärtner vorbehalten. Leider wird die Pflanze bisher noch selten angeboten. Die Aussaat erfolgt zwischen Ende Februar und Anfang April bei 18°C im Gewächshaus, die Weiterkultur in kleinen Töpfen. Ausgepflanzt wird in der zweiten Maihälfte.

Standort/Pflege: Den Ansprüchen gemäß pflanzt man an warme, sonnige Plätze und in nährstoffreiche, ausreichend feuchte Böden.

Verwendung: Man kann Baulichkeiten, Pergolen und Pyramidengerüste beranken. Für Balkon- und Fensterkästen eignet sich diese Kletterpflanze ebenfalls. Sie verdient weitaus mehr beachtet zu werden. Eine Überwinterung im Freien gelingt manchmal in milden Wintern, wenn die auf 30 bis 40 cm zurückgeschnittenen Pflanzen mit Laub abgedeckt werden.

Echium L. · Natternkopf
Boraginaceae · Boretschgewächse

Griechisch: echis = Natter, Schlange; der Name soll sich auf den gefleckten Stengel der Pflanze beziehen, der an Natternhaut erinnert. Die etwa 35 ein-, zwei- oder mehrjährigen Kräuter oder Sträucher stammen aus Südasien, dem Mittelmeergebiet, von den Kanarischen Inseln und den Azoren. Die meist blauen, violetten oder roten Blüten sind in einseitswendigen, einfachen oder gegabelten Ähren angeordnet. Die Blütenstände verlängern sich mit der Entwicklung der Blüten.

Echium plantagineum L. · Wegerichblättriger Natternkopf
(syn. Echium lycopsis L. p. p.)

∗ ① ⊙ ○○○ □ ⬡

Botanisches: Die einjährige Art ist vom Mittelmeergebiet bis zum Kaukasus verbreitet. Die bis 100 cm hohen Pflanzen haben kantige Stengel und lanzettliche Rosetten- und Stengelblätter. Die rotvioletten Blüten sitzen in einer langen Ähre. Blütezeit Juni bis August.

Züchtung/Sortiment: Es gibt etwa 35 cm hohe Sorten in Blau und Weiß.

Echium vulgare L. · Gemeiner Natternkopf

∗ ⊙ ⊙ ○○○ □ ⬡

Botanisches: Die in Europa und Kleinasien verbreitete zweijährige Pflanze wird bis 100 cm hoch und ist borstig behaart. In rispigen oder ährenartigen Blütenständen sitzen zahlreiche blaue Einzelblüten, die im Erblühen rosafarbig sind. Blütezeit Juni bis August.

Züchtung/Sortiment: Sorten sind unbekannt.

Vermehrung/Anzucht: Beide Arten kann man im März an Ort und Stelle aussäen. Nach dem Verziehen soll der endgültige Abstand wenigstens 20 cm betragen. Von *Echium vulgare* erhält man die stattlichsten Exemplare, wenn man bereits im Sommer in ein vorbereitetes Beet sät, sie im Frühherbst ins Freie auspflanzt und überwintert. Die Sämlinge dürfen zum Pflanzzeitpunkt noch nicht allzu groß sein.

Standort/Pflege: Der Natterkopf ist eine Sonnenpflanze. Er gedeiht am besten in sonniger und trokkener Lage, also an Standorten, an denen andere Sommerblumen bereits versagen. Besondere Pflege braucht er nicht.

Verwendung: Mit beiden Arten sind in Gärten und Anlagen schöne Schmuckwirkungen zu erzielen. Sie können gemeinsam mit anderen, Sonne und Trok-

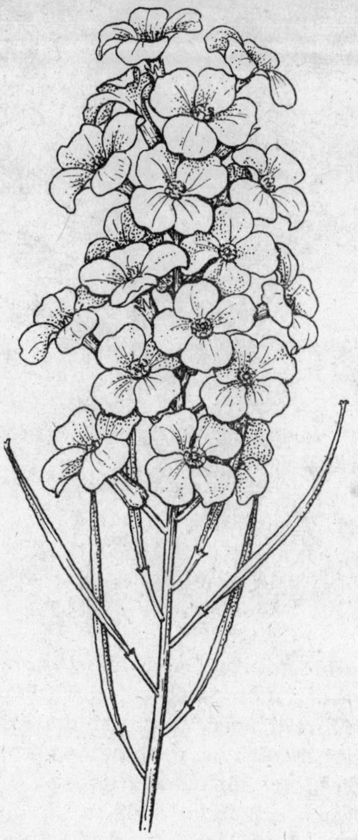

kenheit liebenden Sommerblumen angepflanzt werden. In ihrer Nachbarschaft wirken gelbe bis orangefarbene Töne besonders harmonisch.

Zur Zeit werden beide Arten in erster Linie als Bienenweide angebaut.

Erysimum L. · Schöterich
Cruciferae · Kreuzblütler

Griechisch: eryomai = retten; wahrscheinlich der Heilwirkung einiger Arten wegen so benannt. Etwa 80 ein- und zweijährige oder ausdauernde Kräuter stammen aus Südeuropa, Asien und Amerika. Es besteht eine enge Verwandtschaft zur Gattung *Cheiranthus,* dem Goldlack. Die Pflanzenteile sind meist behaart oder befilzt. Die Farbskala der Blüten reicht von Gelb bis Orange.

Erysimum × allionii hort. · Schotendotter.
(syn. Cheiranthus × allionii hort.)
* ♄ ① ⊙ ○ ◐ ⊕ □ ⁞ Y ⊍ ⊍ [B] ✂ ⬡

Botanisches: Bei dieser Pflanze handelt es sich um eine Hybride, deren Eltern nicht genau bekannt sind. Sie wird heute zur Gattung *Erysimum* gezählt, denn der Samen ist in der Form einseitig, was als wichtiges Gattungsmerkmal gilt. Die Pflanzen entwickeln sich im allgemeinen winterannuell, werden 45 cm hoch und wachsen buschig. Blütezeit April bis Juli.

Züchtung/Sortiment: Die 45 cm hohen Sorten blühen orange bis goldgelb.

Vermehrung/Anzucht: Der Anbau kann winter- und sommerannuell erfolgen. Bestände, die überwintert haben, blühen zeitiger und werden kräftiger. Man sät sie im Juli aus, verstopft einmal und pflanzt sie im Herbst in 11 bis 12 cm große Töpfe. Getopfte *Erysimum* können im Frühbeet luftig überwintern. Die so vorbereiteten Pflanzen werden im März/April 25 bis 30 cm weit auf Beete gepflanzt. Man kann auch im März/April direkt auf Freilandbeete aussäen. Die Pflanzen blühen dann ab Juli.

Standort/Pflege: Man sollte an sonnigen bis halbschattigen Plätzen auspflanzen, muß jedoch darauf achten, daß der Boden kalkhaltig ist und keinen frischen Stalldung enthält.

Verwendung: Der Schotendotter ist zur Frühjahrs- und Frühsommerbepflanzung geeignet. Die gelben oder orangefarbenen Blüten bieten ein herrliches Bild. Anschließend sind die Beete mit vorkultivierten anderen Arten zu besetzen.

Eschscholzia Cham. · Goldmohn
Papaveraceae · Mohngewächse

Die Gattung wurde nach dem baltischen Professor Johann Friedrich Eschscholz, der 1793 bis 1831 lebte und Arzt, Zoologe und Naturforscher war, benannt. Etwa 100 Arten, meistens einjährige Kräuter, stam-

Eschscholzia californica

men aus Nordamerika. Das Laub ist stark fiederartig zerschlitzt. Auf den Stielchen sitzen gelbe bis orangefarbene Einzelblüten. Wenn sich die Kronenblätter entfalten, werden die mützenförmig miteinander verwachsenen Kelchblätter abgestoßen.

Eschscholzia californica Cham. · Kalifornischer Mohn, Schlafmützchen

✱✱ ♃ ⊙ ○○ ◊ □ ⁞ Y ✂

Botanisches: Diese eigentlich ausdauernde, bei uns einjährig angebaute Art ist in den Küstengebieten von Kalifornien und Oregon beheimatet; sie wird bis 60 cm hoch, wächst buschig und bildet lange Pfahlwurzeln. Schon die Laubblätter allein schmücken durch ihre Feinfiedrigkeit und die blaugrüne Farbe. Die langgestielten, gelben Einzelblüten sind bis 8 cm breit und schalenförmig. Sie öffnen sich bei sonnigem Wetter täglich 6 bis 7 Stunden. Blütezeit Juni bis Oktober.

Züchtung/Sortiment: Durch Züchterarbeit entstanden eine Reihe schöner, einfachblühender und gefüllter Farbsorten. Während von den gefüllten und halbgefüllten Formen überall gute Mischungen erhältlich sind, gibt es in England von den einfachen einige Namenssorten, die cremeweiß, gelb, orangefarben oder karminrosa blühen. Alle Gartenformen werden 30 bis 40 cm hoch.

Vermehrung/Anzucht: Unsere „Schlafmützchen" werden grundsätzlich an Ort und Stelle ausgesät, denn infolge ihrer Pfahlwurzeln lassen sie sich nicht verpflanzen. Man kann bereits in der zweiten Septemberhälfte vermehren, wenn man ab Ende Mai des folgenden Jahres blühende Bestände wünscht. Ansonsten ist die Hauptaussaatzeit im März/April, dann kommen die Pflanzen ab Juni in Flor. Ob man breitwürfig oder in Reihen sät, bleibt jedem überlassen. Wichtig ist, daß die heranwachsenden Eschscholzien einen Abstand von 20 bis 30 cm haben.

Standort/Pflege: Für eine reichliche und langanhaltende Blüte sind sehr sonnige und warme Plätze von Bedeutung. Der Boden soll nicht mastig und eher sandig als schwer sein.

Verwendung: Wir schätzen an dieser Art besonders die seidenglänzenden Blüten mit ihren leuchtenden, reinen Farben. Im Garten wird sie auf bunten Sommerblumenbeeten oder in geschlossenen Pflanzungen angebaut. Auch als Lückenfüller zwischen Stauden wirken die Pflanzen sehr apart. Vor höheren Blumenrabatten ergeben Einfassungen besondere Höhepunkte. Eine ausgesprochene Schnittblume ist der Kalifornische Mohn nicht, denn er hält sich nicht lange. Wer ihn jedoch in knospigem Zustand schneidet und die Vasenfüllung in kürzeren Zeitabständen wechselt, hat an dieser Pflanze auch geschnitten seine Freude. Im Garten soll man darauf achten, daß fruchtende Bestände durch Selbstaussaat nicht zum Gartenunkraut werden.

Euphorbia L. · Wolfsmilch
Euphorbiaceae · Wolfsmilchgewächse

Benannt nach Euphorbus, um die Zeitenwende Arzt am Hof des Königs von Mauretanien; er soll den Saft einer Art zur Heilung benutzt haben. Etwa 900 vielgestaltige Arten sind auf der ganzen Erde verbreitet. Es gibt ein- und mehrjährige, kraut- und holzartige Vertreter, die alle Milchsaft führen.

Euphorbia marginata Pursh · Schnee auf dem Berge. (syn. Euphorbia variegata Sims)

✱ ⊙ ○○ ◊ □ Y ⊥

Botanisches: Die in verschiedenen Gebieten Nordamerikas beheimatete Art bildet bis 80 cm hohe, dicht belaubte Büsche. Die oberen Blätter sind weiß gerändert und geadert, die Scheibenblüten von einer kronblattartigen, milch- oder grünlich-weißen Hülle umgeben. Blütezeit Juli bis September.

Züchtung/Sortiment: Die als Sommerblume angebauten Formen werden etwa 50 cm hoch.

Vermehrung/Anzucht: Man kann im April an Ort und Stelle oder sicherer im März unter Glas aussäen. Bei der zweiten Methode wird im Mai 50 bis 60 cm weit ins Freie gepflanzt. Manchmal säen sich die Pflanzen selbst aus, und die Sämlinge erscheinen im nächsten Jahr an den verschiedensten Stellen. Sie lassen sich mit einem kleinen Erdballen umpflanzen.

Standort/Pflege: Am besten sind sonnenreiche, warme und geschützte Plätze bei durchlässigem, nicht allzu schwerem Boden. Stauende Nässe vertragen die Pflanzen nicht.

In Garten- und Parkanlagen mit intimem Charakter treffen wir häufig auf farben- und formenreiche Anpflanzungen von Sommerblumen, in denen auch noch weniger bekannte Arten erprobt werden. Im Großen Garten der Stadt Dresden ist der Carola-Garten für Einheimische und Touristen ein reizvoller Anziehungspunkt für erholsame wie anregende Stunden.

In der Blumenstadt Erfurt und ihrer Umgebung prägen Züchtung und Samenbau von Zierpflanzen in großem Umfang und in vielfältiger Weise den Charakter der Landwirtschaft. Zu den traditionellen Produktionseinrichtungen gehören die Petunien-Stellagen für die Samenzucht. Auch Sorten-Prüffelder lassen erkennen, daß Petunien im großen Sortiment der Sommerblumen bedeutungsvoll sind.

Für die pflanzliche Ausgestaltung von Fußgängerbereichen und Plätzen unserer Städte sind Sommerblumen in Pflanzschalen und anderen Gefäßen sehr geeignet. Wir wählen vorrangig Arten mit langer Blütezeit, geringem Pflegeaufwand und hoher Widerstandsfähigkeit. In ländlichen Gebieten sind bunte Anpflanzungen, besonders in der Nähe von Baulichkeiten, häufig anzutreffen.

Grandiflora Fimbriata Nana 'Abendsonne'

Grandiflora Fimbriate Nana 'Spitzenschleier'

Compacta Nana, zweifarbig 'Frohsinn'

Multiflora Nana F_1 (ČSSR) 'Sylvie'

Multiflora Nana F_1 (ČSSR) 'Henrietta'

Multiflora Nana F_1 (ČSSR) 'Angelika'

Das vielseitige und züchterisch so vervollkommnete Sortiment der *Petunia-Hybriden* ließ diese Sommerblume in den Kreis der beliebtesten Gartenpflanzen aufrücken. Die Anwendungs- und Gestaltungsmöglichkeiten sind unerschöpflich. Als sonnenhungrige und wärmeliebende Beet- und Balkonpflanze erfreuen uns Petunien über viele Monate mit ihrer Farbenpracht.

Godetia-Hybriden Sommerazalee (Feldbestand)

Godetia-Hybriden Sommerazalee (Einzelblüten)

Impatiens balsamina Gartenbalsamine

Matthiola incana Gartenlevkoje

Begonia-Semperflorens-Hybriden Eisbegonie

Begonia-Semperflorens-Hybriden Eisbegonie

Godetien werden als besonders farbenfreudige Sommerblumen gern für Beet- oder Einfassungspflanzungen verwendet. Gartenbalsaminen wurden bereits vor 400 Jahren aus Südostasien nach Europa eingeführt. Gartenlevkojen und Eisbegonien konnten züchterisch über Jahrzehnte erfolgreich bearbeitet werden. Daraus entstanden vielgestaltige Sortimente in großer Vollkommenheit.

Die Gartenanlagen in Erfurt rechtfertigen den Beinamen „Blumenstadt". Oft bilden wertvolle alte Gehölze eine wirkungsvolle Kulisse. Auch in Dresden zeugen großflächige Blumenbeete mit „Einjährigen" von der Fortsetzung alter Gartentraditionen.

Chrysanthemum carinatum Kielwucherblume

Dahlia-Hybriden Mignon-Dahlie

Chrysanthemum segetum 'Eldorado' Saatwucherblume

Salpiglossis sinuata Trompetenzunge

Die 50 cm hohen Sorten der einjährigen Chrysanthemen-Arten eignen sich als Schnittblumen. Die farbenfrohen Blumen und die bis zu 8 Tagen währende Schnitthaltbarkeit sind eine gute Referenz. Aus der Vielfalt der *Dahlia-Hybriden* sind die aus Samen vermehrbaren Mignon-Dahlien ein unentbehrlicher Bestandteil des Sommerblumensortiments geworden.

Zu den Sehenswürdigkeiten und Erlebnissen im Schloßpark Pillnitz bei Dresden zählen die jährlich in neuer Pracht angelegten, ornamentalen Blumenpflanzungen zwischen Berg- und Wasserpalais. Heliotrop, Pantoffelblumen und Eisblumen entfalten zusammen mit vielen anderen Beet- und Gruppenpflanzen im Rahmen historischer Baulichkeiten ihre Schönheit.

Asarina barclaiana Maurandie

Pharbitis hederacea Efeuartige Prunkwinde

Cobaea scandens Glockenrebe, Krallenwinde

Tropaeolum peregrinum Fremde Kapuzinerkresse

Zahlreiche einjährige und einjährig anzubauende Schling- und Kletterpflanzen stehen für Gärten und Anlagen zur Verfügung. Neben Zäunen, Mauern und Hauswänden können frei stehende Klettergerüste begrünt werden. An Sitzplätzen oder zu Nachbargärten hin lassen sich in wenigen Monaten lebende Abgrenzungen schaffen.

Dolichos lablab Helmbohne

Phaseolus coccineus Feuerbohne, Prunkbohne

Thunbergia alata Schwarzäugige Susanne

Quamoclit hederifolia Sternwinde

Eccremocarpus scaber Schönranke

Humulus scandens Japanischer Hopfen

Die Feuerbohne ist als Zierpflanze und Gemüseart gleichermaßen bekannt und verbreitet. Ihre Samenkörner sind obendrein so schön gezeichnet, daß man sich gern ein Schälchen damit als Zierde auf den Tisch stellt. Die übrigen Arten sind in unseren Gärten noch selten anzutreffen, verdienen jedoch durchweg, mehr beachtet zu werden.

Dahlia-Hybriden iga Erfurt Mignon-Dahlien

Cucurbita pepo var. ovifera Zierkürbis

Cucurbita ficifolia Feigenblättriger Kürbis

Lagenaria siceraria Kalebasse

Pharbitis purpurea Purpurrote Prunkwinde

Ipomoea tricolor Dreifarbige Prunkwinde

Hinsichtlich der Schnellwüchsigkeit werden Zierkürbisse kaum noch von anderen einjährigen Gartenpflanzen übertroffen. Sie benötigen deshalb genügend Standraum sowie reichlich Wasser und Nährstoffe. Kalebassen stammen aus tropischen Gebieten. Sie entwickeln sich am sichersten unter dem Schutz von Glas oder Plaste. Im Freiland eignen sich nur wärmste und windgeschützte Plätze.

Zwerglöwenmaul 'Ruzovy' (ČSSR)

Hohes Löwenmaul F_1 'Start Weiß'

Hohes Löwenmaul, rostresisent 'Butterblume'

Hohes Löwenmaul, rostresistent 'Liebesglut'

Zwerglöwenmaul

Zwerglöwenmaul

Von *Antirrhinum majus* gibt es zahlreiche Gartenformen in Wuchshöhen zwischen 20 und 80 cm. Diese schöne Sommerblume gewinnt für den Schnitt weiter an Bedeutung. Auf Beeten erfreut sie uns durch ihr unermüdliches Blühen bis in den Spätherbst, besonders wenn wir abblühende Stiele rechtzeitig entfernen.

Malope trifida Dreispaltige Malope

Hibiscus trionum Stundeneibisch

Erysimum x allionii Schotendotter

Myosotis sylvatica Waldvergißmeinnicht

Lavatera trimestris Bechermalve

Reseda odorata Gartenresede

Malopen, Bechermalven und Stundeneibisch sind sommereinjährig und gehören der Pflanzenfamilie der Malvengewächse an. Wir schätzen sie als Bereicherung bunter Pflanzungen. Beim Stundeneibisch bewundern wir die cremefarbenen und am Grund dunkel gefärbten, bis 8 cm breiten Einzelblüten. Schotendotter und Waldvergißmeinnicht erfreuen uns im Frühjahr mit leuchtenden Farben.

Erfurter-Zwerg-Aster 'Dunkelblau'

Erfurter-Zwerg-Aster 'Feuerkugel'

Petito-Aster 'Rubinrot'

Petito-Aster 'Weiß'

Niedrige-Komet-Aster 'Lenka' (ČSSR)

Pruhonicer Zwergaster 'Violett'

Callistephus chinensis, die Sommeraster, wurde intensiv und erfolgreich züchterisch bearbeitet. Die unterschiedlichen Wuchseigenschaften, Blumenformen und -farben ermöglichen die vielseitigste Anwendung als Sommerblume. Großer Beliebtheit erfreuen sich die zahlreichen niedrigen Klassen mit ihrem reichen Flor.

Pyramidale-Schönheits-Aster 'Enzett-Freundschaftsaster'

Paeonien-Aster

Erfordia-Aster

Edelstein-Aster

Meister-Aster 'Elektra'

Riesenblumige-Prinzeß-Aster 'Enzett Prinova Gelb'

Die hohen und halbhohen Sommerastern sind ausgezeichnete Schnittblumen von Juli bis Oktober. Im Anbau ist ein abwechslungsreiches und wertvolles Sortiment, das in seinen Blumeneigenschaften mancher unter Glas gezogenen Schnittblume in Schönheit und Schnitthaltbarkeit nicht nachsteht.

Tropaeolum majus, unsere bekannte Kapuzinerkresse, ist aus dem Sortiment der Sommerblumen nicht mehr wegzudenken. Die hochwachsenden, kriechenden oder kletternden Sorten bieten Anwendungsmöglichkeiten sowohl auf Beetflächen als auch für die Berankung von Klettergerüsten. Die niedrigen Formen verwenden wir gern für Einfassungen, Blumenbeete und die Bepflanzung größerer Ziergefäße.

Verwendung: Am wirkungsvollsten kommt dieses exotische Gewächs in Verbindung mit anderen, vor allem dunkellaubigen Blattpflanzen zur Geltung (*Perilla, Ricinus* u. a.). Auch auf bunten Sommerblumenbeeten und in Einzelgruppen zieht es jeden Pflanzenfreund an.

Felicia Cass. · Felicie
Compositae · Korbblütler

Die Gattung wurde nach dem Legationsrat Felix (gest. 1846) aus Regensburg benannt. Die 50 krautig bis halbstrauchartig wachsenden Arten stammen aus Afrika. Das Laub ist unterschiedlich angeordnet und geformt. Die langgestielten Blumen tragen einen oder mehrere Kreise Zungenblütenkronen in blauen Farbtönen oder weiß.

Felicia bergerana (Spreng.) O. Hoffm. · Felicie
(syn. Aster bergeranus (Spreng.) Harv.)
✳ ⊙ ○○○ □ ⦙ Y

Botanisches: Die in Südafrika beheimatete, einjährige, kaum 15 cm hohe Pflanze trägt eine dichte Behaarung. Die Blumen sitzen einzeln an langen, flaumigen Stielen. Sie werden bis 2 cm groß und tragen leuchtend blaue Strahlenblüten und gelbe Scheibenblüten. Blütezeit Juli bis September.
Züchtung/Sortiment: Sorten sind unbekannt.
Vermehrung/Anzucht: Ausgesät wird im März/April unter Glas in Schalen oder auch ins Frühbeet.

Pikierte Jungpflanzen werden kräftiger als unpikierte Sämlinge. Sie werden im Mai im Abstand von 15 bis 20 cm ausgepflanzt.
Standort/Pflege: Warme und vollsonnige Lagen begünstigen eine gute Entwicklung und vor allem die Reichblütigkeit. Halbschatten und feuchte, mastige Böden beeinflussen die Standfestigkeit und die Blütenentwicklung ungünstig.
Verwendung: Felicien sind unter richtigen Standortbedingungen schnellwüchsige, anspruchslose und reichblühende Sommerblumen, die bisher zu Unrecht vernachlässigt wurden.

Gaillardia Foug. · Kokardenblume
Compositae · Korbblütler

Die Gattung wurde nach Gaillard de Charentonneau, im 18. Jahrhundert Mitglied der Pariser Akademie der Wissenschaften, benannt. Etwa 12 Arten ein- und mehrjähriger Kräuter stammen aus Mittel- und Nordamerika. Die Blätter sind meist wechselständig, ungeteilt oder fiederspaltig. Die Blumen stehen einzeln und sind der Gesamthöhe entsprechend, mehr oder weniger lang gestielt. Die Randblütenkronen sind zungenförmig und oft zweifarbig, was zum deutschen Namen der Pflanze geführt hat. Teilweise sind alle Blüten röhrenartig, dann wirkt die Blume wie ein Ball. Die Grundfarben sind Gelb und Purpur.

Gaillardia pulchella Foug. · Einjährige Kokardenblume
(syn. Gaillardia bicolor Lam.)
✳✳ ⊙ ○○ □ Y ✂

Botanisches: Die in Nordamerika beheimatete, 30 bis 50 cm hohe, verzweigte Pflanze mit lineal-lanzett-

lichen, ungeteilten Blättern trägt die Blumen einzeln auf langen Stielen. Die Zungenblüten sind gelb und rotbraun, die Mittelscheibe der ungefüllten Sorten ist anfangs orange, später dunkelbraun. Blütezeit Juni bis Oktober.

Züchtung/Sortiment: Die Sortenzahl ist nicht groß, da sich alle im genannten Farbbereich bewegen, 50 cm hoch werden und wesentliche Unterschiede nur in der Füllung der Blumen aufweisen.

Vermehrung/Anzucht: Bei dieser Art ist die Aussaat Ende März/Anfang April unter Glas zu bevorzugen. Freilandaussaaten sind bei der wärmebedürftigen, stark witterungsabhängigen Pflanze unsicher. Die Sämlinge werden verstopft und in der zweiten Maihälfte in 30 cm Abstand auf Freilandbeete gepflanzt.

Standort/Pflege: Kokardenblumen müssen an vollsonnige Standorte gepflanzt werden. Der Boden darf nicht kalt und dementsprechend nicht zu schwer sein. Bei der Standortwahl sollte man an die heimatlichen Bedingungen in den nordamerikanischen Prärien denken. Bei Beetpflanzungen sind abgeblühte Stiele zu entfernen.

Verwendung: Die Art gehört trotz der Wärmeansprüche zu den verbreitetsten Sommerblumen und eignet sich als Beetpflanze und Schnittblume. Man pflanzt sie gern in farbige Sommerblumenrabatten, deren Buntheit sie noch wesentlich steigert. Ebenso farbenfreudig sind Gaillardiensträuße in der Vase. Die Schnitthaltbarkeit ist bei gefüllten Formen am besten. Man schneidet sie nach vollem Erblühen und stellt sie anschließend so schnell wie möglich ins Wasser.

Gazania Gaertn. · Gazanie
Compositae · Korbblütler

Die Gattung wurde benannt nach Theodor von Gaza (1398 bis 1478), der als italienischer Geistlicher die Werke von Aristoteles und Theophrast ins Lateinische übersetzte. Etwa 25 Arten einjähriger und ausdauernder Kräuter oder Halbsträucher stammen aus Südafrika.

Die meisten Blätter der fast stengellosen Pflanzen sind grundständig. Auf langen Stielen sitzen einzeln die großen, gelben, orangefarbenen oder weißen Blumen mit einem Kranz unfruchtbarer Zungenblütenkronen und der fruchtbaren Mittelscheibe.

Gazania rigens

Gazania rigens (L.) Gaertn. · Rachenförmige Gazanie
(syn. Gazania splendens hort. angl. ex. E. G. et A. Henders.)

✳ ♃ ⊙ ○○○ □ ⁞ Y ✂

Botanisches: Die ausdauernde, 25 bis 45 cm hohe, halbstrauchartig wachsende Art wird wegen der kurzen Entwicklung von der Aussaat bis zur Blüte einjährig angebaut. Die Blumen werden 8 bis 9 cm breit und tragen leuchtend orangefarbene Zungenblütenkronen mit dunklen und hellen Grundflecken. Blütezeit Juni bis Oktober.

Züchtung/Sortiment: Die als Sommerblumen angebauten, großblumigen Formen werden als *Gazania-Hybriden* bezeichnet, da sie aus mehreren Arten entstanden sind. Sie können wie folgt eingestuft und verwendet werden:

✳✳ ♃ ⊙ ○○○ □ ⁞ Y ⊖ B ✂

Das reiche Farbspiel umfaßt weiße, gelbe, orange-

Gazania-Hybride

und bronzefarbene sowie rötliche Töne. Meistens werden Mischungen angebaut, jedoch gibt es auch Farbsorten, darunter F_1-Hybriden. Alle werden 20 bis 25 cm hoch.

Vermehrung/Anzucht: Ende Februar oder Anfang März wird unter Glas ausgesät. Die Sämlinge werden pikiert und sind später einzeln in kleine Ton- oder Torftöpfe zu pflanzen. Regelmäßige Wasser- und Nährstoffgaben sorgen dafür, daß die Pflanzen in den Gefäßen nicht verhärten. Ende Mai wird schließlich in 30 cm Abstand ausgepflanzt.

Standort/Pflege: Es kommen nur vollsonnige und warme Plätze in Frage. Auf gleichmäßige Bodenfeuchtigkeit und Nährstoffversorgung ist auch während der langen Blütezeit stets zu achten. Dann sollte allerdings der Stickstoffanteil gering sein.

Verwendung: In den letzten Jahren sind Gazanien zu bekannten und geschätzten Sommerblumen geworden. Zu beachten ist, daß die Blumen von 17 bis 9 Uhr und bei regnerisch-trübem Wetter geschlossen sind, doch bilden die herrlichen Farben und die monatelange Blühdauer mehr als einen Ausgleich für diese kleine Schwäche. Man pflanzt sie sowohl auf Beete oder in Gruppen für sich als auch zusammen mit anderen Sommerblumen und Stauden. Besonders sind Gemeinschaftspflanzungen mit anderen südafrikanischen Arten zu befürworten (*Arctotis, Dimorphotheca* u. a.). Auch in keramischen Gefäßen an exponierten Standorten werden sehr feine Wirkungen erzielt. Als Schnittblumen sind Gazanien bis zu einer Woche in der Vase haltbar.

Gilia Ruiz et Pav. · Gilie
Polemoniaceae · Sperrkrautgewächse

Die Benennung erfolgte nach dem spanischen Botaniker Felipe Luis Gil (1756 bis 1821). Der überwiegende Teil der etwa 100 Arten stammt aus dem westlichen Nordamerika; nur wenige Arten sind in den Anden Südamerikas beheimatet. Die krautigen, seltener halbstrauchartigen Pflanzen sind im Wuchs, Blütenstand und in der Färbung der Einzelblüten sehr unterschiedlich.

Gilia tricolor Benth. · Dreifarbige Gilie

✳ ⊙ ○ □ ⁞

Botanisches: Die einjährige, 20 bis 50 cm hohe und schlanke, rispig-verästelte Pflanze wirkt durch die in kleinen Büscheln sitzenden Blüten in lila bis violetten Tönen sehr zierend. Blütezeit Juli bis August.

Züchtung/Sortiment: Es entstanden bisher Sorten in Weiß, Rosa, Rotbraun und Dunkelviolett, die leider noch wenig verbreitet sind.

Vermehrung/Anzucht: Man sät im April an Ort und Stelle aus und vereinzelt später auf 15 bis 20 cm.

Standort/Pflege: Gilien wachsen am besten an warmen, vollsonnigen Plätzen und in durchlässig-warmem Boden. Nasse und kühle Sommer vertragen sie schlecht.

Verwendung: Die reizvolle Beet- und Einfassungspflanze verdient größere Beachtung.

Godetia Spach · Godetie
Onagraceae · Nachtkerzengewächse

Die Pflanze wurde nach dem Schweizer Botaniker C. H. Godet, der 1797 bis 1879 lebte, benannt. Etwa 20 nord- und südamerikanische Arten sind bekannt, von denen die meisten als einjährige Kräuter wachsen. Die Pflanzen verzweigen sich und haben wechselständiges Laub. Die großen Blüten sind in beblätterten, aufrechten Trauben oder Ähren angeordnet und in zahlreichen Farben bekannt.

Godetia-Hybriden · Atlasblume, Sommerazalee
⁎⁎ ⊙ ○○ □⁞ Y ✂
Botanisches: Die Heimat ist Kalifornien. Die 25 bis 80 cm hohe, verzweigte Art mit linealischen bis eirund-lanzettlichen Blättern besitzt 6 bis 8 cm breite Blüten. Alle Farben außer Gelb kommen vor. Bei gestaffelter Aussaatzeit blühen Godetien von Juni bis Ende September.
Züchtung/Sortiment: Die meistens 30 bis 40 cm hohen Gartenformen sind aus Kreuzungen verschiedener Arten hervorgegangen. Die verzweigten Pflanzen tragen zahlreiche, azaleenähnliche, atlasglänzende Blüten. Das Farbspiel der einfach- und gefülltblühenden Sorten und Mischungen ist reichhaltig und umfaßt außer Gelb eigentlich alle Farbtöne. Für Schnittzwecke gibt es auch hohe, langstielige Sorten. Blütezeit Juni bis September.
Vermehrung/Anzucht: Man sät von Mitte März an in Folgesaaten direkt ins freie Land. Die Sämlinge werden der Wuchshöhe der Sorten entsprechend auf 25 bis 40 cm Abstand vereinzelt.
Vorkultur ist nur üblich, wenn in Gärten oder Anlagen kurzfristig Beete zu besetzen oder nachzupflanzen sind. Dann sollten jedoch möglichst getopfte Jungpflanzen benutzt werden. 3 bis 3½ Monate nach der Aussaat beginnt die Blüte.
Standort/Pflege: Godetien wachsen am besten an sonnigen, warmen Plätzen auf gut gedüngten, humosen, gleichmäßig feuchten und durchlässigen Gartenböden. An feuchten und kalten Standorten und in kühlen Jahren entwickeln sie sich schlecht, und es gibt fast immer Ausfälle. Zur Verlängerung des Flores kann man bei Beetbeständen einen Teil der Pflanzen im jugendlichen Stadium entspitzen. Auf mastigen Böden und bei zu stickstoffreicher Nachdüngung entwickelt sich oft das Laub auf Kosten der Blüten.
Verwendung: Die farbenfreudigen Sommerblumen werden gern als Beet- oder Einfassungspflanzen verwendet. Besonders vorteilhaft wirken sie in geschlossenen Pflanzungen. Mischpflanzungen mit anderen Gattungen sind durch das Farbspiel und die leider nur 6 bis 8 Wochen währende Blütezeit problematisch. Eine Nachpflanzung mit Sätzen aus Folgesaaten ist möglich, wenn auch recht aufwendig. Der Auswahl geeigneter Sorten oder Mischungen kommt stets besondere Bedeutung zu. Sommerazaleen können auch für Schnittzwecke angebaut werden. Geschlossene Knospen blühen in der Vase noch auf.

Gomphrena L. · Kugelamarant
Amaranthaceae · Amarantgewächse

Wahrscheinlich entstand der Name durch Veränderung des Wortes ‚Gromphaena', welches bei Plinius die Bezeichnung für eine *Amaranthus*-Art war. Die mehr als 90 Arten sind im tropischen Amerika und in Australien beheimatet. Die ein- oder mehrjährigen Kräuter sind verzweigt, rauhhaarig oder zottig. Die gegenständig angeordneten, ganzrandigen Blätter sitzen oder sind nur kurz gestielt. Die end- oder achselständigen Blütenstiele tragen kugelrunde bis eiförmige Köpfchen.
Gomphrena globosa L. · Kugelamarant
⁎ ⊙ ○○○ □⁞ [B] ✂
Botanisches: Die einjährige, bis 30 cm hohe Art ist

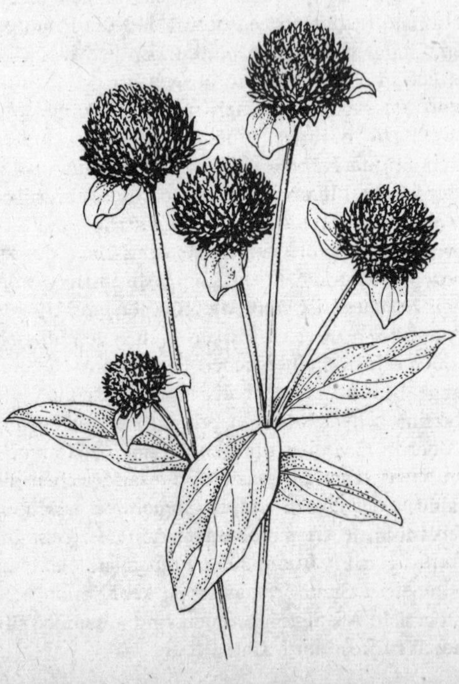

eine verzweigte und weichbehaarte Pflanze. Die kurzgestielten Blätter sind halbstengelumfassend, oval bis eiförmig lanzettlich. Die endständigen Blütenköpfe sind von 2 Hüllblättern umgeben, die Blütchen selbst glänzend purpurviolett. Blütezeit Juli bis September/Oktober.

Züchtung/Sortiment: In der genannten Wuchshöhe werden Farbmischungen in Weiß, Rosa und Purpur angeboten. Interessant ist auch die nur 15 cm hohe Compacta-Form in Weinrot.

Vermehrung/Anzucht: Ausgesät wird im März unter Glas. Um kräftige Jungpflanzen zu erzielen, wird in Schalen oder kleine Töpfe pikiert. Die niedrige Form kann als Topfblume in 9 bis 10 cm große Endtöpfe gesetzt werden, während man die Freilandpflanzung ab Mitte Mai im Abstand von 15 bis 20 cm durchführt.

Standort/Pflege: Die Art benötigt vollsonnige, möglichst warme Gartenplätze.

Verwendung: Der Kugelamarant erfreut sich zunehmender Beliebtheit. Während die niedrigen Formen als Topf-, Beet- und Balkonpflanze hübsch und empfehlenswert sind, verwendet man die 30 cm hohen Sorten gern als Trockenblumen. Die Blüten müssen zum Schnittzeitpunkt voll entwickelt sein. Getrocknet werden die aufgehängten Bündel an luftigen Stellen, jedoch der Erhaltung der Farbe wegen sonnengeschützt.

Gypsophila L. · Schleierkraut
Caryophyllaceae · Nelkengewächse.

Griechisch: gipsos = Gips, philos = Freund; das bezieht sich auf die heimatlichen Standorte auf Kalkfelsen. 80 bis 90 Arten einjähriger oder ausdauernder Kräuter und Halbsträucher stammen aus Südeuropa und Kleinasien. Die einzelnen Vertreter unterscheiden sich hinsichtlich der Wuchseigenschaften, tragen jedoch meistens unzählige Blütchen, die in rispigen Blütenständen vereinigt sind. Sie wirken wie ein Blütenschleier, der dieser Pflanze den deutschen Namen verlieh.

Gypsophila elegans M. B. · Einjähriges Schleierkraut

✳ ⊙ ○○○ ⊕ □ Y ✂

Botanisches: Die Heimat ist Kleinasien und der Kaukasus. Die 30 bis 50 cm hohen, gabelig verzweigten Pflanzen tragen kleine, einnervige Blätter. Sie wirken etwas sparrig. Erst zur Blütezeit ergeben die sehr vielen weißen, in Rispen stehenden Blütchen den für das Schleierkraut charakteristischen Gesamteindruck. Blütezeit Juni bis September.

Züchtung/Sortiment: Die 45 cm hohen Sorten blühen mehr oder weniger großblumig, meist in Weiß, aber auch in Rosa und Rot.

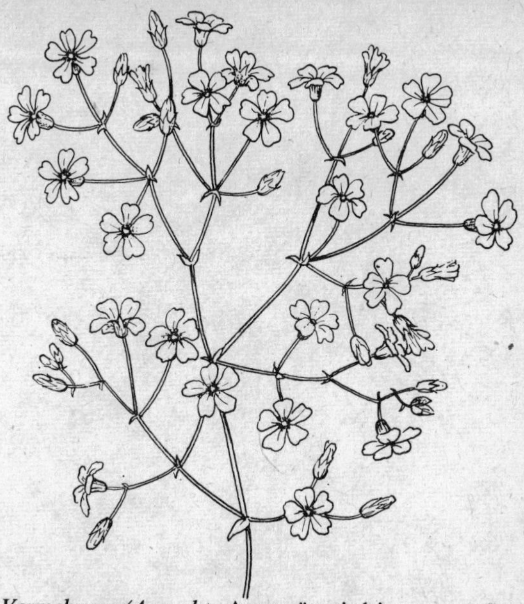

Vermehrung/Anzucht: Ausgesät wird immer an Ort und Stelle von Mitte März bis Mai. Die Sämlinge sind auf 15 bis 20 cm zu vereinzeln.

Standort/Pflege: Wesentlich sind sonnige, trockene Plätze und ein kalkhaltiger Boden. Feuchte Lagen scheiden aus.

Verwendung: Diese anspruchslose Sommerblume blüht leider nur wenige Wochen. Sie kann in bunte Pflanzungen eingestreut oder gruppenweise in Verbindung mit Steinen und Trockenmauern gepflanzt werden. Geschnitten dient sie zur Auflockerung bunter Sträuße. Wünscht man einen über Monate reichenden Flor, sind Folgesaaten erforderlich.

Helianthus L. · Sonnenblume
Compositae · Korbblütler

Griechisch: helios = Sonne; anthos = Blume. Bekannt sind etwa 100 ein- und mehrjährige Kräuter aus Nord-, Mittel- und Südamerika. Der Wuchs ist eintriebig oder verzweigt, die Pflanzenoberfläche oft rauhborstig. Die Blumen tragen gelbe Zungenblütenkronen und große Mittelscheiben gelb, rot oder violett gefärbter Röhrenblüten.

Helianthus annuus L. · Einjährige Sonnenblume

✳✳ ⊙ ○ ≈ □ ⊥ ≡ ✂ ⬡

Botanisches: Die Heimat ist in Nordamerika, meist in der Prärie und an anderen trockenen Standorten. Die bis 350 cm hoch werdende, kaum verzweigte, rauhhaarige Art besitzt große, herzförmige Blätter. Blumendurchmesser von 20 bis 50 cm werden von keiner anderen Sommerblume erreicht. Die Farbskala reicht von Gelb bis Rot. Blütezeit Juli bis September.

Züchtung/Sortiment: Die zahlreichen Sorten unterscheiden sich hinsichtlich der von 50 bis 300 cm reichenden Höhe, der Größe und Farbe der Blumen. Wir unterscheiden dabei 3 Gruppen mit entsprechenden Sorten und Mischungen. Das Farbspiel dieser Gruppen bewegt sich zwischen goldgelb und rotbraun:

1. hohe, ungefüllte und großblumige
2. hohe, halbgefüllte und gefüllte großblumige
3. niedrige und mittelhohe, gefüllt- und einfachblühende

Helianthus debilis Nutt. ssp. **cucumerifolius** (Torr. et A. Gray) Heiser · Vielblumige Sonnenblume

✱✱ ⊙ ○ □ ⅄ ⊥ ≣ ⋈ ⬡

Botanisches: Die Heimat ist Nordamerika. Die bis 150 cm hoch wachsende, reichverzweigte, etwas rauhhaarige Art trägt viele herzförmige Blätter. Der starken Verästelung entsprechend erscheinen zahlreiche gelbe Blumen mit einem Durchmesser von 8 bis 12 cm. Blütezeit Juli bis September.

Züchtung/Sortiment: Im Anbau sind Sorten und Mischungen einfacher, halbgefüllter und gefüllter Formen. Alle werden 120 bis 150 cm hoch. Das Farbspiel ähnelt der vorigen Art.

Vermehrung/Anzucht: Die gebräuchlichste Vermehrungsmethode ist die Aussaat an Ort und Stelle. Man nimmt sie im April oder Mai vor. Die Abstände sollen je nach Sorteneigenschaften 40 bis 70 cm betragen. Im Garten wird man oft nur eine Reihe entlang an Zäunen oder als Abgrenzung anlegen. Man kann im Kleingarten in obigen Abständen 5 bis 6 Körner zusammen auslegen und nach dem Auflaufen alle bis auf das kräftigste Pflänzchen entfernen. Die anderen lassen sich an weiteren Stellen wieder pflanzen. Eine zweite Möglichkeit ist die Aussaat in 9 bis 10 cm große Töpfe im April. Hier legt man 3 bis 4 Körner in jeden Topf. Im Mai wird ausgepflanzt, wobei man je nach Sorte wiederum nur den kräftigsten Sämling stehenläßt.

Standort/Pflege: Sonnenblumen brauchen zur kräftigen Entwicklung einen vollsonnigen Stand und nährstoffreichen Boden. Während der Hauptwachstumszeit und bei Trockenheit muß zusätzlich bewässert werden. Auch mehrere Düngergaben bis zum Beginn der Blüte sind bei den starkwüchsigen Sorten empfehlenswert. Der Standfestigkeit wegen gibt man den hohen Sorten am besten einen geschützten Standort. Besonders während der Vollblüte und danach bricht die Pflanze bei Sturm oder starkem Regen leicht um. Will man das Saatgut verlustlos ernten, schützt man die Fruchtstände mit beginnender Samenreife mit Netzen oder Gaze gegen Vogelfraß.

Verwendung: Die Motive für den Sonnenblumenanbau sind unterschiedlicher Art. Neben der Schmuckwirkung der Pflanze interessieren das eiweißreiche

Laub als Futter in der Kleintierhaltung und der Samen als Vogelfutter. Im landwirtschaftlichen Großanbau kultiviert man die Pflanze vor allem, um Öl zu gewinnen. Als Sommerblumen werden *Helianthus* wegen ihrer repräsentativen Erscheinung gern angebaut. Sie sind auch in Kleinstgärten und in Verbindung mit Baulichkeiten aller Art häufig anzutreffen. In Einzelstellung, Gruppen und geschlossenen Pflanzungen ergeben sich vielseitige Gestaltungsmöglichkeiten. Hohe Sonnenblumen sind außerdem sehr dekorative Schnittblumen für große Vasen. Dafür verwendet man Sorten, die sich verzweigen, oder man entspitzt die Pflanzen, damit sie sich in entsprechender Höhe verästeln.

Helichrysum Mill. corr. Pers. · Strohblume

Compositae · Korbblütler

Griechisch: Der Name ist wahrscheinlich aus helios = Sonne und chrysos = Gold zusammengesetzt. Etwa 500 Kräuter, Halbsträucher und Sträucher stammen aus Europa, Asien, Afrika und Australien. Es sind verzweigte Pflanzen mit fast immer ganzrandigen und wechselständigen Blättern. Die Blumen sitzen einzeln oder zu mehreren meist an den Zweigenden.

Helichrysum bracteatum (Vent.) Andr. · Gartenstrohblume

✱✱ ♃ ⊙ ○ □ Y ✂ ⚘

Botanisches: Die Heimat ist Australien. Die einjährig angebaute, 40 bis 100 cm hohe Pflanze ist im Wuchs verzweigt. Die Blätter sind länglich und oft etwas klebrig. Die Blumen sitzen einzeln auf langen Stielen und blühen in gelben und braunroten Tönen. Zur Zeit der Vollblüte werden die zahlreichen Blütenkronen immer trockenhäutiger und strohiger. Blütezeit Juli bis Oktober.

Züchtung/Sortiment: Neben den 60 bis 80 cm hohen Sorten und Mischungen mit bis zu 8 cm großen Blumen haben die niedrigen Beetsorten mit 30 bis 40 cm hohen, dicht verzweigten Büschen an Bedeutung gewonnen. Die reiche Farbpalette des Sortimentes umfaßt weiße, gelbe, rosa- und lachsfarbene, rote und purpurviolette Töne von teilweise außerordentlich hoher Leuchtkraft.

Vermehrung/Anzucht: Die Aussaat erfolgt im März/April unter Glas. Pikierte Sämlinge entwickeln sich besonders kräftig. Mitte Mai pflanzt man im Abstand von 25 bis 30 cm auf Freilandbeete aus.

Standort/Pflege: Strohblumen sind hinsichtlich des Standortes nicht allzu wählerisch, jedoch bekommt ihnen ein sonniger, warmer Standort bei durchlässigem Boden am besten.

Verwendung: In unseren Kleingärten ist diese Art wohl die bekannteste Trockenblume. Sie wird zu diesem Zweck vor der Vollblüte rechtzeitig geschnitten und in Bündeln in schattigen, trockenen und luftigen Räumen mit den Köpfen nach unten aufgehängt. Sind die Blumen beim Schnitt zu weit erblüht, fallen sie beim Trocknen aus und werden damit wertlos. Ein Teil der Strohblumen wird im frischen Zustand geschnitten und verwendet. Für farbige Sommerblumenbeete kommen vor allem die halbhohen Sorten in Betracht.

Heliotropium L. · Heliotrop

Boraginaceae · Boretschgewächse

Griechisch: helios = Sonne, tropos = Wendung, Richtung. Die artenreiche Gattung umfaßt mehr als 250 Vertreter aus tropischen und subtropischen Gebieten sowie der südlichen gemäßigten Zone. Meistens handelt es sich um Kräuter oder Halbsträucher. Die kleinen Blüten sind achselständig oder in Wickeln angeordnet.

Heliotropium arborescens L. · Heliotrop, Sonnenwende
(syn. Heliotropium peruvianum L.)

✱✱ ♄ ⊙ ○ D ▭ □ ⬡

Botanisches: In der Heimat Peru wird der Halbstrauch bis 120 cm hoch. Die verästelte Pflanze trägt behaarte Stengel und Blätter. Die nach Vanille duftenden, violetten Blüten sitzen in auffallenden, doldentraubig vereinigten Wickelähren. Blütezeit Juni bis September.

Züchtung/Sortiment: Es gibt mehrere Varietäten und Sorten. Am bedeutungsvollsten sind die 50 cm

hohen, tiefblauen Gartenformen mit großen. wirkungsvollen Blütenständen.

Vermehrung/Anzucht: Früher wurde Heliotrop frostfrei überwintert und durch Stecklinge vermehrt. Heute wird er, wie alle Sommerblumen, ausgesät und damit schnell und in großem Umfang für verschiedenartigste Freilandbepflanzungen herangezogen. Die Aussaaten erfolgen von Januar bis März in Gefäßen unter Glas. Im Verlauf der Anzucht wird nach einmaligem Pikieren zu dritt in 8 bis 9 cm große Töpfe gepflanzt. Bei 8 bis 10 cm Trieblänge wird entspitzt, damit sich die Pflanzen buschig entwickeln. Die Köpfchen kann man ggf. als Stecklinge verwenden. Ausgepflanzt wird Mitte Mai im Abstand von etwa 25 bis 30 cm.

Standort/Pflege: Am besten entwickelt sich Heliotrop an geschützten, warmen und sonnigen Plätzen auf nicht allzu schwerem, durchlässigem Boden. Die wertvolle Beet- und Gruppenpflanze wird oft in Parks und anderen Anlagen in großem Umfang verwendet. Eine Augenweide sind die Kombinationen mit *Calceolaria integrifolia* und anderen gelben, aber auch weißen, rosa- oder orangefarbenen Sommerblumen. Die stark duftenden Pflanzen sind darüber hinaus geschätzte Bienenweidepflanzen.

Helipterum DC. · Sonnenflügel

Compositae · Korbblütler

Griechisch: helios = Sonne, pteron = Flügel, der Name bezieht sich entweder auf die federartige Haarkrone der Samen oder auf die Eigenschaft der Blumen, sich bei aufsteigender Sonne täglich zu öffnen. Etwa 40 einjährige oder ausdauernde Kräuter, seltener Sträucher, stammen aus Südafrika und Australien. Die Gestalt der Arten ist sehr unterschiedlich.

Helipterum manglesii

Helipterum manglesii (Lindl.) F. v. Muell · Sonnenflügel
(syn. Rhodanthe manglesii Lindl.)

✳ ⊙ ○○ □ ✂ ⚘

Botanisches: Die in Westaustralien beheimatete, krautartige Einjahrsblume wird 25 bis 30 cm hoch. Sie wächst aufrecht und buschig. Die eirund-länglichen oder breitlanzettlichen Blätter umfassen am Grund die zierlichen Stengel. Die langgestielten Blumen sitzen einzeln auf den Stielen und bestehen aus einem halbkugelartigen Hüllkelch mit dünnen, trokkenhäutigen, weißlichen Hüllblättern. Die inneren Blütenkronen sind rosenrot, die Scheibenblüten gelb oder purpurfarben. Blütezeit Juli bis September.

Züchtung/Sortiment: Neben der rosagefärbten, eine dunkle Innenzone tragenden Gartenform gibt es auch eine weiße Sorte.

Helipterum roseum (Hook.) Benth. · Sonnenflügel
(syn. Acroclinium roseum Hook.)

✳ ⊙ ○○ □ ✂ ⚘

Botanisches: Das australische Einjahrsgewächs mit steil aufstrebender, jedoch mäßiger Verzweigung wird durchschnittlich 50 cm hoch. Die Blätter sind schmal-linealisch. Die äußeren Hüllblätter der einzeln stehenden und langgestielten Blumen sind trokkenhäutig, braun und glänzend. Sie gehen allmählich in die inneren kronblattartigen von rosenroter Farbe über. Blütezeit Juni bis August.

Züchtung/Sortiment: Es gibt halbgefüllte und gefüllte Formen in Weiß, Rosa, Rot und Chamois. Alle werden 50 cm hoch.

Vermehrung/Anzucht: Am sichersten ist die Aussaat im März/April unter Glas. Die Sämlinge werden direkt aus dem Saatbeet ins Freie gepflanzt, und zwar Mitte Mai im Abstand von 20 bis 25 cm. Direktaussaaten ins Freie sind ebenfalls möglich, mitunter jedoch mit Ausfällen verbunden.

Standort/Pflege: Helipterum brauchen sonnenreiche und warme Plätze bei etwas saurem, dabei humosem und durchlässigem Boden. Nasse und kalte Sommer vertragen sie schlecht.

Verwendung: Der Sonnenflügel ist heute eine der meistverwendeten Trockenblumen für Wintersträuße und Binderei. Geschnitten wird sofort nach dem Aufblühen. Aber auch als frische Schnittblume ist die Art, besonders in Verbindung mit anderen Gattungen und Arten, geeignet. In Gärten und Anlagen kann man sie in bunte Sommerblumenpflanzungen einfügen.

Hibiscus L. · Eibisch
Malvaceae · Malvengewächse

Bereits im Altgriechischen hieß die Pflanze ibiscos. Bekannt sind 200 überwiegend aus tropischen Gebieten stammende Arten einjähriger oder ausdauernder Kräuter, Sträucher und Bäume. Bei vielen Arten sind die großen, farbenprächtigen und einzeln achselständigen Blüten ein auffallendes Merkmal. Von den übrigen einjährigen Malvengewächsen unterscheidet sich diese Gattung durch die Kapselfrüchte.

Hibiscus trionum L. · Stundeneibisch

✳ ⊙ ○○ ♒ ♣ □ Y ⊥ ⊜ ⬡

Botanisches: Beheimatet ist die Art in Südeuropa sowie in Gebieten Asiens und Afrikas. Die bis 60 cm hohen, von unten her verzweigten Büsche tragen sowohl ungeteilte als auch mehrfach gelappte Blätter. Die einzeln gestielten, etwa 8 cm breiten Blüten sind gelb bis cremeweiß und am Grunde schwärzlichpurpurn. Sie sind bei der Stammform nur frühmorgens geöffnet. Blütezeit Juli bis September.

Züchtung/Sortiment: Bei den Gartenformen bleiben die Blüten ganztags geöffnet. Sorten sind nicht bekannt.

Vermehrung/Anzucht: Ausgesät wird Mitte März im Gewächshaus in kleine Töpfe, aus denen die Jungpflanzen ab Mitte Mai an Ort und Stelle gesetzt werden.

Standort/Pflege: Erforderlich ist viel Sonne, Wärme und Windschutz bei reichlicher Wasser- und Nährstoffzufuhr.

Verwendung: Mit Phantasie und Geschmack findet man jährlich immer wieder neue Möglichkeiten, *Hibiscus* in Gärten und Anlagen wirkungsvoll anzuwenden. Sie können bunte Sommerblumenpflanzungen durch ihre eigenartige Schönheit wesentlich bereichern. In Einzelstellung, kleinen Gruppen, gemeinsam mit anderen Blattschmuckpflanzen exotischen Charakters oder in geschmackvollen Gefäßen sind sie ungewöhnlich reizvoll. Man wird immer wieder nahe an die Pflanze herantreten, um die Schönheit der einzelnen Blüte zu bewundern.

Humulus L. · Hopfen
Moraceae · Maulbeerbaumgewächse

Der Name ist slawischen Ursprungs. Die 3 Arten mehrjähriger Kletterpflanzen stammen aus den gemäßigten Gebieten der nördlichen Halbkugel. Die Blätter sind gegenständig, verschiedengestaltig und besitzen eine rauhe Oberfläche. Die Blüten sind zweihäusig, die der weiblichen Pflanzen sind kätzchenförmig und tragen gelblichgrüne Deckblätter.

Humulus scandens (Lour.) Merr. · Japanischer Hopfen.
(syn. Humulus japonicus Sieb. et Zucc.)

✳ ⊙ ○ ♢ ≷ ⊥ ≡

Botanisches: Es handelt sich um eine aus Japan stammende, bei uns nur einjährig gezogene Art, die in kurzer Zeit 4 bis 6 m hoch windet. Die Blätter sind groß und gelappt. Die Blüten haben für den Schmuckwert kaum Bedeutung. Blütezeit Juli bis August.

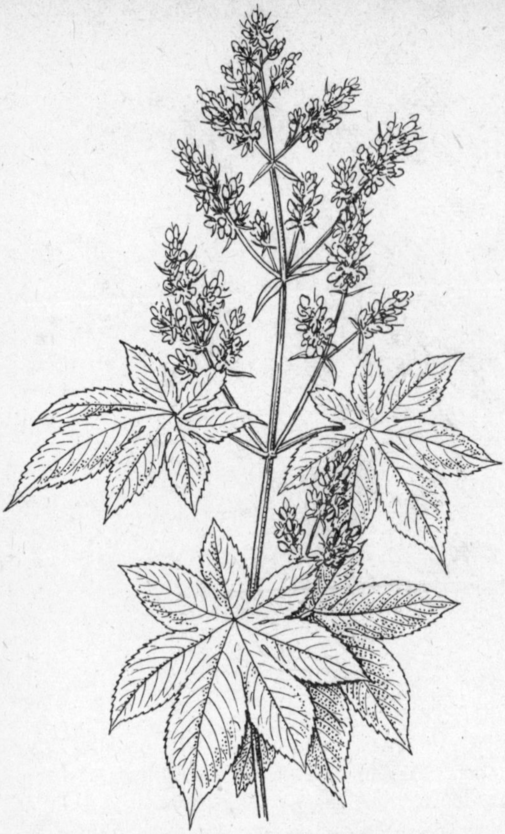

Züchtung/Sortiment: Die Gartenform 'Variegatus' trägt unregelmäßig grün-weiß gescheckte Blätter.
Vermehrung/Anzucht: Die buntblättrige Form sollte man im März oder April in 8 bis 9 cm große Töpfe unter Glas aussäen. Im Mai wird an Ort und Stelle gepflanzt.
Standort/Pflege: Eine sonnige Lage und nicht allzu stickstoffreicher Boden sind für die Ausfärbung der buntblättrigen Form bedeutungsvoll. Unter negativen Bedingungen können die Blätter vergrünen. Ansonsten ist die Pflanze anpassungsfähig.
Verwendung: Für dieses Schlinggewächs sind schnelles Wachstum und dichte Belaubung typisch. Sie bestimmen die Wahl der Anwendung. Man kann in kurzer Zeit Lauben, Pergolen, Pyramidengerüste, Zäune und Veranden begrünen.

Iberis L. · Schleifenblume
Cruciferae · Kreuzblütler

Der Name wurde bereits von den Griechen gebraucht und dürfte auf die Abstammung vieler Arten von der Iberischen Halbinsel bezogen sein. Es gibt etwa 40 Arten einjähriger und ausdauernder Kräuter oder Halbsträucher. Die weißen bis purpurfarbenen Blüten sitzen in dichten Trauben oder Doldentrauben. Die beiden äußeren Kronenblätter sind größer als die inneren.

Iberis amara

Iberis amara L. · Bittere Schleifenblume
(syn. Iberis coronaria hort.)
✳ ⊙ ○ ▭ □ ⁞ Y [B] ⬡
Botanisches: Die Art ist als einjähriges Ackerunkraut vom westlichen Mitteleuropa bis Italien verbreitet. Die Pflanzen wachsen aufrecht, verzweigt und werden 20 bis 30 cm hoch. Die Blätter sind länglich bis spatelförmig und stumpf gezähnt. Die duftenden, ausschließlich weißen Blüten sitzen in einer sich während der Fruchtbildung verlängernden Traube. Blütezeit Juni bis August.
Züchtung/Sortiment: Alle Sorten sind 30 cm hoch, reinweiß und unterscheiden sich nur hinsichtlich Blütengröße und Frühzeitigkeit.

Iberis umbellata L. · Doldenblütige Schleifenblume
✳✳ ⊙ ⊙ ○ ▭ □ ⁞ Y [B] ✂ ⬡
Botanisches: Die südeuropäische Einjahrsblume ähnelt der vorigen Art. Die Blätter sind meist elliptisch-lanzettlich und spitz. Die Farbabstufungen der Blüten reichen von Weiß über Rosa bis Purpur. Die schirmförmigen Doldentrauben verlängern sich im Gegensatz zur vorigen Art nicht. Blütezeit Juni bis August.
Züchtung/Sortiment: Die 20 bis 30 cm hohen Sortengruppen enthalten Einzelfarben und Mischungen

in Weiß, Rosa, roten, purpurfarbenen und violetten Tönen.

Vermehrung/Anzucht: Am gebräuchlichsten ist die Aussaat an Ort und Stelle. Im September sät man für die Maiblüte des kommenden Jahres, meistens wird aber im März/April ausgesät. Die Pflanzen werden später auf 20 bis 25 cm Entfernung verzogen.

Standort/Pflege: Geeignet sind sonnige Lagen und mittelschwere, kräftige Böden. Herbstaussaaten muß man über Winter mit Reisig bedecken. Wenn man nach dem ersten Flor die Pflanzen bis unterhalb der Blütenstände abschneidet, erhält man sicher noch einen zweiten Flor.

Verwendung: In gemischten Pflanzungen, auch zwischen Rosenpflanzen und Stauden, sollten Schleifenblumen nicht fehlen. Aber auch für Einfassungen, Beetstreifen oder größere Flächen sind die verschiedenen Sorten geeignet. In Balkon- und Fensterkästen lohnt sich ein Anbauversuch immer. Mancher hat gute Erfahrungen mit dem Schnitt von Schleifenblumen gesammelt und räumt ihnen jährlich einen Platz dafür ein. Der Imker schätzt die einjährigen Iberis als Bienenweide, besonders bei früher Blüte nach Herbstaussaaten.

Impatiens L. · Balsamine, Springkraut
Balsaminaceae · Balsaminengewächse

Lateinisch: impatiens = empfindlich, ungeduldig; die Samenkapseln springen bei leisester Berührung sofort auf. Es gibt etwa 400 Arten in den tropischen

Impatiens balsamina

und subtropischen Teilen Asiens und Afrikas; nur 8 krautartige Vertreter stammen aus den gemäßigten Gebieten Amerikas, Asiens und Europas. Typisch für die Gattung sind die meist saftigfleischigen und durchscheinenden Stengelteile der Pflanzen, die Umwandlung eines Kelchblattes zu einem Sporn und das bereits erwähnte Wegschleudern des Samens beim Aufspringen der Kapseln.

Impatiens balsamina L. · Gartenbalsamine
(syn. Balsamina hortensis Desp.)
✳ ⊙ ○ □ Y ⊍ ⊍ ⬡

Botanisches: Heimatgebiete sind Indien, Malaysia und China. Die bis 70 cm hohe, krautartige Einjahrsblume besitzt fleischige, knotig gegliederte Stengel, die verzweigt und oft rötlich überlaufen sind. Die Blätter sind lanzettlich und kahl. Die kurzgestielten, großen Blüten erscheinen entlang der Stengel aus den Blattachseln. Dadurch wirken die Stiele wie mit Blättern durchsetzte, ährige Blütenstände. Blütezeit Juli bis September.

Züchtung/Sortiment: Diese alte Gartenpflanze soll bereits vor 400 Jahren durch die Portugiesen nach Europa eingeführt worden sein. Das Sortiment war früher größer als heute. Die Farbskala der 50 bis 60 cm hohen Gartenformen umfaßt Weiß, gelbe, purpurfarbene, violette und blaue Töne. Die Einzelblüten können ein- oder mehrfarbig, einfach oder gefüllt sein.

Impatiens glandulifera Royle · Drüsentragende Balsamine
(syn. Impatiens roylei Walp.)

✳ ⊙ ○ ≌ ♁ □ Y ⊥ ≡

Botanisches: Die Heimat ist der Himalaja. Die schnellwüchsige Einjahrsblume wird in einigen Wochen 120 bis 170 cm hoch. Sie trägt dicke, knotig gegliederte, verzweigte Stengel und 10 bis 15 cm lange Blätter. Die großen purpur- oder weinroten Einzelblüten sind in langgestielten, traubigen Ständen vereinigt. Sie duften angenehm. Blütezeit Juli bis September.

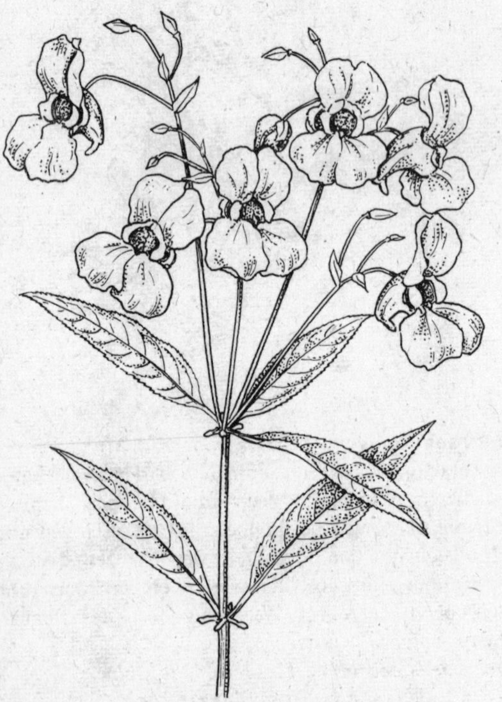

Züchtung/Sortiment: Diese Art wurde vor über 100 Jahren nach Europa eingeführt. Verbreitet ist eine 140 cm hohe, lachsrosafarbene Gartenform.

Impatiens wallerana Hook. f. · Fleißiges Lieschen
(syn. Impatiens holstii Engl. et Warb.; Impatiens sultani Hook. f.)

✳✳✳ ♃ ♄ ⊙ ○ ◐ ● ♁ ▭ □ ⁞ ▽ ▽ B

Botanisches: Die Pflanze ist in den Gebirgen des tropischen Afrika und auf Sansibar beheimatet. Der 30 bis 60 cm hohe, krautige Halbstrauch ist kahl und wächst stark verästelt. Die dicken und fleischigen Zweige tragen elliptische bis lanzettliche Blätter. In den Blattachseln sitzen ein oder mehrere, bis 4 cm große Blüten mit langem, dünnem Sporn. Die Blütenfarben variieren in roten und rosafarbenen Tönen oder sind weiß. Blütezeit Mai bis Oktober.

Züchtung/Sortiment: Das heute als Sommerblumen angebaute Sortiment hat nur noch wenig mit dem Fleißigen Lieschen von gestern zu tun. Die intensive Züchtung führte zu ausgezeichneten Sortengruppen, 10 bis 35 cm hohen F_1-Hybriden mit Einzelblüten bis zu 6 cm Durchmesser. Es wurde Wert auf gute Verzweigung, frühe Blütezeit, Reichblütigkeit und frei über dem Laub stehende Einzelblüten gelegt. Neben einer außergewöhnlich großen Skala von Farbsorten in vielen Tönen gibt es zweifarbige Züchtungen mit weißer Sternzeichnung. Bei einigen Sortengruppen ist das Laub dunkel gefärbt oder farbig gezeichnet.

Vermehrung/Anzucht: I. glandulifera wird im Herbst oder zeitigen Frühjahr an Ort und Stelle ausgesät, wo sich die Pflänzchen in wenigen Monaten zu stattlichen Exemplaren entwickeln, deren notwendigen Standraum man leicht unterschätzt. An für die Pflanzen günstigen Plätzen säen sie sich oft selbst aus.

Balsaminen und vor allem das Fleißige Lieschen können von Januar bis April unter Glas ausgesät werden. Die Saatschalen dürfen nicht zu feucht gehalten werden, damit die Sämlinge nicht abfaulen. Später werden die Pflanzen tief pikiert und anschließend in 8-cm-Anzuchttöpfe gepflanzt. Ausgepflanzt wird ab Mitte Mai, je nach Sorten im Abstand von 20 bis 35 cm.

Auch heute noch ist uns das „Fleißige Lieschen" als beliebte, ausdauernde Topfpflanze bekannt, die sich leicht aus Stecklingen vermehren läßt. Wenn man während der Anzucht die Jungpflanzen entspitzt, um den buschigen Wuchs zusätzlich zu unterstützen, lassen sich die Triebspitzen ebenfalls vegetativ weitervermehren.

Standort/Pflege: I. balsamina wünscht volle Sonne, einen genügend weiten Stand, und wenn notwendig, zusätzliche Düngung. Will man einen besonders reichen Flor erzielen, kann man im Juni/Juli alle Triebe entfernen, die noch keine Knospen angesetzt haben.

I. glandulifera benötigt entsprechend ihrer Wüchsigkeit ausreichenden Standraum bei sonniger Lage und nährstoffreichem, gutem Gartenboden. Ohne zusätzliche Wasser- und Düngergaben erhält man nur kleine bis mittelgroße Pflanzen.
I. wallerana wird an geschützte und warme Plätze gepflanzt. Im allgemeinen entwickelt sich diese Art im Halbschatten und Schatten besser als in voller Sonne.
Verwendung: I. wallerana gehört mit dem modernen Sortiment zu den bedeutendsten Beet- und Gruppenpflanzen für halbschattige und schattige Plätze. Sie wirkt in Gärten und Anlagen so farbenprächtig, daß man die Sorten gern in geschlossenen Pflanzungen oder für Beet- und Raseneinfassungen verwendet. Auch als Balkonpflanzen, für Schalen und Töpfe gibt es die vielfältigsten Möglichkeiten. Balsaminen verdienen sicher ebenfalls wieder mehr Beachtung, denn es sind schöne und dankbare Garten- und Topfpflanzen. *I. glandulifera* eignet sich als Gruppen- oder Solitärpflanze für Gärten und Anlagen.

Ipomoea L. · Prunkwinde
Convolvulaceae · Windengewächse

Griechisch: ips, ipos = Wurm, homoios = gleich. Die den Pharbitis sehr ähnliche Gattung umfaßt mehrere hundert Vertreter aus warmen Gebieten der Erde, besonders dem tropischen Amerika. Die überwiegend windenden oder kriechenden Gewächse tragen wechselständige Blätter. Die oft großen Blüten sind meist achselständig angeordnet und fallen durch ihre leuchtenden Farbtöne auf.
Ipomoea tricolor Cav. · Dreifarbige Prunkwinde (syn. Ipomoea rubrocaerulea Hook.; I. violacea Lunan et auct. mult., non L.)
✳ ♄ ⊙ ○○ ♒ ⧘ ⊥ ≣ [B]
Botanisches: Die ausdauernde, bei uns nur einjährig angebaute Art windet mit verzweigten Stengeln 200 bis 300 cm hoch. Sie trägt herzförmiges, zugespitztes Laub. Die Blüten sitzen zu 3 bis 4 an hohlen Stielen und werden 8 bis 10 cm groß. Die Farbe des Blütensaumes ist anfangs rot, nach dem Erblühen himmelblau. Zum Schlund hin geht die Farbe allmählich in Weiß über. Blütezeit Juli bis September.
Züchtung/Sortiment: Angeboten wird eine frühblühende Form unter der Bezeichnung ‘Praecox’.
Vermehrung/Anzucht: Diese Art wird immer mit Vorkultur angezogen. Dazu wird im März/April im Haus oder Kasten ausgesät. Man legt 3 bis 5 Samenkörner in einen 10 cm großen Topf, der zunächst nur halb mit Erde gefüllt wird. Erst wenn es die Größe der Sämlinge erlaubt, wird Erde nachgefüllt. Jeder Topf erhält einen Stab. Nach entsprechender Abhärtung kommen die Pflanzen Ende Mai im Abstand von 40 bis 50 cm an den vorgesehenen Standort.

Standort/Pflege: Vollsonnige und geschützte Plätze sichern eine reiche und langanhaltende Blüte. Die raschwüchsigen Gewächse benötigen immer reichlich Wasser und Nährstoffe.
Verwendung: Prunkwinden sind dankbare Schlingpflanzen für Pergolen, Spaliere, Mauern, Lauben, Hauswände und Balkons. Schnell ergeben die Pflanzen einen lebenden Sichtschutz und Abgrenzungen aller Art.

Kochia Roth · Kochie
Chenopodiaceae · Gänsefußgewächse

Die Pflanze wurde nach dem deutschen Botaniker Wilhelm Daniel Joseph Koch benannt, der 1771 bis 1849 lebte. Es gibt etwa 80 Arten einjähriger und ausdauernder Kräuter oder kleiner Sträucher, die in allen Erdteilen beheimatet sind. Das Laub ist schmal, linealisch und wechselständig, oft seidig behaart. Die Blüten sind unauffällig und für den Schmuckwert der Pflanzen ohne jede Bedeutung.
Kochia scoparia (L.) Schrad. · Sommerzypresse, Besenkraut
✳✳ ⊙ ○ ◐ ♁ □ ⦙ Y ⊥ ≣ ⊖
Botanisches: Die Art stammt aus steppenartigen Gebieten Südosteuropas, Vorder-, Zentral- und Ostasiens. Für eine Einjahrspflanze ist sie besonders starkwüchsig. Sie bildet bis 100 cm hohe, geschlossene Büsche von gleichmäßigem Wuchs. Infolge der reichen Verästelung und der zierlichen, schmalen

Blätter wirkt sie dabei grazil und auflockernd. Die Blüten erscheinen in reicher Zahl, bleiben jedoch wegen ihrer unauffälligen Farbe und Größe nahezu unbemerkt. Blütezeit Juli bis Oktober.

Züchtung/Sortiment: Bei uns werden von dieser Pflanze zwei Gartenformen angebaut:

1. 'Trichophylla', botanisch auch als var. trichophylla (Voss) Boom beschrieben, wird „Rote Sommerzypresse" genannt. Das Laub ist den Sommer über hellgrün, färbt sich zum Herbst hin jedoch tief weinrot.
2. 'Childsii', auch zuweilen als var. childsii Krauss in Büchern zu finden, ist die „Grüne Sommerzypresse" mit auch im Herbst grün bleibenden Blättern.

In der praktischen Verwendung muß man entweder die eine oder die andere Form nach gestalterischen Grundsätzen anbauen. Mischpflanzungen, die sich aus nicht typenreinem Saatgut ergeben, wirken zumeist unschön.

Vermehrung/Anzucht: Die Aussaat wird Ende März/Anfang April unter Glas vorgenommen. Bei genügend weitem Stand der Sämlinge kann man diese gleich in 8 bis 9 cm große Töpfe pflanzen, aus denen sie Mitte Mai an Ort und Stelle gesetzt werden. Der Pflanzenabstand beträgt 50 bis 80 cm.

Standort/Pflege: Der Stand soll sonnig sein; bei gruppenweiser Anordnung ist jedoch auch eine halbschattige Lage durchaus noch zu vertreten.

Verwendung: Kochien haben sich einen festen und wichtigen Platz im Sortiment der Sommerblumen erobert, obwohl ihre Blüte unbedeutend ist. Heute finden wir kaum eine größere Mischpflanzung einjähriger Blumen, die nicht mit einzeln oder in Gruppen stehenden Sommerzypressen durchsetzt ist. Das lichte, zarte Grün schafft ruhige Pole in der Vielfalt der Farben, es wirkt zugleich verbindend und vermittelnd zwischen ihnen. Auch Gruppenpflanzungen im Rasen oder an anderen Gartenstandorten sind schön. In vielerlei Gefäßen lassen sich Kochien zu Schmuckzwecken im Freien oder kurzfristig auch in Räumen aufstellen. – Mit der Art haben wir auch eine schnellwachsende Pflanze zur Schaffung niedriger, dichter Hecken, die sich mit der Schere in Formen schneiden läßt. Für diesen Zweck werden 30 bis 40 cm als Pflanzabstand gewählt.

Lagenaria Ser. · Flaschenfrucht
Cucurbitaceae · Kürbisgewächse

Lateinisch: lagena = Flasche; der Name bezieht sich auf Gestalt und Verwendung der Früchte. Es gibt nur eine Art, die in tropischen Gebieten der Erde verbreitet ist.

Lagenaria siceraria (Mol.) Standl. · Kalebasse (syn. Lagenaria vulgaris Ser.; Cucurbita lagenaria L.)

✳ ⊙ ○ ◐ ≌ ஃ ≷ ⊥

Botanisches: Die einjährige, hochwindende Pflanze trägt eirunde oder nieren- bis herzförmige Blätter und ist in allen Teilen weichhaarig. Sie ist in der Regel einhäusig, wobei die männlichen Blüten deutlich länger gestielt sind als die weiblichen. Die Farbe der großen, von Juni bis September erscheinenden Blüten ist weiß. Als Schmuck sind die sehr verschieden gestalteten Früchte bedeutungsvoll. Sie können birnenförmig, zylindrisch oder flaschenförmig geformt sein. Die Früchte sind anfangs meist behaart, zart und empfindlich. Später werden sie glatt und hart und nehmen eine gelbliche bis braune, oft marmorierte Färbung an. Nach der Reife kann man sie als unbegrenzt haltbare Zierfrüchte verwenden oder, wie in den Verbreitungsgebieten, zu Flaschen („Kalebassen"), Schnupftabakdosen oder anderen Nutzgefäßen herrichten.

Züchtung/Sortiment: Es gibt eine größere Anzahl von Kulturformen, die je nach Gestalt die bildhaften

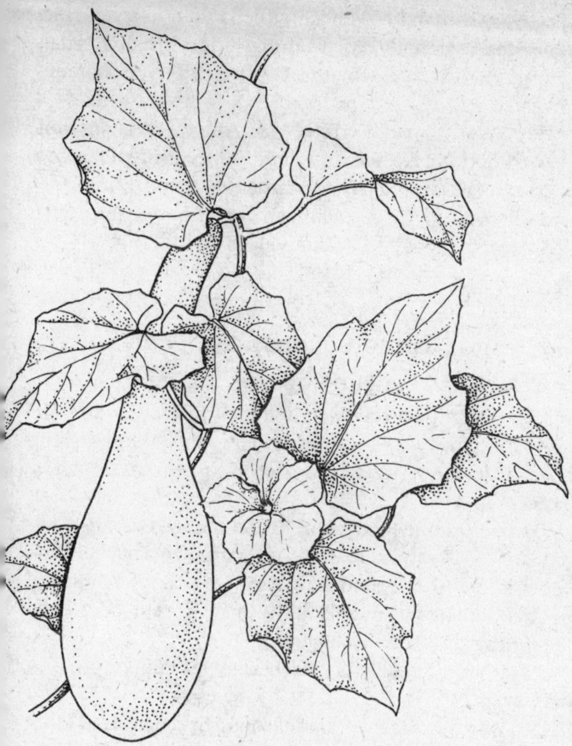

Namen „Herkuleskeule“, „Pilgerflasche“, „Pulverflasche“ oder „Kanonenkugel“ tragen.

Vermehrung/Anzucht: Ausgesät werden Kalebassen im März im Gewächshaus, am besten gleich in kleine Töpfe. Die Keimbedingungen und die Anzuchterfordernisse ähneln denen von Gurken. Den hohen Temperatur- und Luftfeuchtigkeitsansprüchen in der Anzucht muß man unbedingt gerecht werden, wenn sich kräftige und gesunde Jungpflanzen entwickeln sollen. Man pflanzt nicht vor Anfang Juni aus.

Standort/Pflege: Am sichersten entwickeln sich die Pflanzen unter dem Schutz von Glas oder Plaste, wobei gute Ergebnisse bereits auch in einfachen Frühbeeten mit hochgestellten Fenstern erzielt werden können. Zweckmäßigerweise leitet man die Triebe über Klettergerüste, denn nur im hängenden Zustand bilden die Früchte ihre natürliche Form aus. Als Freilandstandort im Garten eignen sich nur wärmste und völlig windgeschützte Plätze, allerdings bleibt das Witterungsrisiko immer bestehen. In warmen Sommern gedeihen die Pflanzen auch im Freien ausgezeichnet.

Verwendung: Vielleicht ist es gewagt, diese Art in einem Buch über Sommerblumen zu behandeln. Andererseits gehören in diese Pflanzengruppe auch all jene Arten, deren Hauptschmuckwert in den zierenden Früchten begründet ist. Kalebassen im eigenen Garten zu erproben ist für jeden Pflanzenfreund eine reizvolle, und wenn sie erfolgreich gelöst wird, auch eine außerordentlich freudebringende Tätigkeit. Wo die erforderlichen Voraussetzungen fehlen, muß mit Mißerfolgen gerechnet werden; wo sie aber, wenn auch provisorisch, geschaffen werden können, lohnt sich der Versuch. An dem Ergebnis unseres Gartenerfolges erfreuen wir uns über viele Jahre.

Lathyrus L. · Platterbse
Leguminosae · Hülsenfrüchtler

Griechisch: lathyros = Hülsenfrucht; der altrömische Name der Platterbse war lathyris. Bekannt sind etwa 100 Arten ein- oder mehrjähriger Kräuter, die auf der nördlichen Halbkugel und in Teilen Südamerikas beheimatet sind. Sie wachsen vielfach kletternd und hoch. Die Blätter sind paarig gefiedert und bei vielen Arten mit Blattstielranken versehen. Die Blüten sitzen zu mehreren an den Seitentrieben und erscheinen insgesamt sehr zahlreich in fast allen Farben.

Lathyrus odoratus L. · Wohlriechende Edelwicke, Duftwicke

✳✳✳ ⊙ ○○ ⊕ D ≷ ▤ [B] ✂

Botanisches: Heimatgebiete sind vor allem Süditalien und Sizilien. Die einjährige, bis 250 cm hoch kletternde Pflanze besitzt reich verzweigte Stengel, die kantig und geflügelt sind. Die Blätter sind behaart. Alle Blüten sitzen zu 3 bis 5 an Seitentrieben. Sie duften stark und erscheinen in zahlreichen Farben. Blütezeit Juni bis September.

Züchtung/Sortiment: Es wurden Sortengruppen für den Freilandanbau und solche für die Frühkultur unter Glas gezüchtet. Sie unterscheiden sich durch Wuchs- und Blüheigenschaften. Neben den kletternden Sorten gibt es auch eine Gruppe, die infolge des nur 60 cm hohen Wuchses kein Klettergerüst benötigt, da sich die Pflanzen gegenseitig stützen. Die als Blütenstiele verwendeten Seitentriebe können bei einigen Typen bis 30 cm lang werden und 6 bis 8 Einzelblüten tragen. Die bis 7 cm großen Blüten sind manchmal gewellt und erscheinen in einem breiten Farbbereich. Neben diesen Eigenschaften werden Starkwüchsigkeit, Hitzebeständigkeit, frühzeitig einsetzende und reiche Blüte geschätzt. Letztere ist entscheidend davon abhängig, daß die verblühten Stiele entfernt oder fortlaufend Schnittblumen gewonnen werden.

Vermehrung/Anzucht: Die Aussaat ins freie Land nimmt man ab Ende März vor. Wenn man davon ausgeht, daß jeder Satz 6 bis 7 Wochen lang blüht, sind für einen durchgehenden Sommerflor mehrere Folgesätze angebracht. Man sät reihenweise aus, entweder alle 25 cm 3 bis 4 Samenkörner oder alle 8 cm 1 Samenkorn. Es ist zu berücksichtigen, daß die Duftwicken mit zunehmender Höhe Stützgerüste benötigen. Die Aussaatreihen werden deshalb entlang von Zäunen, Spalieren oder anderweitigen Stützgerüsten gezogen. Für Schnittzwecke sät man jeweils bis zwei Reihen im Abstand von 50 bis 60 cm auf ein schmales Beet. Hier werden die Stützen nachträglich angebracht. Wenn die Sämlinge 12 bis 15 cm hoch sind, werden sie bis zur Hälfte der Pflanzenhöhe angehäufelt.

Standort/Pflege: Edelwicken gehören zu den starkwüchsigen Sommerblumen und stellen entsprechende Ansprüche. Die Lage soll auf jeden Fall vollsonnig sein, da nur dann mit Reichblütigkeit gerechnet werden kann. Der Boden soll tiefgründig, durchlässig und nährstoffreich sein. Wicken wünschen vor allem eine gute Versorgung mit Kalk und gedeihen in sauren Böden schlecht. Während des Hauptwachstums und zur Blütezeit muß für ausreichende Bodenfeuchtigkeit gesorgt werden. Auf trokkenen Böden sind die Erträge geringer, die Blühdauer ist kürzer. Besonders wichtig für einen anhaltenden Flor ist die fortlaufende Ernte oder das Entfernen der abgeblühten Stiele. Da bei Wicken schon im Knospenzustand eine Selbstbestäubung erfolgt, setzen sie sehr schnell Früchte an. Bei stärkerem Fruchtansatz läßt die weitere Blüte rasch nach. Zu Beginn der Blüte und während der Hauptblüte sind zusätzliche Nährstoffgaben in Form von phosphorsäurereichen Volldüngern zu verabreichen.

Verwendung: Die Eigenschaften der Duftwicken haben sie zu einer vielseitig verwendeten Sommerblume gemacht. Im Garten wählt man sie gern zur Bekleidung von Zäunen und Baulichkeiten oder für lebende Abgrenzungen. Mannigfaltige Möglichkeiten ergeben sich auch für die Bepflanzung von Balkonkästen.

Für Schnittzwecke erfolgt der Anbau meistens auf Beeten. Man erzielt oft über 300 Schnittstiele von einem Quadratmeter Anbaufläche, wenn alle erforderlichen Pflegemaßnahmen erfüllt werden. Die Schnittstiele halten in der Vase 8 bis 10 Tage.

Lavatera L. · Strauchpappel, Bechermalve
Malvaceae · Malvengewächse

Die Gattung wurde nach den Gebrüdern Lavater benannt, die im 17. Jahrhundert als Naturwissenschaftler und Ärzte in Zürich tätig waren. 25 Arten ein- und mehrjähriger Kräuter, Sträucher oder Bäume stammen aus dem Mittelmeergebiet, aus Mittelasien, Australien und von den Kanarischen Inseln. Die Blätter sind oft gelappt, die Blüten sind gestielt, entweder achselständig und einzeln oder endständig und traubig angeordnet.

Lavatera trimestris L. · Bechermalve, Pappelrose

✳✳ ⊙ ○○ ♒ □ Y ⊥ ≣ ⌓ ✂ ⬡

Botanisches: Die in Südeuropa, Syrien und Nordafrika beheimatete, 80 bis 120 cm hohe, verzweigte Pflanze trägt rauhhaarige, rundlich-herzförmige bis nierenförmige, kerbartig gezähnte Blätter. Die Blüten sind achselständig und einzeln stehend, 8 bis 10 cm breit und rot bis dunkelrot geadert. Blütezeit Juli bis September.

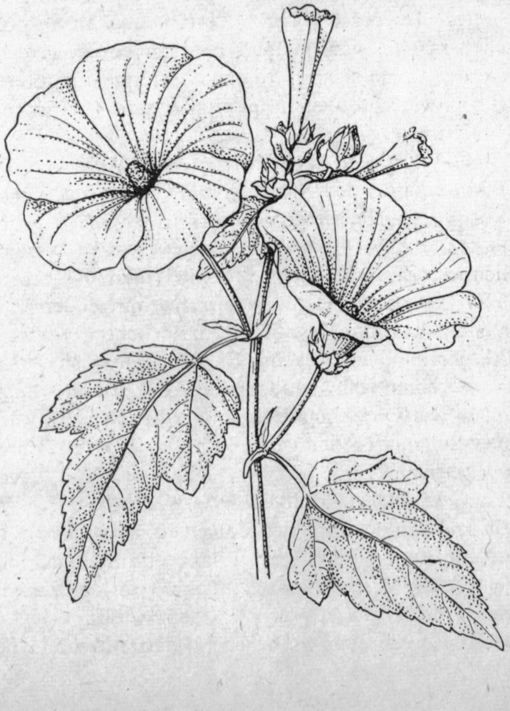

Züchtung/Sortiment: Heute werden reichblühende und großblumige, 50 bis 60 cm hohe Sorten in Lachsrosa und Weiß angeboten. Die Blütenkelche können 9 bis 10 cm groß werden.
Vermehrung/Anzucht: Die Aussaat erfolgt im April/Mai an Ort und Stelle, entweder in Reihen von 40 cm Entfernung oder in Horsten mit jeweils mehreren Samenkörnern. Später muß auf Abstände von 50 bis 60 cm verzogen werden.
Standort/Pflege: Lavateren gehören an sonnige und luftige Standorte auf gut durchlässige und nicht mastige Böden. Nässe vertragen sie nicht, weshalb es in regenreichen und kühlen Sommern zu Ausfällen kommt. Wichtig ist weiterhin, daß jede Pflanze genügend Standraum erhält, denn nur dann entwickelt sie sich zu voller Schönheit.
Verwendung: Bechermalven sind keine Sommerblumen für massenweisen Anbau, jedoch eine willkommene Abwechslung im Sortiment. Dazu tragen ihre imposante Erscheinung, aber auch die reiche und langanhaltende Blüte bei. Man kann sie einzeln oder in Gruppen in gemischten Beetpflanzungen, im Rasen oder an anderen geeigneten Stellen ansiedeln. Die Schnitthaltbarkeit ist nur kurz, weshalb man sie für diesen Zweck nur bedingt verwendet. Der Imker schätzt sie als gute Bienenweide.

Layia Hook. et Arn. ex DC. · Layia
Compositae · Korbblütler

Die Gattung wurde nach dem Naturwissenschaftler George Tradescant Lay benannt, der in der ersten Hälfte des 19. Jahrhunderts wirkte. Mehr als ein Dutzend Arten stammen aus dem westlichen Nordamerika und aus Mexiko. Alle Vertreter sind einjährig. Charakteristisch sind weich- oder rauhhaarige Pflanzenteile. Die langgestielten, großen Blumen sind gelb oder weiß.
Layia elegans Torr. et A. Gray · Layia
∗ ⊙ ○ □ ⁞ Y
Botanisches: Die 25 bis 45 cm hohe Art aus Kalifornien fällt besonders durch die etwa 4 cm breiten Blumen auf, deren Zungenblütenkronen goldgelb sind und hellgefärbte Spitzen tragen. Blütezeit Juli bis August.
Züchtung/Sortiment: Eine züchterische Bearbeitung und entsprechende Sorten sind nicht bekannt.
Vermehrung/Anzucht: Man sät Ende April bis Anfang Mai an Ort und Stelle aus. Nach 10 bis 14 Tagen erfolgt die Keimung. Die Sämlinge werden auf Standweiten von 15 bis 20 cm vereinzelt.
Standort/Pflege: In sonniger Lage und auf normalen, keinesfalls mastigen Böden gedeihen Layia am besten. Sie sind anspruchslos und passen sich den Bedingungen gut an.

Verwendung: Es gibt keinen Grund, die hübsche und anspruchslose Sommerblume anderen ähnlichen Korbblütlern gegenüber zu vernachlässigen. Deshalb sollten wir sie fördern und in das bekannte Sortiment aufnehmen. Layia eignet sich vor allem für bunte Beete und höhere Einfassungen. Auch in bunten Sträußen ist sie eine willkommene Bereicherung.

Limonium Mill. · Strandflieder, Meerlavendel (syn. Statice L. p. p.)
Plumbaginaceae · Bleiwurzgewächse

Griechisch: leimon = Wiese. 200 Arten ein- und mehrjähriger Kräuter oder Halbsträucher stammen aus Küsten-, Steppen- und Wüstengebieten aller Erdteile. Für viele Arten sind Blattrosetten, aus denen sich gabelig geteilte Blütenstände erheben, charakteristisch; für andere sind die langen und verzweigten, kantigen und geflügelten Stengel typisch. Die Blüten sind oft zahlreich und sitzen in dichten Blütenständen.
Limonium bonduellei (Lestib.) O. Kuntze · Strandflieder, Meerlavendel
(syn. Statice bonduellii Lestib.)
∗ ♃ ⊙ ⊙ ○○ ⊕ □ Y ✂ ✾ ⬡
Botanisches: Heimat ist die nördliche Sahara. Die bis 90 cm hohen, ein- oder zweijährigen Pflanzen tragen fiederspaltige Blätter. Die Blütenstände sind aufsteigend und verzweigt, in den oberen Teilen geflügelt. Der Kelchsaum ist zitronengelb, die Kronenblätter sind gelblich. Blütezeit Juli bis Oktober.

Züchtung/Sortiment: Angebaut wird die reine Art; Sorten sind bisher unbekannt.

Limonium sinuatum (L.) Mill. · Strandflieder, Meerlavendel
(syn. Statice sinuata L.)
✱✱ ♃ ⊙ ⊙ ○○ ⊕ □ Y ✂ ♆ ⬡

Botanisches: Heimat ist das Mittelmeergebiet. Die 60 bis 90 cm hohen, zwei- oder mehrjährigen Pflanzen tragen fiederspaltig gelappte oder leierförmige Blätter in grundständiger Rosette. Die Blütenstiele sind verästelt und geflügelt mit zahlreichen Blütchen. Bei der Stammform ist der Kelchsaum blau, die Kronblätter gelb. Blütezeit Juli bis Oktober.
Züchtung/Sortiment: Die 50 bis 90 cm hohen Farbsorten blühen weiß, rosa sowie hell- und dunkelblau. Dazu kommt das Angebot entsprechender Mischungen.

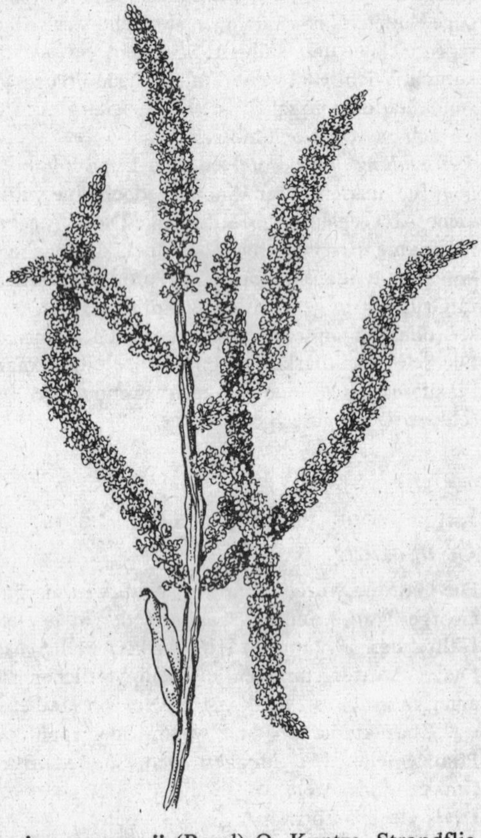

Limonium suworowii (Regel) O. Kuntze · Strandflieder, Meerlavendel
(syn. Statice suworowii Regel)
✱ ⊙ ○○ ⊕ □ Y ⊥ ✂ ♆ ⬡
Botanisches: Heimat ist Westturkestan. Die bis 80 cm hohe Pflanze besitzt grundständige, ungeteilte und fast ganzrandige Blätter. Der Blütenschaft ist verzweigt und furchig-kantig. Die leuchtend rosenroten Blütchen sitzen dicht gedrängt in langen, verzweigten Ähren, die an Formen mancher Korallen und Meeresalgen erinnern. Blütezeit Juli bis Oktober.
Züchtung/Sortiment: Angebaut wird die reine Art. Sorten sind bisher unbekannt.
Vermehrung/Anzucht: Da das Saatgut Flügel und Borsten besitzt, führt dies während der Keimung

häufig zu Fäulniserscheinungen. Außerdem kann der Anteil keimfähiger Samen schlecht beurteilt werden. Nach einer neueren Methode wird das reine Saatgut aus den Knäueln herausgereinigt. Damit werden sichere und bessere Keimergebnisse erreicht.
Mitte bis Ende März sät man unter Glas aus. Die Sämlinge werden in 6 cm Abstand pikiert und bis zum Auspflanzen zunehmend abgehärtet. Mitte Mai kommen sie im Abstand von 25 bis 30 cm auf Freilandbeete.
Standort/Pflege: Am besten genügt den Ansprüchen dieser Arten ein vollsonniger Standort mit nicht zu schwerem, durchlässigem Boden. Der Kalkversorgung und dem Stand in möglichst zweiter Tracht ist besondere Aufmerksamkeit zu widmen.
Verwendung: Limonium sind wertvolle Trockenblumen. Dazu werden die Blütenstände geschnitten, sobald die letzten Kelche geöffnet sind. Das Trocknen erfolgt in luftigen, regen- und windgeschützten Räumen. Die genannten Arten können auch im frischen Zustand als Schnittblumen verwendet werden. Auf Gartenbeeten wirken sie am besten in frei stehenden Gruppen, da ihr Charakter meist keine Harmonie mit anderen Sommerblumen ergibt. *Limonium suworowii* ist eine besonders aparte Solitärpflanze.

Linaria-Bipartita-Hybride

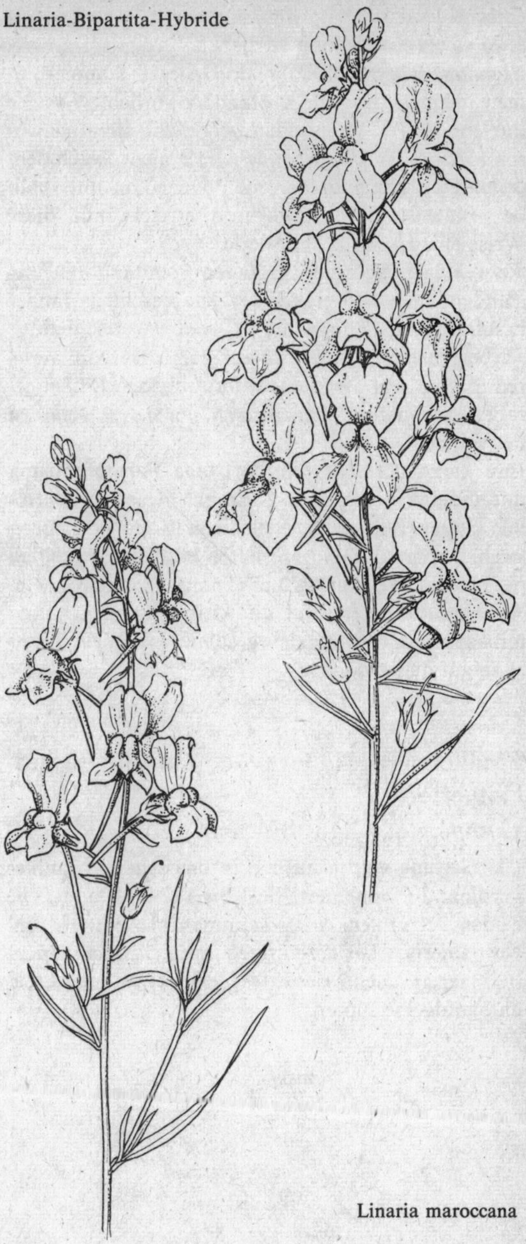

Linaria maroccana

Linaria Mill. · Leinkraut
Scrophulariaceae · Braunwurzgewächse

Lateinisch: linum = Lein; die Blätter zahlreicher Arten sind ebenso schmal wie die der Leinpflanze. Man kennt etwa 130 Arten einjähriger, aber auch ausdauernder Kräuter oder Halbsträucher. Sie stammen aus vielen Gebieten der nördlichen Halbkugel, jedoch nur vereinzelt aus Nordamerika. Die Laubanordnung kann von quirlartiger bis zu gegen- oder wechselständiger Stellung variieren. Die Blüten ähneln oft dem Löwenmäulchen und sitzen in endständigen Ähren oder Trauben, mitunter auch einzeln. Das Farbenspiel ist sehr reichhaltig, es kommen ein- und mehrfarbige Vertreter vor.
Linaria maroccana Hook. f. · Leinkraut
✳ ⊙ ○○ □ ┆ ✂
Botanisches: Die Heimat ist Marokko. Die 20 bis 25 cm hoch wachsende Pflanze ist in den oberen Teilen klebrig-weichhaarig. Sie blüht hellviolett, und der Sporn ist länger als die Krone. Blütezeit Juni bis September.
Züchtung/Sortiment: Die heute angebotenen Sorten und Mischungen dürften sämtlich aus Kreuzungen verschiedener Arten hervorgegangen sein. Sie werden als *Bipartita-Hybriden* bezeichnet. Oft werden Farbmischungen angebaut, die im wesentlichen den Verwendungszwecken genügen. Die Mischung enthält rosa, purpurfarbene, gelbe, violette und andere Töne. Alle Pflanzen werden durchschnittlich 30 cm hoch und wachsen buschig.
Vermehrung/Anzucht: Man sät ab Mitte April bis Mai an Ort und Stelle ins Freie aus. Vorkulturen lohnen sich nicht, außerdem lassen sich Linarien schlecht verpflanzen. Die Saatbeete sollen sehr feinkrümelig vorbereitet werden, damit man das feine Saatgut gleichmäßig dünn verteilen kann. Es wird nicht mit Erde abgedeckt, sondern nur angedrückt. Ob man breitwürfig oder reihenweise sät, ist nicht

entscheidend, doch muß man nach der Keimung auf etwa 15 cm Entfernung verziehen.

Standort/Pflege: Diese anspruchslosen Sommerblumen nehmen mit jedem Standort vorlieb, wenn er nur sonnig ist. Der Boden soll nicht allzu schwer sein. Besondere Pflege brauchen sie nicht. Nach dem ersten Flor schneidet man die Pflanzen bis unterhalb der Blütenstände zurück und erreicht auf diese Weise eine zweite Blühperiode.

Verwendung: Selbst in größeren Sommerblumenbeständen fallen die Leinkräuter dem Beschauer immer besonders auf. Einmal ist es wohl das reichhaltige Farbenspiel, das die Blicke auf sich lenkt, zum anderen fordern uns die kleinen, formschönen Blüten geradezu auf, näher heranzutreten, um sie im Detail zu betrachten.

Ihre kurze Blütezeit erfordert eine Folgepflanzung mit anderen Arten. Man kann mit diesen farbenfrohen Sommerblumen geschlossene Beete oder Beetstreifen besetzen. Bei gemischten Pflanzungen sollten die Nachbarn einfarbig und ebenfalls kurzlebig sein. Als Schnittblumen sind die kleinblütigen Linarien unbedeutend, obwohl sich geschnittene Stiele in der Vase gut halten.

Lindheimera A. Gray et Engelm. · Lindheimerie
Compositae · Korbblütler

Die Gattung wurde nach dem deutschen Botaniker Ferdinand Lindheimer (1801 bis 1879) benannt. Die beiden bekannten Arten stammen aus Mittel- und Nordamerika. Die einjährigen, aufrechtwachsenden, steifhaarigrauhen Kräuter tragen grobgezähntes Laub und goldgelbe Blüten.

Lindheimera texana A. Gray et Engelm. · Lindheimerie

✳ ⊙ ○ □

Botanisches: Die einjährige, 30 bis 60 cm hohe Pflanze ist verzweigt und rauh behaart. Das längliche Laub ist grob gezähnt. Die Blumen sitzen in unregelmäßig beblätterten Doldentrauben. Aus einem flachen Köpfchenboden entwickeln sich 4 bis 5 weibliche Strahlenblüten, die röhrenartigen Scheibenblüten dagegen sind unfruchtbar. Die goldgelben Blüten duften leicht vanilleartig. Blütezeit Juli bis September.

Züchtung/Sortiment: Diese Art wurde als Zierpflanze züchterisch kaum bearbeitet. Sorten sind unbekannt.

Vermehrung/Anzucht: Nach Märzaussaat in Schalen oder ins Frühbeet wird einmalig pikiert und Mitte Mai im Abstand von 25 bis 30 cm ausgepflanzt. In milden Lagen kann im April direkt an Ort und Stelle gesät werden.

Standort/Pflege: Die anspruchslose Lindheimerie blüht an sonnigen Standorten reichlich den ganzen Sommer über.

Verwendung: Die hübsche, mit vielen Sommerblumen gemeinschaftlich zu verwendende Beetpflanze ist für den häufigeren Anbau zu empfehlen.

Linum L. · Lein
Linaceae · Leingewächse

Der Name ist eine alte lateinische Bezeichnung für diese Pflanze. Die 200 Arten ein- und mehrjähriger Kräuter oder Halbsträucher stammen aus gemäßigten und subtropischen Gebieten der Erde. Die Blätter sind klein und ganzrandig. Die Kronblätter der end- und achselständigen Blüten können blau, weiß, gelb oder rot gefärbt sein.

Linum grandiflorum Desf. · Großblütiger Lein

✳ ⊙ ○ □

Botanisches: Dieser nordafrikanische Vertreter wird 35 bis 40 cm hoch, wächst verzweigt und trägt wechselständig angeordnete, lanzettliche und graugrüne Blätter. Die blutroten, am Grunde dunkeläugigen Blüten werden bis 3 cm breit und stehen in feingliedrigen, lockeren Doldenrispen. Blütezeit Juni bis September.

Züchtung/Sortiment: Es wird nur die Sorte „Rubrum“ in Rot angebaut.

Vermehrung/Anzucht: Man sät im April oder Anfang Mai an Ort und Stelle. Das Saatgut muß anschließend leicht angedrückt werden. Später wird auf 12 bis 15 cm Entfernung ausgelichtet.

Standort/Pflege: Der Lein wächst am besten an sonnigen und warmen Stellen auf jedem normalen Boden. Insgesamt ist er sehr anpassungsfähig.

Verwendung: Bei dieser anspruchslosen Art ist die

Leuchtkraft der Blüten wertvoll. Man kann den Lein in gemischte Pflanzungen einstreuen, wobei er mit gelbblühenden Sommerblumen gut harmoniert. Auch größere Flächen lassen sich damit besetzen. Die Haltbarkeit der Einzelblüten ist allerdings nur kurz, jedoch ergibt sich durch ständiges Nachblühen ein monatelanger Flor.

Lobelia L. · Lobelie
Campanulaceae · Glockenblumengewächse

Der lateinische Name wurde nach dem flandrischen Botaniker Matthias de l'Obel gewählt, der von 1538 bis 1616 lebte. Bekannt sind über 300 einjährige und ausdauernde Arten in gemäßigten und wärmeren Gebieten der Erde. Es gibt sowohl krautartige als auch halbstrauch- oder strauchartige Vertreter. Die einzelnen Eigenschaften sind von Art zu Art recht unterschiedlich.

Lobelia erinus L. · Männertreu

⁎⁎ ♃ ⊙ ○ ◐ ≷ ▭ □⁞ ⊔ ⊔ [B] ⬡

Botanisches: Die eigentlich ausdauernde kapländische Pflanze wird bei uns ausschließlich einjährig angebaut. Sie bildet 10 bis 15 cm hohe, geschlossene Büsche und trägt lanzettliche Stengelblätter. Die blauen, rotvioletten oder weißen Blüten erscheinen in großer Zahl auf langen, end- oder achselständigen Stielchen. Blütezeit Juni bis September.

Züchtung/Sortiment: Die Züchtung hat, der Hauptverwendung entsprechend, besonderen Wert auf niedrige, geschlossene und reichblühende Büsche gelegt. Die wesentlichen Sorten sind deshalb kompakt

und etwa 10 cm hoch. Sie blühen meist in blauen, einige in purpurfarbenen Tönen. Manche Sorten haben dunkelgefärbtes Laub oder Blüten mit einem weißen Auge. Auch eine, durch kräftige Langtriebe überhängende Gartenform ist im Angebot.

Lobelia fulgens

Lobelia fulgens Willd. · Leuchtende Lobelie

⁎ ♃ ⊙ ○ ◊ □ ⅄ ✂ ⬡

Botanisches: Die in Mexiko beheimatete Art ist eine bei uns einjährig angebaute Staude. Der Stengel bildet am Grunde seitliche kurze Ausläufer, wird 60 bis 90 cm hoch und trägt lanzettlich zugespitztes Laub. Alle Teile sind zart flaumhaarig. Die leuchtend roten

Blüten sitzen in einseitswendigen Trauben. Blütezeit August bis Oktober.
Züchtung/Sortiment: Seit langem werden einige 40 bis 50 cm hohe Gartenformen angebaut, die sich durch eine dunkelblutrote Verfärbung der gesamten Pflanze auszeichnen. Die leuchtend scharlachroten Blüten schimmern orangefarben.
Vermehrung/Anzucht: Lobelien werden im Februar/März in Saatgefäßen unter Glas ausgesät. Das feine Saatgut wird nicht mit Erde bedeckt. Die erstarkten Sämlinge werden meistens in Büscheln von mehreren Pflänzchen in kleine Torftöpfe pikiert. Sie benötigen bis zum Auspflanzen ab Mitte Mai einen hellen Standort. Die Standweiten werden 10 bis 20 cm weit gewählt.
Lobelia fulgens wird oft bereits im Januar gesät und gegenüber dem Männertreu als Einzelpflanze weiterbehandelt.
Standort/Pflege: Lobelia erinus wächst an sonnigen, auch noch halbschattigen Plätzen. Der Boden soll nicht zu feucht oder nährstoffreich sein, da sich sonst das Laub zu stark entwickelt und die Reichblütigkeit ungünstig beeinflußt wird.
Nach dem ersten Flor werden die Pflanzen auf zwei Drittel ihrer Höhe zurückgeschnitten. Sie werden dadurch zu einem weiteren Flor angeregt und blühen nach mehreren Wochen erneut.
Lobelia fulgens sollte stets in voller Sonne auf nährstoffreichem, humosem und mittelschwerem Boden angebaut werden.
Verwendung: Unser Männertreu ist eine altbekannte und beliebte Sommerblume für niedrige Pflanzungen und Teppichbeete, Einfassungen, Balkonkästen und beim Anbau hängender Sorten auch für Ampeln. In Gemeinschaft mit *Calceolaria integrifolia, Salvia splendens* oder Pelargonien werden hervorragende Schmuckwirkungen erzielt.
Lobelia fulgens eignet sich für Gemeinschaftspflanzungen in Beeten und fällt dort durch den schlanken Wuchs und die rote Färbung der Pflanze sowie die leuchtenden Blüten besonders auf. Als Schnittblume wird sie gern in bunten Sträußen verarbeitet.

Lobularia Desv. · Lobularie, Duftsteinrich
Cruciferae · Kreuzblütler

Lateinisch: lobulus = Schötchen. Die fünf Arten ein- oder mehrjähriger, meist niedriger Kräuter kommen aus dem Mittelmeergebiet. Sie sind eng mit der Gattung *Alyssum* verwandt, besitzen jedoch im Gegensatz zu dieser statt einer zwei Honigdrüsen, die sich beiderseits der kurzen Staubblätter befinden.

Lobularia maritima (L.) Desv. · Meeresstrand-Sandkraut
[syn. Alyssum maritimum (L.) Lam.]
✳ ⊙ ○○ ⊕ D ▭ □ ⁞ Y [B] ⬡
Botanisches: Es handelt sich um einjährige, 10 bis 30 cm hohe, behaarte Kräuter. Die zahlreichen liegenden und bogig aufsteigenden Stengel tragen kleine, linealisch-lanzettliche Blätter. Die Blüten erscheinen in großer Anzahl und sind klein, weiß oder violett, duftend. Der traubige Blütenstand verlängert sich zur Zeit der Fruchtausbildung. Blütezeit Juni bis Oktober.
Züchtung/Sortiment: Das züchterisch bearbeitete Sortiment führte zu ansprechenden Sorten, die 6 bis 15 cm hoch werden und weiß, rosa, purpurfarben oder tiefviolett blühen. Geschätzt wird kompakter Wuchs und frei über dem Laub stehende Blüten.
Vermehrung/Anzucht: Man sät Mitte April oder in späteren Folgesätzen breitwürfig an Ort und Stelle aus. Nach dem Auflaufen wird auf 10 bis 15 cm Abstand vereinzelt. Die Blüte beginnt bereits 7 bis 8 Wochen nach der Aussaat. Auch Aussaaten unter Glas sind üblich. Sie erfolgen im April. Die Sämlinge werden zu mehreren in kleine Töpfe pikiert, wo sie besonders kräftige Jungpflanzen ergeben.
Standort/Pflege: Lobularien gehören zu den anspruchslosesten Sommerblumen und gedeihen unter allen nicht gerade extremen Bedingungen. Am besten wachsen sie auf kalkhaltigen, nicht zu mastigen Böden bei voller Sonne. Unter diesen Verhältnissen bleiben sie gedrungen und blühen besonders reich.
Wenn man Lobularien kurz vor dem Abblühen mit einer Heckenschere bis auf die Hälfte ihrer Höhe zu-

rückschneidet, treiben sie in kurzer Zeit wieder durch und bringen einen zweiten Flor.

Verwendung: Diese Art wird gern zur Bodenbedekkung auf kleineren und größeren Flächen, zur Füllung von Lücken im Steingarten oder als Untersaat auf Rosenbeeten eingesetzt. Auch Einfassungen lassen sich leicht mit Lobularien bilden. Überall, wo schnell und ohne größeren Aufwand eine Lösung für Bepflanzungen gefunden werden soll, ist diese Art zu empfehlen. Außerdem ist sie eine geschätzte Bienenweidepflanze.

Lonas Adans. · Gelbes Ageratum
Compositae · Korbblütler

Die Herkunft des Namens ist unbekannt. Bekannt ist nur eine Art aus dem südwestlichen Mittelmeergebiet.

Lonas annua (L.) Vines et Druce · Gelbes Ageratum
[syn. Athanasia annua L.; Lonas inodora (L.) Gaertn.]

✳ ⊙○○○ ◊ □ Y ✂ ⚘

Botanisches: Die einjährige, 30 bis 50 cm hohe, buschig verzweigte Pflanze trägt kräftige Stengel, die rötlich gefärbt sind. Die Blätter sind fiederschnittig. Alle Köpfchen sitzen in dichten, endständigen Doldentrauben, nur aus gelben Scheibenblüten bestehend. Blütezeit Juli bis September.

Züchtung/Sortiment: Züchterisch wurde diese Art bisher kaum bearbeitet. Sorten sind nicht bekannt.

Vermehrung/Anzucht: Die Aussaat erfolgt im April an Ort und Stelle, in ungünstigen Lagen unter Glas. Ausgepflanzt wird im Mai im Abstand von 20 bis 25 cm.

Standort/Pflege: Das Gelbe Ageratum ist ausgesprochen anspruchslos und blüht am reichsten an vollsonnigen, warmen und eher trockenen Plätzen.

Verwendung: Diese Art ist eine interessante Beetpflanze und Schnittblume.
Die Stiele muß man zum Trocknen voll erblüht schneiden.

Lunaria L. · Silberling
Cruciferae · Kreuzblütler

Lateinisch: luna = Mond; die Bezeichnung bezieht sich wohl auf die Samenform und die silberweiße Farbe der Schotenscheidewand. Bekannt sind 3 Arten aus Mittel- und Südosteuropa. Die ein- bis zweijährigen oder ausdauernden Kräuter wachsen ästig. Die gestielten Blätter sind oft herzförmig. Die purpurfarbenen oder weißen Blüten sitzen in endständigen Trauben. Auffallend sind die flachen Schötchen, die bei Reife papierartige Klappen und durchsichtige Scheidewände besitzen.

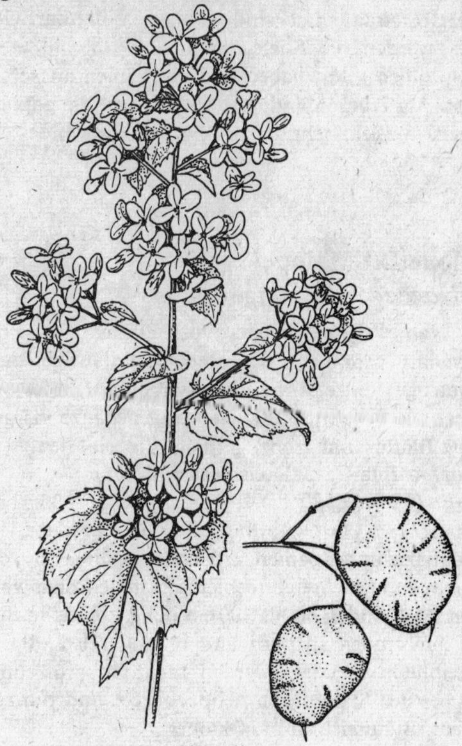

Lunaria annua L. · Silberling
(syn. Lunaria biennis Moench)

✳ ⊙ ⊙ ○ ◐ ≌ ♣ □ Y ✂ ⚘

Botanisches: Die Heimat ist Südosteuropa; in anderen Teilen Europas und in Nordamerika ist die Art

stellenweise verwildert. Die meist zweijährige Pflanze wird bis 100 cm hoch, trägt herzförmiges bis längliches Laub und besitzt einen verästelten Stengel. Sie blüht purpurviolett oder weiß von Mai bis Juli. Die flachen Schoten sind breitelliptisch, mit silberglänzender Scheidewand.
Züchtung/Sortiment: Sorten sind nicht bekannt.
Vermehrung/Anzucht: Die Aussaat kann zu verschiedenen Zeitpunkten erfolgen. Bei Juni/Juli-Saat blüht und fruchtet der Silberling im folgenden Jahr, wobei an Ort und Stelle oder im kalten Kasten ausgesät werden kann. Bei einer Vermehrung im zeitigen Frühjahr, etwa im März, blühen und fruchten die Pflanzen noch im gleichen Jahr, bleiben jedoch wesentlich kürzer. Bei letzterer Methode ist die Vorkultur auf jeden Fall empfehlenswert.
Standort/Pflege: Der anspruchslose Silberling wächst an sonnigen, aber auch halbschattigen Plätzen, bei etwas feuchtem Boden am besten. Wenn ihm der Gartenplatz zusagt, sät sich die Pflanze jährlich selbst aus, so daß eine gesonderte Vermehrung entfällt. An rauhen Standorten kommt es vor, daß sie ohne „leichten" Winterschutz auswintert.
Verwendung: Der Silberling ist eine bekannte und beliebte Trockenblume. Die Fruchtstände eignen sich für Herbststräuße und sind unbegrenzt haltbar. Geerntet werden die Stiele, wenn sich die äußeren Fruchthüllen gelöst haben und der Samen ausgefallen ist. Als Trockenbindematerial bleiben die papierartigen, weißen, sehr dekorativen Trennwände zurück.

Malope L. · Malope
Malvaceae · Malvengewächse

Der Name wurde bereits von Plinius für eine Malvenart gebraucht. Es sind 3 einjährige und krautartige Vertreter aus dem Mittelmeergebiet bekannt. Die behaarten Pflanzen tragen ganze bis gelappte Blätter und große, gestielte Einzelblüten.
Malope trifida Cav. · Dreispaltige Malope
✱✱ ⊙ ○○ ⩍ □ Y ⊥ ▤ ⛁ ✂
Botanisches: Die ursprüngliche Heimat liegt in Nordafrika und Spanien, jedoch sind die Pflanzen heute auch in mehreren Gebieten Mitteleuropas verwildert. Sie bilden 60 bis 100 cm hohe, stattliche Büsche mit großen Blättern und blattachselständigen Einzelblüten. Letztere werden bis 8 cm groß und sind bei der Stammform hellpurpurrot und dunkel geadert. Blütezeit Juli bis Oktober.
Züchtung/Sortiment: Die bis 100 cm hohen Sorten blühen ähnlich der Ausgangsform rosa bis rot mit dunklen Adern. Auch eine weiße Gartenform ist bekannt.
Vermehrung/Anzucht: Am einfachsten ist die Aus-

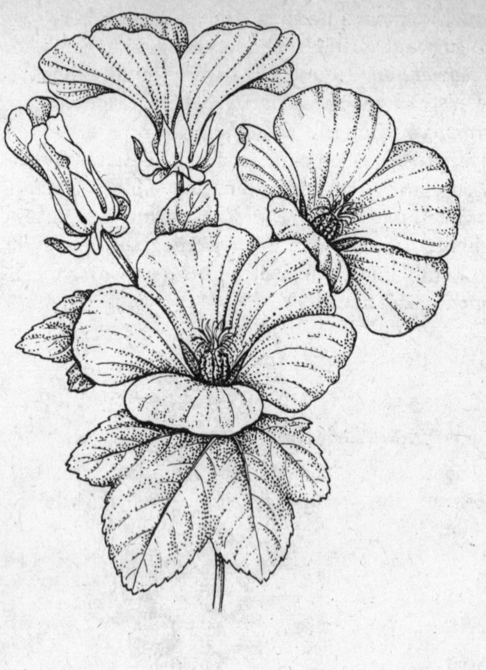

saat im April direkt an Ort und Stelle. Man legt dabei in 50 cm Abstand horstweise mehrere Samenkörner aus. Später läßt man von den Sämlingen den kräftigsten stehen. Auch Aussaaten unter Glas sind im März oder April möglich. Bei diesem Verfahren sollte man die Sämlinge in kleine Töpfe setzen, damit sie dann beim Auspflanzen im Mai störungsfrei weiterwachsen.
Standort/Pflege: Malopen brauchen sonnige Stellen mit humosem, kräftigem Boden. Die Feuchtigkeit soll gleichmäßig sein. Wenn erforderlich, ist zusätzlich zu wässern und zu düngen.
Verwendung: Die hohen, geschlossenen Büsche sind in bunten Sommerblumenpflanzungen eine willkommene Abwechslung. Auch gruppenweise angeordnete Pflanzen wirken auf Beeten oder im Rasen schön. Vor dunklerem Hintergrund hebt sich das frischgrüne Laub auffallend ab. In Staudenanlagen kann man mit Malopen kurzfristig Lücken füllen, ohne den Eindruck der Improvisation zu erwecken. Als Schnittblumen sind sie dekorativ und über eine Woche haltbar.

Matthiola R. Br. corr. Spreng. · Levkoje
Cruciferae · Kreuzblütler

Die Pflanze wurde nach Pietro Andrea Matthioli, genannt Matthiolus (1500 bis 1577), kaiserlicher Leibarzt in Prag und Wien, benannt. Etwa 50 Arten stammen aus dem östlichen Mittelmeergebiet, einige aus Mittelasien und aus Südafrika. Die verzweigten Kräuter oder Halbsträucher tragen längliche bis linealische, mitunter befilzte Blätter. Die Blüten sind in mehr oder weniger dichten Trauben angeordnet und verschiedenartig.

Matthiola incana (L.) R. Br. · Gartenlevkoje

✻✻✻ ♄ ① ⊙ ○ ⊕ □ ⦙ ⛉ ⛉ ✂

Botanisches. Heimat ist das Mittelmeergebiet. Die bis 100 cm hohen, einstieligen oder am kräftigeren Mitteltrieb verästelten Halbsträucher werden sommer- oder winterannuell angebaut. Die Blätter sind länglich und meistens graugrün behaart. Die Blüten duften. Sie sind in lockeren oder dichten Trauben, die sich zum Abblühen hin strecken, angeordnet. Die Stammform blüht rotviolett. Blütezeit Juni bis September.

Züchtung/Sortiment: In dem umfangreichen und vielgestaltigen Sortiment gibt es mehrere wichtige Sortengruppen für den in Spezialbetrieben durchgeführten Anbau unter Glas und solche, die für Gärten und Anlagen besonders geeignet sind. Darunter fallen sowohl die verzweigten Buschlevkojen in Wuchshöhen von 30 bis 50 cm als auch die unverzweigten, 60 bis 90 cm hohen Stangenlevkojen. Wir wünschen einen möglichst großen Anteil gefülltblühender Pflanzen, der bei den bereits im Sämlingsstadium durch einen Kennfaktor sortierbaren ‚Allgefüllten' hundertprozentig zu erreichen ist. Bei gefülltblühenden Pflanzen tragen die Sämlinge ein helleres, gelblichgrünes Laub, während einfach blühende normal grün sind. Neben weißen, gelben, rosafarbenen, roten, violetten und blauen Farbsorten werden Mischungen dieser Töne angeboten. Standfestigkeit, lange und feste Stiele sowie dichtbesetzte Blütenstände sind weitere züchterisch geschätzte Eigenschaften.

Vermehrung/Anzucht: Die Aussaatzeit für den Garten ist bei den Sommerlevkojen März/April; diese Sätze blühen dann ab Ende Juni. Ausgesät wird je nach Jahreszeit in Schalen oder auf das Frühbeet. Aussaatgefäße und -erde müssen vorher desinfiziert werden, um die Übertragung von gefährlichen Sämlingskrankheiten zu verhindern. Sobald man die Sämlinge fassen kann, werden sie in 7 bis 8 cm große Töpfe gepflanzt. Je fester der Erdballen der Jungpflanzen ist, um so zügiger wachsen sie später auf den Beeten weiter und um so kräftiger sind die Pflänzchen. Man muß darauf achten, daß man die Sämlinge bis zum Auspflanzen kühl, luftig und nicht zu feucht hält. Häufig sind gerade Levkojen durch Anzuchtfehler hochgeschossen und weichstengelig.

Ausgepflanzt wird im April und Mai. Die Abstände sollen bei eintriebigen Sorten bis 15 cm, bei buschig wachsenden 30 bis 40 cm betragen.

Standort/Pflege: Levkojen wünschen einen sonnigen Standort sowie lehmig-humose, nährstoffreiche, jedoch nicht frisch mit Stalldung abgedüngte Böden. Gute Kalkversorgung ist besonders wichtig; saure Böden sind ungünstig. Während des Wachstums muß man auf gleichmäßige Bodenfeuchtigkeit achten. Auch sollten die Pflanzen zusätzliche Düngungen erhalten.

Verwendung: Im Garten werden Levkojen ebenso gern für Beetbesetzungen wie für Schnittzwecke angebaut. Als Beetsorten wählt man jene aus den buschig wachsenden Gruppen, während für den Schnitt besonders die Stangenlevkojen, also die eintriebigen, günstig sind. Auf Beeten pflanzt man Levkojen gern geschlossen, anstatt sie in bunte Sommerblumenbeete einzustreuen. Auch die gruppenweise Pflanzung vor Baulichkeiten oder zwischen rasenartig wachsenden Gartenblumen ist wirkungsvoll.

Beim Schnitt zieht man die Levkojen mit den Wurzeln und stellt sie vor der Vasenfüllung einige Stunden in Wasser. Die Pflanzen saugen sich dann noch einmal voll und halten dadurch wesentlich länger. Das eigentliche Schneiden nimmt man dann vor dem Einstellen in die Vasen vor. Die Ernte sollte nicht zu früh erfolgen, sondern erst, wenn 8 bis 10 Blüten geöffnet sind. Die Stiele halten sich bis zu 8 Tagen.

Mesembryanthemum L. emend. L. Bol. · Mittagsblume
Aizoaceae · Mittagsblumengewächse

Griechisch: mesembria = Mittag, anthemon = Blume; die kleinen Blüten öffnen sich meist nur einige Stunden über Mittag. Es sind zahlreiche ein- und zweijährige Arten bekannt, die alle in Südafrika ihre Heimat haben. Die krautigen, oft sukkulenten Blätter sind mit glitzernden Warzen besetzt.

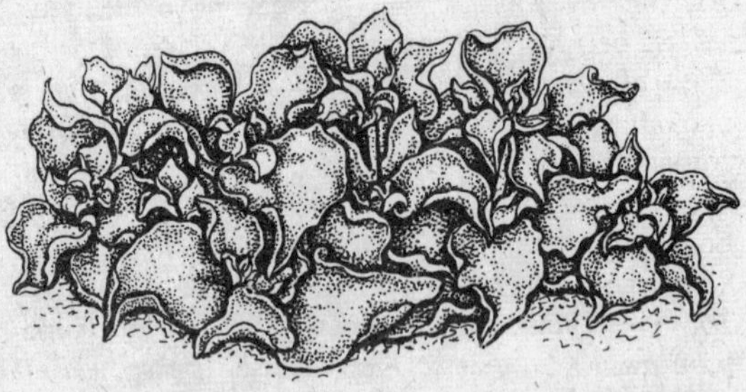

Mesembryanthemum crystallinum L. · Eispflanze
✳ ⊙ ○○○ ▭ □ ⦙

Botanisches: Die dicht verzweigten, am Boden kriechenden Äste dieser etwas dickfleischigen Art bilden einen geschlossenen lebenden Teppich von eigenartiger Schönheit. Die unzähligen Warzen der kleinen Blätter glitzern, besonders bei Sonnenschein, wie ein Meer von winzigen Kristallen. Die sehr kleinen, rötlichen oder gelblichen Blüten sind unscheinbar und für den Schmuckwert der Pflanze bedeutungslos. Blütezeit Juli bis September.
Züchtung/Sortiment: Sorten sind unbekannt.
Vermehrung/Anzucht: Hier sei auf das bei *Dorotheanthus* Gesagte verwiesen. Alle Angaben treffen auch bei dieser, zur gleichen Pflanzenfamilie gehörenden Art zu.
Standort/Pflege: Die Eispflanze gedeiht am besten bei voller Sonne und an warmen, trockenen Plätzen.
Verwendung: Man sollte diese Art stets dort anpflanzen, wo man dicht an sie herantreten kann, um die Beschaffenheit der glitzernden Blätter in Augenschein nehmen zu können. Für Einfassungen aller Art, an trockenen Böschungen oder in geschlossenen Pflanzungen ergeben sich Möglichkeiten, sie anzubauen. Auch in Verbindung mit anderen Trockenheit liebenden oder silberlaubigen Gewächsen wirken Eispflanzen schön.

Mimulus L. · Gauklerblume
Scrophulariaceae · Braunwurzgewächse

Lateinisch: mimus = Schauspieler, Gaukler; die Verkleinerungsform mimulus bezieht sich auf die farbenreiche, maskenartige Zeichnung der Blüten. Die ungefähr 150 Arten stammen aus allen Erdteilen, überwiegend aus Gebieten mit gemäßigtem oder subtropischem Klima. Es handelt sich meistens um ein- oder mehrjährige Kräuter, seltener um Sträucher. Das Laub ist gegenständig, ungeteilt, ganzrandig bis eingeschnitten. Die Blüten erscheinen auf kurzen Stielchen aus den Blattachseln und stehen oft einzeln.

Mimulus guttatus DC. · Getüpfelte Gauklerblume
✳ ♃ ⊙ ○ ◐ ♒ □ ⦙ Y

Botanisches: Die Heimat reicht von Alaska bis Mexiko. Die ein- bis mehrjährige, etwa 40 cm hohe, krautartige Pflanze besitzt lange, liegende Stengel und trägt eiförmige bis längliche Blätter. Die in einer vielblütigen Traube angeordneten Einzelblüten sind 2 bis 3 cm lang, gelb mit dunkel gepunktetem Schlund. Blütezeit Juli bis September.

Mimulus luteus L. · Gelbe Gauklerblume
✳ ♃ ⊙ ○ ◐ ♒ □ ⦙ Y

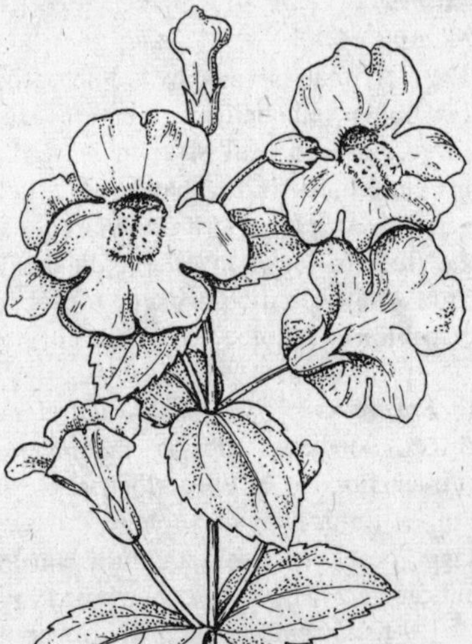

Botanisches: Die Heimat ist Chile. Diese bei uns nur einjährig angebauten Stauden sind verzweigt, die Stengel sind ausgebreitet bis liegend. Aus den Achseln der gesägtrandigen Blätter erscheinen die traubigen Blüten auf langen Stielchen. Sie sind bis 5 cm lang und gelb, dabei rot bis braunrot betupft. Blütezeit Juni bis August.
Züchtung/Sortiment: Die heute bekannten Sorten und Mischungen werden als *Mimulus-Hybriden* bezeichnet.
Sie werden wie folgt bewertet und verwendet:
⁎⁎ ♃ ⊙ ○ ◐ ≃ □ ⁞ Y ⊍ ⊍ ⊍ B .
Es sind Kreuzungsergebnisse aus zwei oder mehreren Arten. Farbsorten sind als F_1-Hybriden im Angebot. Die Einzelblüten sind 4 bis 6 cm groß, getigert oder gefleckt. Die Pflanzen werden je nach Standort 20 bis 30 cm hoch.

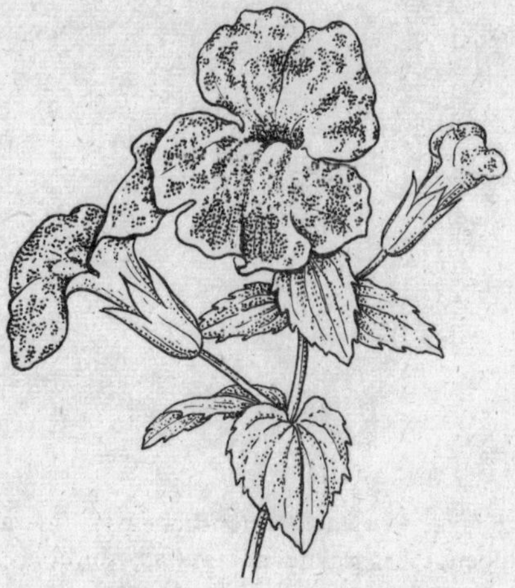

Vermehrung/Anzucht: Man sät in der Zeit von Mitte März bis Anfang April in Schalen oder andere Gefäße im Gewächshaus aus. Das sehr feine Saatgut wird dünn und gleichmäßig verteilt. Es darf nicht abgedeckt werden. Am zweckmäßigsten ist es, nach der Keimung zu verstopfen und später in Torftöpfe zu pflanzen. Dadurch erhalten die Jungpflanzen einen kräftigen Ballen, der das Anwachsen im Freien begünstigt. Es ist vorteilhaft, wenn die Jungpflanzen zum Zeitpunkt der Pflanzung im Mai bereits die ersten Knospen oder Blüten zeigen. Durch einmaliges Entspitzen fördert man die Verzweigung.
Standort/Pflege: Wesentlich für gute Entwicklung und andauernde Blüte ist ein gleichbleibend feuchter, wenn auch nicht nasser Boden. Schnell austrocknende Standorte sollten von vornherein ausscheiden. Aus dem gleichen Grund sind halbschattige Lagen oftmals besser als vollsonnige, die man nur bei genügender Bodenfeuchtigkeit berücksichtigen sollte.
Verwendung: Gauklerblumen sind ausgesprochen exquisite Sommerblumen. Sie sind nicht jedermanns Sache, aber der „Kenner" wird nicht auf sie verzichten. Für den massenweisen Anbau empfehle ich sie nicht, denn auserlesene Farben- und Formenspiele sollten in Gärten und Anlagen nur vereinzelt zu finden sein. Am Rande bunter Rabatten, in Verbindung mit Baulichkeiten oder Wasseranlagen, auf Terrassen, in Kübeln, Fenster- oder Balkonkästen sind Gruppen von *Mimulus* immer schön und anziehend. Mitunter werden sie sogar als kurzlebige Topfpflanzen angebaut.

Mirabilis L. · Wunderblume
Nyctaginaceae · Wunderblumengewächse

Lateinisch: mirabilis = wunderbar; diese Ableitung bezieht sich auf die verschieden gefärbten Blüten an der gleichen Pflanze. Die etwa 60 Arten sind bis auf eine Ausnahme von Nord- bis Südamerika beheimatet. Die zwei- bis dreigabelig verzweigten Kräuter tragen oft dicke oder knollige Wurzeln. Die Blätter können herzförmig, eirund bis linealisch sein. Die Blüten sind meist trugdoldig angeordnet und kommen in verschiedenen Farben vor.

Mirabilis jalapa L. · Wunderblume
⁎ ♃ ⊙ ○ ≃ □ ⊥
Botanisches: Die aus Mexiko stammende, ausdauernde Pflanze wird bei uns einjährig angebaut. Sie wird 60 bis 100 cm hoch, bildet einen rundlichen Busch mit gabelästigen Stengeln und trägt eirunde, zugespitzte Blätter. Am auffälligsten sind die langröhrigen Blüten, die endständig in Büscheln ange-

ordnet sind. Ihre Farbe variiert von weiß über gelb und rot. Auch mehrfarbig gestreifte Blüten treten auf. Häufig trägt eine Pflanze Blüten in unterschiedlichen Farben, was zu dem Namen Wunderblume geführt hat. Die Blüten öffnen sich abends und schließen sich am Morgen, nur im Spätherbst sind sie ganztags geöffnet. Blütezeit Juli bis Oktober.
Züchtung/Sortiment: Die interessante Blütenpflanze wurde zur Erforschung der Vererbungsregeln verwendet und ist auf diese Weise bekannt geworden. Sorten für den ohnehin noch seltenen Anbau als einjährige Zierpflanzen sind nicht bekannt.
Vermehrung/Anzucht: Man sät Anfang März im Frühbeet aus und setzt die Pflanzen ab Mitte Mai im Abstand von 40 bis 60 cm ins Freie.
Standort/Pflege: Ein warmer und geschützter Standort bei tiefgründigem, durchlässigem Boden bietet die besten Wachstumsvoraussetzungen. Da die Pflanzen sehr schnellwüchsig sind, darf es an ausreichender Bewässerung und Nährstoffversorgung nicht fehlen.
Verwendung: Die Wunderblume ist eine Rarität in unseren Gärten und wird wohl kaum zum massenhaften Anbau gelangen. Trotzdem ist ein Versuch für jeden Gartenfreund aufgrund der ungewöhnlichen botanischen Eigenschaften immer interessant. Man pflanzt sie einzeln oder in Gruppen, besonders als Hintergrund niedriger Sommerblumen.

Molucella L. · Muschelblume
Labiatae · Lippenblütler

Die Benennung erfolgte nach den Molukken-Inseln. Bekannt sind 2 Arten aus dem Mittelmeergebiet. Die kahlen Kräuter tragen gestieltes Laub mit gekerbten oder eingeschnittenen Rändern. Die Blüten sind zu mehreren quirlartig angeordnet. Alle sind achselständig und weißrötlich.

Molucella laevis L. · Muschelblume, Glocken von Irland

✳ ⊙ ○ □ ✂ ⚘

Botanisches: Die einjährige, krautartige Pflanze wird 60 bis 100 cm hoch. Der Stengel ist meistens unverzweigt, die Blätter sind langgestielt und rundlich. Die Blüten stehen in etwa sechsblütigen Quirlen. Die auffallend groß entwickelten grünen, glockenförmigen Kelchblätter sind besonders wirkungsvoll, während die eigentliche weiße Blütenkrone unscheinbar ist. Blütezeit August bis Oktober.
Züchtung/Sortiment: Verwendet wird meistens eine etwa 60 cm hohe Gartenform; Sorten sind unbekannt.
Vermehrung/Anzucht: Ausgesät wird Ende Februar/März unter Glas. Die verstopften Jungpflanzen werden gut abgehärtet und Ende Mai im Abstand von 30 bis 40 cm ausgepflanzt.

Standort/Pflege: Muschelblumen lieben einen warmen, sonnigen Gartenplatz auf gutem, durchlässigem Boden.
Verwendung: Als außergewöhnliche Schnitt- und Trockenblume wird diese Art gern und zunehmend verwendet. Zum Trockenschnitt müssen die muschelartigen Kelchblätter voll entwickelt sein. Vorher wird das Laub entfernt. Getrocknet wird mit den Stielenden nach oben. Langsames Trocknen bei niedrigen Temperaturen bewirkt eine gelbliche bis graubraune Färbung, während kurzfristiges Trocknen bei höheren Wärmegraden mehr die hellgrüne Farbe der Kelchblätter erhält.

Myosotis L. · Vergißmeinnicht
Boraginaceae · Boretschgewächse

Griechisch: mys, myos = Maus und ous, otos = Ohr; nach den behaarten Blättern als „Mäuseöhrchen" bezeichnet. Bekannt sind etwa 50 Arten aus meist gemäßigten Gebieten Europas, Asiens, Amerikas, aus Südafrika, Neuseeland und Australien. Es handelt sich um ein-, zwei- oder mehrjährige Kräuter mit verzweigtem Wuchs und wechselständigen Blättern. Sie besitzen kleine, in dichten Wickeln zusammengefaßte Einzelblütchen, die in ihrer Vielzahl der Pflanze eine eindrucksvolle Farbwirkung verleihen. Die Farben kommen oft in Blau, aber auch in Rosa und Weiß vor.

Myosotis sylvatica Ehrh. ex Hoffman. · Waldvergißmeinnicht
(syn. Myosotis alpestris hort. non F. W. Schmidt)
✱✱ ♃ ① ○ ◐ □ ⁞ Y ◻ ◻ [B] ✂

Botanisches: Die in Europa, Vorderasien und Sibirien beheimatete Staude wird als Gartenpflanze winterannuell gezogen. Sie wächst reich verzweigt und buschig, 20 bis 35 cm hoch, in Form und Höhe sehr veränderlich. Die Blütchen der Stammform sind blau mit gelbem Mittelfleck, in Blütenständen vereinigt und erscheinen in reicher Anzahl. Blütezeit Mai bis Juni.

Züchtung/Sortiment: Die Sorten unterscheiden sich in Wuchsform, Höhe, Blütezeit, Farbton und Farbe. Die Hauptbedeutung liegt bei den blauen Tönen, die wie beim Veilchen eben gerade für diese Pflanze charakteristisch sind.
Die Sorten werden 15 bis 35 cm hoch. Geschätzt werden reichblühende und für Beetpflanzungen insbesondere aufrechte und buschig-kompakte Gartenformen.

Vermehrung/Anzucht: Myosotis sät man Mitte Juli in ein Frühbeet mit nicht zu sandiger Erde aus. Es wird dünn gesät, damit die Pflanzen aus dem Saatbeet ins freie Land gepflanzt werden können. Die Saatbeete werden gut beschattet, mit Glas abgedeckt und vor allem ausreichend feucht gehalten. Ein Austrocknen während der Keimzeit führt zu unregelmäßigem Auflaufen oder zu Ausfällen. Nach dem Auflaufen hält man die Pflanzen hell, gewöhnt sie durch Lüften und Abnehmen der Fenster an das Klima des Freilandes und gießt den Witterungsbedingungen entsprechend behutsam, damit die Sämlinge nicht faulen. Sobald die Pflänzchen kräftig genug sind, pflanzt man sie auf Freilandbeete. Die Abstände richten sich nach der Höhe der Sorten und betragen 15 bis 20 cm. An diesem Standort bleiben die Vergißmeinnicht in der Regel bis zum März oder April des folgenden Jahres stehen. Dann pflanzt man sie, selbst wenn sie schon blühen, an den endgültigen Standort. Der beetweise Stand bis zum Frühjahr hat den Vorteil, daß sie über Winter geschlossen mit Fichtenreisig abgedeckt werden können. In schneearmen Wintern mit starkem Frost treten sonst Auswinterungsschäden auf.

Standort/Pflege: Am besten geeignet sind sonnige und dabei ausreichend feuchte Standorte. Auch leichter Schatten wird vertragen. Ist der Boden trokken, blühen Vergißmeinnicht im Frühjahr nur kurz.

Verwendung: Zur Beliebtheit als Gartenblumen haben besonders die Frühzeitigkeit der Blüte und die reinen blauen Farbtöne beigetragen. Diese Eigenschaften und die nach Sorten unterschiedlichen Wuchsformen und -höhen gestatten vielseitige Anwendungsmöglichkeiten. Der Kleingärtner schätzt die Pflanze besonders für Beetpflanzungen, Einfassungen und Balkonkästen. In Gemeinschaft mit Narzissen, roten und gelben Tulpen, Stiefmütterchen und anderen Frühjahrsblühern sind *Myosotis* wohl am schönsten. In Anlagen gehören sie zum Stammsortiment. Für den Gärtner kommen durch den Blütenschnitt und die Topfbepflanzung weitere wichtige Anwendungsbereiche als Zierpflanze hinzu. Die Schnitthaltbarkeit ist überraschend gut.

Nemesia Vent. · Nemesie
Scrophulariaceae · Braunwurzgewächse

Griechisch: nemesia = Bezeichnung für eine Löwenmaulart. Etwa 50 Arten überwiegend einjähriger Kräuter, seltener Halbsträucher, stammen aus Südafrika und den tropischen Gebieten Amerikas. Das Laub ist gegenständig angeordnet. Die farbenreichen Blüten sitzen einzeln oder in Trauben an den Zweigenden oder in den Blattachseln und erscheinen in großen Mengen.

Nemesia strumosa Benth. · Kropfige Nemesie
✱ ⊙ ○ □ ⁞ Y ◻ ◻ [B] ✂

Botanisches: Die südafrikanische Einjahrspflanze besitzt einen aufrechten, verzweigten Wuchs. Sie

wird 30 bis 60 cm hoch. Die Einzelblüten sind 2,5 cm breit und in traubigen Blütenständen vereinigt. Die Farbskala umfaßt weiße, gelbe, orangefarbene, scharlach- und karminrote Tönungen. Blütezeit Juni bis September.

Nemesia versicolor E. Mey. · Verschiedenfarbige Nemesie

✱ ⊙ ○ □ ⁞ Y ⊍ ⊍ [B] ✂

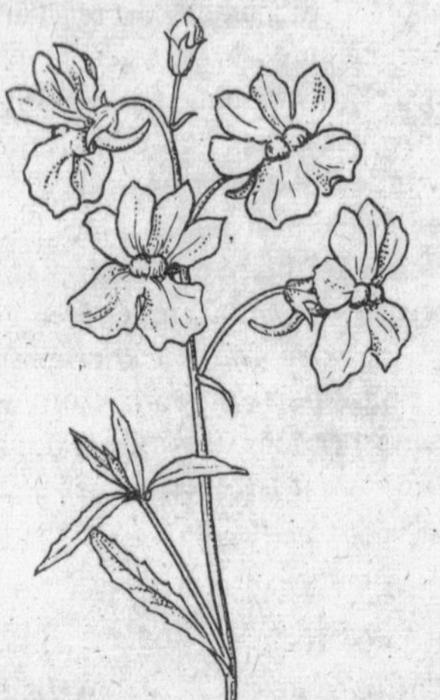

Botanisches: Diese Art stammt ebenfalls aus Südafrika und unterscheidet sich von der vorigen durch die kleineren Blüten, die violetten bis blauen Tönungen und einen 8 mm langen, aufwärtsgekrümmten Sporn. Sie wird 40 bis 45 cm hoch. Blütezeit Juni bis September.

Züchtung/Sortiment: Es ist heute nicht mehr leicht, bei den Sorten die genaue Abstammung festzulegen. Die großblütigen Vertreter stammen wohl von *Nemesia strumosa* ab, die kleinblütigen und violettfarbenen von *Nemesia versicolor*. Sicher sind an der Entstehung mancher Sorten jedoch auch beide genannten Arten beteiligt. Deshalb ist die Bezeichnung *Nemesia-Hybriden* gerechtfertigt.

Ihre Bewertung und Verwendung ist wie folgt:

✱✱ ⊙ ○ □ ⁞ Y ⊍ ⊍ [B] ✂

Neben den 20 cm hohen Mischungen in Weiß, Gelb, Orangefarben, Scharlach und Karminrot werden auch Einzelfarben angeboten.

Vermehrung/Anzucht: Am sichersten führt die Aussaat unter Glas Anfang bis Mitte April zum Ziel. Diese Pflanzen können im Mai aus dem Saatbeet an den Bestimmungsort gepflanzt werden. Man muß darauf achten, daß an den Wurzeln genügend Erde haften bleibt und die zarten Stengelteile beim Transport nicht zerdrückt werden. Wünscht man besonders kräftige Jungpflanzen, werden die Sämlinge aus dem Saatbeet verstopft oder in Torftöpfe gepflanzt. Der Pflanzenabstand soll 15 bis 20 cm betragen.

Standort/Pflege: Nemesien wünschen sonnige und warme Lagen bei nicht zu schwerem Boden. Besonders empfindlich sind sie gegen Kälte und Nässe. Auch Hitze und Trockenheit können zu Mißerfolgen führen, daher sollte man auf gleichmäßige Bodenfeuchtigkeit achten. Nach dem ersten Flor werden die Pflanzen zurückgeschnitten, damit sie nach dem Durchtrieb ein zweites Mal blühen.

Verwendung: Nemesien gehören zu den beliebtesten einjährigen Beetpflanzen. Dazu tragen Farbenpracht, Reichblütigkeit und Blühdauer in gleicher Weise bei. Man kann die Sorten und Mischungen in bunten Rabatten und auch für sich allein auf Beete pflanzen. Für Einfassungen, in Balkonkästen, Kübeln und Töpfen erfüllen sie viele Aufgaben. Man wird Nemesien zwar kaum in großen Mengen als Schnittblumen anpflanzen, jedoch werden sie vielerorts gern mit zur Vasenfüllung benutzt. Die Schnitthaltbarkeit ist gut.

Nemophila Nutt. · Hainblume
Hydrophyllaceae · Wasserblattgewächse

Griechisch: nemos = Hain, philos = Freund; die Standorte in den nordamerikanischen Heimatgebieten sind lichte Haine. Die 11 Arten einjähriger Kräuter tragen behaarte, fiederartig gelappte oder geschlitzte Blätter. Die kreisförmigen, breit-glockenartigen Blüten sind in ihren blauen Farben und in Weiß wirkungsvoll.

Nemophila menziesii Hook. et Arn. · Hainblume (syn. Nemophila insignis Dougl.)
✳ ⊙ ○ ◐ □ Y

Botanisches: Dieses zarte Gewächs aus Kalifornien wird selten höher als 20 cm. Die niederliegenden, dann aufsteigenden Ästchen tragen gegenständiges, fast fiederartiges Laub. Die bis 3 cm breiten Blüten traut man der unscheinbaren Pflanze gar nicht zu; sie fallen jedoch durch ihre Leuchtkraft jedem auf. Blütezeit Juli bis September.

Züchtung/Sortiment: Die Farben wechseln innerhalb des kleinen Sortiments zwischen Himmelblau, Lilarot und Weiß, oder die Blüten vereinigen mehrere dieser Töne in verschiedenartiger Zusammensetzung in sich.

Vermehrung/Anzucht: Man sät ab Mitte März an Ort und Stelle aus. Nach dem Auflaufen vereinzelt man die Pflanzen auf 12 bis 15 cm Entfernung. Sie blühen schon etwa 8 Wochen nach der Aussaat. Da der Flor nur einige Wochen anhält, sind Folgesaaten nötig.

Standort/Pflege: Geeignet sind sonnige bis halbschattige Plätze mit humosem, etwas feuchtem Boden. An vollsonnigen und dabei brandigen Stellen gedeihen Hainblumen nicht. Bei Dauerregen im Frühjahr oder Sommer faulen die niederliegenden Triebe.

Verwendung: Diese Art ist nur dem Liebhaber zu empfehlen, der seine Freude an der anspruchslosen Pflanze mit den schönen Blüten hat. Für kleine Einzelgruppen, besonders in Verbindung mit Wasserbecken, wird *Nemophila* stets einen, wenn auch bescheidenen Platz im Sortiment behaupten.

Nicotiana L. · Tabak
Solanaceae · Nachtschattengewächse

Der französische Gesandte in Portugal Jean Nicot (1530 bis 1600) soll als erster Tabak an einigen westeuropäischen Höfen eingeführt haben. Die etwa 60 Arten einjähriger und mehrjähriger Kräuter, Halbsträucher oder Sträucher sind überwiegend im tropischen Amerika beheimatet. Typisch sind die großen, ungeteilten Blätter entlang des aufrechten Stieles. Sie liefern bei mehreren Arten den Rauchtabak. Die weißen, gelben, seltener auch roten Blüten sind oft nur nachts geöffnet. Sie erscheinen in Trauben oder Rispen angeordnet.

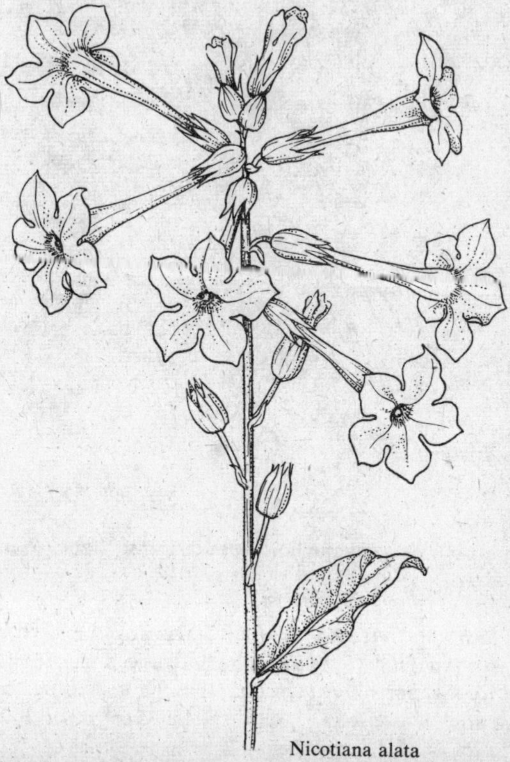

Nicotiana alata

Nicotiana alata Link et Otto · Geflügelter Tabak (syn. Nicotiana affinis T. Moore)

∗ ♃ ⊙ ○ ≈ □ ⁞ Y ⊥ ⊎

Botanisches: Die südbrasilianische Staude wird bei uns ausschließlich einjährig angebaut. Sie erreicht bis 150 cm Wuchshöhe, wenn die Bedingungen günstig sind. An den verzweigten Stengeln sitzen länglich-spatelförmige bis länglich-ovale Blätter. Die zahlreichen gestielten, nickenden und nachts geöffneten Blüten duften stark und sind in endständigen Sträußen angeordnet. Die Blütenkrone ist außen grünlich mit violetten Streifen, innen weiß. Blütezeit Juli bis September.

Züchtung/Sortiment: Neben 60 bis 80 cm hohen Sorten, die auch am Tage blühen, sind heute besonders einige Sortengruppen 30 bis 40 cm hoher F_1-Hybriden hervorzuheben. Letztere zeichnen sich durch den buschigen, verzweigten Wuchs und die früh einsetzende, reiche Blüte aus. Es gibt weiße, grünlichgelbe, rosafarbene und verschieden rot blühende Sorten.

Nicotiana × sanderae

Nicotiana × sanderae hort. Sander ex W. Wats. · Ziertabak

∗∗ ⊙ ○ □ ⁞ Y ⊥ ⊎ ⊎ B

Züchtung/Sortiment: Die aus Kreuzungen zwischen *N. alata* und *N. forgetiana* hervorgegangene Hybrid-Gruppe blüht tagsüber lebhaft rot. Die Sorten werden teilweise nur 30 cm, andere 75 cm hoch. Blütezeit Juli bis September.

Nicotiana sylvestris

Nicotiana sylvestris Spegazz. et Comes · Bergtabak

∗ ♃ ⊙ ○ ≈ □ Y ⊥ ≣

Botanisches: Diese argentinische Art soll in ihrer Heimat in Höhenlagen bis zu 1600 m vorkommen. Sie ist dort ausdauernd, wird bei uns aber stets nur einjährig gezogen. Große, ungestielte Blätter bilden eine Rosette, aus der mehrere beblätterte Stiele emporwachsen, die bis 150 cm hoch werden. Die weißen, lang röhrenartigen und duftenden Blüten sind nur tagsüber geöffnet. Sie sitzen am Ende der Stengel in doldentraubigen Sträußen. Blütezeit Juli bis September.

Züchtung/Sortiment: Die stattlichen, sehr dekorativen Pflanzen werden in der beschriebenen botanischen Art angebaut. Sorten sind nicht bekannt.

Vermehrung/Anzucht: Tabak wird bereits Ende Februar/Anfang März ausgesät, da er als Sämling sehr langsam wächst. Die in Saatgefäßen vorzunehmende Vermehrung ist in der Regel eine Aufgabe von Fachbetrieben, da sie im Gewächshaus unter warmen Bedingungen erfolgen muß. Nach einem Pikieren topft man die Pflanzen später in 8 bis 10 cm große Töpfe. Bis zum Auspflanzen, welches nicht vor Ende Mai, artenbedingt 40 bis 80 cm weit erfolgt, benötigen die Jungpflanzen weiterhin Wärme und Aufmerksamkeit.

Standort/Pflege: Alle Ziertabake brauchen Sonne und Wärme sowie einen geschützten Gartenplatz. Außerdem muß der Boden tiefgründig, humos und

Das bezaubernde Farbenspiel der Gazania-Hybriden erfreut uns von Sommerbeginn an bis in den Herbst hinein. Dafür sind allerdings warme und sonnige Plätze eine wichtige Voraussetzung.

Delphinium ajacis   Hyazinthen-Rittersporn

Silybum marianum   Mariendistel

Chrysanthemum parthenium   Mutterkraut, Goldkamille

Campanula medium   Marienglockenblume

Digitalis purpurea   Purpurfingerhut

Penstemon-Hybriden   Bartfaden

Die einjährigen Rittersporne eignen sich für bunte Sommerblumenrabatten ebenso gut wie für Einzelgruppen an bevorzugter Stelle. Auch die Mariendistel, die Marienglockenblume und der Purpurfingerhut werden sowohl in harmonisch abgestimmten Gemeinschaftspflanzungen als auch in Einzelstellung, besonders vor Nadelgehölzen oder Baulichkeiten, verwendet.

Tagetes tenuifolia Dünnblättrige Studentenblume

Tagetes-Patula-Hybriden 'Chrysantha Gelb'

Tagetes-Patula-Hybriden 'Monetta'

Tagetes-Erecta-Hybriden

Tagetes-Patula-Hybriden 'Valencia'

Tagetes-Patula-Hybriden 'Carmen'

Alle Studentenblumen lieben sonnenreiche Standorte. An unterschiedliche Bodenverhältnisse passen sie sich gut an. Das unermüdliche Blühen und die Wetterfestigkeit sind Vorzüge des umfangreichen und züchterisch hochentwickelten Sortimentes. Für die Anwendung und die Kombination mit anderen Sonnenblumen bieten sich mannigfaltige Möglichkeiten.

Sanvitalia procumbens   Goldrandblume

Helianthus debilis ssp. cucumerifolius

Gaillardia pulchella   Einjährige Kokardenblume

Cosmos bipinnatus   Schmuckkörbchen, Kosmee

Chrysanthemum multicaule   Vielstengelige Goldblume

Chrysanthemum segetum   Saatwucherblume

Man verwendet die 15 bis 20 cm hohen Goldrandblumen für Einfassungen und geschlossene Beetpflanzungen ebenso gern wie für Balkonkästen und dekorative Schalen. Ganz entgegengesetzte Eigenschaften im farbigen Feld der Korbblütler besitzt die bis 150 cm hohe Vielblumige Sonnenblume, die wir bevorzugt in Gruppen vor dunklem Hintergrund anpflanzen.

Helichrysum bracteatum Gartenstrohblume

Gazania rigens Rachenförmige Gazanie

Zinnia elegans Gartenzinnie

Zinnia elegans Gartenzinnie

Venidium fastuosum Prächtige Venidie

Venidium fastuosum Prächtige Venidie

Dem Klima der mexikanischen Heimat entsprechend, sind alle Zinnien sehr wärmeliebend. Man sollte sie deshalb vor allem an vollsonnigen und geschützten Stellen anbauen. Venidien stammen zwar aus Südafrika, die Ansprüche sind jedoch denen der Zinnie ähnlich. Ihre eigenartig schönen und großen Blumen laden zu längerem Betrachten ein.

Die Blumenanlagen am Schloß Friedenstein in Gotha werden gern besucht. Gartensalvien, Petunien-Hybriden, Gazanien-Hybriden und das Greiskraut sind nur einige der zahlreichen Sommerblumen in den farbenreichen, ornamentalen Beetpflanzungen.

Die filigranen Formen der Blütenstände von *Cleome spinosa*, unserer Spinnenpflanze, müssen am Gartenstandort voll zur Geltung kommen. Deshalb pflanzt man Cleomen gern in Gruppen zu nur wenigen Einzelpflanzen. *Phacelia tanacetifolia*, der Bienenfreund, hingegen wird häufig auf größere Beetflächen als geschlossener Bestand gesät. Er ist als geschätzte Bienenweide schön und nützlich zugleich.

Phlox drummondii Sommerphlox

Coreopsis tinctoria Mädchenauge

Amberboa moschata Wohlriechende Flockenblume

Brachycome iberidifolia Sternblümchen

Centaurea cyanus Kornblume

Dianthus caryophyllus Garten- oder Landnelke

Durch sein lebhaftes Farbenspiel bereitet uns der Sommerphlox viel Freude. Die Wohlriechende Flockenblume ist eine elegante und beliebte Sommerschnittblume, die eine Woche in der Vase hält. Auf das zierliche Sternblümchen verzichten wir nur ungern, allerdings ist der Erfolg von warmen und sonnigen Standorten abhängig. Garten- und Landnelken bleiben weiterhin hochgeschätzte Schnittblumen.

Clarkia unguiculata Sommerfuchsie

Iberis umbellata Doldenblütige Schleifenblume

Dianthus chinensis Chinanelke, Kaisernelke

Gilia tricolor Dreifarbige Gilie

Dianthus barbatus Bartnelke

Dianthus barbatus Bartnelke

Die schönen Sommerfuchsien sind dankbare Schnittblumen. Wir ernten sie, wenn sich die unteren Blüten am Stiel geöffnet haben. Alle Nelken benötigen vollsonnige Standorte, um reich und langanhaltend zu blühen. Auf bunten Sommerblumenbeeten und in Einfassungspflanzungen werden insbesondere die niedrig wachsenden Sortengruppen der China- und Bartnelken gern verwendet.

Cynoglossum amabile   Liebliche Hundszunge

Browallia viscosa   Klebrige Browallie

Diascia barberae   Diascie

Nemopholia menziesii   Hainblume

Echium plantagineum 'Weiß'   Wegerichblättriger Natternkopf

Echium plantagineum 'Blau'   Wegerichblättriger Natternkopf

Die zierlichen Browallien und Diascien sind Neulinge unter den Sommerblumen. Sie eignen sich für kleinere und niedrige Gemeinschaftspflanzungen. Ebenso wie die Hainblumen pflanzt man sie jedoch gern auch in kleinen Gruppen für sich. Die unterschiedlichen Licht- und Bodenansprüche dieser Arten sind zu beachten.

Verbena-Hybriden Gartenverbene

Verbena canadensis Kanadische Verbene

Verbena rigida Steife Verbene

Verbena tenera Zarte Verbene

Asperula orientalis (Fruchtstände)

Lobularia maritima 'Schneedecke' Meeresstrand-Sandkraut

An unseren Verbenen schätzen wir den langanhaltenden Flor, die überreiche Blütenpracht, die willkommenen blauen und violetten Farbtöne und die Widerstandsfähigkeit als Beet- und Gruppenpflanzen. Lobularien werden gern zur Bodenbedeckung auf kleineren und größeren Flächen benutzt. Durch ihre schnelle Entwicklung eignen sie sich als Lückenfüller.

Mimulus-Hybriden Gauklerblume

Mimulus luteus Gelbe Gauklerblume

Eschscholzia californica Kalifornischer Mohn

Nemesia-Hybriden Nemesie

Celosia argentea var. cristata Hahnenkamm

Celosia argentea var. plumosa Federbuschhahnenkamm

Die getigerten und gefleckten Einzelblüten der Gauklerblumen muß man aus der Nähe betrachten. Gleiches trifft für den Hahnenkamm mit seinem eigenartig ausgebildeten Blütenstand zu. Beide Sommerblumen pflanzen wir deshalb gern in Schalen und Balkonkästen oder in die Nähe von Baulichkeiten. Mit Kalifornischem Mohn und Nemesien können auch größere Beete besetzt werden.

Limonium suworowii Strandflieder

Lonas annua Gelbes Ageratum

Helipterum roseum Sonnenflügel

Xeranthemum annuum Papierblume

Limonium bonduellei Strandflieder

Limonium sinuatum Strandflieder

Viele Sommerblumen werden sowohl frisch als auch getrocknet zur Vasenfüllung verwendet. Das vergrößerte Sortiment hat die gestalterischen Möglichkeiten der Blumenbinderei erweitert. Die Qualität der getrockneten Blüten hängt entscheidend vom richtigen Erntezeitpunkt ab, der artenspezifisch unterschiedlich ist. Geschnitten wird stets bei warmem, sonnigem Wetter.

Für die Bepflanzung von Balkonkästen mit Sommerblumen gibt es zahlreiche bewährte Kombinationen (s. S. 223). Das schließt jedoch nicht aus, der eigenen Phantasie freien Lauf zu lassen und eigene Zusammenstellungen zu erproben. Wichtig dabei ist, die Farbharmonien und die Wuchseigenschaften der verschiedenen Arten zu berücksichtigen.

Ricinus communis Wunderbaum

Ricinus communis Wunderbaum

Amaranthus hybridus Fuchsschwanz

Amaranthus caudatus Fuchsschwanz

Der Wunderbaum regt zu vielseitigen und interessanten Gestaltungen in Gärten und Anlagen an. Bei einigen Gartenformen sind das Laub, die Blattnerven, Blüten- oder Fruchtstände intensiv rot gefärbt. Auch beim Fuchsschwanz gibt es Sorten mit grünen oder dunkel rotbraunen Blättern und Blütenständen. Alle Arten benötigen als starke Wachser genügend Standraum.

Gemeinsam mit Laub- und Nadelgehölzen wirken bunte Sommerblumenpflanzungen in Neubaugebieten auflockernd und vermittelnd. Sie tragen dazu bei, daß wir uns auch bei einer hohen Konzentration von Großbauten wohl fühlen. Neben widerstandsfähigen Dauerblühern eignen sich auch Blattschmuckpflanzen, wie das Greiskraut, die Sommerzypresse oder der Wunderbaum für vielfältige Gestaltungen.

nährstoffreich sein. Zusätzliche Bewässerung und Düngung während des Wachstums sind erforderlich. Die alte Regel, daß Tabak „großgehackt“ werden muß, gilt auch für die als Zierpflanzen angebauten Gartenformen.

Verwendung: Das reichhaltige und wertvolle Sortiment bietet uns viele Möglichkeiten. Die hohen Formen sind attraktiv für Solitär- und Gruppenpflanzungen. Aber auch zwischen anderen Sommerblumen kann Tabak in jeweils mehreren Exemplaren ein gestalterischer Höhepunkt sein. Ausgezeichnete Wirkungen erzielt man, wenn sich die Silhouetten der stattlichen Pflanzen gegen einen einfarbigen Hintergrund oder den blauen Himmel abheben.

Die niedrigen Sorten lassen sich als Einfassungen, für niedrige Beetpflanzungen und selbst als Topf-, Schalen- und Balkonpflanzen verwenden.

Nierembergia Ruiz et Pav. · Nierembergie

Solanaceae · Nachtschattengewächse

Die Benennung erfolgte nach dem spanischen Jesuiten und Naturwissenschaftler J. E. Nieremberg (1595 bis 1658). Die etwa 30 Arten stammen aus den gemäßigten Gebieten des amerikanischen Kontinents. Die kraut- oder halbstrauchartigen Gewächse tragen ganzrandiges Laub. Die Blütenkelche sind glockenförmig oder röhrig.

Nierembergia hippomanica var. **violacea** Millan · Nierembergie

✱✱ ♃ ⊙ ○ ◐ □ ⁞ Y ⊎ ⊎ B

Botanisches: Die aus Argentinien stammende, 15 bis 20 cm hohe Staude besitzt fast aufrechte Stengel. Die Blätter stehen einzeln oder gebüschelt und sind rauh-flaumig. Die sehr kurzen Blütenstiele tragen einfarbige, leuchtend blaue Glockenblüten mit auffallend gelben Staubgefäßen. Blütezeit Juni bis August.

Züchtung/Sortiment: Als Zierpflanze wird nur die genannte Varietät verwendet. Davon werden Namensorten in Weinrot und Violett angeboten.

Vermehrung/Anzucht: Die Aussaat erfolgt im März unter Glas. Man kann die erstarkten Sämlinge in kleine Töpfe pflanzen und zur Förderung des buschigen Wuchses frühzeitig entspitzen. Ausgepflanzt wird im Mai im Abstand von 15 bis 20 cm.

Standort/Pflege: Nierembergien gedeihen an sonnigen und halbschattigen Standorten in leichtem, etwas feuchtem Boden. Sie sind eigentlich ausdauernd, aber in kalten Wintern erfrieren sie auch bei Abdekkung. Deshalb werden sie wie Sommerblumen behandelt und jährlich neu aus Samen, seltener aus Stecklingen vermehrt.

Verwendung: Es ist unverständlich, warum diese hübsche Freilandpflanze noch so selten ist. Durch ihren reichen Blütenflor von Juni bis August ist sie vielseitig verwendbar. Wer die Möglichkeit hat, sich Samen zu beschaffen, sollte einen Anbauversuch wagen und dazu beitragen, sie bald fest in das Sortiment der Sommerblumen aufzunehmen.

Nigella L. · Schwarzkümmel

Ranunculaceae · Hahnenfußgewächse

Lateinisch: nigellus = schwärzlich, niger = schwarz; der Name bezieht sich auf die schwarzen Samenkörner dieser Gattung. Die 22 Arten einjähriger Kräuter stammen aus dem Mittelmeergebiet. Die Blätter sind stark gefiedert, bei einigen Arten bis zu fast nadelartigem Charakter aufgegliedert. Die Blüten stehen meist einzeln. Sie sind blau oder weiß; die Früchte sind große, bizarre Kapseln, die zur Reife hin braun und trockenschalig werden.

Nigella damascena L. · Jungfer im Grünen, Braut in Haaren, Gretchen im Busch

✱ ⊙ ○ ♧ □ Y ✂ ✿ ○

Botanisches: Die Heimatgebiete sind Südeuropa, das Mittelmeergebiet und Nordafrika. Die bis 50 cm hohe, stark verzweigte Pflanze trägt eine nadelartige, zarte Belaubung. Sie wächst als lockerer, dabei jedoch geschlossener Busch. Die Blüten sind blau, teilweise auch weiß und groß und von nadelartigen, bizarren Hochblättern umgeben. Die Fruchtkapseln sind blasenartig, groß und von gutem Schmuckwert. Blütezeit Juni bis September.

Züchtung/Sortiment: Es gibt einige gern angebaute Sorten in Blau, Rosa und Weiß. Alle blühen gefüllt und werden durchschnittlich 45 cm hoch.

Vermehrung/Anzucht: Die Anzucht ist denkbar einfach. Man sät ab Mitte März an Ort und Stelle ins Freiland. Durch Folgesaaten erhält man einen Flor den ganzen Sommer über. Die Abstände sollen 25 bis 30 cm betragen.

Standort/Pflege: Die anspruchslose Pflanze wächst unter allen nicht extremen Bedingungen. Am besten ist eine sonnige Lage. Der Boden soll nährstoffreich und ausreichend feucht sein.

Verwendung: Aufgrund ihrer Verwendungsmöglichkeiten hat sich die anspruchslose *Nigella damascena* schon seit der Mitte des 16. Jahrhunderts einen Platz in unseren Gärten erobert. Sie wird meistens in Verbindung mit anderen Sommerblumen angebaut. Durch das nadelartige Laub und den lockeren Wuchscharakter schaffen diese Pflanzen belebende Akzente im Garten. Geschätzt wird besonders auch die nach der Blüte bleibende Schmuckwirkung durch die Fruchtkapseln. Geschnitten halten *Nigella* etwa eine Woche in der Vase. Die schönen Kapseln sind frisch oder getrocknet am Stiel ein gern verwendetes Bindematerial. Für das Trocknen werden die ganzen Pflanzen geschnitten, sobald eine ausreichende Anzahl Kapseln entwickelt, aber noch nicht geplatzt sind.

Papaver L. · Mohn

Papaveraceae · Mohngewächse

Lateinisch: papaver = Mohn. Fast 100 ein- oder mehrjährige Kräuter stammen aus Mittel- und Südeuropa, Asien und Nordamerika. Die Pflanzen führen Milchsaft und besitzen meistens gelappte oder geteilte Blätter und langgestielte Einzelblüten. Die Farbskala umfaßt weiße, gelbe, violette und rote Töne bis zu mehrfarbigen Blüten. Die schönen und charakteristischen Kapselfrüchte verleihen den Pflanzen auch nach dem Abblühen noch Schmuckwert.

Der Anbau von *Papaver somniferum*, dem Schlafmohn, ist nach den geltenden gesetzlichen Bestimmungen des Betäubungsmittelrechtes in der Bundesrepublik Deutschland auch für die Verwendung als Zierpflanze genehmigungspflichtig.

Papaver glaucum Boiss. et Hausskn. · Tulpenmohn

∗ ⊙ ○ ♁ ஃ □ Y ✂ ✤ ⬡

Botanisches: Heimatgebiete sind Syrien und Iran. Die Pflanzen werden 50 cm hoch, sind von unten her verzweigt und tragen gelappte, blaugrün bereifte und kaum behaarte Blätter. Die breit-schalenartigen Blüten sind feurig-scharlachfarben und am Grund schwarzfleckig. Blütezeit Juni bis August.

Züchtung/Sortiment: Es gibt bisher keine Gartensorten, sondern nur die beschriebene Grundform.

Papaver nudicaule L. · Isländischer Mohn

∗ ♃ ① ○ ♁ ஃ □ ⁞ Y ✤ ⬡

Botanisches: Der deutsche Name weist bereits auf

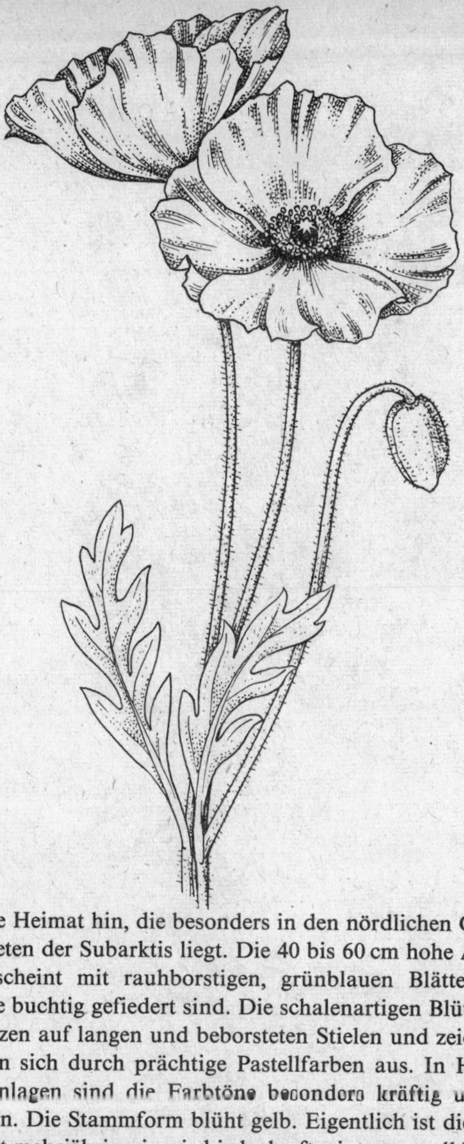

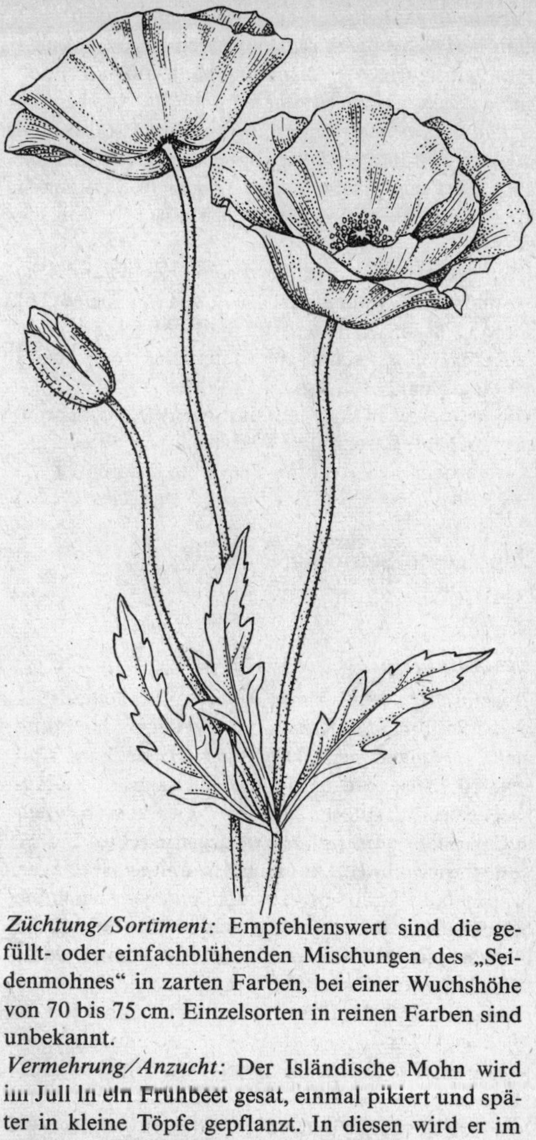

die Heimat hin, die besonders in den nördlichen Gebieten der Subarktis liegt. Die 40 bis 60 cm hohe Art erscheint mit rauhborstigen, grünblauen Blättern, die buchtig gefiedert sind. Die schalenartigen Blüten sitzen auf langen und beborsteten Stielen und zeichnen sich durch prächtige Pastellfarben aus. In Höhenlagen sind die Farbtöne besonders kräftig und rein. Die Stammform blüht gelb. Eigentlich ist diese Art mehrjährig, sie wird jedoch oft winterannuell behandelt. Blütezeit Juni bis September.

Züchtung/Sortiment: Meistens werden Mischungen angebaut, obwohl es einige Farbsorten gibt. Auch gefüllte und halbgefüllte Formen werden angeboten.

Papaver rhoeas L. · Klatschmohn

✳✳ ⊙ ○ ⚲ ♣ □ ⅄ ✂ ✿ ⬡

Botanisches: Die Stammform ist in Mitteleuropa, Asien und Nordafrika ein bekanntes Ackerunkraut. Sie wird 30 bis 80 cm hoch, ist buschig und besitzt eine einfache bis fiederschnittige, steif behaarte Belaubung. Die Blüten sind langgestielt und zart, bei der Stammform scharlachrot mit dunklem Grundfleck. Diese Art ist in Wuchshöhe, Laubform und Blüteneigenschaften besonders veränderlich. Blütezeit Juni bis August.

Züchtung/Sortiment: Empfehlenswert sind die gefüllt- oder einfachblühenden Mischungen des „Seidenmohnes“ in zarten Farben, bei einer Wuchshöhe von 70 bis 75 cm. Einzelsorten in reinen Farben sind unbekannt.

Vermehrung/Anzucht: Der Isländische Mohn wird im Juli in ein Frühbeet gesät, einmal pikiert und später in kleine Töpfe gepflanzt. In diesen wird er im Frühbeet überwintert und im Frühjahr 15 cm weit ausgepflanzt. Pflanzen ohne Topfballen sind nicht ohne größere Verluste umpflanzbar.

Die Hauptaussaatzeiten für *P. rhoeas* liegen in den Herbstmonaten und im zeitigen Frühjahr bis spätestens Mitte April. Der im Mohnanbau am häufigsten begangene Fehler ist die zu dichte Aussaat. Es muß also unbedingt gründlich und auf mindestens 10 cm Abstand vereinzelt werden, wenn man kräftige und reichblühende Pflanzen wünscht. Dichte Bestände führen zu Kümmerwuchs und kleinen, schwach entwickelten Blüten.

Standort/Pflege: Mohn gehört in Gärten und Anlagen an vollsonnige Plätze. Die hohen Arten verlangen einen kräftigen und nährstoffreichen Boden. Frischer Stalldung wird nicht verabreicht.

Verwendung: Beim Anbau von Gartenmohnen muß man berücksichtigen, daß die Arten nur eine kurze Blütezeit haben. Als Ausnahme kann allein *P. nudicaule* gelten, der über Monate hin blüht. Alle Mohne eignen sich in erster Linie für bunte Beete, Gruppenpflanzungen und lebende Abgrenzungen. Man kann auch Lücken auf Staudenbeeten oder in Steingärten mit ihnen füllen. Sie fügen sich hier harmonisch ein.
Beim Schnitt, für den vor allem der Isländische Mohn in Frage kommt, darf man den knospigen Zustand nicht überschreiten, um die Haltbarkeit zu verlängern. Zeitig geschnittene Blüten sind in der Vase oft länger haltbar als an der Pflanze.
Die getrockneten Kapseln sind für die Trockenbinderei beliebt. Geschnitten wird, wenn der Samen reif ist und beim Schütteln der Kapseln zu hören ist.

Penstemon Schmidel (syn. Pentstemon Ait.) · Bartfaden *Scrophulariaceae* · Braunwurzgewächse

Griechisch: penta = fünf, stemon = Staubblatt; es sind 5 Staubblätter vorhanden, von denen das fünfte meist unvollkommen ausgebildet ist. Bekannt sind etwa 70, meist nord- und mittelamerikanische Kräuter oder Halbsträucher. Die Pflanzen wachsen rasenbildend oder aufrecht, tragen gegenständige Blätter und sind vielblütig. Die Blüten sind in endständigen Rispen oder Sträußen vereinigt, seltener stehen sie einzeln. Es kommen rote, violette, blaue und gelbe Farbtöne sowie Weiß vor. Die Blüten können dabei einfarbig oder auch getuscht sein.

Penstemon-Hybriden · Bartfaden

✻✻ ♃ ⊙ ○ ⩍ □ Y ✂

Züchtung/Sortiment: Hierunter werden die zahlreichen, aus verschiedenen Kreuzungen entstandenen Gartenformen zusammengefaßt. In wärmeren Ländern sind die Gartenformen ausdauernd, bei uns werden sie stets nur einjährig angebaut. Die Pflanzen bilden zunächst eine Blattrosette, aus der sich dann ein 80 cm hoher Stiel erhebt. An ihm sitzen 30 bis 40 glocken- bis trichterförmige Einzelblüten. Das Sortiment umfaßt rosa- und karminfarbene bis leuchtendrote Töne. Der Blütenschlund ist getigert oder gestreift.
Die Pflanzen sollen buschig wachsen, die Blüten rund um den Stiel angeordnet sein. Blütezeit Juni bis September.
Vermehrung/Anzucht: Entsprechend dem gewünschten Blühbeginn sät man im Februar/März unter Glas aus. Die Sämlinge werden pikiert und dann in 8 cm große Töpfe gepflanzt, aus denen sie im Mai im Abstand von 25 bis 30 cm an Ort und Stelle gesetzt werden. Die Jungpflanzen sind während der Anzucht ausreichend abzuhärten.
Standort/Pflege: Die Gartenformen wünschen einen sonnigen und warmen Standort bei ausreichender Bodenfeuchtigkeit. Intensives Hacken während der Hauptwachstumszeit wirkt sich günstig aus.
Verwendung: Man sollte diese Pflanzen wirklich häufiger in unseren Gärten anpflanzen, denn sie verdienen es. Ausschließlich mit *Penstemon* bepflanzte Zierbeete sind ein besonderer Anziehungspunkt. Man kann beobachten, wie Beschauer an die Pflanzen herantreten, um die schönen Formen und das interessante Farbenspiel der Blüten im einzelnen zu betrachten. Auch für bunte Sommerblumenpflanzungen und als Lückenfüller in Staudenanlagen eignen sie sich gut. Geschnitten sind *Penstemon* in der Vase mehrere Tage haltbar.

Perilla L. · Schwarznessel
Labiatae · Lippenblütler

Der Name stammt aus dem Indischen. Es sind nur 3 einjährige Arten aus Indien und Ostasien bekannt. Für diese Kräuter sind die stark duftenden Blätter und die vielen unscheinbaren, kleinen Blüten charakteristisch.

Perilla frutescens (L.) Britt. · Schwarznessel
(syn. Perilla ocimoides L.)

✳ ⊙ ○ ≏ ◊ □ ⁞ Y ▯ ▯ [B]

Botanisches: Die Pflanze stammt aus dem Himalaja, aus Burma, China und Japan. Von den charakteristischen Eigenschaften sind für den Schmuckwert der buschige Wuchs und die gegenständigen, breiteirunden bis rundlichen Blätter interessant. Besonders die Formen mit dunkel gefärbtem Laub wirken als Zierpflanzen. Man kann diese Pflanze wuchsmäßig am besten mit *Coleus*, der Buntlippe, vergleichen. Die kleinen, weißlichen Blüten sind verschieden angeordnet, für den Zierwert jedoch ohne Bedeutung. Blütezeit September bis Oktober.

Züchtung/Sortiment: Die grünblättrige Stammform interessiert als Zierpflanze nicht. Am bekanntesten ist die Gartenform „Nankinensis", die die Japaner schon seit langem kultivieren. Sie wird bei uns meistens 30 bis 40 cm hoch und trägt schwärzlich purpurfarbene, bronzeartig glänzende Blätter. Der Blattrand ist grob und tief gesägt, die Blattoberfläche blasig aufgetrieben.

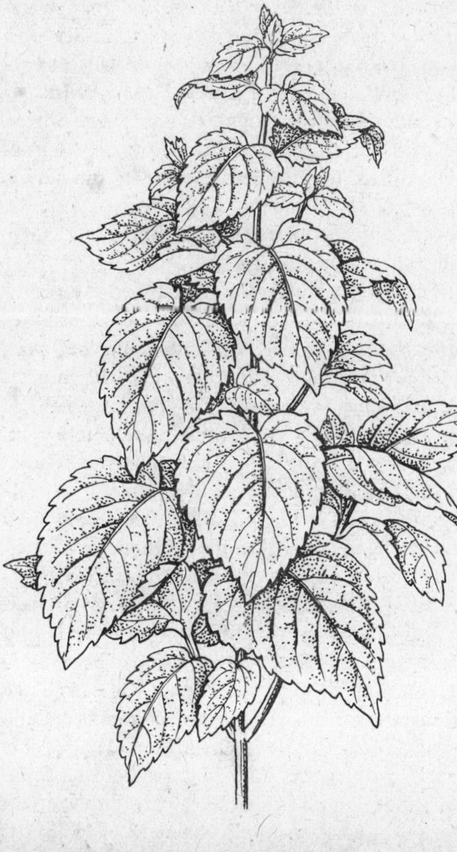

Vermehrung/Anzucht: Man sät im März in Schalen oder Handkisten aus. Die Sämlinge werden verstopft und nach genügendem Erstarken in 8 cm große Töpfe gepflanzt. Mitte Mai pflanzt man sie mit kräftigem Wurzelballen ins Freie. Bei gruppenweisem Stand wählt man Abstände von 40 bis 50 cm.

Standort/Pflege: Die Schwarznessel verlangt einen sonnigen, warmen und geschützten Stand, wenn sie sich zu vollkommener Schönheit entwickeln soll. Der Boden soll stets gleichmäßig feucht und gut mit Nährstoffen versorgt sein. Am besten eignen sich lehmig-humose Böden.

Verwendung: Perilla ist eine vielseitig anwendbare Zierpflanze, die wir viel zu selten antreffen. Sie wird in öffentlichen Anlagen, Parks und ähnlichen Einrichtungen angepflanzt. Hier eignet sie sich für Einfassungen aller Art, zum Einstreuen in bunte Sommerblumenbeete und zur gruppenweisen Anordnung vor hellen Baulichkeiten oder Steinen. Als Nachbarn sollte man stets Pflanzen in leuchtenden, besonders gelben Farbtönen wählen, die zu dem dunklen Laub einen schönen Kontrast ergeben. Gern werden für diesen Zweck Tagetes ausgesucht.

Petunia Juss. · Petunie
Solanaceae · Nachtschattengewächse

Der Name ist die heimatliche Bezeichnung der Gattung in Südamerika. Die 25 Arten ein- oder mehrjähriger Kräuter und Halbsträucher tragen ganzrandige, oft kleine und etwas behaarte Blätter. Die großen glattrandigen oder gewellten Blüten sind ansehnlich. Dazu tragen besonders die leuchtenden bis gedämpften Farben und die breittrichterartige Form der Einzelblüte bei.

Petunia-Hybriden · Gartenpetunien

✳✳✳ ⊙ ○ □ ⁞ Y ▯ ▯ [B]

Züchtung/Sortiment: Die zahlreichen Gartenformen gelten als Hybriden, insbesondere aus *P. axillaris, P. violacea* und den daraus entstandenen Nachkommenschaften. Die züchterische Bearbeitung begann bald nach der Einführung der Pflanzen nach Europa zu Beginn des 19. Jahrhunderts. Die zahlreichen, in Wuchs und Blüten recht unterschiedlichen Sortengruppen werden in mehrere Hauptklassen eingeteilt, um die Übersicht und Auswahl zu erleichtern.

1. Pendula:
Die bis 60 cm langen, verzweigten und hängenden Triebe tragen frühzeitig zahlreiche, bis 7 cm große Blüten, die gegen Witterungseinflüsse recht widerstandsfähig sind. Sie sind für Ampeln, Balkons und Torfwände geeignet.

Glattrandige, gefranste und gewellte Einzelblüten der *Petunia-Hybriden* sind ebenso sortentypische Merkmale wie Sternzeichnungen oder helle Randfärbungen.

2. Grandiflora Nana:
Die Pflanzen wachsen buschig-verzweigt und werden 20 bis 30 cm hoch. Sie entwickeln bei einigen Sorten bis zu 12 cm große Einzelblüten in einem großen Farbsortiment mehrerer F_1-Sortengruppen. Geschätzt sind gleichmäßiger Wuchs, kleines Laub, frühzeitig einsetzende und bis zum Herbst währende Blüte sowie Widerstandsfähigkeit gegen ungünstige Witterungseinflüsse.
3. Compacta Nana:
Die kompakt wachsenden, 20 bis 25 cm hohen und aufrecht wachsenden Sorten entwickeln bereits zeitig zahlreiche, bis 8 cm große Blüten, die in reicher Anzahl und langanhaltend erscheinen. Die besonders witterungsbeständigen Pflanzen werden häufig als Beet-, Balkon- und Topf-Petunien verwendet. Besonders auffallend sind die zweifarbigen Sorten mit weißer Sternzeichnung oder hellen Rändern und Flekken. Mehrere F_1-Sortengruppen sind hier einzuordnen.
4. Grandiflora Fimbriata Nana
Die 25 bis 30 cm hohen Sorten blühen mittelfrüh. Die Blütengröße ist sortenverschieden. Die gefranstblütigen Petunien sollten einen geschützten Standort für Gefäß- oder Balkonkastenbepflanzungen erhalten.
5. Grandiflora Superbissima
Die bis zu 17 cm breiten, gewellten und in sich gedrehten Blüten mit weitem, stark geadertem Schlund setzen erst später mit der Blüte ein und werden in keramischen Gefäßen oder Fensterkästen als Individuen behandelt und verwendet. Es sind keine Sorten für eine durch Vielzahl erreichte Schmuckwirkung. Die hohen Sorten müssen gestäbt werden, die niedrigeren werden als blühende Topfpflanzen für die Blüte ab Mai in Fachbetrieben angebaut.
6. Gefülltblühende Petunien
Hiervon gibt es mehrere Sortengruppen, darunter auch F_1-Hybriden. Neben nur 25 cm hohen, buschig und gedrungen wachsenden Formen werden auch höhere angeboten. Die Blüten sollen dicht und zu 100 % gefüllt sein.

Vermehrung/Anzucht: Der Gärtner sät Petunien im Februar/März in Saatgefäße unter Glas aus. Dabei ist zu beachten, daß eine sandig-humose Erde verwendet und nicht zu dicht gesät wird. Nach dem rechtzeitigen Pikieren in Gefäße werden die jungen Pflänzchen in etwa 8 cm große Anzuchttöpfe gepflanzt, die im Gewächshaus oder in einem warmen Frühbeet aufgestellt werden. Sandiges Substrat und Ausschaltung von Nässe sind wesentliche Voraussetzungen, damit Ausfälle vermieden und kräftige Jungpflanzen erzielt werden. An den endgültigen Standort werden Petunien ab Mitte Mai, 20 bis 30 cm weit, gesetzt. Der Flor beginnt bei den frühblühenden Sorten und frühen Vermehrungssätzen im

Mai und dauert insgesamt bis September/Oktober.

Standort/Pflege: Gute Entwicklung und reichblühende Pflanzen bis in den Herbst hinein sichern wir durch die Wahl geschützter, sonniger und warmer Plätze. Petunien sind frostempfindlich, deshalb pflanzen wir in gefährdeten Lagen im Mai lieber etwas später als zu früh aus. Der Boden für Beetpetunien soll möglichst warm und durchlässig sein. Die besonderen Ansprüche witterungsempfindlicher Sorten sind zu beachten. Rassen mit großen, schweren Einzelblüten müssen gestäbt und mit zunehmendem Wachstum weiterbefestigt werden. Während des Hauptwachstums und der Blüte ist für ausreichende Bewässerung und zusätzliche Düngergaben zu sorgen, um den hohen Ansprüchen der Gartenpetunien für eine sortentypische und vollkommene Entwicklung gerecht zu werden.

Verwendung: Das vielseitige und züchterisch vervollkommnete Sortiment ließ diese Sommerblumen in den Kreis der bekanntesten und beliebtesten Gartenpflanzen aufrücken. Als Beet- und Gruppenpflanzen, für Einfassungen, Steingärten und Trockenmauern sowie in kleinen Pflanzungen in der Nähe von Baulichkeiten gibt es unerschöpfliche Gestaltungsmöglichkeiten. Auch in der gärtnerischen Ausgestaltung und Verschönerung unserer Städte und Gemeinden sind Gartenpetunien unentbehrlich geworden. Für größere und kleinere Pflanzbecken und -tröge, keramische Gefäße, Balkon- und Fensterkästen bietet das reichhaltige Sortiment eine große Auswahl. Bei allen Verwendungsmöglichkeiten sind einheitliche Pflanzungen ebenso reizvoll wie Gemeinschaften mit anderen sonneliebenden Gartenblumen. In Fachbetrieben kommt zu den vielfältigen Möglichkeiten noch die Anzucht blühender Topf- und Schalenpflanzen im dafür geeigneten Sortiment hinzu.

Phacelia Juss. · Büschelschön, Phacelie
Hydrophyllaceae · Wasserblattgewächse

Griechisch: phakelos = Bündel; der Name bezieht sich auf die Form des Blütenstandes. Über 100 Arten krautartiger, rauhhaariger Pflanzen stammen aus Nordamerika und den südamerikanischen Anden. Das Laub ist oft gefiedert oder geschlitzt und in den oberen Stengelbereichen wechselständig angeordnet. Die blauen, violetten oder weißen Blüten sind zu endständigen Trugdolden oder zu einseitswendigen, schneckenlinig gewickelten Ähren oder Trauben zusammengefaßt.

Phacelia tanacetifolia Benth. · Bienenfreund

✳ ⊙ ○○○ □ ⬡

Botanisches: Diese kalifornische Einjahrspflanze wird 70 bis 90 cm hoch. Sie trägt sitzende, stark gefiederte Blätter. Die hellblauen bis rotvioletten Blüten sind zu Ähren vereint, die anfangs büschelig wirken, sich aber mit zunehmender Entwicklung strecken. Blütezeit Juni bis August.

Züchtung/Sortiment: Sorten sind nicht bekannt.

Vermehrung/Anzucht: Für diese Art sind Folgesaaten an Ort und Stelle in vierwöchigem Abstand ab März empfehlenswert, damit den Bienen ein monatelanger, durchgehender Flor geboten werden kann. Wenn man die Sämlinge auf 15 cm Abstand vereinzelt, entwickeln sich kräftige, reichblühende Pflanzen.

Standort/Pflege: Die anspruchslose Art gedeiht auf beinahe allen Böden und in den unterschiedlichsten Lagen. Auch auf leichtem, trockenem Boden, wo andere Sommerblumen bereits versagen, wächst sie noch befriedigend.

Verwendung: Phacelien sind beliebte und gern angebaute Bienenweidepflanzen über mehrere Monate und für verschiedenartige Plätze. Der Imker schätzt sie sehr, weil ihr Anbau wenig Mühe bereitet. Nicht selten säen sich die Pflanzen schon im Jahr vor der Blüte selbst aus. Als Zierpflanzen werden sie für trockene, ungünstige Standorte bevorzugt. Für gemischte Pflanzungen sind sie ungeeignet.

Pharbitis Choisy · Prunkwinde
Convolvulaceae · Windengewächse

Die Gattung ist mit der *Ipomoea* eng verwandt. Die zahlreichen Arten stammen aus wärmeren Gebieten, besonders aus dem tropischen Amerika. Die meisten der windenden Gewächse tragen achselständig angeordnete, große Trichterblüten in leuchtenden Farbtönen.

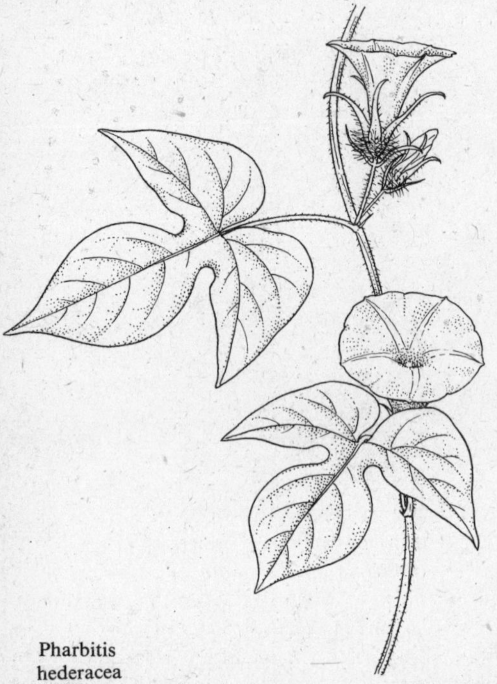

Pharbitis hederacea

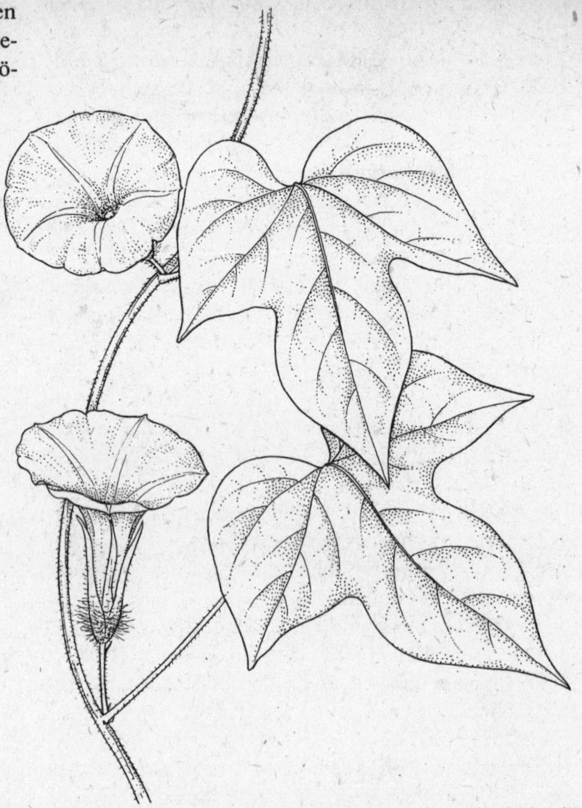

Pharbitis nil

Pharbitis hederacea (Jacq.) Choisy · Efeuartige Prunkwinde
(syn. Ipomoea hederacea Jacq.)
∗ ⊙ ○ ♒ ⦚ □ Y ⊥ ⧻ B
Botanisches: Die Art ist einjährig, 200 bis 300 cm hoch windend und behaart. Die Blätter sind langgestielt, herzförmig, gelappt und 5 bis 8 cm lang. Alle Blüten werden bis 5 cm lang. Sie sitzen einzeln oder bis zu drei Stück an kurzen, achselständigen Stielen und sind trichterförmig und himmelblau. Blütezeit Juli bis September.

Pharbitis nil (L.) Choisy · Blaue Prunkwinde
(syn. Ipomoea nil (L.) Roth)
∗ ♃ ⊙ ○ ♒ ⦚ □ Y ⊥ ⧻ B
Botanisches: Die Pflanze ist ausdauernd, wird jedoch bei uns einjährig angebaut. Sie ähnelt der vorigen Art, ist jedoch starkwüchsiger und größer. Die Blätter sind andeutungsweise dreilappig, die Blüten 7 bis 8 cm lang. Blütezeit Juli bis September.

Pharbitis purpurea (Roth) Bojer · Purpurrote Prunkwinde
(syn. Ipomoea purpurea Roth)
∗ ⊙ ○ ♒ ⦚ □ Y ⊥ ⧻ B
Botanisches: Die einjährige, bis 300 cm hoch windende Art ist am Stengelgrund stark verzweigt. Die Blätter sind herzförmig, zugespitzt und weichhaarig. Die Blüten sitzen zu 2 bis 5 an langen Stielen, sind oft nickend, groß und purpurrot. Sie sind von Tagesanbruch bis 10 Uhr geöffnet. Blütezeit Juli bis September.

Züchtung/Sortiment: Besonders von *P. nil* und *P. purpurea* sind Gartenformen mit violetten, purpurfarbenen, rosa, blauen, weißen und selbst gestreiften Blüten bekannt.

Vermehrung/Anzucht: Alle Maßnahmen und Termine entsprechen denen von *Ipomoea tricolor.*
In klimatisch günstigen Gegenden kann besonders *P. nil* Ende April/Anfang Mai auch direkt ins Freie gesät werden.

Standort/Pflege: Der Anbau der Prunkwinden ist bei uns immer etwas unsicher, da die Entwicklung der Pflanzen und Blüten weitgehend von der Witterung abhängt. Die besten Ergebnisse werden in warmen und sonnenreichen Sommern erreicht. Am sichersten gedeiht *P. purpurea.* Man wählt immer sonnige und geschützte Lagen.

Verwendung: Prunkwinden gehören zu den schönsten Schlingpflanzen, so daß man selbst nach Mißerfolgen wieder einen Anbau wagt. Man verwendet sie zur Begrünung von Baulichkeiten, Pergolen, Zäunen oder Pyramidengerüsten. Auch auf Balkons, am Fenster oder auf Terrassen sind sie ein ausgezeichneter

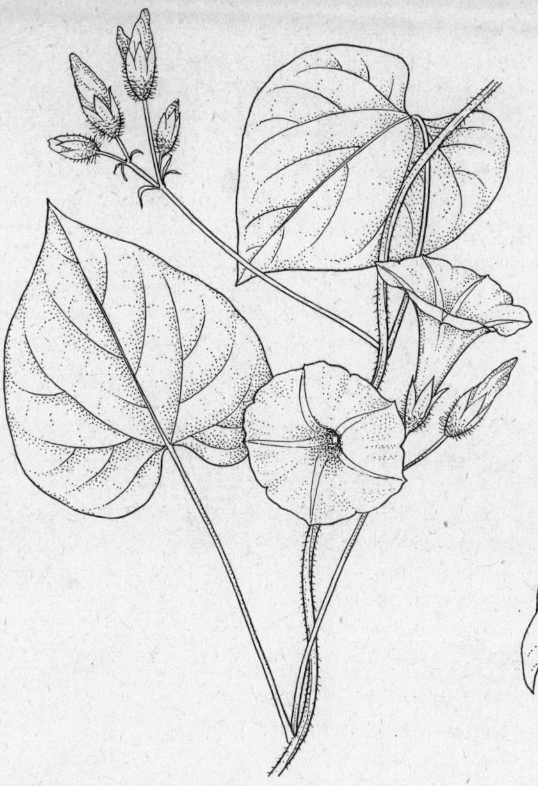

Pharbitis purpurea

Phaseolus coccineus

Schmuck. Man kann deutlich beobachten, daß an den Seiten der Hauptsonneneinstrahlung die zahlreichsten Blüten erscheinen.

Phaseolus L. · Bohne
Leguminosae · Hülsenfrüchtler

Die Bezeichnung ist ein alter griechischer Pflanzenname. Die etwa 200 Arten meist windender Kräuter stammen aus dem tropischen Amerika und Südasien. Die Blätter sind dreizählig. Die Blüten kommen in Weiß sowie in gelben, roten, purpurfarbenen und violetten Tönen vor.

Phaseolus coccineus L. · Feuerbohne, Prunkbohne
✳ ⊙ ⊙ ○ ≏ ⧚ □ Y ⊥ ≡ [B]

Botanisches: Die zweijährige, in der Gartenkultur einjährig angebaute südamerikanische Schlingpflanze ist linkswindend, meist unverzweigt und wird mehrere Meter lang. Die gestielten Blütenstände enthalten zahlreiche rote oder meist auch weiße Einzelblüten, die mitunter zweifarbig erscheinen. Blütezeit Juli bis September.

Züchtung/Sortiment: In den bezeichneten Farbtönen gibt es mehrere Sorten, welche auch in Gemüsekatalogen aufgeführt sind, denn die Früchte sind genießbar. Als Gemüse werden Feuerbohnen vor allem in Kleingärten angebaut.

Vermehrung/Anzucht: Man kann ab Ende April an Ort und Stelle aussäen. Sollen die Pflanzen an Stangen oder Schnüren hochklettern, legt man 4 bis 6 Körner um die Basis. Auch horstartiges Legen ist gebräuchlich. Bei zeitiger Saat muß man die Sämlinge durch Plastehauben vor Frost schützen.

Standort/Pflege: Die Anbauplätze sollen sonnig liegen, der Boden soll warm, durchlässig und nährstoffreich sein. Bei Trockenheit muß man zusätzlich wässern, wenn die Pflanzen kräftig wachsen, volle Belaubung behalten und reich blühen sollen. Gegen ungünstige Witterung sind sie weniger anfällig als die bekannten Stangenbohnen. Sie werden deshalb auch in Vorgebirgs- und Mittelgebirgslagen bevorzugt kultiviert.

Verwendung: Feuerbohnen eignen sich zur Bekleidung von Zäunen, Haus- und Laubenwänden ebenso gut wie für frei stehende Spaliere und Pyramiden. Auch für Balkons und Fensterkästen sind sie recht brauchbar. Ihr dichtes Laubwerk und die leuchtend roten und weißen Blüten sind ein hübscher Schmuck. Kinder spielen gern mit den bunten Samenkörnern. Die Bohnen selbst sind als Gemüse geeignet, besonders wenn sie schon in jungem Zustand gepflückt und zubereitet werden. Durch die rechtzeitige Bohnenpflücke wird obendrein die Vegetationszeit der Pflanzen verlängert.

Phlox L. · Flammenblume
Polemoniaceae · Sperrkrautgewächse

Griechisch: phlox = Flamme; der Name bezieht sich auf die leuchtenden Farben vieler Arten. Es gibt etwa 60, meist nordamerikanische Vertreter einjähriger oder ausdauernder Kräuter. Eine Art stammt aus Sibirien. An den aufrecht oder kriechend wachsenden Stengeln sitzen einfache, gegen- oder wechselständig angeordnete Blätter. Die Blüten sind je nach Art in verschiedenförmigen Blütenständen vereinigt.

Phlox drummondii Hook. · Sommerphlox

✳ ⊙ ○ □ ⁞ [B] ✂

Botanisches: Diese Art ist an sandigen Plätzen verschiedener Gebiete Nordamerikas beheimatet. Es handelt sich um 15 bis 40 cm hohe, locker verzweigte und behaarte Kräuter. Die bei der Stammform roten Blüten sitzen in dichten trugdoldigen Büscheln. Blütezeit Juni bis Oktober.

Züchtung/Sortiment: Die Mischungen und Farbsorten erreichen Wuchshöhen zwischen 15 und 30 cm. Die Farbbereiche umfassen weiße, gelbe, rosafarbene, rote und blaue Töne.

Vermehrung/Anzucht: Man sät im März oder April unter Glas aus. Die Sämlinge werden verstopft. Bei der Aufzucht größerer Mengen sollte man ausschließlich in Torftöpfe pflanzen, damit die Jungpflanzen sicher anwachsen. Man sollte die Sämlinge in 6 cm Höhe entspitzen, damit sie sich buschig entwickeln. Der Flor beginnt 12 bis 14 Wochen nach der Aussaat. Der Pflanzabstand beträgt 15 bis 25 cm. Blütezeit Juni bis September.

Standort/Pflege: Die Sommerphloxe wachsen am besten an sonnigen und warmen Plätzen auf gutem Gartenboden. Bei Trockenheit muß zusätzlich gewässert werden. In nassen, kalten Sommern versagen sie.

Verwendung: In Sommern mit normalen Witterungsverhältnissen bereitet der Sommerphlox durch sein lebhaftes Farbenspiel und die vielen Blüten Freude. Er paßt ebensogut in bunte Beete wie in geschlossene Pflanzungen und Einfassungen.

Die hohen Sorten eignen sich als Schnittblumen. Die niedrigen Sorten sind schöne, reichblühende Balkonpflanzen. Leider reicht der Flor nur über 6 bis 8 Wochen. Man kann ihn etwas verlängern, indem man einen Teil der Jungpflanzen entspitzt, den anderen nicht. Man wird aber andere Arten zur Nachpflanzung bereithalten müssen.

Polygonum L. · Knöterich
Polygonaceae · Knöterichgewächse

Griechisch: polys = viel, gony = Knie. Die etwa 150 Arten sind über die ganze Erde verbreitet. Die verschiedengestaltigen Kräuter verholzen mitunter am Grunde. Sie wachsen aufrecht bis aufstrebend, einige wenige hochwindend. Die Blüten sind ährig, traubig, rispig oder büschelig angeordnet.

Polygonum orientale L. · Orientknöterich
[syn. Persicaria orientalis (L.) Vilm.]

✳ ⊙ ◎ ◐ ≌ □ Y ⊥

Botanisches: Dieser einjährige Vertreter der die verschiedengestaltigsten Arten umfassenden Gattung stammt aus Ostindien. Die Wildformen werden mehr als 200 cm hoch. Die verästelten Pflanzen besitzen hohle Stengel mit langgestielten Blättern. Die lockeren, karminroten, rosafarbenen oder weißen Blütenrispen verleihen den Pflanzen einen bemerkenswerten Schmuckwert. Blütezeit Juli bis Oktober.

Züchtung/Sortiment: Die Gartenformen bleiben im Vergleich zur Wildform niedriger und wachsen gedrungener. Bevorzugt werden die intensiv roten Blütenfarben.

Vermehrung/Anzucht: Ausgesät wird im März/April unter Glas. Die Sämlinge kann man zu dritt vorteilhaft in 10 bis 12 cm große Töpfe pflanzen und Ende Mai im Abstand von 40 bis 50 cm an den vorgesehenen Freilandstandort setzen. Von der Aussaat an Ort und Stelle wird abgeraten, da sich die Pflanzen wesentlich schwächer entwickeln.

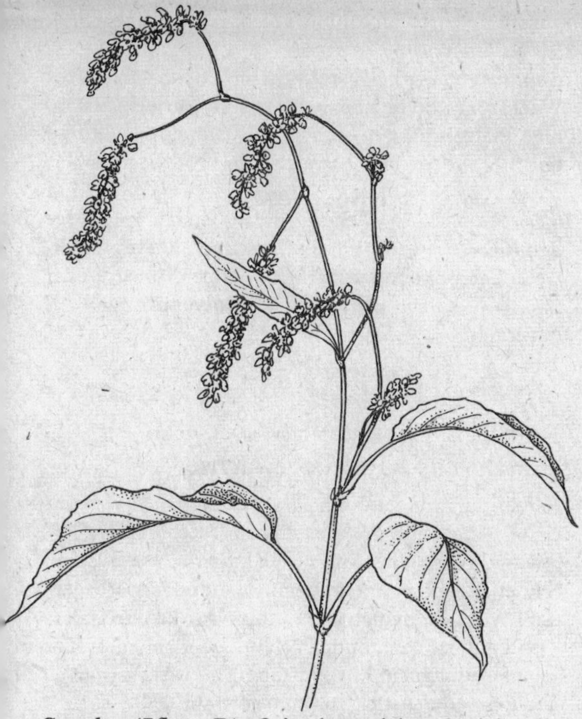

Standort/Pflege: Der Orientknöterich paßt sich vollsonnigen bis halbschattigen Standorten durchaus an. Er benötigt zum guten Gedeihen jedoch immer einen warmen, ziemlich feuchten und kräftigen Boden. Wasser- und Nährstoffmangel wird von dieser Sommerblume schlecht vertragen und ergibt kümmerliche Pflanzen.

Verwendung: Die ansprechende und wirkungsvolle Gartenpflanze kann vielseitig verwendet werden, sowohl in Verbindung mit anderen Sommerblumen oder ausdauernden Stauden als auch für Einzelstellungen oder Gruppen.

Portulaca L. · Portulak
Portulacaceae · Portulakgewächse

Der Name wurde von den Römern übernommen. Die 100 sehr verschiedengestaltigen Arten kommen aus vielen tropischen und subtropischen Gebieten der Erde. Typisch sind der niederliegende Wuchs und die mehr oder weniger dickfleischigen Stengel und Blätter. Die farbenreichen Blüten stehen einzeln oder in Wickeln und sind meistens endständig.

Portulaca grandiflora Hook. · Portulakröschen

✳✳ ⊙ ○○○ ▭ □ ⦙ Y [B]

Botanisches: Diese südamerikansiche Art mit den verzweigten, niederliegenden Stengeln wird nur 10 bis 15 cm hoch. Sie bedeckt größere Bodenflächen vollkommen. Die fleischigen, kahlen Blätter sind stielrund. Die einzeln stehenden, großen Blüten erscheinen bei hellem Stand zahlreich, sind allerdings nur bei Sonnenschein geöffnet. Blütezeit Juli bis Oktober.

Züchtung/Sortiment: Die Farbskala umfaßt Weiß, Gelb, Rosa, Orange und Karmin- bis Purpurrot. In den Katalogen finden wir Mischungen einfach- oder gefülltblühender Formen, darunter auch F_1-Hybriden, die in 10 verschiedenen Farben als Formenmischungen zusammengestellt werden. Die Blüten können 6 bis 8 cm groß werden.

Vermehrung/Anzucht: Am günstigsten sät man Ende März/April unter Glas aus. Wichtig ist, daß man den feinen Samen sehr weitläufig streut und nur andrückt, nicht mit Erde abdeckt. Die Sämlinge werden zu dritt in 8 cm tiefe Töpfe gepflanzt. Während der gesamten Anzucht darf die Bodenfeuchtigkeit nur mäßig sein, da die Sämlinge sehr leicht faulen. Mitte Mai wird im Abstand von 15 bis 20 cm ausgepflanzt. Diese Abstände gewährleisten, daß sich eine geschlossene Pflanzendecke bildet.

Direktaussaaten ins Freie sind im Mai zwar möglich, bei dem feinen Samen aber unsicher.

Standort/Pflege: Das Portulakröschen braucht vollsonnige und warme Plätze bei trockenem, durchlässigem Boden. Im Schatten und bei trüber Witterung blühen die Pflanzen schlecht. In feuchten, kühlen Sommern versagen sie, und es gibt Ausfälle durch Fäulnis.

Verwendung: Man kann mit dieser reizenden Art größere Flächen bedecken. Auch breite Einfassungen, gemeinsam mit *Dorotheanthus* und anderen niedrigen Pflanzen ähnlichen Charakters, sind eine Augenweide. Im Steingarten, an Trockenmauern und zwischen Steinplatten gedeihen sie gut. Auch trockene Böschungen kann man mit dieser Pflanze begrünen. In Fenster- und Balkonkästen auf Südseiten wirken Portulakröschen ausgezeichnet.

Quamoclit Mill. · Sternwinde
Convolvulaceae · Windengewächse

Die Herkunft des Namens ist unbekannt. Etwa ein Dutzend Arten sind im tropischen Amerika und Indien beheimatet. Die einjährigen, windenden Kräuter tragen zahlreiche rote oder gelbe Blüten, die meistens doldig bis traubig angeordnet sind.

Quamoclit hederifolia (L.) G. Don · Sternwinde
(syn. Ipomoea hederifolia L.)
✳ ⊙ ○ ⦚ ⊥ ▤

Botanisches: Die Heimatgebiete dieser windend wachsenden Sternwinde reichen vom südlichen Teil Nordamerikas bis Argentinien. Die Triebe können bis 500 cm lang werden, wenn günstige Standortbedingungen bestehen. Typisch sind die dreilappigen, am Grund herzförmigen Blätter. Die zahlreichen Blüten sind langgezogen trichterförmig und intensiv rot. Die Einzelblüten sitzen an langen Stielen und sind größer und wirkungsvoller als die Sternformen. Die Blütenstiele der Blütenstände entspringen in den Blattachseln. Blütezeit Juli bis September.

Züchtung/Sortiment: Sorten sind nicht bekannt.

Vermehrung/Anzucht: Man sät im März/April je drei bis fünf Körner in Töpfe. Ende Mai werden die abgehärteten Pflanzen mit gut durchwurzeltem Ballen an Ort und Stelle gesetzt.

Standort/Pflege: Voraussetzung für kräftiges Wachstum und reichliche Blüte sind warme, vollsonnige Plätze und ein warmer, durchlässiger, nicht zu feuchter Boden bei ausreichender Nährstoffversorgung.

Verwendung: Die Sternwinden sind dekorative Schlinger, die Pergolen, Spaliere und anderes Gitterwerk ebenso bewachsen wie warme Mauern oder Hauswände. Die Erprobung als Balkonpflanze wird angeraten.

Reseda L. · Reseda
Resedaceae · Resedagewächse

Lateinisch: resedare = heilen, beruhigen; der Name bezieht sich auf die Heilwirkung der Pflanze. Die etwa 50 Arten ein- und zweijähriger sowie ausdauernder Kräuter von aufrechtem oder niederliegendem Wuchs stammen aus Europa, Afrika und Asien. Das Laub ist ganzrandig, gelappt oder gefiedert. Die kleinen Blüten sind in endständigen, wirkungsvollen Trauben oder Ähren zusammengefaßt.

Reseda odorata L. · Wohlriechende Reseda, Gartenreseda
✳ ♃ ⊙ ○ ◐ ⊕ D □ Y ⊽ B ✂ ⬡

Botanisches: Die Art ist an trockenen Hängen und in Felsspalten im nordafrikanischen Bergland beheima-

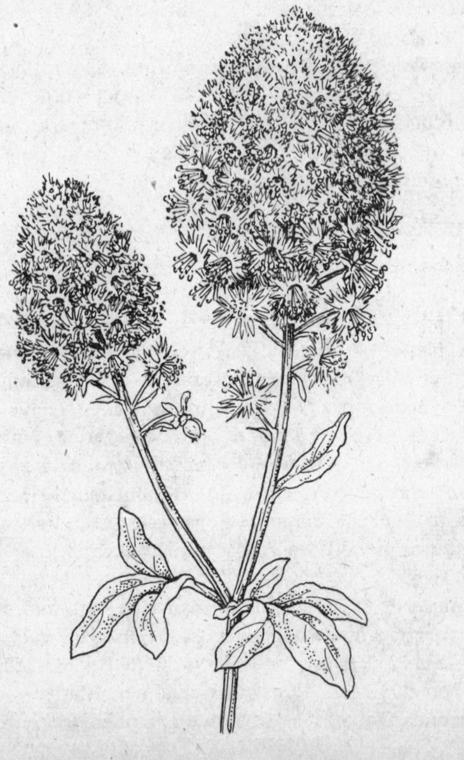

tet. Die bis 60 cm hohen, verzweigten Kräuter wachsen mit meistens niedergebogenen Zweigen. Die in dichten, fülligen Ähren vereinigten Blütchen sind grünlich oder grünlichgelb und duften charakteristisch. Blütezeit Juli bis September.
Züchtung/Sortiment: Die Sorten werden 30 bis 40 cm hoch, einige sind dunkellaubig, andere zeichnen sich durch rote Blüten oder Staubbeutel aus.
Vermehrung/Anzucht: Am gebräuchlichsten ist es, Reseden im März/April unter Glas zu säen. Wünscht man besonders kräftige Pflanzen, wird man die Anzucht über kleine Töpfe vornehmen. Direktaussaaten im April sind ebenfalls möglich, allerdings brauchen die Sämlinge sehr sorgfältigen Schutz vor den gefährlichen Erdflöhen. Die Pflanzenabstände werden 15 bis 25 cm weit gewählt.
Standort/Pflege: Reseden sind recht anpassungsfähige Pflanzen, die in voller Sonne, jedoch auch noch bei Halbschatten befriedigend gedeihen. Der Boden soll nicht allzu leicht, möglichst humos, etwas alkalisch und nährstoffreich sein.
Reseden dürfen nicht wieder an die gleichen Plätze gepflanzt werden, da sie sonst verkrüppelt oder kümmerlich wachsen. In der Nähe von Rosen gedeihen sie schlecht.
Verwendung: Reseda kann man in bunte Sommerblumenpflanzungen einstreuen, vor allem wegen ihres sehr starken und angenehmen Duftes. Aus dem gleichen Grund setzt man ab und zu einige Einzelpflanzen in Gärten, Balkonkästen oder Töpfe. Für Gefäße wählt man gedrungen wachsende Sorten, die man zur besseren Verzweigung ein Mal entspitzt. Auch für geschnittene Reseden gibt es Liebhaber, zumal sich die Stiele in der Vase lange halten.

Ricinus L. · Wunderbaum
Euphorbiaceae · Wolfsmilchgewächse

Der Name ist altrömischer Herkunft. Es gibt nur eine ausdauernde, bei uns einjährig angebaute Art. Die Heimat soll im tropischen Afrika oder in Ostindien liegen. Heute ist *Ricinus* in vielen wärmeren Ländern verwildert, oder er wird als Kulturpflanze angebaut.

Ricinus communis L. · Wunderbaum
✳✳ ♄ ⊙ ○ ≌ ◊ □ Y ⊥ ≢ ⊖

Botanisches: In tropischen Gegenden wachsen die Pflanzen halbstrauchig bis baumartig und werden sehr hoch. Auch im einjährigen Anbau als Gartenpflanze erreichen bestimmte Sorten unter günstigen Bedingungen bis zu 3 m Höhe. Die Blätter sind groß, langgestielt und schildförmig. Die Blattspreite ist sieben- oder mehrlappig, je nach Sorte grün oder rot bis schwarzrot getönt. Die Blüten und Fruchtstände erscheinen von August bis Oktober. Der marmorierte

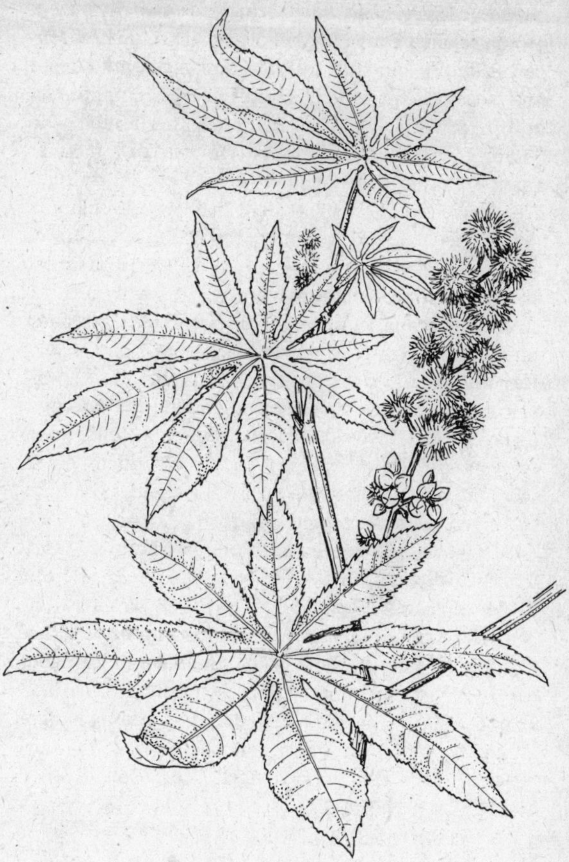

Samen ist giftig. *Ricinus* wird als Ölpflanze in tropischen und subtropischen Gebieten angebaut.
Züchtung/Sortiment: Die Sorten bieten mannigfaltige Gestaltungsmöglichkeiten. Sie werden 200 bis 300 cm hoch, tragen glänzend grünes, blaugrün oder tief rot gefärbtes Laub. Bei einigen Sorten sind auch die Blattnerven, Blüten- und Fruchtstände farbig. In warmen, trockenen Sommern ist die Färbung besonders ausgeprägt.
Vermehrung/Anzucht: *Ricinus* bedürfen immer einer Vorkultur, die auch von manchem Liebhaber erfolgreich gehandhabt wird. Man kann die Samenkörner über Nacht in lauwarmem Wasser vorquellen, damit sie schneller und gleichmäßiger auflaufen. Dann legt man jeweils ein Korn in 8 cm große Tontöpfe, die unter Glas, notfalls im Zimmer, aufgestellt werden. Die Sämlinge müssen in zügigem Wachstum bleiben, deshalb werden die 10 bis 15 cm hohen Pflanzen in größere Töpfe umgepflanzt. Durch immer luftigeren Stand härtet man die Jungpflanzen gut ab. Einige flüssige Düngungen wirken sich vorteilhaft aus. Bei einem Aussaattermin im März kann ab Ende Mai ausgepflanzt werden.

Standort/Pflege: Ricinus braucht einen warmen, sonnenreichen Platz. Er gehört zu den starkzehrenden Pflanzen, deshalb soll der Boden nährstoffreich und ausreichend feucht sein. Flüssige Düngungen und regelmäßige Bewässerung sind unerläßlich. Die beschriebenen Sorteneigenschaften werden nur unter guten Standortbedingungen und bei sorgfältiger Pflege erreicht. Manchmal sieht man in ausgemergeltem Rasen kleine, kümmerliche Pflanzen einzeln stehen, die bei richtiger Ernährung die drei- oder vierfache Höhe erreichen würden. In warmen Sommern mit normalen oder reichlichen Niederschlägen entwickeln sich die Pflanzen am besten.
Verwendung: Diese Pflanze ermöglicht uns vielseitige und interessante Gestaltungen in Gärten und Anlagen. Im Rasen oder auf Teppichbeeten bilden eingestreute Einzelpflanzen oder Gruppen einen schönen Anziehungspunkt für das Auge. Auch in niedrigen Sommerblumenpflanzungen lassen sich durch einzelne Pflanzen reizvolle Wirkungen erzielen. Vielseitig sind die Anwendungsmöglichkeiten in Verbindung mit Gebäuden, Terrassen, Wasseranlagen oder Steinwerk. Auch für Kübel und andere Gefäße eignet sich dieses Gewächs sehr vorteilhaft. Bei allen Gestaltungsaufgaben müssen Wuchshöhe und Laubfarbe der Sorten mit der Umgebung abgestimmt werden. Die Pflanzenabstände bei gruppenweisem Stand richten sich nach der Sorte und der Wasser- und Nährstoffversorgung.

Rudbeckia L. · Rudbeckie, Sonnenhut
Compositae · Korbblütler

Benannt wurde die Gattung nach Olaf Rudbeck, einem schwedischen Botaniker (1660 bis 1740). Etwa 30 Arten ein- und mehrjähriger Kräuter stammen aus Nordamerika. Die Pflanzen wachsen verzweigt, sind oft rauhhaarig und tragen meistens wechselständige Blätter. Die Blumen sitzen einzeln, seltener zu mehreren an langen Stielen. Die Zungenblüten sind meist gelb, die Röhrenblüten der Mittelscheibe braunrot oder fast schwarz. Charakteristisch für Rudbeckien ist die erhabene, kegelförmige oder zylindrische Mitttelscheibe der Blume.

Rudbeckia hirta L. · Einjähriger Sonnenhut
✳✳ ⊙ ⊙ ○ □ ⁞ Y ✂ ⬡
Botanisches: Die Art ist als Unkraut in weiten Gebieten Nordamerikas beheimatet. Die zweijährige, als Sommerblume jedoch einjährig gezogene Pflanze mit verzweigtem Wuchs erreicht eine Höhe von 60 bis 75 cm. Die Oberfläche aller Teile ist steif- und kurzhaarig. Die Zungenblüten sind goldgelb, am Grunde bisweilen braun, die Blumenmittelscheibe anfangs fast schwarz, später dunkelbraun. Blütezeit Juli bis Oktober.

Züchtung/Sortiment: Neben gelben und rotbraunen Sorten gibt es vielfältige Übergänge zwischen diesen Farben. Es werden überwiegend einfache, aber auch gefülltblühende Gartenformen angeboten. Bei einigen erreichen die Blumen bis 12 cm Durchmesser. Die Sorten werden 40 bis 100 cm hoch.
Vermehrung/Anzucht: Empfehlenswert ist die Aussaat im März/April bei 12 bis 15° C unter Glas. Die Sämlinge sollte man in 8 cm große Töpfchen pflanzen. Ab Mitte Mai wird ausgepflanzt. Die Abstände sollen etwa 25 bis 30 cm betragen.
Standort/Pflege: Diese Rudbeckien wachsen am besten an einem warmen, sonnigen Standort mit ausreichender Bodenfeuchtigkeit. In kühlen und feuchten Jahren sowie in schattiger Lage entwickeln sie sich wesentlich schlechter. Eine mehrmalige Bodenlockerung wirkt sich vorteilhaft auf kräftiges Gedeihen aus. Abgeblühte Stiele müssen regelmäßig entfernt werden.
Verwendung: Rudbeckien verwenden wir gern für bunte Sommerblumenbeete, geschlossene Beetpflanzungen, in Staudenrabatten und Einfassungen. Für den Schnitt eignen sie sich recht gut. Die Blumen müssen dann aber voll erblüht sein.

Salpiglossis Ruiz et Pav.
Trompetenzunge
Solanaceae · Nachtschattengewächse

Griechisch: salpinx = Trompete, glossa = Zunge; der Name bezieht sich auf die Formen von Griffel und Zunge. Die 8 Arten einjähriger Kräuter stammen aus Chile. Die Pflanzen sind verzweigt. Sie haben eine klebrig-weichhaarige Oberfläche, gezähnte oder fiederspaltige Blätter und langgestielte, große und gescheckte Blüten.

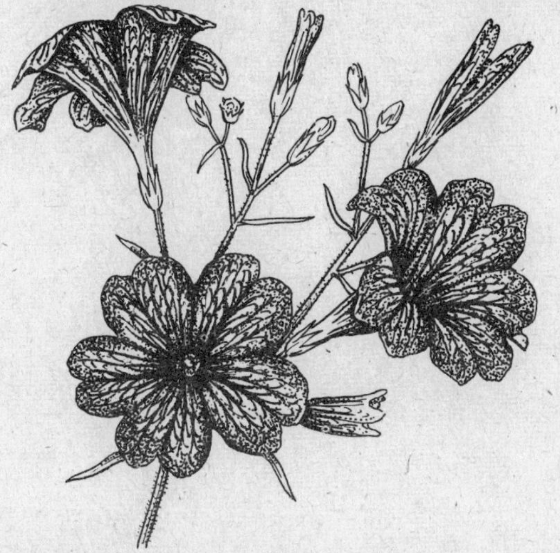

Salpiglossis sinuata Ruiz et Pav. · Trompetenzunge
✳✳ ⊙ ○ □ Y ✂

Botanisches: Es handelt sich um 30 bis 90 cm hohe, verzweigte Pflanzen mit feingliedrigen Stengeln. Die Blüten sind von weißer, gelber oder roter Grundfarbe und von zahlreichen andersfarbigen Adern und Zeichnungen durchzogen. Blütezeit Ende Juni bis September.

Züchtung/Sortiment: Reinfarbige Namenssorten werden nicht angeboten, doch dafür farbenreiche Mischungen, die sich in der Wuchshöhe unterscheiden. Die Pflanzen werden 60 bis 80 cm hoch und enthalten zahlreiche verschiedene Farbvariationen in weißen, gelben, roten und lilabraunen Tönen.

Vermehrung/Anzucht: Man sät Ende März/Anfang April unter Glas aus, pikiert oder topft die Sämlinge und pflanzt sie im Mai aus. Unter günstigen Bedingungen kann im April auch direkt an Ort und Stelle gesät werden. Mit den ersten Blüten kann man dann erst nach etwa 10 bis 11 Wochen rechnen.

Standort/Pflege: Die Pflanzen vertragen weder große Trockenheit noch übermäßige Feuchtigkeit. Am besten stehen sie an einem sonnigen, geschützten Standort auf nährstoffreichem, gutem Gartenboden. Während der Wachstums- und Blütezeit muß für ausreichende Bodenfeuchtigkeit gesorgt werden.

Verwendung: Salpiglossis sind ausgesprochene Liebhaberpflanzen. Man bewundert an ihnen die farbenfreudigen großen Einzelblüten mit den farbigen Aderungen. In kleineren Gruppen neben hellen einfarbigen Arten oder inmitten bunter Sommerblumenbeete finden sie ihren besten Standort. Geschlossene *Salpiglossis*-Pflanzungen sind nicht zu empfehlen, da die Pflanzen weder geschlossene Blütenteppiche noch Fernwirkung ergeben. Trompetenzungen halten sich geschnitten befriedigend, doch sind sie nicht allzu ergiebig. Die großen Einzelblüten leiden außerdem leicht beim Transport.

Salvia L. · Salbei, Salvie
Labiatae · Lippenblütler

Lateinisch: salvare = heilen; die Bezeichnung ist ein alter römischer Name für *S. officinalis,* einer heute noch bekannten Heilpflanze. Über 700 Arten einjährige oder ausdauernde Kräuter, Halbsträucher und Sträucher stammen aus vielen wärmeren und gemäßigten Gebieten der Erde. Die einzelnen Arten unterscheiden sich im Wuchs, Aufbau, in Blatt- und Blüteneigenschaften sehr.

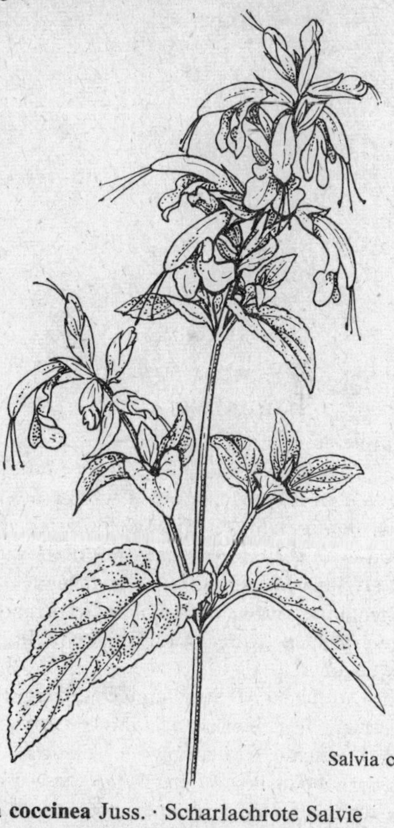

Salvia coccinea

Salvia coccinea Juss. · Scharlachrote Salvie
✳ ♄ ⊙ ○ ⊕ ◊ □ Y ✂ ⬡

Botanisches: Diese mehrjährige, halbstrauchartig wachsende Salvie kommt vom amerikanischen Kontinent. Die 30 bis 60 cm hohe Pflanze ist filzig behaart, wächst graziös und trägt blattlose, rutenförmig-schlanke Blütentrauben mit scharlachroten Einzelblüten. Blütezeit Juni bis Oktober.

Züchtung/Sortiment: Sorten sind unbekannt.

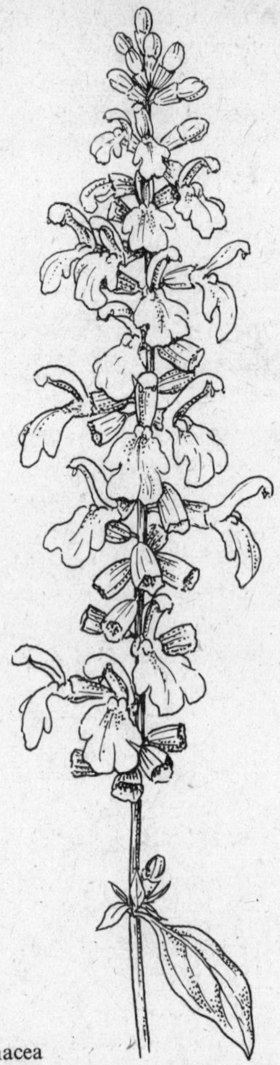

Salvia farinacea

Salvia patens

Salvia farinacea Benth. · Mehlige Salvie

∗ ♃ ♄ ⊙ ○ ⊕ ♁ □ Y ✂ ⬡

Botanisches: In der Heimat Texas wächst diese Art ebenfalls staudig-halbstrauchartig. Sie erreicht eine Höhe von 50 bis 80 cm, ist grauweißfilzig-flaumig behaart und dicht verzweigt. Die langstieligen, ährigen Blütenquirle tragen dunkellilablaue Einzelblütchen von großer Widerstandsfähigkeit. Blütezeit Juni bis Oktober.

Züchtung/Sortiment: Neben einigen 70 cm hohen Schnittsorten von hoher Ertragsfähigkeit entstanden durch züchterische Bearbeitung auch niedrigere, nur 30 bis 50 cm hohe Beetsorten. *S. farinacea* ist eine Art, die an Bedeutung gewonnen hat und noch im Kommen ist.

Salvia patens Cav. · Abstehende Salvie

∗ ♃ ♄ ⊙ ○ ⊕ □ Y ✂ ⬡

Botanisches: Die mehrjährige, aus Mexiko stammende Art wird 50 bis 80 cm hoch. Sie besitzt kleine Wurzelrhizome. Die langen Trauben tragen an entfernt stehenden Quirlen marineblaue Einzelblüten. Blütezeit Juli bis September.

Züchtung/Sortiment: Sorten sind nicht bekannt, jedoch stellen die angebauten Gartenformen verbesserte Eigenschaften gegenüber der Wildform dar. Diese Art wurde früher, ähnlich den Dahlien, mittels der Wurzelrhizome frostfrei überwintert. Heute wird ausschließlich durch Samen vermehrt.

Salvia splendens Sello ex Nees · Gartensalvie

∗∗∗ ♃ ♄ ⊙ ○ ⊕ □ ⁞ ⊽ ⊽ B ⬡

Botanisches: Das ausdauernde, in Südamerika beheimatete Gewächs wird dort mehr als 100 cm hoch. Die verzweigten Pflanzen tragen vierkantige Stengel und gestielte, eirunde Blätter mit gekerbt-gesägtem Rand. Die scharlachroten Blüten sitzen in endständigen, mehr oder weniger dichten Trauben. Blütezeit Mai bis Oktober.

Züchtung/Sortiment: Diese einjährig angebaute Gartenblume ist die bedeutungsvollste Art. Intensive züchterische Arbeit führte zu einem vielseitig verwendbaren, leistungsfähigen Sortiment. Die verschiedenen Sorten werden 20 bis 35 cm hoch. Sie blühen meistens intensiv scharlachrot, einige wenige auch violett. Wichtige Eigenschaften sind ein buschiger, kompakter Wuchs und dunkelgrünes, gesundes Laub. Die Blütentrauben sollen groß und dicht besetzt sein. Geschätzt wird eine früh einsetzende Blüte, wobei zu beachten ist, daß bei einigen Sorten die Blüteninduktion durch Kurztag gefördert wird.

Salvia splendens

Sortentypische Wuchsformen und -höhen bestimmen die Verwendung der *Salvia splendens.*

Vermehrung/Anzucht: *S. splendens* und *S. patens* sät man bereits von Januar bis März aus, während die anderen Arten nicht vor März vermehrt werden. Als Gefäße benutzt man Schalen oder Kisten. Die Sämlinge weden in der Regel pikiert und später in kleine Töpfe gepflanzt. Torftöpfe haben sich bestens bewährt. Auf diese Weise erzielt man bis Mitte Mai kräftige, gut durchwurzelte Jungpflanzen, die man rechtzeitig für den Freilandstandort abhärtet. Besonders *S. splendens* pinziert man bei einer Höhe von 6 bis 8 cm, um die Bildung der Seitentriebe und damit den buschigen Wuchs zu fördern.
Standort/Pflege: Man soll Salvien in sonnigen und warmen Lagen anbauen. Die Böden sollen kalkreich sein und gleichmäßig feucht gehalten werden. Bei sehr nährstoffreichen und feuchten Böden entwickelt sich das Laub übermäßig stark auf Kosten des Blütenreichtums. Auf mageren und trockenen Böden bleiben die Pflanzen klein. Sie blühen dann zwar eher, bleiben aber dem Sortentyp entsprechend unvollkommener.
Verwendung: Die beliebte und bekannte *S. splendens* wird gern für geschlossene Beetpflanzungen, Einfassungen und Teppichbeete gewählt. Auch als Grabschmuck und Topfpflanze ist sie begehrt. In Balkon- und Fensterkästen erfreut sie uns durch ihren langen, schönen Flor. Bei Salvien muß man immer beachten, daß die meisten Sorten eine ungewöhnlich starke Leuchtkraft ihrer roten Töne besitzen. Dadurch können andere Farben, besonders in gemischten Pflanzungen, leicht unterdrückt werden. Deshalb bevorzugt man oft geschlossene Salvienpflanzungen, gern in Verbindung mit graublättrigen Gruppenpflanzen.
Die hohen Sorten von *S. farinacea,* aber auch *S. coccinea* und *S. patens* sind zum Schnitt geeignet und in bunten Sommerblumensträußen bestens zu verwenden.

Sanvitalia Lam. · Sanvitalie
Compositae · Korbblütler

Der Gattungsname wurde wahrscheinlich nach dem italienischen Botaniker Sanvitali gewählt, der im 18. Jahrhundert lebte. Bekannt sind 7 bis 8 Arten niedriger, einjähriger Kräuter aus Nord- und Mittelamerika. Die Zweige tragen gegenständige, ganzrandige Blätter. Die Blumen sind klein, erscheinen jedoch in großer Anzahl.
Sanvitalia procumbens Lam. · Husarenknopf, Goldrandblume
✱✱ ⊙ ○ ▭ □ ⁞ Y ⊔ ⊔ B
Botanisches: Die Heimat ist Mexiko. Die Stammform bildet breite, etwas niederliegende Büsche in 10 bis 15 cm Höhe. Die Blätter sind eirund bis länglich und kurzgestielt. Die zahlreichen kleinen Blumen bestehen aus einer dunklen Mittelscheibe und einem Kranz orangegelber, zungenförmiger Randblüten. Blütezeit Juni bis Oktober.
Züchtung/Sortiment: Neben der einfachblühenden Form werden solche mit 2 bis 3 Reihen gelber Zungenblütenkronen sowie dichtgefüllten Blumen angeboten. Alle werden 15 bis 20 cm hoch.
Vermehrung/Anzucht: Man sät im März im Frühbeet weit genug aus. Ausgepflanzt wird im Mai 20 bis 25 cm weit. Sanvitalien wachsen breit und drükken sich bei zu engem Stand gegenseitig hoch. Die Blüte beginnt bereits 10 Wochen nach der Aussaat.
Standort/Pflege: Volle Sonne und eine geschützte, warme Lage bei lockerem, durchlässigem Boden sind

die besten Voraussetzungen für die Entwicklung kräftiger, reichblühender Pflanzen. Bei warmem, feuchtem Wetter im Sommer werden Sanvitalien leicht unerwünscht üppig. Wenn man abblühende Bestände auf halbe Pflanzenhöhe zurückschneidet, erhält man einen zweiten Flor im September, der bei günstiger Witterung noch sehr schön sein kann.
Verwendung: Man verwendet Sanvitalien für Einfassungen, geschlossene Beetpflanzungen und auch in bunten Sommerblumenanlagen. An dafür geeigneten Plätzen kann man mit ihnen auch große, bodenbedeckende Blütenteppiche schaffen. Schließlich lassen sich gute Wirkungen mit einzelnen Pflanzen oder kleinen Gruppen im alpinen Garten oder an trockenen Grashängen erzielen.
Gute Erfahrungen gibt es auch mit der Pflanzung in Balkonkästen und dekorative Schalen, wo sich die lange und reichblühenden Sanvitalien bei guter Pflege durchaus bewähren.

Saponaria L. · Seifenkraut
Caryophyllaceae · Nelkengewächse

Lateinisch: sapo = Seife; die Wurzel des echten Seifenkrautes kann zum Waschen benutzt werden. Die etwa 30 Arten stammen aus dem Mittelmeergebiet und gemäßigten Eurasien. Die einjährigen oder ausdauernden Kräuter stehen teils der *Silene*, teils der Gattung *Gypsophila* nahe.
Saponaria calabrica Guss. · Seifenkraut
(syn. Saponaria graeca Boiss.)
✳ ⊙ ○○○ ⋙ □ Y
Botanisches: Die einjährige Art kommt aus Südeuropa. Sie wird 15 bis 30 cm hoch und besitzt niederliegende, flaumige Stengel. Die zahlreichen kleinen Blätter sind länglich-spatelförmig und stumpf. Die locker doldentraubig-rispig angeordneten Blüten tragen fast kreisrunde Kronenblätter und sind intensiv rosenrot. Blütezeit Juni bis September.
Züchtung/Sortiment: Neben der variablen Wildart werden einige Gartenformen mit leuchtend dunkelroten und weißen Blüten angebaut. Außerdem gibt es eine besonders gedrungen wachsende ‚Compacta'-Form.
Vermehrung/Anzucht: Die anspruchslose Art wird im April an Ort und Stelle ausgesät und später auf 15 bis 20 cm Abstand vereinzelt. Frühe Aussaaten ergeben die besten, bereits nach 10 Wochen mit der Blüte einsetzenden Pflanzen.
Standort/Pflege: Die sonnenhungrige Pflanze verlangt einen warmen und geschützten Gartenplatz. Sie verträgt Trockenheit und wächst dort noch gut, wo andere Sommerblumen längst versagen, so an Böschungen und auf Trockenmauern.
Verwendung: Bei der Verwendung ist der niederliegende Wuchs zu beachten. Die Pflanzen benötigen also Platz und wirken für sich in Gruppen zu mehreren Pflanzen am vorteilhaftesten.

Scabiosa L. · Skabiose
Dipsacaceae · Kardengewächse

Lateinisch: scabies = Krätze; entweder wurden die Pflanzen früher als Heilmittel dagegen verwendet oder die Namensableitung kommt daher, weil die Belaubung mancher Arten so rauh ist wie eine grindige Haut. Die etwa 80 Arten einjähriger oder ausdauernder Kräuter stammen aus dem Mittelmeergebiet, aus Afrika und Asien. Die Pflanzen sind verzweigt und meistens behaart. Die kleinen Blüten sind in endständigen, gestielten Köpfchen von kugeliger oder eiförmiger Gestalt zusammengefaßt; es besteht bei oberflächlicher Betrachtung eine große Ähnlichkeit mit den Blumen der Korbblütler.

Scabiosa atropurpurea L. · Purpurskabiose

∗∗ ⊙ ○ ⊕ □ ⅄ ✂ ⬡

Botanisches: Die Heimat ist Südeuropa. Die bis 90 cm hohen, schwach behaarten Pflanzen tragen gezähntes oder eingeschnittenes bis fiederspaltiges Laub. Die Köpfchen sind langgestielt, zuerst rundlich, mit fortschreitender Entwicklung länglich. Bei der Stammform sind die Blumen purpurfarben. Blütezeit Juli bis Oktober.

Züchtung/Sortiment: Am wichtigsten und verbreitetsten sind die hohen, gefülltblühenden Gartenskabiosen. Alle Mischungen und Sorten werden ungefähr 80 bis 90 cm hoch. Weiß, Gelb, Rosa, Rot, Purpurfarben und Blau bilden ein reichhaltiges Farbsortiment. In einigen Ländern sind in den gleichen Farben auch halbhohe Skabiosen im Anbau, die nur 40 bis 60 cm hoch werden.

Vermehrung/Anzucht: Man sät Mitte März unter Glas aus. Wenn man dünn genug aussät, ist ein Verstopfen überflüssig. Die abgehärteten Jungpflanzen werden ab Mitte Mai ins Freiland gepflanzt. Die Abstände sollen 25 bis 30 cm betragen.

Für die Spätsommerblüte ab August kann man Skabiosen Ende April auch direkt an Ort und Stelle aussäen, was allerdings zu 4 bis 5 Wochen späterer Blüte und geringeren Erträgen führt.

Standort/Pflege: Sonnige Lage und normaler Gartenboden sind für Skabiosen der richtige Standort. Am besten sind kalkreiche und nicht zu schwere Böden mit guter Nährstoffversorgung.

Verwendung: Skabiosen sind in erster Linie Schnittblumen. Die Blütezeit erstreckt sich bei den frühen Aussaatsätzen über 8 Wochen, ja sogar länger. Geschnitten wird nach vollem Erblühen aller Einzelblütchen, dann ist die Haltbarkeit in der Vase ausgezeichnet. Ihrem Wuchscharakter entsprechend kann man Skabiosen sehr wirkungsvoll zwischen winterharte Stauden pflanzen und so schnell bestehende Lücken ausfüllen. Für größere Beetpflanzungen besitzen die Blütenfarben wohl zu wenig Leuchtkraft.

Schizanthus Ruiz et Pav. · Spaltblume
Solanaceae · Nachtschattengewächse

Griechisch: schizein = spalten, anthos = Blüte; der Name bezieht sich auf die gespaltenen Blütenblätter. Die 11 einjährigen Kräuter aus Chile wachsen aufrecht, sind verzweigt und tragen meist stark fiederschnittiges Laub. Die Farbenvielfalt der zahlreichen endständigen Blüten, die eine dreispaltige Oberlippe und eine dreiteilige Unterlippe haben, ist unerschöpflich.

Schizanthus-Wisetonensis-Hybriden · Schmetterlingsblume

(syn. Schizanthus × wisetonensis Low)

∗∗ ⊙ ○ ⊕ □ ⁞ ⊍ [B] ✂

Botanisches: Die unter dieser Bezeichnung zusammengefaßten Gartenformen sind aus Kreuzungen entstanden. Sie wachsen buschig, werden 25 bis 40 cm hoch und blühen in zahlreichen Farbtönen orchideenähnlich. Blütezeit Juni bis September.

Züchtung/Sortiment: Es werden Farbmischungen in einheitlichen Wuchshöhen zwischen 20 und 40 cm angeboten. Dadurch kann man für den jeweiligen Verwendungszweck die geeignete Gruppe auswählen. Die Sortimente enthalten weiße, gelbe, rosa-, aprikosen- und purpurfarbene, rote und violette Töne und Schattierungen.

Vermehrung/Anzucht: Bewährt hat sich die März-April-Saat in Frühbeete. Die kräftigsten Jungpflanzen erhält man von getopften Sämlingen, die bis zum Auspflanzen im Mai im Frühbeet verbleiben und dort genügend abgehärtet werden. Wenn man die Pflänzchen entspitzt, werden sie buschiger. Für die Anzucht sind kühle Temperaturen sowie heller und luftiger Stand besonders wichtig. Bei zu hoher Wärme werden die Stengel lang und weich. Neben der Anzucht unter Glas ist unter günstigen Bedingungen auch April-Saat an Ort und Stelle möglich.

Die endgültige Pflanzentfernung beträgt 20 bis 30 cm.

Standort/Pflege: Schmetterlingsblumen sind schön, aber im Freien empfindlich. Sie brauchen deshalb unbedingt einen sonnigen, windgeschützten Standort auf gutem, kalkhaltigem Gartenboden. Extrem feuchte, trockene, mastige oder nährstoffarme Plätze scheiden aus. Rückschnitt nach der Blüte ermöglicht einen zweiten Flor.

Verwendung: Man sollte des Risikos wegen auf die Beteiligung in gemischten Pflanzungen verzichten und *Schizanthus* in kleineren Gruppen für sich verwenden. Im Gartenbau werden gern frühjahrsblühende Topfpflanzen von dieser Art gezogen. Führt man die Kultur sorgfältig durch, erhält man farbenprächtige Büsche, die mit Blüten geradezu überschüttet sind. Allerdings gibt es auch Mißerfolge, vor allem durch Temperaturen über 12° C und ungenügend hellen Stand.

Senecio L. · Kreuzkraut
Compositae · Korbblütler

Lateinisch: senex = Greis. Die sehr artenreiche Gattung umfaßt etwa 1300 Vertreter mit recht unterschiedlichen äußeren Eigenschaften. Die Verbreitung reicht über die ganze Erde. Die meisten der krautartigen, halbstrauch- oder strauchartigen Gewächse sind ausdauernd oder zweijährig, einige auch einjährig. Stengel und Blätter sind nicht selten zottig bis grauweißwollig behaart. Die Blütenköpfchen sitzen einzeln oder doldentraubig an den Zweigenden und sind artenbedingt sehr unterschiedlich groß.

Senecio bicolor (Willd.) Tod. · Greiskraut, Silbereiche
(syn. Cineraria maritima L.)
✱✱ ♃ ♄ ⊙ ○ ◊ □ ⁞ Y ⊍ B

Botanisches: Die ausdauernde und halbstrauchartig wachsende Pflanze aus dem Mittelmeergebiet wird am heimatlichen Standort 40 bis 80 cm hoch. Charakteristisch sind die beiderseits grauweiß- filzigen Blätter und Stengel. Das Laub ist fiederteilig und gestielt. Die gelben Blumen erscheinen von Juli bis September.

Züchtung/Sortiment: Die in der Züchtung entstandenen Sorten werden 15 bis 35 cm hoch und bieten somit verschiedene Anwendungsmöglichkeiten als Zierpflanze. Weitere sortenspezifische Eigenschaften sind eine besonders intensive silberweiße Behaarung sowie sehr fein gefiederte und damit besonders wirkungsvolle Blätter.

Vermehrung/Anzucht: Man sät Ende Februar/Anfang März unter Glas in Schalen aus. Nach dem Pikieren werden die Pflänzchen schließlich in 6 bis 8 cm große Töpfe gesetzt, aus denen sie ab Mitte Mai im Abstand von 20 bis 25 cm ausgepflanzt werden. Zu beachten ist, daß bereits während der Anzucht hell und luftig kultiviert wird, damit die Pflanzen nicht verweichlichen und sich das silberweiße Haarkleid intensiv entwickelt. Für die Verwendung als Schalenpflanzen können auch Folgesätze ausgesät werden.

Standort/Pflege: Die wichtigste Bedingung ist, daß

die Pflanzen während des Sommers vollsonnig stehen, denn nur dann färbt sich die ja eigentlich dem Sonnenschutz dienende silberweiße Befilzung optimal aus.

Verwendung: Das Greiskraut ist eine ausgesprochene Blattschmuckpflanze, bei der die Blumen für den Zierwert bedeutungslos sind. Bei den unterschiedlichen Sorteneigenschaften ist ein weites Anwendungsfeld auch in Verbindung mit anderen Sommerblumen gegeben. Alle Gartenblumen mit besonders intensiv roten, blauen und gelben Blütenfarben ergeben gemeinsam mit dieser Art herrliche Kontrastwirkungen.

Silene L. · Leimkraut
Caryophyllaceae · Nelkengewächse

Der Name ist griechischer Herkunft; er ist in seinem ursprünglichen Sinn nicht sicher zu bestimmen. Die über 400 Arten ein-, zwei- und mehrjähriger Kräuter oder Halbsträucher stammen aus allen Erdteilen. Die einzelnen Vertreter sind sehr verschiedengestaltig. Der deutsche Name bezieht sich auf die klebrigen Stengel einiger Arten.

Silene coeli-rosa (L.) Godr. · Himmelsröschen, Lichtröschen

✳ ⊙ ○○ ◊ □ Y

Botanisches: Heimat ist das Mittelmeergebiet. Die alte Gartenpflanze wird 30 bis 80 cm hoch, ist gabelig verzweigt und besitzt schmale, grüne bis graugrüne Blätter. Die bis 4 cm breiten Einzelblüten sind gestielt und in roten oder blauen Tönen sowie in Weiß bekannt. Blütezeit Juni bis August.

Züchtung/Sortiment: Die 'Oculata'-Mischung wird 30 cm hoch und beinhaltet weiße, rote und blaue Farbtöne. Sorten in Einzelfarben werden in England angeboten.

Silene pendula L. · Hängendes Leimkraut

✳ ⊙ ○○○ ◊ □ ⦙ Y ⊎ [B]

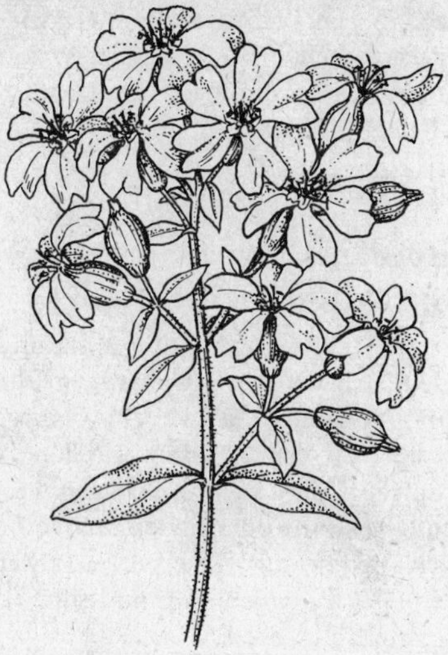

Botanisches: Diese Art stammt ebenfalls aus dem Mittelmeergebiet, besitzt jedoch einen völlig anderen Wuchscharakter. Die bis 25 cm hohen, behaarten Pflanzen bilden dichte Büsche, deren Verzweigungen nach anfänglich hängend-schlaffem Wuchs aufstreben. Die auffallend großen, rosenroten Blüten sitzen in traubenförmigen Wickeln. Blütezeit Juni bis August/September.

Züchtung/Sortiment: In einigen Ländern werden Namenssorten gehandelt, die sich hinsichtlich der Wuchshöhe und der roten Farbtöne unterscheiden. Am bekanntesten ist die etwa 10 bis 15 cm hohe Mischung rosa und roter Farbtöne. Weiterhin sind grün- und rotbraunstengelige und -blättrige Formen bekannt.

Vermehrung/Anzucht: Für beide Arten ist die Aussaat im April unter Glas empfehlenswert. Die pikierten Sämlinge werden im Mai ausgepflanzt und blühen ab Ende Juni oder Anfang Juli. Für beide, insbesondere für *S. pendula*, ist auch die Vorjahrsaussaat im August möglich. Die Sämlinge müssen dann geschützt überwintert werden, damit keine Ausfälle durch Kahlfröste oder Nässe entstehen. Sie werden im Frühjahr ausgepflanzt und blühen im Mai. Die Pflanzentfernungen wählt man zwischen 12 und 20 cm.

Standort/Pflege: Beide Arten wünschen einen sonnigen, möglichst warmen Stand, sind jedoch ansonsten recht anpassungsfähig. *S. coeli-rosa* kann man im Abblühen auf die Hälfte der Höhe zurückschneiden, um einen Zweitflor zu erreichen.

Verwendung: Das Himmelsröschen gehört in bunte

Sommerblumenbeete, darf jedoch in seiner Bedeutung nicht überschätzt werden.

Das Hängende Leimkraut wurde vor 80 Jahren häufiger angebaut als heute. Das mag an der züchterischen Entwicklung anderer farbenprächtiger Gruppenpflanzen liegen. Trotzdem sollten wir die Art wieder stärker beachten. Wir bereichern damit unser Sortiment um eine schöne Beet-, Einfassungs-, Schalen- und Balkonpflanze.

Silybum Adans. · Mariendistel
Compositae · Korbblütler

Griechisch: silybon = Quaste; die Ableitung des Namens bezieht sich auf den pinselartigen Blüten- und Samenstand. Bekannt sind zwei ein- bis zweijährige, heute fast über die ganze Erde verbreitete Arten. Sie wachsen aufrecht, sind kahl und tragen wechselständige, buchtig gelappte oder fiederspaltige Blätter mit distelartiger Bedornung. Die purpurfarbenen Blumen stehen einzeln, endständig und sind von dornigen Hüllblättern umgeben.

Silybum marianum (L.) Gaertn. · Mariendistel

✳ ⊙ ⊙ ○ ◐ ≏ ◊ □ ⊥ ✂ ⬡

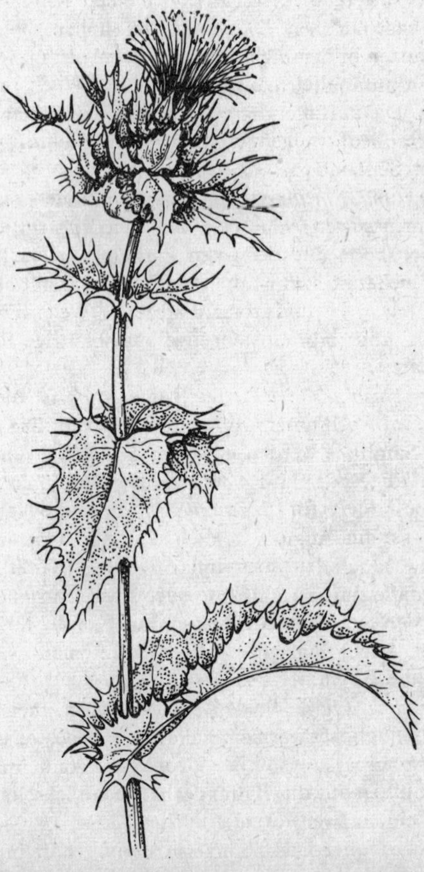

Botanisches: Diese Art ist über viele Gebiete Europas, Asiens und Afrikas verbreitet. Die ein- bis zweijährige Distel wird 100 bis 120 cm hoch und wächst verzweigt. Die gelbdornigen Blätter sind stengelumfassend, buchtig gelappt und von zahlreichen auffälligen, weißen Nerven durchzogen. Blütezeit Juli bis September.

Züchtung/Sortiment: Sorten sind bisher unbekannt.

Vermehrung/Anzucht: Ausgesät wird immer an Ort und Stelle, entweder schon im Herbst oder im März. Einmal angesiedelte Pflanzen säen sich oft selbst aus.

Standort/Pflege: Die Pflanze paßt sich sonnigen bis schattigen Plätzen gut an. Sie wächst auf allen nicht extremen Böden, braucht aber viel Feuchtigkeit.

Verwendung: Diese hübsche Sommerblume ist viel zu wenig bekannt. Man verwendet sie einzeln, in Gruppen im Rasen oder in der Nähe von Baulichkeiten. Vor dunklem Hintergrund wirken die schneeweißen Blattadern besonders hübsch. Blühende Zweige ergeben eine exquisite Vasenfüllung. Gemeinsam mit anderen Disteln, Steppen- und Trockenpflanzen lassen sich charakteristische Pflanzungen gestalten.

Tagetes L. · Sammetblume, Studentenblume
Compositae · Korbblütler

Die Gattung ist nach dem Etruskergott Tages benannt. Bekannt sind mehr als 30 Arten ein- oder zweijähriger Kräuter aus wärmeren Gebieten Amerikas. Die Stengelteile sind mehr oder weniger fleischig. Das Laub ist fiederartig geteilt. Die oberirdischen Pflanzenteile besitzen einen eigenartigen, strengen Duft. Die Blumen sitzen meist einzeln auf kurzen bis langen Stielen, wodurch die Verwendungsmöglichkeiten als Zierpflanze maßgeblich bestimmt werden. In den Farbtönen herrschen Gelb, Orange und Braunrot vor.

Tagetes-Erecta-Hybriden · Sammetblume, Studentenblume

✳✳✳ ⊙ ○ □ ⁞ Y ⊔ ⊔ [B] ✂ ⬡

Züchtung/Sortiment: Durch intensive und erfolgreiche Züchtungsarbeiten wurde das Sortiment mit mehreren Sortengruppen von F_1-Hybriden wesentlich bereichert. Von dieser großblumigen Studentenblume gibt es heute gefülltblühende Sorten in mehreren Wuchshöhen. Die 80 bis 120 cm erreichenden Typen haben unterschiedlich geformte Blumen mit bis zu 13 cm Durchmesser. Einige von ihnen sind geruchlos oder geruchsarm, Eigenschaften, die besonders für die Verwendung als Schnittblumen geschätzt werden. Halbhohe, 30 bis 50 cm hohe Typen besitzen ähnliche Blumeneigenschaften, entwickeln

jedoch teilweise dicht und breit wachsende Büsche, die der Verwendung als Beetpflanzen entsprechen. Auch einige niedrige und dabei großblumige Formen mit besonders früh einsetzender Blüte sind im Angebot. Schließlich ging aus Kreuzungen zwischen *T. erecta* und *T. patula* eine triploide Sortengruppe hervor, die niedrig bleibt, aber dabei großblumiger, reich- und frühblühender ist als die Sorten der *Tagetes-Patula-Hybriden.* Da sie keinen Samen ansetzt, fällt bei den Beetpflanzen kein Putzen an, eine für die Verwendung in Anlagen besonders vorteilhafte Eigenschaft. Der gesamte Blühzeitraum umfaßt bei den *Tagetes-Erecta-Hybriden* die Monate Juni bis Oktober.

Tagetes-Patula-Hybriden · Sammetblume, Studentenblume

✱✱✱ ⊙ ○ □ ⁞ Y ⊍ ⊍ B ⬡

Züchtung/Sortiment: Die 20 bis 30 cm hohen Sortengruppen blühen gefüllt oder einfach mit Blumendurchmessern von 4 bis 7 cm. Eine skabiosenblütige Form trägt dichtgefüllte Röhrenblüten, die von einem mehrreihigen Kranz breiter Zungenblüten umgeben sind. Die lebhaft gelb, orange, rotbraun bis rot gefärbten und gezeichneten Blumen erscheinen in dem umfangreichen Sortiment in vielen Variationen, blühen früh, reich und lange. Blütezeit Juni bis Oktober.

Tagetes-Patula-Hybride

Tagetes tenuifolia Cav. · Dünnblättrige Studentenblume
(syn. Tagetes signata Bartl.)

✱✱ ⊙ ○ □ ⁞ Y ⊍ ⊍ B ⬡

Botanisches: Die Heimatgebiete liegen in Mexiko. Die 25 bis 30 cm hohe, feinästige und dicht buschig wachsende Pflanze trägt fiederschnittiges Laub. Die

Züchterische Arbeit führt bei *Tagetes-Hybriden* zu einem formenreichen Sortiment mit vielfältigen Verwendungsmöglichkeiten. Einige Sorten werden über 100 cm hoch und erreichen Blumendurchmesser bis zu 13 cm.

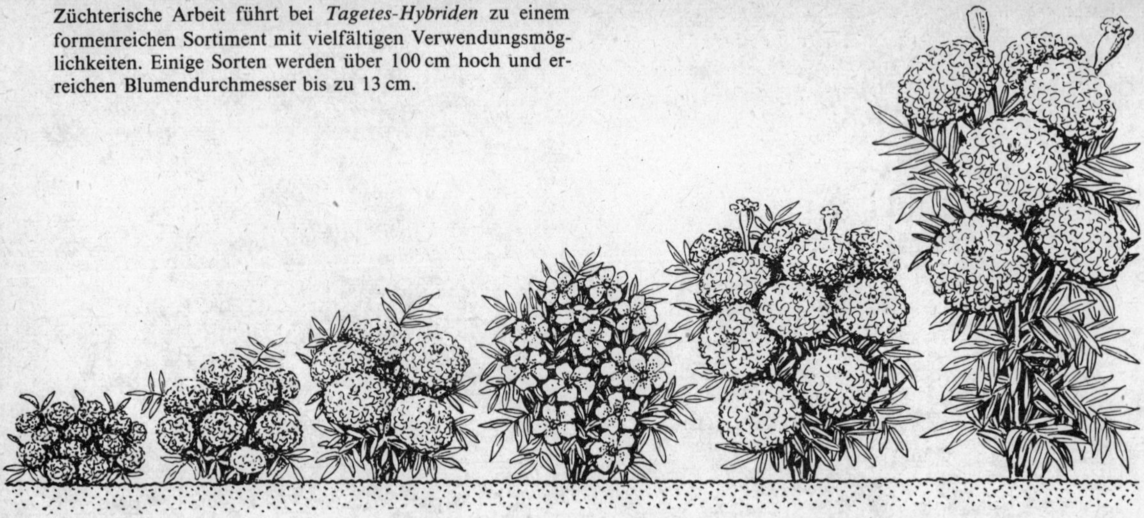

Blumen werden nur bis 2,5 cm groß, erscheinen aber in sehr großer Anzahl, meistens in gelben Tönen. Blütezeit Juli bis Oktober.

Züchtung/Sortiment: Die wenigen, meist einfachblühenden Gartenformen blühen gelb, orange bis rotbraun. Ihr Zierwert liegt vor allem in dem gedrungenen Pflanzenaufbau und der außerordentlichen Fülle der kleinen, hübschen Blumen über lange Sommermonate.

Vermehrung/Anzucht: Alle Tagetes werden ab Ende Februar unter Glas ausgesät. Ein Pikieren ist auf jeden Fall vorteilhaft. Besonders kräftige Jungpflanzen erhält man, wenn man danach noch in kleine Töpfe pflanzt, je nach Sorte in Größen von 7 bis 10 cm. Mit durchwurzelten Ballen sind die Sorten zum Zeitpunkt des Auspflanzens im Mai oft bereits knospig. Die Pflanzenentfernungen entsprechen den Sorteneigenschaften, dürfen jedoch keinesfalls zu eng gewählt werden. Sie betragen 20 bis 30 cm bei den niedrigen, 30 bis 40 cm bei den halbhohen und bis 50 cm bei hohen Gartenformen.

Standort/Pflege: Studentenblumen sind sonnenhungrig und benötigen dementsprechende Lagen. An die Bodenverhältnisse passen sie sich gut an. Da sie teilweise kräftig wachsen, sollten Bodenfeuchtigkeit und Nährstoffversorgung stets ausreichend und ausgewogen sein. Mastige und stickstoffüberdüngte Böden vermeidet man, da die Standfestigkeit der hohen Sorten und der Blütenreichtum deutlich leiden. Bei den Pflanzungen im Mai/Juni achtet man besonders auf Schnecken, durch die große Verluste auftreten können, wenn man sie nicht rechtzeitig bekämpft.

Verwendung: Durch ihre Anspruchslosigkeit, Schönheit, Vielfalt und bis zum Eintritt des Frostes währende Blütezeit gehören Tagetes zu den beliebtesten und am häufigsten angebauten Sommerblumen. Das gilt sowohl für den Haus- und Kleingarten als auch für öffentliche Anlagen.

Die hohen Sorten werden im Hintergrund bunter Sommerblumenbeete angepflanzt und zum Schnitt verwendet. Bei manchen Gartenfreunden herrscht gegen Tagetes-Schnittblumen des strengen Duftes wegen eine gewisse Voreingenommenheit. Durch die Züchtung duftloser Sorten wird dieser Gesichtspunkt künftig jedoch eine immer geringere Rolle spielen. Die halbhohen und niedrigen Sorten sind hervorragende Beet- und Einfassungspflanzen. Nicht selten werden sie auch in Balkon- und Fensterkästen gepflanzt oder sogar als Schalen- und Topfpflanzen verwendet. Geschätzt wird an Tagetes nicht zuletzt die große Widerstandsfähigkeit bei ungünstiger Witterung.

Als Nutzpflanzen werden bestimmte Typen von *T. erecta* zur Gewinnung von Pigmenten als Zusatz für Futtermittel zur Eierproduktion angebaut.

Thunbergia Retz. · Thunbergie
Acanthaceae · Akanthusgewächse

Benannt wurde die Gattung nach Carl Per Thunberg, einem schwedischen Botaniker (1743 bis 1822). Über 70 kraut- und holzartige Kletterpflanzen sind in Afrika, Madagaskar und dem wärmeren Asien beheimatet.

Thunbergia alata Boj. ex Sims · Schwarzäugige Susanne

✳ ♃ ⊙ ○ ⊕ ⦚ ⦚ ⋙ ⊥ ⊍ [B]

Botanisches: Die Art ist ein ausdauerndes, bei uns einjährig gezogenes Schlinggewächs aus Südostafrika. Die behaarte Pflanze wird 100 bis 150 cm hoch, trägt geflügelte Blattstiele und eckig-eiförmige

Blätter mit herzförmigem Grund. Die langgestielten Blüten erscheinen aus den Blattachseln. Von der hellgelben Krone hebt sich ein scharf umrissener, purpurfarbener Schlund ab. Blütezeit Juni bis September.

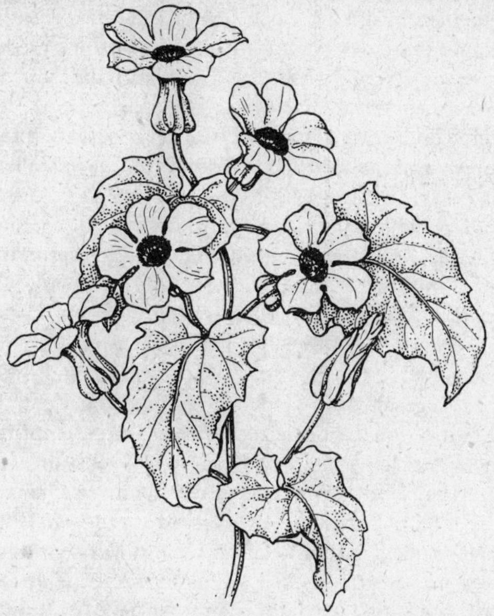

Züchtung/Sortiment: Sorten und Mischungen in weißen, gelben und orangefarbenen Tönen sind als Gartenformen bekannt.

Vermehrung/Anzucht: Man sät im März im Gewächshaus aus und setzt je drei Sämlinge in 8 cm große Töpfe. Da man erst Ende Mai ins Freie pflanzen kann, werden die Jungpflanzen nochmals in größere Töpfe umgesetzt. Die Triebe bindet man rechtzeitig an Stäben auf.

Standort/Pflege: Den heimatlichen Bedingungen entsprechend wünschen Thunbergien sonnige, warme und windgeschützte Lagen. Der Boden soll kalkhaltig sein. Nässe vertragen sie nicht. In kühlen Sommern gibt es Mißerfolge.

Verwendung: Dieser nicht allzu hoch werdenden Kletterpflanze ist eine schnelle Verbreitung in unseren Gärten und Anlagen zu wünschen. Sie eignet sich sowohl kletternd als auch überhängend für keramische Gefäße, Balkon- und Fensterkästen. Auch zur Begrünung niedriger Zäune und von Baulichkeiten ist sie bestens geeignet. Bodenflächen, Steine und Mauern können durch die kriechenden oder überhängenden Triebe belebt werden.

Tithonia Desf. ex Juss. · Tithonie
Compositae · Korbblütler

Benannt wurde die Pflanze nach Tithon, dem Gemahl der Europa in der griechischen Sage. Die 10 meist einjährigen, verzweigten Kräuter stammen aus Mexiko und dem mittelamerikanischen Raum. Die Arten werden ungewöhnlich hoch und tragen weiches, etwas filziges Laub. Die Blätter sind am Stengelgrund gegenständig, sonst wechselständig, entweder ungeteilt oder dreilappig. Die gelben bis orangefarbenen Blumen sitzen auf blasig verdickten Stielen.

Tithonia rotundifolia (Mill.) S. F. Blake · Gartentithonie

✳ ⊙ ○ ♒ □ Y ⊥ ≣

Botanisches: Die mexikanische Pflanze erreicht bis 150 cm Höhe. Sie ist reichlich verzweigt und trägt viele große, herzförmige Blätter, so daß sie wie eine Dahlie als dichtbelaubter, geschlossener Busch wirkt. Die langgestielten Blumen werden bis 8 cm groß und blühen scharlachrot bis orangefarben. Blütezeit August bis September.

Züchtung/Sortiment: Es gibt einige 100 bis 150 cm hohe Sorten, besonders in leuchtend orangeroten Farbtönen.

Vermehrung/Anzucht: Ausgesät wird im März in Frühbeete oder im Gewächshaus. Die Sämlinge werden pikiert und getopft. Im Mai setzt man sie mit 50 bis 70 cm Abstand ins Freiland.

Standort/Pflege: Tithonien brauchen vollsonnige, warme Plätze und dabei nährstoffreiche, durchlässige Böden. Im Sommer wird zusätzlich bewässert und gedüngt.

Verwendung: Bei geeigneten Standorten kann man Tithonien in bunte Sommerblumenpflanzungen einstreuen. Auch in Gemeinschaft mit winterharten Stauden bewähren sie sich ausgezeichnet. Solitär, in Gruppen oder reihenweise als heckenartige Anlagen wirken sie besonders schön.

Tropaeolum L. · Kapuzinerkresse *Tropaeolaceae* · Kapuzinerkressengewächse

Lateinisch: tropaeum = Siegeszeichen; der Gattungsname ist die Verkleinerungsform davon und bezieht sich wohl auf die schildartigen Blätter und helmartigen Blüten. Etwa 50 Arten verzweigter, oft kletternder Kräuter stammen aus bergigen Gebieten Südamerikas.

Tropaeolum majus L. · Kapuzinerkresse

✱✱ ♃ ⊙ ○ ≈ ◊ ⦚ ⦚ ⇝ □ ⁞ ⊥ ≢ ⊖ [B] ⬡

Botanisches: Die von Peru bis Kolumbien beheimatete, eigentlich ausdauernde Pflanze wird bei uns einjährig angebaut. Ihre langen, verzweigten Triebe wachsen kriechend oder kletternd und werden mehrere Meter lang. Die Pflanzenteile sind kahl und fleischigsaftig. Typisch sind die rundlichen, schildförmigen Blätter und die großen orangefarbenen bis gelben Blüten. Blütezeit Juli bis Oktober.

Züchtung/Sortiment: Das heute im Anbau befindliche Sortiment rechtfertigt den Artnamen *T. majus*, der noch Katalog- und Handelsbezeichnung ist, nicht mehr so recht. Die zahlreichen Sorten sind Kreuzungsergebnisse verschiedener Arten, darunter der beiden in diesem Buch behandelten.

Wir unterscheiden grundsätzlich eine Gruppe niedriger, etwa 25 cm hoher Hybriden und die 300 bis 400 cm weit kriechenden oder hoch kletternden Vertreter. Von beiden gibt es Farbsorten in gelben, roten, orange- und lachsfarbenen Tönen und verschiedene Mischungen. Einige Sorten zeichnen sich durch dunkle Belaubung aus. Es gibt einfach- bis gefülltblühende Kapuzinerkressen. Man schätzt besonders Sorten mit nicht allzu großem Laub und mit frei über den Blättern stehenden Blüten.

Vermehrung/Anzucht: Es kommen zwei Vermehrungsmethoden in Betracht. Wird an Ort und Stelle ins Freie gesät, dann nicht vor Anfang Mai, denn die Sämlinge sind schon gegen leichte Fröste empfindlich und holen spätere Aussaat im Wachstum stets auf. Man sät am zweckmäßigsten horstweise, jeweils 3 bis 4 Körner zusammen. Der Abstand von Horst zu Horst richtet sich nach Sorte und Verwendungszweck und liegt zwischen 25 bis 50 cm. Eine andere Möglichkeit besteht darin, schon Anfang April unter Glas in 8 cm große Töpfe auszusäen. Auch hier werden drei Samenkörner zusammengelegt. Diese Methode bringt die Vorteile der kräftigeren Pflanzen, der früheren Blüte und des geschützten Standortes bis nach den letzten Maifrösten.

Standort/Pflege: Am reichsten blühen die Bestände immer in sonnigen Lagen. Im Schatten und bei überfeuchten, mastigen Böden entwickelt sich das Laub zu stark, so daß die Blüten zwischen den Blättern verborgen sind. In durch Spät- oder Bodenfröste gefährdeten Lagen ist entsprechend später zu säen oder zu pflanzen.

Verwendung: Die Kapuzinerkresse ist aus unserem Sommerblumensortiment nicht mehr wegzudenken, denn in der Schönheit der Formen und der Leuchtkraft der Blüten wird sie kaum von anderen Arten erreicht. Die Sorten der hochwachsenden, kriechenden oder kletternden Gruppe bieten reichhaltige Anwendungsmöglichkeiten für die Besetzung großer geschlossener Beetflächen und die Berankung von Gartenbaulichkeiten, Pergolen, Zäunen, Mauern Balkon- und Fensterkästen. Die niedrigen, buschartig wachsenden Formen verwenden wir in Beetpflanzungen aller Art, für Einfassungen und in großen keramischen Gefäßen.

Auch Kombinationen beider Wuchsgruppen sind durchaus möglich. Mitunter beginnen einzelne Pflanzen der buschartig wachsenden Gruppe lange, kriechende oder kletternde Triebe auszubilden, was natürlich unerwünscht ist.

Tropaeolum peregrinum L. · Fremde Kapuzinerkresse
(syn. Tropaeolum canariense hort. ex Lindl. et T. Moore)
✳ ⊙ ○ ≏ ≷ ⊥ [B] ⬡

Botanisches: Die einjährige, aus Südamerika stammende Art klettert bis 400 cm hoch. Die Stengel sind sehr ästig. Die nieren- bis herzförmigen oder kreisrunden Blätter sind fünf- bis siebenlappig. Die kanariengelben, gefransten Blüten erscheinen zahlreich. Blütezeit Juli bis September.

Züchtung/Sortiment: Sorten sind nicht bekannt.

Vermehrung/Anzucht: Im Gegensatz zur bereits behandelten und wesentlich bekannteren Art wird *T. peregrinum* im März unter Glas ausgesät. Man legt je drei Körner in kleine Töpfe und pflanzt die zwischenzeitlich gestäbten Pflanzen Ende Mai/Anfang Juni im Abstand von 60 bis 100 cm ins Freiland.

Standort/Pflege: Die wärmebedürftige Art erfordert einen geschützten und sonnigen Gartenplatz. Sie ist schnellwüchsig und unter guten Bedingungen auch bei uns hochkletternd. Deshalb braucht sie reichlich Wasser und Nährstoffe, die wir regelmäßig zusätzlich geben müssen.

Verwendung: Diese Kletterpflanze verdient jede Förderung und ist auf das vielseitigste zur Bewachsung von Gerüsten, Mauern, Wänden, Zäunen und sogar Baumstämmen verwendbar. Unter optimalen Bedingungen braucht *T. peregrinum* viel Platz zur vollen Entfaltung.

Ursinia Gaertn. · Bärenkamille
Compositae · Korbblütler

Der Name soll auf Johannes H. Ursinus (1608 bis 1666), Geistlicher in Regensburg und Autor von Arboretum Biblicum, zurückzuführen sein. Die über 60 ein- und mehrjährigen Kräuter oder Halbsträucher aus Südafrika sind kahl bis flaumhaarig und duften aromatisch. Die Strahlenblütenkronen sind groß und ansehnlich.

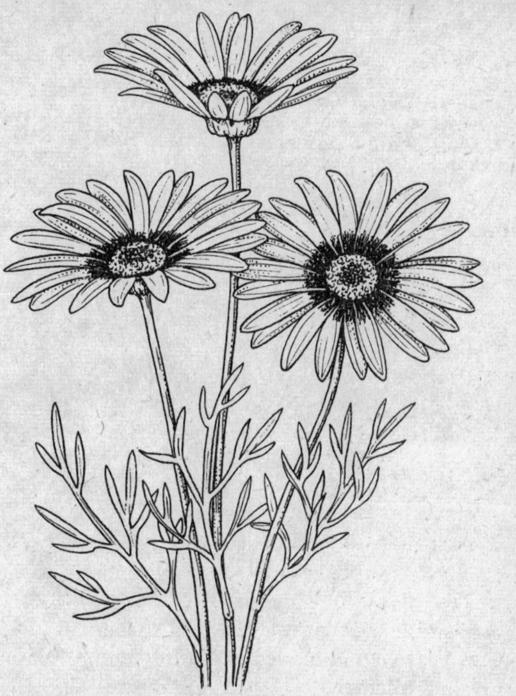

Ursinia anethoides (DC.) N. E. Br. · Dillähnliche Bärenkamille
✳ ⊙ ○○○ □

Botanisches: Der Artname bezieht sich auf die Ähnlichkeit der Belaubung mit Dill. Die dünn behaarte Pflanze wird bis 60 cm hoch und trägt feingefiederte Blätter. Die bis 5 cm großen Blumen sind langgestielt und bestehen aus goldgelben Strahlenblüten. Blütezeit Juni bis August.

Ursinia versicolor (DC.) N. E. Br. · Verschiedenfarbige Bärenkamille
✳ ⊙ ○○○ □

Botanisches: Die 30 bis 50 cm hohe Einjahrsblume hat fiederspaltiges Laub. Die Blumen sitzen auf langen Stielen an den Zweigenden. Die leuchtendgelben Strahlenblüten tragen purpurbraune Flecken am Grund. Die Scheibenblüten sind dunkler. Oft werden die Blumen 4 bis 5 cm breit. Blütezeit Juli bis September.

Züchtung/Sortiment: Beide Arten wurden bisher züchterisch kaum bearbeitet. Sorten sind nicht bekannt.

Vermehrung/Anzucht: Die Aussaat erfolgt meistens im April gleich an Ort und Stelle. Es ist vorteilhaft, bald auf 15 bis 25 cm zu vereinzeln. Um besonders kräftige Pflanzen zu erzielen, kann man auch unter

Glas aussäen und in kleinen Torftöpfen im Mai ins Freiland pflanzen.

Standort/Pflege: Der heimatlichen Herkunft entsprechend, benötigt die Bärenkamille für gute Entwicklung und eine reiche Blüte vor allem Sonne und Wärme. Der Boden muß durchlässig, warm und mager sein. In kalten und regenreichen Sommern kann es Mißerfolge geben, die uns für neue Anbauversuche jedoch nicht gleich entmutigen sollten.

Verwendung: Bärenkamillen sind bisher überwiegend in England bekannte Sommerblumen, die jedoch auch bei uns gefördert werden sollten. Gute Wirkungen sind in Verbindung mit Ziergräsern, Gazanien und anderen aus Südafrika stammenden Arten zu erzielen.

Venidium Less. · Venidie
Compositae · Korbblütler

Herkunft und Bedeutung des Namens sind ungeklärt. Die etwa 20 ein- und mehrjährigen Kräuter stammen aus Südafrika. Das teilweise filzige Laub ist wechselständig angeordnet, entweder gelappt oder fiederspaltig. Die langgestielten Blumen entsprechen mit ihrem Kranz farbiger Zungenblüten und der aus Röhrenblüten bestehenden Mittelscheibe dem typischen Aufbau der Korbblütler.

Venidium fastuosum Stapf. · Prächtige Venidie

✻✻ ⊙ ○○○ □ ⊥

Botanisches: Diese Art beinhaltet einjährige, verzweigte, bis 60 cm hohe Kräuter mit langer, weißer Behaarung. Die Grund- und Stengelblätter sind in der Form unterschiedlich. Die Zungenblüten des Köpfchens sind gelb bis tieforange, die Scheibenblüten braunpurpurfarben. Die Blumen sind nur tagsüber und bei Sonnenschein geöffnet. Blütezeit Juli bis September.

Züchtung/Sortiment: Es werden Mischungen pastellfarbener Töne angeboten. Die Blumen erreichen auf den 40 bis 50 cm langen Stielen oft über 10 cm Durchmesser und wirken überaus schön und edel. Die aus Kreuzungen zwischen *Venidium* und *Arctotis* in England entstandenen Gattungsbastarde werden als *Venidioarctotis* bezeichnet. Es gibt davon Farbsorten, die jedoch im August aus Stecklingen vermehrt und frostfrei überwintert werden müssen.

Vermehrung/Anzucht: Man sät ab März unter Glas aus und verstopft nach der Keimung gleich in kleine Töpfe. Bis zum Auspflanzen Ende Mai werden die Pflanzen sehr hell und luftig gehalten, dabei sorgfältig, dem Feuchtigkeitsbedarf entsprechend, gegossen. Die Pflanzenabstände betragen etwa 30 cm.

Standort/Pflege: Vollsonniger, warmer Stand und durchlässiger, nicht allzu feuchter Boden sind wesentliche Voraussetungen für gutes Gedeihen.

Verwendung: Für jeden Pflanzenfreund lohnt sich ein Versuch mit dieser exquisiten Pflanze. Man pflanzt Venidien in kleinen geschlossenen Gruppen.

Bei gemischten Pflanzungen sollte man in der Wahl der Nachbarn andere südafrikanische Arten, einjährige Gräser, *Senecio bicolor* und Pflanzen mit kräftigen, einfarbigen Tönen bevorzugen.

Verbena L. · Verbene
Verbenaceae – Verbenengewächse

Der Name ist altrömischer Herkunft. In ihm steckt die Bezeichnung verbum = Wort. Angeblich soll die Pflanze bei Opferhandlungen und Schwüren benutzt worden sein. Die etwa 200 Arten krautiger oder halbstrauchartiger Vertreter stammen vornehmlich vom amerikanischen Kontinent. Das Laub ist gegenständig oder quirlig angeordnet. Die Blüten sitzen in endständigen, dichten, stark gestauchten Ähren, die sich zur Fruchtreife verlängern.

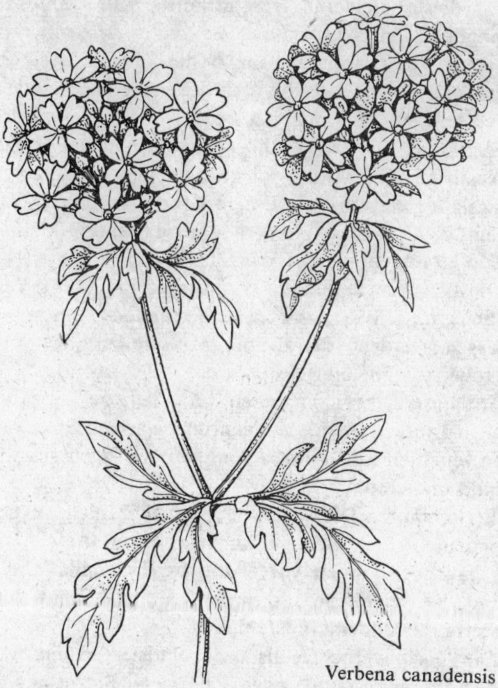

Verbena canadensis

Verbena canadensis (L.) Britt. · Kanadische Verbene
(syn. Verbena aubletia Jacq.)
∗ ♃ ⊙ ○ ▭ □ ⁞ Y ⊍ ⊍ [B]

Botanisches: Die ausdauernde, bei uns einjährig angebaute Zierpflanze kommt aus dem südöstlichen Nordamerika. Sie wächst verzweigt mit kriechend aufstrebenden Ästchen und wird 20 bis 40 cm hoch. Die Laubform erinnert an die mancher Chrysanthemen, nur sind die Blätter kleiner. Die in doldig-kopfigen Ähren angeordneten Blüten erscheinen meist in purpurfarbenen Tönen, seltener in Weiß. Blütezeit Juni bis September.

Züchtung/Sortiment: Im Anbau ist eine dunkelrotviolette Form von 20 cm Höhe.

Verbena-Hybriden

Verbena-Hybriden · Gartenverbene
(syn. Verbena × hybrida Voss.)
∗∗ ⊙ ○ ▭ □ ⁞ Y ⊍ ⊍ [B]

Botanisches: Die heutigen Formen sind aus Kreuzungen verschiedener Arten wie *V. peruviana, V. phlogifolia, V. incisa* und *V. platensis* entstanden. Sie werden, je nach Sorten, 15 bis 45 cm hoch, sind buschig verzweigt und blühen in fast allen Farben außer Reingelb. Blütezeit Juni bis September.

Züchtung/Sortiment: Die intensive züchterische Arbeit führte zu einem großen Formenkreis buschig wachsender, reichblühender Hybriden in Wuchshöhen zwischen 15 und 25 cm. Das Farbenspiel umfaßt neben Weiß, rosa, rote und blaue Farbabstufungen in Blüten mit und ohne Auge.

Verbena rigida Spreng. · Steife Verbene
(syn. Verbena venosa Gill. et Hook)
∗∗ ♃ ⊙ ○ ▭ □ ⁞ Y ⊍ ⊍ [B] ✂

Botanisches: Diese ausdauernde, bei uns einjährig angebaute Zierpflanze stammt aus Nord-, Mittel- und Südamerika. Die Pflanzen werden 25 bis 45 cm hoch und sind durch die steif-sparrig abstehenden Äste mit den schmalen Blättern charakterisiert. Sie wirken dadurch nicht so buschig wie die übrigen Arten. Die violetten Blüten sitzen in doldenförmigen Ähren. Blütezeit Juni bis September.

Züchtung/Sortiment: Die angebaute Gartenform blüht hellviolett und wird etwa 30 cm hoch.

Verbena tenera Spreng. · Zarte Verbene
∗ ♃ ♄ ⊙ ○ □ Y ⊍ ✂

Botanisches: Die aus Südamerika stammende, staudig-halbstrauchartig wachsende Art wird meistens

Verbena rigida

Verbena tenera

einjährig angebaut. Sie wird bis 30 cm hoch, verzweigt sich stark und wächst mit niederliegenden, aufstrebenden Stengeln. Die gegenständigen Blätter sind meist fiederförmig eingeschnitten. Die violettrosa gefärbten Blüten sind in doldenförmigen, während der Blüte sich verlängernden Ähren angeordnet. Blütezeit Juni bis September

Züchtung/Sortiment: Die Art wurde als Kreuzungspartner für ein Sortiment mehrfarbiger Hybriden verwendet, die jedoch kaum noch angebaut werden. Dagegen ist die beschriebene botanische Form für die Bepflanzung größerer Flächen und als Unterpflanzung gut geeignet.

Vermehrung/Anzucht: Ausgesät wird bereits im Februar/März, damit die Pflanzen Ende Juni mit der Blüte beginnen. Bei Verbenen sind Keimverzögerungen und Unregelmäßigkeiten über mehrere Wochen nicht selten. Es wird eine mehrstündige Frosteinwirkung auf den bereits gesäten Samen empfohlen, damit dieser gleichmäßiger aufläuft. Außerdem soll möglichst frisches Saatgut verwendet werden. Man pikiert die Sämlinge am besten gleich in 7 cm große Ton- und Torftöpfe, in denen sie nach einigen Wochen ein Mal entspitzt werden. Bei hellem, luftigem Stand auf dem Frühbeet entwickeln sich bis zur Auspflanzung Mitte Mai kräftige und buschig-verzweigte Jungpflanzen. Einige Volldüngergaben während der Anzucht sind gerade beim Stand in kleinen Töpfen angebracht.

Die Pflanzentfernungen betragen 15 bis 30 cm. Versuche mit Direktaussaaten ins Freiland sollten unterlassen werden, da zu oft Mißerfolge oder sehr große Ausfälle eintreten.

Standort/Pflege: Verbenen brauchen zum reichlichen Blühen einen sonnigen und warmen Standort. In feuchten und kühlen Sommern versagen sie deshalb manchmal.

Verwendung: Diese Sommerblumen zählen zu den bedeutendsten Beet- und Gruppenpflanzen. Wir schätzen an ihnen vor allem den langanhaltenden Flor, die reichliche und farbenfreudige Blütenpracht sowie die Widerstandsfähigkeit.

Die Gartenverbenen als bedeutendste Gruppe werden für gemischte und geschlossene Beetpflanzungen, Einfassungen, Balkon- und Fensterkästen oder keramische Gefäße verwendet.

Verbena canadensis kann ähnlich eingesetzt werden und wirkt besonders schön in Verbindung mit grau- bis silberlaubigen Pflanzen wie das Greiskraut *(Senecio bicolor).*

V. rigida ergibt ausgezeichnete Wirkungen mit gelben Gruppenpflanzen und auf großen geschlossenen Flächen. Diese Art sollte nicht weiter als 15 cm von Pflanze zu Pflanze gesetzt werden, damit die sparrigen Äste kreuzweise ineinanderragen und dadurch eine geschlossene Pflanzen- oder Blütendecke bilden.

V. tenera und gelegentlich auch *V. rigida* werden zum Schnitt für bunte Sträuße verwendet.

Viola L. · Veilchen

Violaceae · Veilchengewächse

Die Bezeichnung der Gattung ist der altrömische Name für das Veilchen. Bekannt sind mehr als 400 Arten aus der nördlichen gemäßigten Zone, dem tropischen und subtropischen Amerika, Afrika und Australien. Die zumeist ausdauernden Kräuter tragen grund- oder wechselständige, gestielte, herz- bis eiförmige Blätter. Die in den Blattachseln sitzenden Blütenstiele besitzen meistens nur eine Blüte.

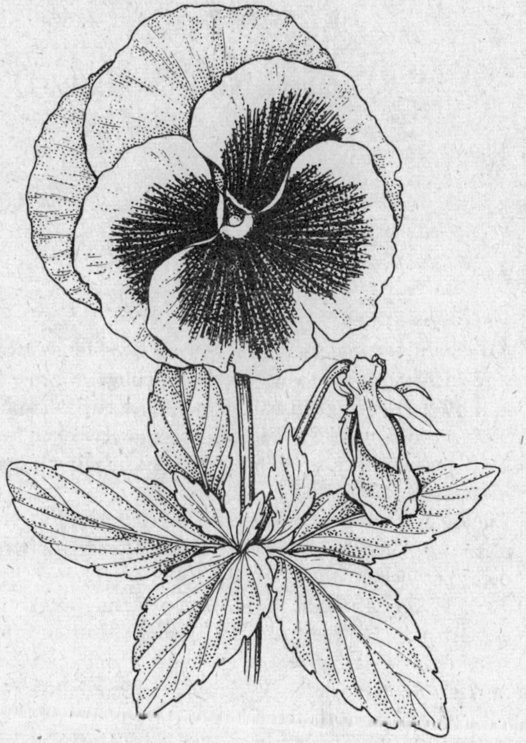

Viola-Wittrockiana-Hybriden · Gartenstiefmütterchen (syn. Viola × wittrockiana Gams)

✳✳✳ ⊙ ○ ◐ ▭ □ ⁞ Y ⊍ ⊍ [B] ✂

Züchtung/Sortiment: Unter dem Sammelbegriff werden umfangreiche Sortimente zusammengefaßt. Sie entstanden durch eine breite züchterische Tätigkeit, die bereits Mitte des vorigen Jahrhunderts einsetzte. Durch Kreuzungen zwischen *V. altaica, V. cornuta, V. lutea, V. tricolor* und anderen Arten wurden Gartenformen geschaffen, bei denen Schönheit und praktische Eigenschaften zunehmend vereint wurden. Neben Sortengruppen mit riesenblumigen, bis 10 cm großen Einzelblüten in den prächtigsten Einzelfarben und Zeichnungen schätzen wir die bis zum Verblühen niedrig und kompakt wachsenden, frühen Massenblüher. Es gibt Sorten mit und ohne Auge. Besonders erwünscht sind reiche und lange anhaltende Blühperioden ebenso wie Winterhärte und Widerstandsfähigkeit gegen Rauchgasschäden. Erfolgreich wurden viele dieser ästhetisch und anbautechnisch bedeutsamen Eigenschaften in neueren Sortengruppen vereint, so daß heute ein anspruchsvolles Sortiment in weitgehender Vollkommenheit zur Verfügung steht. Da Stiefmütterchen für die Bepflanzung auch großer Flächen mit einheitlichen Sorten genutzt werden, sind in jeder Hinsicht sortenechte Nachkommenschaften ein wichtiger Bewertungsmaßstab. Dazu leisten auch die neueren F_1-Hybriden einen Beitrag. Blütezeit März bis Juli, teilweise bereits im Herbst.

Vermehrung/Anzucht: Stiefmütterchen werden meistens ab Ende Juni bis Ende Juli ausgesät. Das geschieht im Frühbeet in möglichst desinfiziertem Erdreich, um Ausfällen vorzubeugen. Als Regel gilt, auf 1 m^2 etwa 1 g Saatgut breitwürfig oder in Reihen auszusäen. Der Samen wird nur wenige Millimeter mit Erde bedeckt und danach angegossen. Bis zur Keimung hält man die mit Fenstern und Schattenleinen abgedeckten Kästen gleichmäßig feucht. Nach der Keimung werden die Sämlinge zunehmend an Licht und Luft gewöhnt. Im August/Anfang September pflanzt man im Abstand von 15 bis 20 cm auf Freilandbeete aus, wo die Pflanzen bis zur endgültigen Verwendung verbleiben. Nur dort, wo keine Auswinterungsgefahr besteht oder die Pflanzen abgedeckt werden können, wird bereits im Herbst an Ort und Stelle gepflanzt.

In den USA und Westeuropa ist auch die Märzaussaat gebräuchlich. Sie ergibt bereits im Juli voll blühende Pflanzen für die Gartengestaltung.

Standort/Pflege: Die Anzuchtbeete und endgültigen Pflanzplätze sollen möglichst vollsonnig und geschützt liegen. Der Boden muß in gutem Kulturzustand und frei von Unkräutern sein. Er soll einen neutralen bis leicht alkalischen pH-Wert haben. Großblumige Rassen stellen hinsichtlich der Nährstoffversorgung die höchsten Ansprüche. Ein Winterschutz mit Reisig vom Frosteintritt bis zum März ist im Kleingarten und dort, wo es möglich ist, zu empfehlen.

Verwendung: Jährlich werden viele Millionen Stiefmütterchen für Bepflanzungen aller Art herangezogen. Die größten Mengen werden für öffentliche Anlagen benötigt, wo sie als erste Bepflanzung vor den übrigen Sommerblumen verwendet werden. Auch für Einfassungen, gemischte Frühjahrsbeete, Balkon- oder Fensterkästen und in keramischen Gefäßen werden Stiefmütterchen gern gepflanzt. Im Klein- und Hausgarten ergeben sich immer Möglichkeiten, einige Pflanzen unterzubringen. In bezug auf Blühdauer, Reichblütigkeit und Farbenreichtum werden sie von keinem anderen Frühjahrsblüher übertroffen.

Vielfältige Blütenzeichnungen der *Viola-Wittrockiana-Hybriden*

Stiefmütterchen sind geschätzte Pflanzen auch für Friedhöfe.
Einige Blüten werden im Herbst und Frühjahr gezupft und auch für die Füllung kleiner Vasen verwendet. Sie sind zwar nicht lange haltbar, jedoch sehr schön. Bei der großen Blütenzahl können Vasenfüllungen kurzfristig ohne großen Aufwand erneuert werden.

Xeranthemum L. · Papierblume
Compositae · Korbblütler

Griechisch: xeros = trocken, anthemon = Blume. Die sechs aus dem Mittelmeergebiet und Vorderasien stammenden Arten sind einjährig. Alle wachsen aufrecht und verzweigt. Stengel und Laub sind grau gefärbt. Die Blätter sind schmal und ganzrandig. Die Köpfchen sitzen einzeln auf sehr langen Stielen.

Xeranthemum annuum L. · Papierblume
☀ ⊙ ○○○ □ ✂ ⚘
Botanisches: Meistens werden die Pflanzen 40 bis 60 cm hoch. Sie tragen grauhaariges Laub, das sich schopfartig entwickelt. Die Blumen sitzen einzeln auf drahtigen Stielen. Die gelben Scheibenblüten sind mehrreihig und von trockenen, zungenförmigen Hüllblättern umgeben, die blütenblattartig wirken. Sie sind rosa, rot oder weiß gefärbt und erwecken bei kräftiger Ausbildung den Eindruck dicht gefüllter Blumen. Blütezeit Juli bis September.
Züchtung/Sortiment: Mitunter werden Kulturformen angeboten, bei denen die Hüllblätter besonders dicht entwickelt sind.
Vermehrung/Anzucht: Die Aussaat kann im April an Ort und Stelle erfolgen. Besonders kräftige und reichblühende Pflanzen erzielt man, wenn man bereits im September des Vorjahres auf Freilandbeete sät und die Jungpflanzen unter einer leichten Reisigdecke überwintert.
Standort/Pflege: Die anspruchslose Sommerblume liebt sonnige, warme und eher trockene Gartenplätze.
Verwendung: Sie hat große Bedeutung zur Verwendung als Trockenblume. Geschnitten wird, wenn alle kleinen Blütchen aufgeblüht sind. Die Bündel werden dann an luftigem Ort zum Trocknen aufgehängt.

Zinnia L. · Zinnie
Compositae · Korbblütler

Benannt wurde die Gattung nach Gottfried Zinn, Botaniker in Göttingen (1727 bis 1759). Die 15 Arten ein- und mehrjähriger Kräuter und Halbsträucher stammen aus Nord-, Mittel- und Südamerika, besonders aus Mexiko. Die Pflanzen sind verzweigt und wirken oft etwas steif. Sie sind rauhhaarig und tragen gegenständige und ganzrandige Blätter. Die Blumen sitzen an den Stielenden, sind sehr regelmäßig gebaut und erscheinen in zahlreichen leuchtenden oder zarten Farben.

Zinnia angustifolia H. B. K. · Schmalblättrige Zinnie (syn. Zinnia linearis Benth.)

✱ ⊙ ○ ▭ □ ⁞ Y ⊍ ⊍ [B] ✂ ⬡

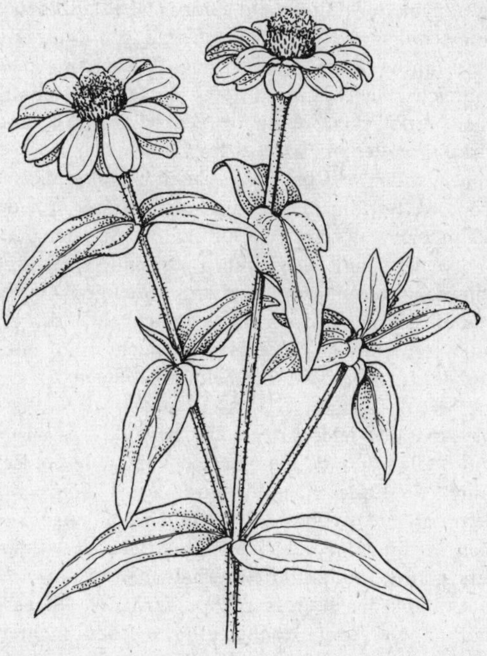

Botanisches: In der Heimat Mexiko wächst die Art 20 bis 40 cm hoch und buschig. Sie trägt zahlreiche 4 bis 6 cm große Blumen in Orange. Blütezeit Juli bis Oktober.

Züchtung/Sortiment: Bekannt sind einige einfache oder gefülltblühende Sorten in orangefarbenen bis braunen Farbtönen.

Zinnia elegans Jacq. · Gartenzinnie

✱✱✱ ⊙ ○ □ ⁞ ⊍ ⊍ ⊍ [B] ✂ ⬡

Botanisches: Die Heimat ist Mexiko. Die 40 bis 100 cm hohen, gabelartig verzweigten Kräuter besitzen eine kurzbehaarte Oberfläche. Die Blumen der Stammform werden bis 12 cm groß, sind langgestielt, sehr ebenmäßig gebaut und erscheinen in zahlreichen Farben. Blütezeit Juli bis Oktober.

Züchtung/Sortiment: Die vielen verschiedennamigen Sortengruppen lassen sich nach der Wuchshöhe in wenige Hauptgruppen einteilen. Die für Schnittzwecke ausgezeichnet geeigneten, 80 bis 90 cm hohen Zinnien besitzen bis 15 cm große Blumen, die durch die unterschiedlich angeordneten Zungenblütenkronen mehrgestaltig geformt sind. Mittelhohe Typen bis zu 60 cm Höhe eignen sich als Schnittblumen und besonders für Beetbepflanzungen. Die bis 8 cm großen Blumen sind ebenfalls verschieden in der Form. Schließlich werden mehrere Gruppen nur 25 bis 30 cm hoher, buschig verzweigter Zinnien mit entweder zahlreichen nur 3 cm breiten oder solchen mit bis 8 cm großen Blumen angeboten. Im Sortiment gibt es bereits F_1-Züchtungen. Die Züchtung hat sich erfolgreich um standfeste, gut verzweigte Pflanzen, feste und lange Stiele, Reichblütigkeit und Großblumigkeit bemüht. Schnellwüchsige, bald mit der Blüte einsetzende Sorten mit einer hohen Widerstandsfähigkeit gegen Mehltau und ungünstige Witterungseinflüsse sind bei den von Natur aus anspruchsvollen und etwas empfindlichen Zinnien darüber hinaus besonders wertvoll. Der große Farbbereich umfaßt grünlichweiße, gelbe, rosafarbene, rote, lavendelfarbene und violette Sorten.

Vermehrung/Anzucht: Die Aussaat erfolgt ab Ende März unter Glas. Der Samen wird nur wenig mit Erde bedeckt und die Beete bis zur Keimung dunkel gehalten. Anschließend allerdings benötigen die Sämlinge bei wenigstens 15° C viel Licht. Sie werden zur weiteren Entwicklung auf das Frühbeet pikiert oder in kleine Töpfe gepflanzt, wo sie sich bis zum Auspflanzen kräftig entwickeln. Das Pflanzen selbst sollte man bei den empfindlichen Pflanzen nicht zu früh, am besten erst Ende Mai/Anfang Juni, vornehmen. Die sortenbedingten Pflanzenabstände wählt man 20 bis 40 cm weit.

Standort/Pflege: Der heimatlichen Herkunft entsprechend sind alle Zinnien sehr wärmeliebende Pflanzen. Erfolg oder Mißerfolg im Anbau werden dementsprechend in erster Linie von der Temperatur beeinflußt. Der Standort für Zinnien muß deshalb vollsonnig und geschützt sein. Gerade in kühlen Jahren ist immer wieder festzustellen, daß in geschützten Lagen am ehesten befriedigende Ergebnisse erreicht werden, während an freien und zugigen Standorten Ausfälle eintreten. Der Boden soll, vor allem für die hohen Sorten, nährstoffreich und nicht zu leicht sein. Mehrmalige Bodenlockerung während des Wachstums und gleichmäßige Bodenfeuchtigkeit tragen zum Erfolg bei.

Verwendung: Unter der Voraussetzung des geeigneten Standortes sind Zinnien vielseitig verwendbar. Die niedrigen Gruppen erweisen sich als reichblühende, dankbare Beetpflanzen und Topfblumen von größter Farbenpracht. Am wichtigsten ist jedoch der Anbau für den Schnitt. Mit frühen, mittelhohen Sorten erreicht man bereits Anfang Juli die ersten Blumen. Für die Folgesätze kommen dann besonders die hohen und großblumigen, aber auch mittelhohe und niedrige Zinnien in Frage. Man schneidet, wenn die Blumen zu zwei Drittel geöffnet sind. Sie sind in der Vase zwei Wochen lang haltbar. Manche Menschen finden Zinnien der geraden Stiele und der ebenmäßigen Blumen wegen zu steif und lehnen sie deshalb ab. Das geschieht bei der Breite des Sortimentes und den Möglichkeiten der binderischen Verarbeitung wohl zu Unrecht. Alles in allem gehören sie durch die herrlichen Farben, die großen, edlen Blumen und langen Schnittstiele zu den schönsten Sommerblumen.

Zinnia elegans umfaßt Sorten mit Wuchshöhen zwischen 25 und 90 cm bei Blumendurchmessern zwischen 3 und 15 cm.

Einjährige Ziergräser

Gräser – die Sammelbezeichnung für alle der Familie der *Gramineae* zugeordneten Gattungen – besitzen bekanntlich für die Landwirtschaft und damit unsere Ernährung eine hervorragende Bedeutung. Alle Getreidearten sind Gräser, unsere Wiesen und Weiden bestehen zumeist aus Mischungen hochwertiger Futtergräser und auch der auf den Feldern häufig angebaute Mais ist ein Gras. Die Pflanzenzüchtung schuf und schafft Voraussetzungen dafür, daß diese landwirtschaftlichen Nutzpflanzen immer ertragreicher angebaut und damit die landwirtschaftlichen Nutzflächen im Interesse der Ernährung noch wirkungsvoller genutzt werden können.

Sicher ist den meisten Lesern auch bekannt, daß ein größeres Sortiment ausdauernder Gräser zu den Schönheiten unserer Gärten zählt. Staudengräser sind beliebt und als vielfältig verwendete Freilandschmuckpflanzen anzutreffen. Wenige Gartenfreunde kennen jedoch die Möglichkeiten des Anbaues einjähriger Ziergräser. Anzucht und Pflege sind leicht, wenn wir die heimatbedingten Ansprüche berücksichtigen.

Die Aussaat vieler Arten kann bedenkenlos an Ort und Stelle erfolgen. Das geschieht meistens im Zeitraum von Ende März bis Ende April. Feinsamige Vertreter und solche aus wärmeren Heimatgebieten säen wir im März oder April unter Glas aus. Besonders kräftige Jungpflanzen erhält man, wenn direkt in kleine Anzuchttöpfe pikiert wird. Bei kleineren und zarten Arten können Büschelchen mehrerer Pflanzen in Torf-, Ton- oder Plastetöpfchen gesetzt werden. Bis zum Pflanzzeitpunkt im Mai entwickelt sich ein gut durchwurzelter Ballen, der das zügige Weiterwachstum begünstigt. Die Abstände werden artenspezifisch gewählt und betragen 15 bis 30 cm.

Alle einjährigen Ziergräser wünschen einen vollsonnigen Standort, einige von ihnen an besonders geschützten und warmen Plätzen. An die Bodenverhältnisse passen sich die Arten gut an. Schwere, kalte und undurchlässige Pflanzorte sollte man jedoch vermeiden.

In der Verwendung kommt dem Schnitt eine vorrangige Bedeutung zu. Fast alle Arten eignen sich als Schnittblumen sowohl frisch als auch in getrocknetem Zustand. Durch die richtige Wahl des Erntezeitpunktes verlängern wir die Haltbarkeit und erhalten die Schönheit, besonders der zum Trocknen vorgesehenen Stiele. Bei der Mehrzahl der Arten schneidet man sehr früh, solange die Pflanzenteile noch grün sind, jedoch entwickelte Blütenstände besitzen. Bei den Hirse-Arten und vielen anderen muß man beachten, daß bereits die milchreifen Samen gern von Vögeln gefressen werden, wodurch erheblicher Schaden für den Schmuckwert der Samenstände verursacht werden kann. Die Stiele werden gebündelt, mit den Stielenden nach oben, an schattigen, luftigen und regengeschützten Plätzen aufgehängt. Dort bleiben sie, bis alle Pflanzenteile hart und trocken sind.

Gräser werden in der Binderei gern in Trockensträußen verarbeitet. Gemeinsam mit anderen Immortellen oder als Ensemble verschiedener Gräserarten wirken sie apart. In kleinen Vasen können wenige Stiele ausgelesener Exemplare eine Augenweide sein.

Mit den höher wachsenden Arten stehen uns Vertreter für repräsentative Vasenfüllungen zur Verfügung.

In den Gärten tragen die einjährigen Gräser zur Auflockerung und Belebung von Blumenbeeten bei. Wir erfreuen uns an den grazilen Formen der im Wind wiegenden Blütenstiele, an den oft flaumartig behaarten Oberflächen der Stiele und des Laubes, an den feinverästelten Blütenständen mit den unterschiedlich behaarten und begrannten Blüten und Fruchtständen. Ein blühendes Gras reizt zum Betrachten und Anfassen. Man entdeckt so viel Schönes, wenn man die Details des Aufbaues in Ruhe studiert.

Der Wuchsform und Höhe entsprechend, pflanzen wir einzeln oder gruppenweise. In Gartenteilen mit Heidepflanzen-Charakter, besonders in Verbindung mit niedrigen Nadelgehölzen, dunkellaubigen Sträuchern oder entsprechenden Gartenblumen, kann man ansprechende und reizvolle Wirkungen erzielen. In größeren Anlagen kann man mit einem Gräserbeet eindrucksvolle Gestaltungseffekte erreichen.

Die schönsten und bekanntesten, aber auch einige attraktive und noch wenig anzutreffende Arten werden nachfolgend in einer Übersicht vorgestellt.

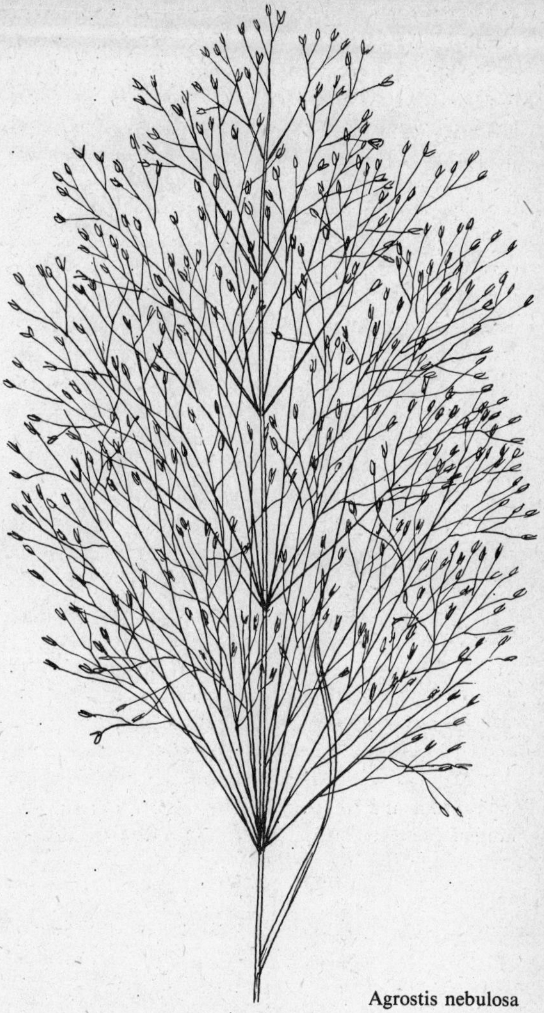

Agrostis nebulosa

Agrostis nebulosa Boiss. et. Reut. · Nebelgras
✳ ⊙ ○○ ◊ □ ⁞ Y
Heimat: West- und Südeuropa. Die Blütchen des 20 bis 30 cm hohen Nebelgrases sitzen in sehr lockeren Rispen. Vor allem im Morgentau und nach dem Regen wirkt das zierliche Gras wie ein feiner Nebelhauch. Blütezeit Juli bis September.
Vermehrung/Anzucht: Die Aussaat erfolgt im März/April unter Glas. Die Standweite wird mit 15 bis 20 cm gewählt.

Aira elegantissima Schur · Sehr zierlicher Schmielenhafer
(syn. Aira elegans Willd. ex Gaud p. p.)
✳ ⊙ ○○○ ◊ □ ⁞ Y
Heimat: Südeuropa. Je nach Standort wird die Art 15 bis 30 cm hoch. Die Seitenäste sind haarförmig verlängert. Durch die gabelartig verzweigten Rispen wirkt das Gras, ähnlich wie *Agrostis*, sehr zierlich. Blütezeit Juni bis August.
Vermehrung/Anzucht: Ausgesät wird im März unter Glas. Im Freien wird im Abstand von 15 cm gepflanzt.

Aira tenorei Guss. · Schleiergras
(syn. Aira pulchella Link non Willd.)
✳ ⊙ ○○ □ ⁞ Y
Heimat: westliches Mittelmeergebiet. Das Schleiergras ähnelt im Wuchs dem Schnittlauch. Es wird 25 cm hoch. Blütezeit Mai bis Juli.
Vermehrung/Anzucht: Anzucht und Wahl der Standweite erfolgen wie bei der vorigen Art.

Avena sterilis L. · Strandhafer
✳ ⊙ ○○ ♣ □ Y ✂ ✿
Heimat: westliches Mittelmeergebiet und Kanarische Inseln. Der bis 80 cm hohe Strandhafer besitzt kräftige Halme. Die Rispen sind groß und überhängend.

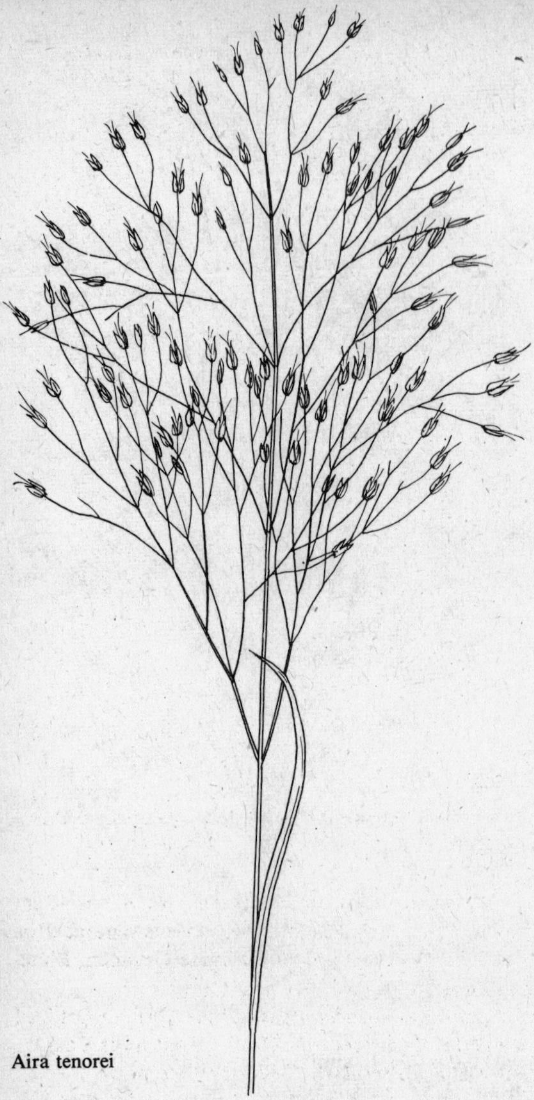

Aira tenorei

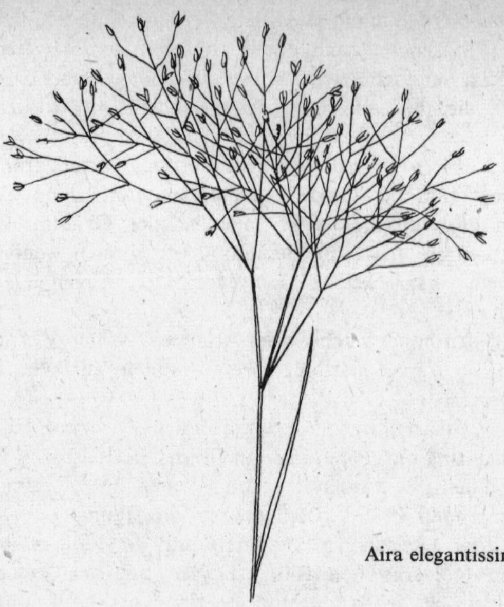

Aira elegantissima

Charakteristisch sind die langen Grannen. Blütezeit Juli bis August.

Vermehrung/Anzucht: Die Aussaat erfolgt im April breitwürfig oder in Reihen direkt an Ort und Stelle. Wenn man die Sämlinge auf 6 bis 8 cm vereinzelt, entwickeln sich die Pflanzen kräftig und sind standfest.

Briza maxima L. · Großes Zittergras
(syn. Briza rubra Lam.)
✳✳ ⊙ ○○ ♣ □ Y ✂ ♆

Heimat: Mittelmeergebiet und Kanarische Inseln. Das bis 40 cm hohe Ziergras wird gern und häufig angebaut. Die bauschartigen Ähren sind anfangs grün, dann gelblichweiß. Blütezeit Juni bis August.

Vermehrung/Anzucht: Ausgesät wird im April im Freiland. Man vereinzelt auf 5 bis 7 cm.

Avena sterilis

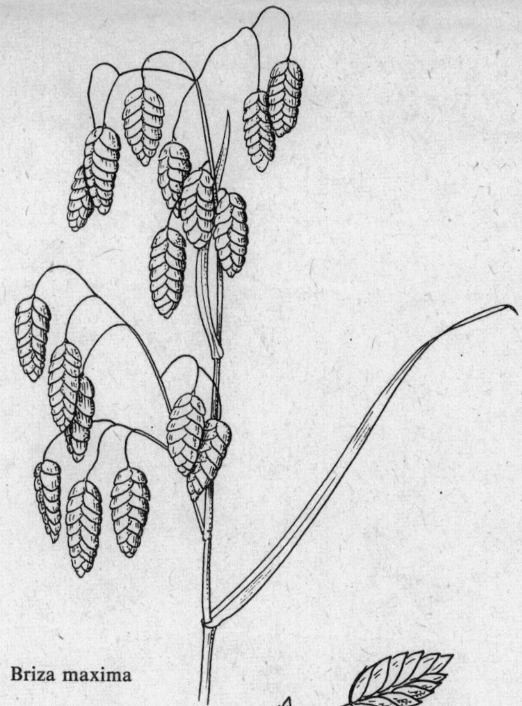

Briza maxima

Bromus madritensis

Bromus briziformis

Bromus briziformis Fisch. et Mey. · Zittergrasähnliche Trespe

✳ ⊙ ○ ◐ ♧ □ Y ✂ ✿

Heimat: Südeuropa und Kaukasus. Auf 30 bis 40 cm hohen Halmen sitzen lockere, einseitswendige Rispen. Die Deckspelzen tragen kurze Grannen. Blütezeit Juni bis August.

Vermehrung/Anzucht: Man sät im April an Ort und Stelle und vereinzelt die Sämlinge auf 6 bis 8 cm.

Bromus madritensis L. · Madrider Trespe

✳✳ ⊙ ○○ ♧ □ Y ✂ ✿

Heimat: Mittelmeergebiet. Die bis 60 cm hohe Art trägt lockere Rispen mit abstehenden bis überhängenden Ästchen. Die Deckspelzen sind begrannt. Blützeit Juni bis August.

Vermehrung/Anzucht: Ausgesät wird im April ins Freie. Für eine kräftige Entwicklung sollten die Pflanzen 8 bis 10 cm weit stehen.

Bromus sterilis L. · Genügsame Trespe (syn. Bromus jubatus Ten.)

✳✳ ⊙ ○○ ♢ ♧ □ Y ✂ ✿

Heimat: Süd- und Mitteleuropa, Nordafrika. Das verbreitete Ziergras wird 50 bis 60 cm hoch. Die lockeren Rispen tragen nickende Ästchen. Die Pflanzenteile verfärben sich violettbraun. Blütezeit Juni bis August.

Vermehrung/Anzucht: Vermehrung und Standweite entsprechen der vorigen Art.

Bromus sterilis

Diplachne fascicularis

Coix lacryma-jobi

Coix lacryma – jobi L. · Hiobsträne
✱ ♃ ⊙ ○ ♣ □ ⊥ ✂
Heimat: Tropisches Asien. Unter guten Bedingungen kann dieses exquisite Ziergras 80 bis 100 cm hoch werden. Das Laub ist breit. In birnenähnlichen Gehäusen sitzen perlenartige Früchte. Blütezeit Juli bis August.
Vermehrung/Anzucht: Ausgesät wird immer unter Glas, am besten im März. Man wählt Standweiten von 25 bis 35 cm.

Diplachne fascicularis Beauv. · Büschelige Diplachne
✱ ⊙ ○○ ♣ □ Y ✂ ⚘
Heimat: Kalifornien, Südstaaten der USA. Die bis 60 cm hohe Art ist anspruchslos und als Ziergras sehr verbreitet. Die überhängenden Rispen wirken locker. Blütezeit Juli bis August.
Vermehrung/Anzucht: Meistens wird im April ins Freie gesät, manchmal auch im März unter Glas. Standweiten von 10 bis 15 cm genügen für eine gute Entwicklung.

Eleusine coracan (L.) Gaertn. · Korakanische Eleusine
✱ ⊙ ○○ ♣ □ Y ✂ ⚘
Heimat: Tropische und subtropische Gebiete der Erde. Das Gebiet von Korakan liegt in Indien. Aus

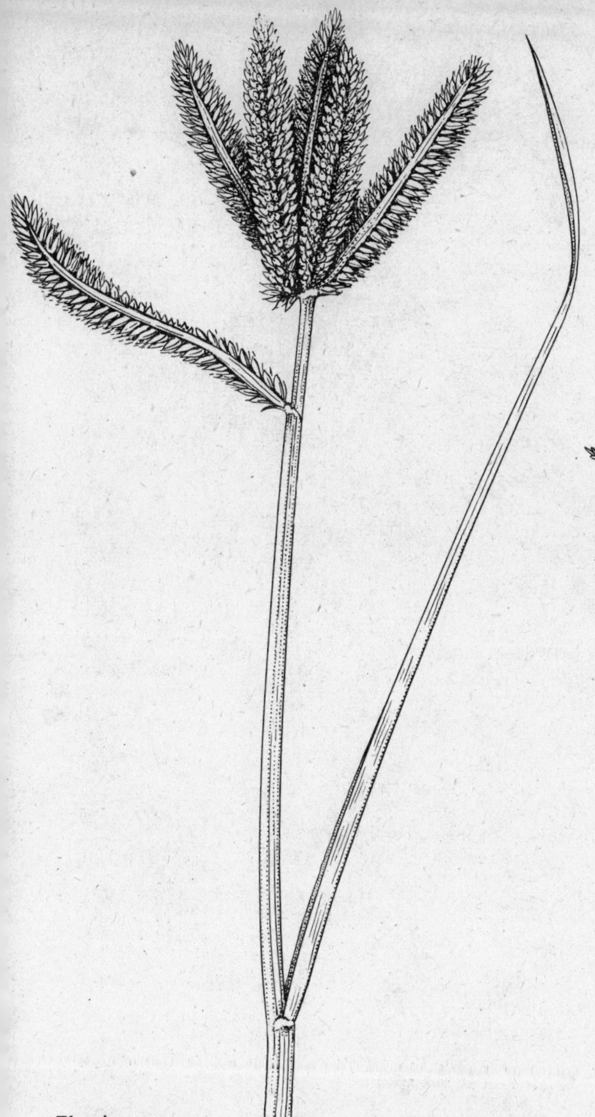

Eleusine coracan

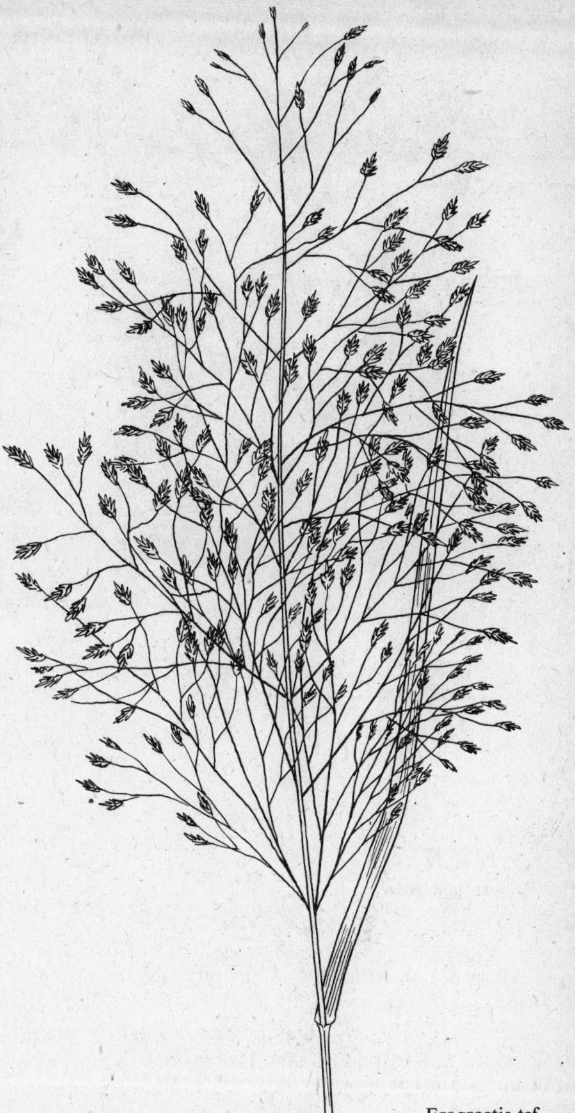

Eragrostis tef

breiten Horsten wachsen im unteren Teil niederliegende Halme bis 35 cm hoch. Die Ähren sind fingerartig verzweigt und verleihen dieser Art einen im Gräsersortiment auffallenden Charakter. Blützeit Juli bis August.
Vermehrung/Anzucht: Ausgesät wird im März unter Glas. Durch den breiten Wuchs benötigt *Eleusine* viel Platz und sollte deshalb 25 bis 30 cm weit stehen.

Eragrostis tef (Zuccagni) Trotter · Zwerghirse, Liebesgras
[syn. Eragrostis abyssinica (Jacq.) Link]
✻ ⊙ ○○ ♧ □ ⅄ ✂ ⚘
Heimat: Nordostafrika. Unter günstigen Bedingungen kann eine Höhe bis 70 cm erreicht werden. Die Blütchen sitzen in locker verteilten, kleinen Ähren. Diese Art wird in den wärmeren Gebieten auch als Nutzpflanze angebaut. Blützeit Juli bis August.
Vermehrung/Anzucht: Anzuraten ist die Aussaat unter Glas im März oder April. Die Pflanzen sollten im Freien 25 bis 30 cm weit auseinander stehen.

Festuca incrassata (Salzm. ex Loisel) Burollet · Schwingel
✻ ♃ ⊙ ○ ♧ □ ⅄ ✂ ⚘
Heimat: Italien. Auf 35 bis 40 cm hohen Halmen sitzen dichte Rispen. Durch den vollen Charakter des

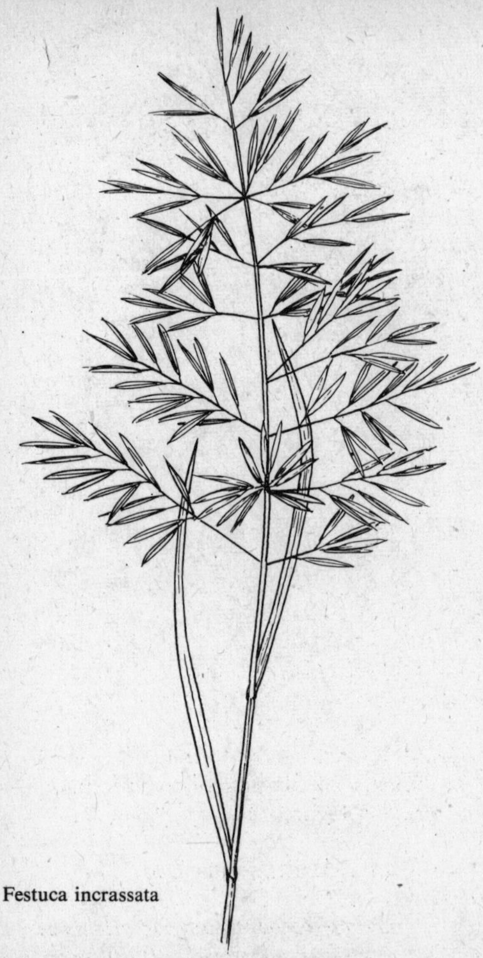

Festuca incrassata

Hordeum jubatum

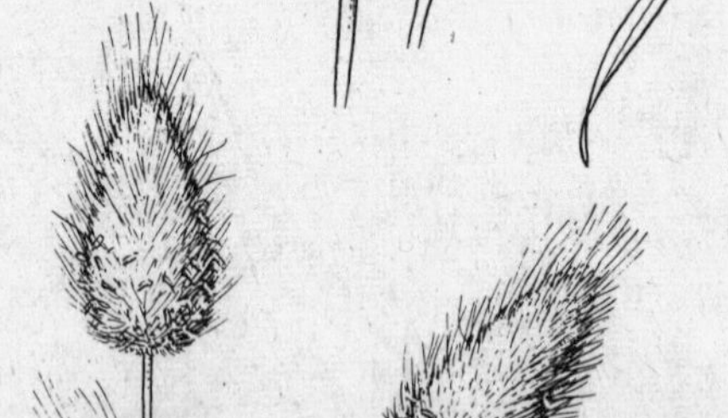

Lagurus ovatus

Blütenstandes wirkt das Gras attraktiv. Blütezeit Juni bis August.
Vermehrung/Anzucht: Die Aussaat erfolgt im April direkt an Ort und Stelle. Durch den senkrecht-schmalen Wuchscharakter genügen Standweiten von 8 bis 10 cm.

Hordeum jubatum L. · Mähnengerste
✳✳ ⊙ ⊙ ○○ ♣ □ Y ✂ ♆
Heimat: Amerika. Das horstbildende, 50 bis 70 cm hohe Gras wirkt durch die langen, dichten Grannen sehr apart, vor allem, wenn sie sich zur Reife hinüber ins Gelbe verfärben. Blütezeit Juni bis August.
Vermehrung/Anzucht: Ausgesät wird entweder im März unter Glas oder im April an Ort und Stelle. Die Pflanzen sollten nicht unter 15 cm weit auseinander stehen.

Lagurus ovatus L. · Hasenschwanzgras
✳✳ ⊙ ⊙ ○○ ♣ □ Y ✂ ♆
Heimat: Mittelmeergebiet. Das beliebte Ziergras wird 25 bis 40 cm hoch. Alle Teile sind dicht und weich behaart. Die spitzovalen Blütenköpfchen tragen flaumige Hüllspelzen. Blütezeit Juni bis August.

Lamarckia aurea

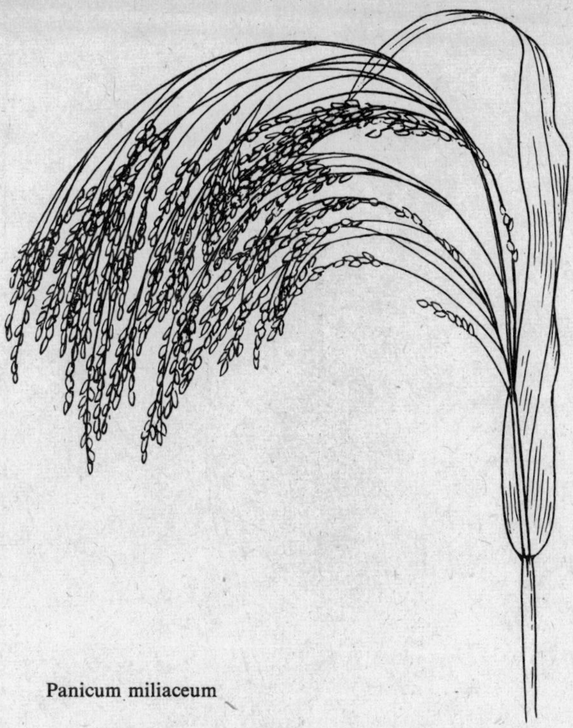

Panicum miliaceum

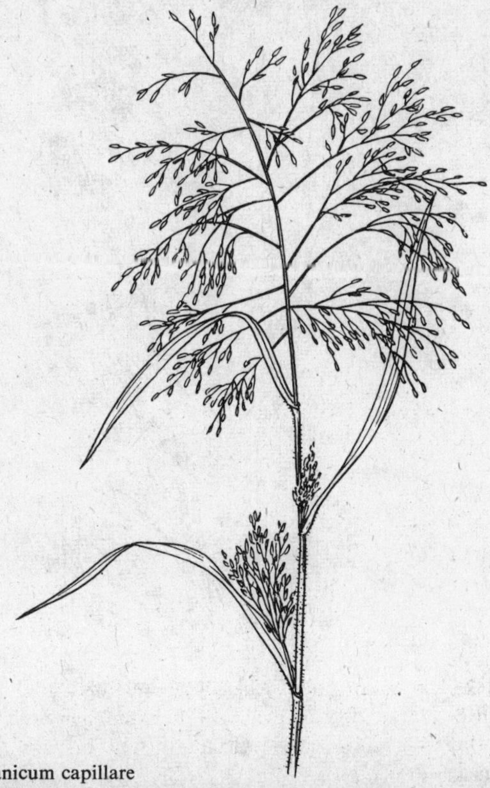

Panicum capillare

Vermehrung/Anzucht: Es genügt, wenn man Anfang April in Saatschalen oder Frühbeete sät. Die Pflanzentfernung liegt bei 15 bis 20 cm.

Lamarckia aurea (L.) Moench · Silbergras
✳ ⊙ ○ ♧ □ ⦙ ⅄ ✂ ⚘
Heimat: Mittelmeergebiet. Das Silbergras wird zwar nur 25 cm hoch, jedoch wirken seine silbergrünen, ährigen Blütenstände auffallend hübsch. Zum Trocknen muß es rechtzeitig geerntet werden, weil es sonst leicht ausfällt. Blütezeit Juli bis August.
Vermehrung/Anzucht: Anzucht und Standweite entsprechen der von *Lagurus ovatus*.

Panicum capillare L. · Feinbehaarte Hirse
✳ ⊙ ○○ ♧ □ ✂ ⚘
Heimat: Nordamerika. Die Pflanzen verästeln sich von unten her und werden 50 bis 60 cm hoch. Die Sprosse sind behaart. Die bis 25 cm langen, aufrechten Rispen sind auf das feinste verzweigt. Dadurch eignet sich das Gras besonders gut zur Auflockerung bunter Sträuße. Blütezeit Juli bis September.
Vermehrung/Anzucht: Aussaaten sind sowohl an Ort und Stelle als auch unter Glas möglich. Sie erfolgen ab Ende März. Die Pflanzweite beträgt 25 cm.

Panicum miliaceum L. · Echte Hirse, Rispenhirse
✳✳ ⊙ ○○ ◊ ♧ □ ✂ ⚘
Heimat: Südostasien. Die bekannte Kulturpflanze wird 80 bis 120 cm hoch. Als Ziergras wird vor allem die Sorte 'Violaceum' angebaut, deren überhän-

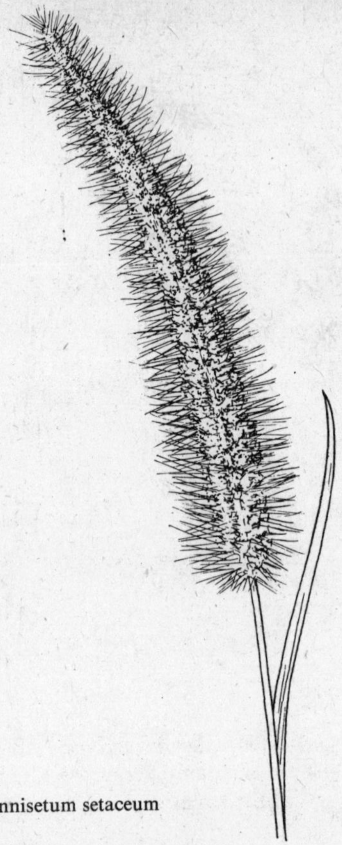

Pennisetum setaceum

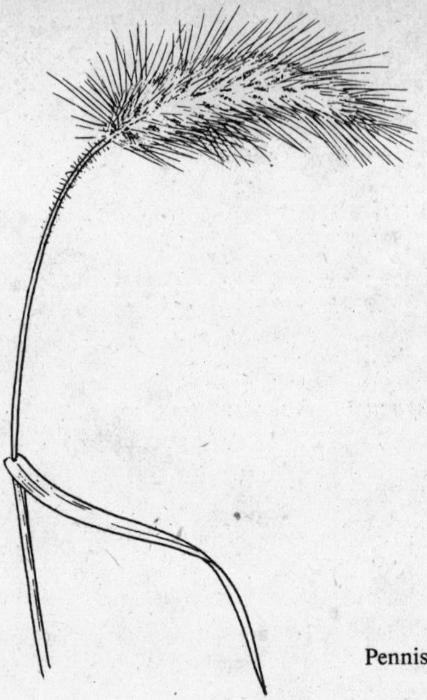

Pennisetum villosum

gende Rispen sich mit zunehmender Reife ausfärben. Blütezeit Juli bis September.
Vermehrung/Anzucht: Für Anzucht und Standweiten gelten die Angaben wie bei der vorigen Art.

Pennisetum setaceum (Forsk.) Chiov. · Kleines Pampasgras
(syn. Pennisetum macrostachyum Fresen.; Pennisetum rueppellianum Hochst.; Pennisetum rueppellii Steud.)
✻✻ ♃ ⊙ ○ ◊ ♣ □ ⊥ ✂ ♥
Heimat: Nordafrika und Südwestasien. Das bis 120 cm hohe Gras ist eigentlich ausdauernd. Die Ähren können bis 25 cm lang werden und sind rosa oder kupferfarben getönt. Diese Art ist besonders für dekorative Vasenfüllungen geeignet. Blütezeit August bis September.
Vermehrung/Anzucht: Ausgesät wird im März unter Glas. Die Standweite beträgt etwa 30 cm.
Pennisetum villosum R. Br. ex Fresen. · Wolliges Federborstengras
(syn. Pennisetum longistylum hort. Vilm. non Hochst. ex A. Rich.)
✻✻ ♃ ⊙ ○ ◊ ♣ □ Y ✂ ♥
Heimat: Nordostafrika. Alle Teile der bis 60 cm ho-

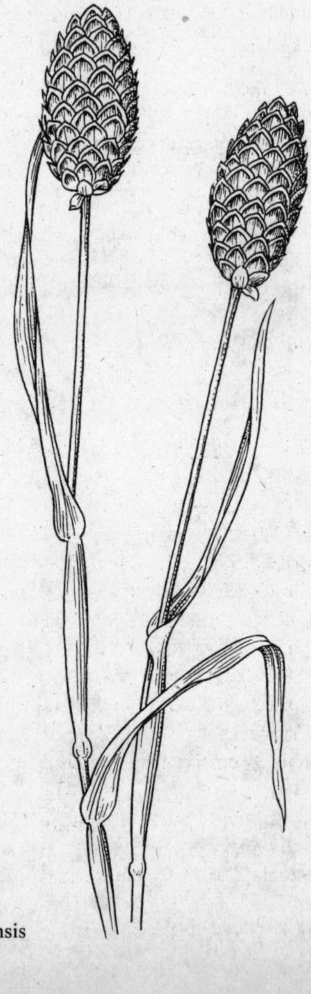

Phalaris canariensis

hen Art sind graugrün gefärbt. Die 10 cm langen Ähren tragen lange, farbig getönte Hüllborsten. Blütezeit Juli bis September.
Vermehrung/Anzucht: Anzucht und Standweiten entsprechen der vorigen Art.

Phalaris canariensis L. · Kanariengras, Spitzsamen
✳ ⊙ ○ ☘ □ Y ✂ ⚘
Heimat: Mittelmeergebiet und Kanarische Inseln. Die bis 120 cm hohe, besonders als Nutzpflanze verbreitete Art besitzt zusammengedrückte, hellgrüne Ährchen. Blütezeit Juli bis August.
Vermehrung/Anzucht: Ausgesät wird im März unter Glas. Die Pflanzen sollen 25 bis 30 cm weit auseinander stehen.

Polypogon monspeliensis (L.) Desf. · Bürstengras
✳ ⊙ ○ ☘ □ Y ✂ ⚘
Heimat: Südeuropa, Afrika, Asien. Bereits von unten her verzweigt, tragen die 30 bis 50 cm hohen, aufrechten Stengel 10 bis 12 cm lange Ähren. Blütezeit Juni bis Juli.
Vermehrung/Anzucht: Gesät wird meistens im März in Saatschalen unter Glas. Günstig sind Pflanzentfernungen von 20 bis 25 cm.

Rhynchelytrum repens (Willd.) C. E. Hubb. · Haarmantelgras
(syn. Tricholaena rosea Nees)
✳ ♃ ⊙ ○ ☘ □ Y ✂ ⚘
Heimat: Zentralafrika. Bei einer Gesamthöhe von 40 bis 50 cm tragen die pyramidalen Rispen anfangs weiße, später rosa Blütchen. Als Ziergras stellt diese Art eine Besonderheit dar. Blütezeit Juli bis August.
Vermehrung/Anzucht: Ende März oder im April sät man unter Glas aus. Standweiten von 20 bis 25 cm reichen am Freilandstandort aus.

Setaria italica (L.) P. Beauv. · Borstenhirse, Kolbenhirse
✳✳ ⊙ ○○ ☘ □ Y ⊥ ✂ ⚘
Heimat: Mittel- und Nordamerika. Unter günstigen Standortbedingungen wird das Gras bis 130 cm hoch. Besonders dekorativ wirken die großen, unterschiedlich geformten Kolben sowohl an der Pflanze als auch in der Vase. Getrocknet halten sie sich unbegrenzt. Blütezeit Juli bis August.
Vermehrung/Anzucht: Im März oder April wird je nach Erfordernis unter Glas oder im Freien ausgesät. 25 bis 30 cm Entfernung sind als Standweite nötig.

Setaria pumila (Poir.) Roem. et Schult. · Gelber Fuchsschwanz
[syn. Setaria glauca (L.) P. Beauv. quoad descr. excl. basion]
✳ ♃ ⊙ ○○ ☘ □ Y ✂ ⚘

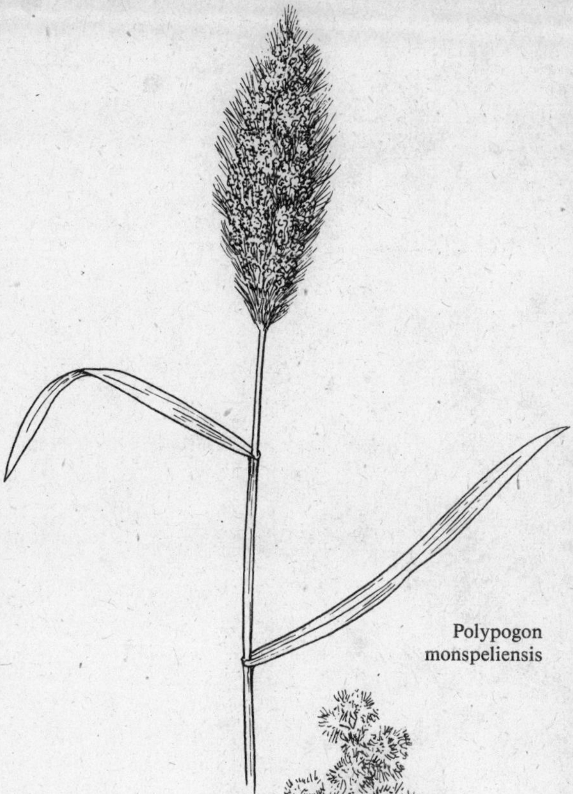

Polypogon monspeliensis

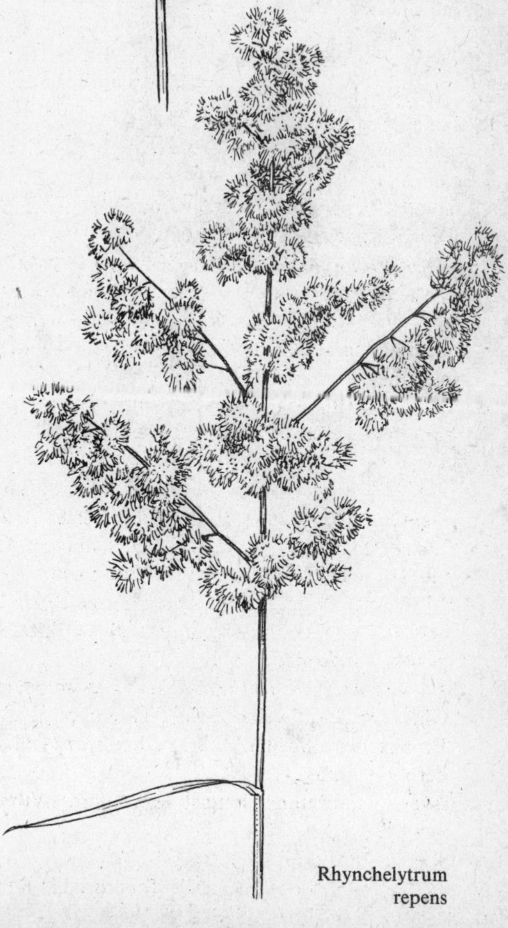

Rhynchelytrum repens

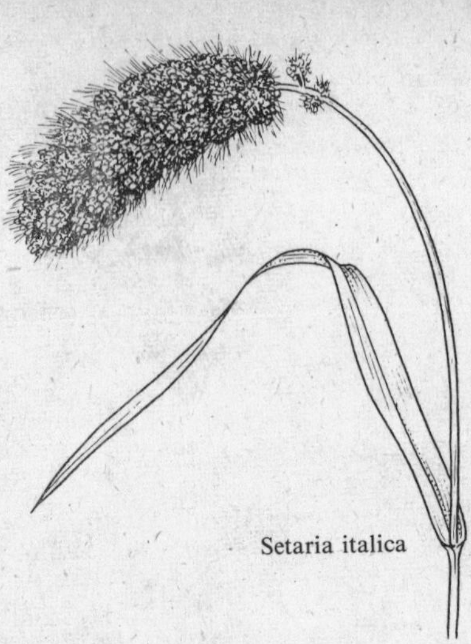

Setaria italica

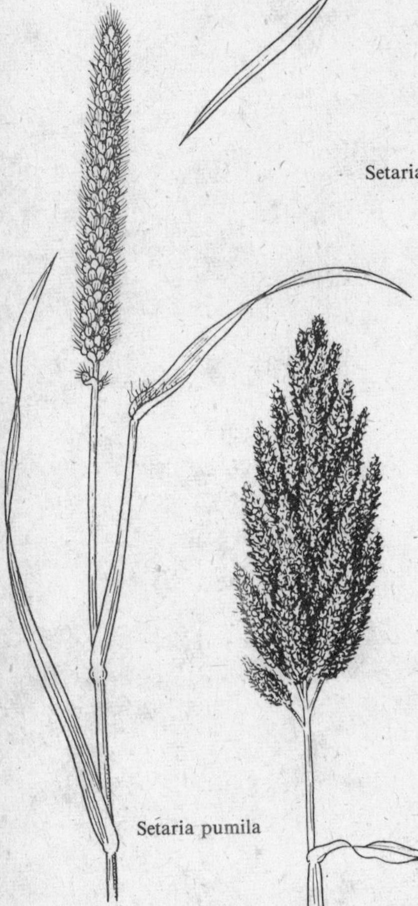

Setaria pumila

Sorghum nigricans

Zea mays

Heimat: subtropische und gemäßigte Gebiete mehrerer Erdteile. Die 50 cm hohe, zierliche Art trägt endständige Ähren und später gelblichgrüne Samenstände. Blütezeit Juli bis September.
Vermehrung/Anzucht: Die Anzucht entspricht der der vorigen Art. Als Standweiten genügen 10 bis 15 cm.

Sorghum nigricans (Ruiz et Pav.) Snowden · Mohrenhirse
(syn. Sorghum vulgare var. angolense Rendle)
✳✳ ⊙ ○ ⌓ ♧ □ ⊥ ✂ ⚘
Heimat: Die Mohrenhirse ist als Nutzpflanze in vielen Gebieten der Erde verbreitet. Sie ist sehr starkwüchsig und wird bis 170 cm hoch. Die großen, dichten Blüten- und Fruchtstände wirken dekorativ. Deshalb wird das Gras gern zur Füllung größerer Vasen verwendet. Im Freien gehört es an exponierte Stellen. Blütezeit Juli bis September.
Vermehrung/Anzucht: Aussaaten unter Glas sollten schon im März vorgenommen werden. Die stattlichen Pflanzen benötigen Pflanzweiten nicht unter 30 cm.

Zea mays L. · Mais, Ziermais

⁎ ⊙ ○ ≏ ♁ ♣ □ ⊥ ⩨

Heimat: Mittelamerika. Die verbreitete Nutzpflanze wird über 180 cm hoch. Sie ist einhäusig. Das breite Laub ist teilweise farbig gebändert. Die Fruchtkolben sind verschieden bunt gefärbt und getrocknet als Zierfrüchte unbegrenzt haltbar. Eine besonders hübsche Form stellt der „Erdbeermais" mit den lebhaft orange gefärbten Samenkörnern dar. Im Wachstum benötigt Mais viel Wasser und Nährstoffe. Zu beachten sind die unterschiedlichen Gartenformen. Blütezeit Juli bis August.

Vermehrung/Anzucht: Man sät direkt an den vorgesehenen Standort aus, und zwar Anfang bis Mitte Mai, je nach den klimatischen Bedingungen. Für eine vollkommene Entwicklung des Ziermaises sind etwa 30 cm als Pflanzenentfernung unbedingt erforderlich.

Tabellen zur Anzucht der Sommerblumen

Anzucht mit Vorkultur

Art	Kornzahl je g	Saatgutbedarf für 1000 Pflanzen in g	Aussaatzeit – Monate	Keimtemperatur in °C	Keimzeit in Tagen	Pflanzenabstand in cm	Blütezeit – Monate	Bemerkungen
Ageratum houstonianum	5000–6000	0,5–1	I–III	20	8–14	15–25	VI–X	Stecklingsvermehrung ist möglich
Alcea rosea	100	15–20	V–VI	18	14–20	75–100	VII–IX	
Amaranthus caudatus	1500–2000	2	III–IV	18	8–14	40–50	Ende VII–IX	Direktsaat ist möglich
Amaranthus hybridus	1500–2000	2	III–IV	18	8–14	40–50	Ende VII–X	Direktsaat ist möglich
Amberboa moschata	250–300	6–8	III–IV	18	14–20	20	VI–IX	Direktsaat ist möglich Folgesaaten sind zweckmäßig
Ammobium alatum	2000–2500	2	III–IV	18	14–20	20–25	VII–IX	
Anchusa capensis	50	35–40	IV	18	12–14	20–25	VII–IX	
Antirrhinum majus	5000–6000	0,5–1	I–III	18	10–14	20–30	VI–IX	
Arctotis venusta	450	6–8	III–IV	18	8–12	25–30	VII–IX	
Argemone grandiflora	2500	2	III	18	14–18	30–40	VII–IX	
Asarina barclaiana	2000	1,5	III	20	14–20	30–50	VII–IX	
Begonia-Knollenbegonien-Hybr.	50000	2 Portionen	XI–II	22–24	14–20	20–30	VI–IX	
Begonia-Semperflorens-Hybriden	80000	2 Portionen	XII–I	20–22	14–20	15–20	VI–X	Stecklingsvermehrung erfolgt bei gefülltblühenden Sorten
Bellis perennis	3000	1	VI–VII	18	8–14	15–20	III–VI	
Brachycome iberidifolia	5000–6000	0,5	IV	18	10–14	20–25	VII–IX	Folgesaaten sind zweckmäßig
Brassica oleracea	400–500	8–10	IV–VI	16	6–8	40–50	Ausfärbung ab VIII	
Browallia viscosa	3000	0,5	III	15	20	20–40	VII–IX	
Calceolaria integrifolia	10000	0,2	XI–II	20	20	25–30	V–X	Stecklingsvermehrung ist möglich
Callistephus chinensis	400–500	5–6	III–IV	15	8–14	25–40	VII–X	Direktsaat ist möglich

Art	Kornzahl je g	Saatgutbedarf für 1000 Pflanzen in g	Aussaatzeit – Monate	Keimtemperatur in °C	Keimzeit in Tagen	Pflanzenabstand in cm	Blütezeit – Monate	Bemerkungen
Campanula medium	4500	0,5–1	V–VI	15	14–18	40	VI–VII	
Capsicum annuum	150–250	10	I–II	20	10–14	25–30	ab VIII	Früchteschmuck
Celosia argentea var. cristata	1000	2	III	18–20	10–14	20	VII–IX	
Celosia argentea var. plumosa	1000	2	III	18–20	10–14	20–40	VII–IX	
Cheiranthus cheiri	500–600	5	V–VI	16–18	10–14	30–40	IV–VI	Sommerannuelle Sorten blühen bei Folgesaaten bis IX
Chrysanthemum carinatum	350	6–8	III–V	15	12–14	30–35	VI–IX	Außer bei *C. parthenium* ist auch Direktsaat möglich. Folgesätze sind vor allem für den Blumenschnitt üblich
Chrysanthemum coronarium	600	5–6	III–V	15	12–14	30–35	VI–IX	
Chrysanthemum multicaule	500	8	III	15	12–14	20–25	VI–IX	
Chrysanthemum parthenium	6000	0,5	II–IV	15	12–14	25–30	VI–IX	
Chrysanthemum segetum	400–450	6–8	III–V	15	12–14	30	VII–IX	
Cleome spinosa	4000	0,5	II–III	18	14–18	40–50	VII–X	
Cobaea scandens	15	150	II–III	18	16–20	60–100	VIII–X	
Coleus-Blumei-Hybriden	3000–3500	0,5	ab I	20–24	16–18	35–45	VII–IX	Stecklingsvermehrung ist möglich
Convolvulus tricolor	80–100	20–25	IV	18	10–14	20–25	VI–X	Direktsaat erfolgt oft
Coreopsis tinctoria	3500–4000	1	III–IV	12–15	14–16	15–25	VII–IX	Direktsaat erfolgt oft
Cosmos bipinnatus	250	8–10	III–IV	18	14–18	35–40	VII–X	
Cucurbita ficifolia	10–18	150–200	IV	20	12–14	50–70	VII–IX	Direktsaat ist möglich. Saatgutbedarf ist bei den großfrüchtigen Sorten höher
Cucurbita pepo	10–18	150–200	IV	20	12–14	50–70	VII–IX	
Cuphea ignea	300	5–6	II–III	18	14–16	20–40	VII–IX	
Dahlia-Hybriden (niedrige Formen)	100	20–25	II–IV	18	12–18	25–35	VII–X	Stecklingsvermehrung ist möglich

Art	Kornzahl je g	Saatgutbedarf für 1000 Pflanzen in g	Aussaatzeit – Monate	Keimtemperatur in °C	Keimzeit in Tagen	Pflanzenabstand in cm	Blütezeit – Monate	Bemerkungen
Delphinium ajacis	500–600	5–6	X	10–15	16–20	20–25	VI–VIII	Diese Methode ist seltener üblich. Meistens erfolgt Direktsaat
Delphinium consolida	500–600	5–6	X	10–15	16–20	20–30	VI–VIII	
Dianthus barbatus	1000–1200	2	V–VI	16	8–14	20–25	VI–VII	Die Aussaat sommerannueller Sorten erfolgt im II
Dianthus chinensis	1000	2	III	16–18	8–14	20–25	VI–X	
Dianthus caryophyllus (Chabaud-N.)	600–800	3	II–III	16	8–14	25–30	VII–X	
Dianthus caryophyllus (Landnelken)	600–800	3–4	V–VI	16	8–14	20–25	VI–VIII	
Diascia barberae	4000	1	III	15	14–18	20–25	VII–IX	
Digitalis purpurea	10000	0,3–0,5	V–VII	18	14–18	40–50	VI–VIII	Direktsaat ist möglich
Dimorphotheca sinuata	700–900	5–6	III	15	8–12	15–25	VI–IX	Direktsaat erfolgt oft
Dolichos lablab	4–6	300–400	III	22	10–12	50–60	VIII–X	
Dorotheanthus bellidiformis	3000–4000	0,5–1	III	16–18	16–20	15–20	VI–IX	
Eccremocarpus scaber	1000	2–3	II–IV	18	12–16	50–70	VII–X	
Erysimum × allionii	600–800	3–4	VI–VII	18	10–12	25–30	IV–VII	Die Aussaat sommerannueller Sorten erfolgt im III.
Euphorbia marginata	60–70	25–30	III	18	8–12	40–60	VII–IX	Direktsaat ist möglich
Felicia bergerana	6000–7000	0,5	III–IV	16	14–18	15–20	VII–IX	
Gaillardia pulchella	400–500	6–8	III–IV	16	14–18	30	VI–X	Direktsaat ist möglich
Gazania-Hybriden	250–300	5–6	II–III	20	14–18	30	VI–X	Saatgutbedarf bezieht sich auf abgeriebenes Saatgut
Gazania rigens	250–300	5–6	II–III	20	14–18	30	VI–X	
Godetia-Hybriden	1500–2000	2–3	III–IV	16	8–12	25–40	VI–IX	Direktsaat erfolgt oft
Gomphrena globosa	80	15–20	III–IV	16	12–14	15–20	VIII–X	
Helianthus annuus	15–25	60–100	IV	16	10–14	40–70	VII–X	Direktsaat erfolgt oft

Das umfangreiche Sortiment bietet über die Vegetationszeit hinaus dauerhafte, dekorative Pflanzenteile zum Raumschmuck. Dazu gehören auch Maiskolben mit verschiedenfarbigen Samenkörnern. Sie lassen sich in Metall-, Keramik- oder Holzgefäßen ideenreich arrangieren und erhalten uns über lange Monate die Gartenfreuden des Sommers und Herbstes.

Lavatera trimestris Bechermalve, Pappelrose

Felicia bergerana Felicie

Lathyrus odoratus Wohlriechende Edelwicke

Coleus-Blumei-Hybriden Buntnessel

Convolvulus tricolor Dreifarbige Winde

Perilla frutescens Schwarznessel

Im Garten wählen wir Edelwicken oft zum Bewachsen von Zäunen oder für lebende Abgrenzungen. Außerdem sind sie ausgezeichnete Schnittblumen. Die Bunt- und Schwarznessel sind beliebte Blattschmuckpflanzen. Während die Buntnessel für die Bepflanzung von Schalen, Ampeln und anderen Gefäßen verwendet wird, eignet sich die dunkellaubige *Perilla* für die Gemeinschaft bunter Beete.

Nierembergia hippomanica var. violacea   Nierembergie

Callistephus chinensis   Sommeraster

Nigella damascena   Jungfer im Grünen

Lobelia erinus   Männertreu

Ageratum houstonianum 'Tetra Blaues Meer' Leberbalsam

Ageratum houstonianum 'Enzett Azur'   Leberbalsam

Nierembergien sollten wir mehr beachten! Mit ihren blauen Glockenblüten gefallen sie sicher jedem Blumenfreund. Männertreu und Leberbalsam sind bereits seit langem bekannt und für niedrige Beeteinfassungen, Balkonkästen und Schalen begehrt. Die langjährige Züchtung schuf ein schönes Sortiment mit verschiedenartigen Wuchs- und Blüteneigenschaften.

Brassica oleracea   Zierkohl

Kochia scoparia   Sommerzypresse

Euphorbia marginata   Schnee auf dem Berge

Senecio bicolor   Greiskraut

Die Ausfärbung des Laubes beim Zierkohl nimmt mit sinkenden Temperaturen im Frühherbst zu. Er bietet sich für gruppenweise Pflanzungen an, nicht jedoch für bunte Beete. Im Gegensatz dazu werden Sommerzypressen, Schnee auf dem Berge und Greiskraut gern zur Bereicherung von Sommerblumenbeeten aller Größen verwendet.

Helichrysum bracteatum   Gartenstrohblume

Papaver-Arten und Panicum miliaceum

Cucurbita pepo var. ovifera   Zierkürbis

Capsicum annuum   Spanischer Pfeffer, Zierpaprika

Die Möglichkeiten der blumenbinderischen Gestaltung und Anwendung von getrockneten Schnittblumen und Fruchtkörpern sind unerschöpflich. Nicht selten entdecken wir erst in winterlichen Mußestunden so manche bislang unbeachtete Einzelheit. Der Anbau von Zierkürbissen ist reizvoll, denn die zahlreichen Früchte überraschen uns stets aufs neue durch verschiedene Färbungen und Formen.

Lunaria annua, der Silberling, ist eine bekannte und beliebte Trockenblume. Bei Sommeraussaat blüht und fruchtet er im folgenden Jahr. Die purpurvioletten oder weißen Blüten sind unscheinbar. Dekorativ wirken die in großen Fruchtständen erscheinenden flachen Schoten mit ihrer silberglänzenden Scheidewand. Die Trockenstiele sind unbegrenzt haltbar und für Vasenfüllungen gut geeignet.

Setaria italica   Borstenhirse, Kolbenhirse

Briza maxima   Großes Zittergras

Setaria pumila   Gelber Fuchsschwanz

Bromus sterilis   Genügsame Trespe

Bromus madritensis   Madrider Trespe

Hordeum jubatum   Mähnengerste

Vielen Gartenfreunden sind die Möglichkeiten des Anbaues einjähriger Ziergräser noch allzu wenig bekannt. Nur wenige Arten sind bereits so verbreitet, wie sie es aufgrund ihrer Schönheit und Anspruchslosigkeit verdienen. Allein die Wuchshöhen von 15 bis 180 cm bieten uns eine breite Palette unterschiedlicher Anwendungen.

Panicum miliaceum 'Violaceum' Echte Hirse, Rispenhirse

Coix lacryma-jobi Hiobsträne

Panicum capillare Feinbehaarte Hirse

Sorghum nigricans Mohrenhirse

Alle einjährig angebauten Ziergräser wünschen einen vollsonnigen Standort, einige an besonders geschützten und warmen Plätzen. An die jeweiligen Bodenverhältnisse passen sich die Arten gut an. Kalte, schwere und undurchlässige Böden scheiden jedoch aus. Starkwachsende Ziergräser müssen ausreichend bewässert und mit Nährstoffen versorgt werden.

Panicum miliaceum 'Violaceum' Echte Hirse, Rispenhirse

Hordeum jubatum Mähnengerste

Lagurus ovatus Hasenschwanzgras

Eragrostis tef Pennisetum setaceum

Anzucht und Pflege sind leicht und risikoarm, wenn wir die heimatbedingten Ansprüche der Arten beachten. Viele können bedenkenlos an Ort und Stelle ausgesät werden. Feinsamige Ziergräser und solche aus wärmeren Heimatgebieten säen wir im Frühjahr unter Glas aus. Die Jungpflanzen werden ab Mai in der ihrer Wuchsgröße entsprechenden Entfernung einzeln oder in Büscheln ausgepflanzt.

Agrostis nebulosa Nebelgras

Aira elegantissima Sehr zierlicher Schmielenhafer

Diplachne fascicularis Büschelige Diplachne

Lamarckia aurea Silbergras

Einjährige Gräser tragen zur Belebung und Auflockerung bunter Blumenbeete bei. In Heidegärten erzielen wir in Verbindung mit Nadelgehölzen, dunkellaubigen Sträuchern oder entsprechenden Stauden reizvolle Kontraste. In größeren Gartenanlagen sind Gräserbeete gestalterische Höhepunkte.

Polypogon monspeliensis Bürstengras

Eleusine coracan Korakanische Eleusine

Festuca incrassata Schwingel

Phalaris canariensis Kanariengras

Fast alle Gräserarten sind auch Schnittblumen, sowohl frisch als auch getrocknet. Die Mehrzahl wird geschnitten, solange die Pflanzenteile noch grün sind, jedoch schon entwickelte Blütenstände tragen. Die Stiele werden zum Trocknen gebündelt und an schattigen, luftigen und regengeschützten Plätzen mit den Stielenden nach oben aufgehängt.

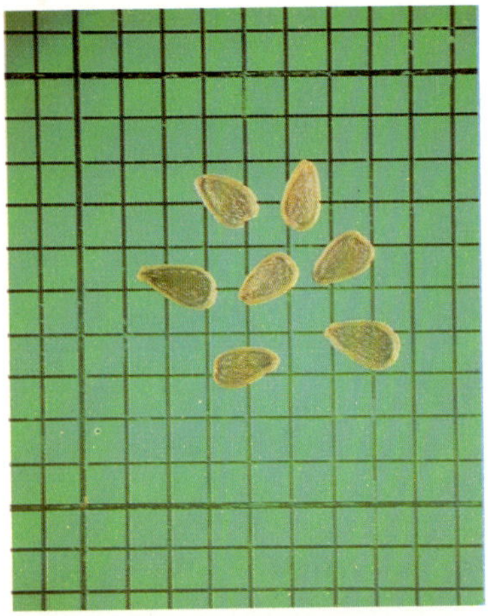

Bellis perennis

Dianthus caryophyllus

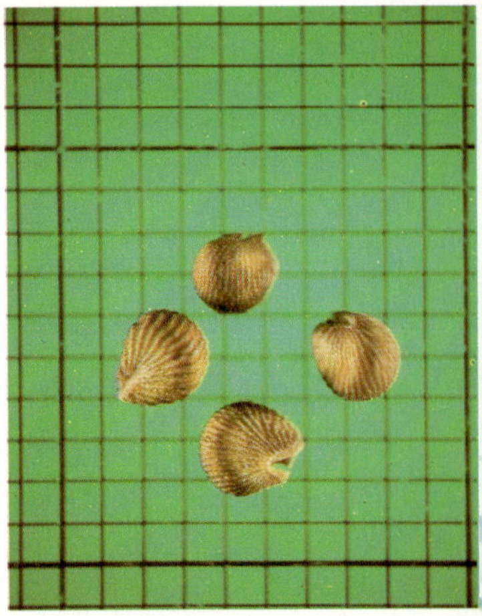

Malope trifida

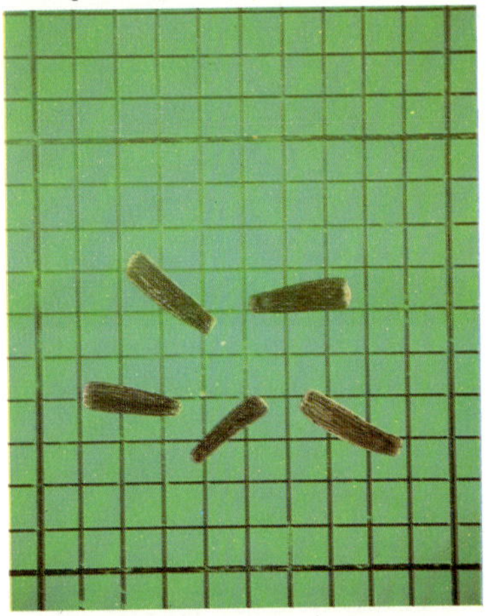

Rubeckia hirta

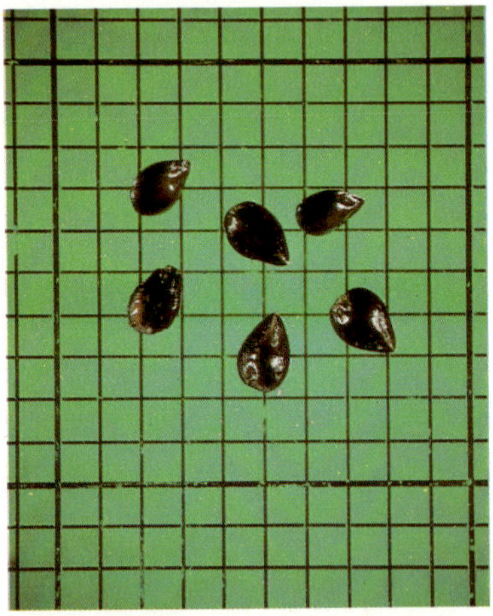

Myosotis sylvatica

Viola-Wittrockiana-Hybriden

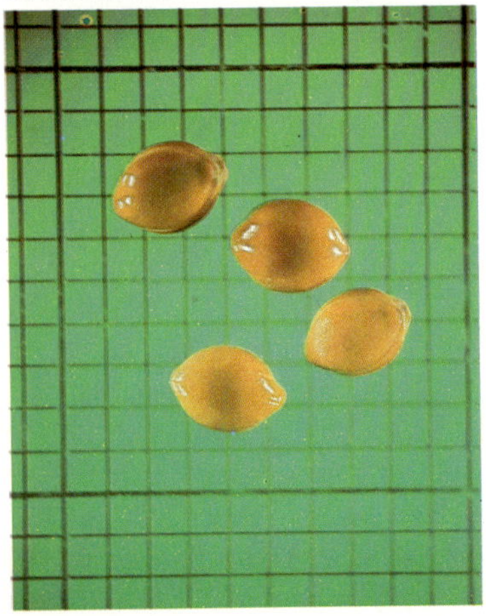

Panicum miliaceum 'Violaceum'

Asarina barclaiana

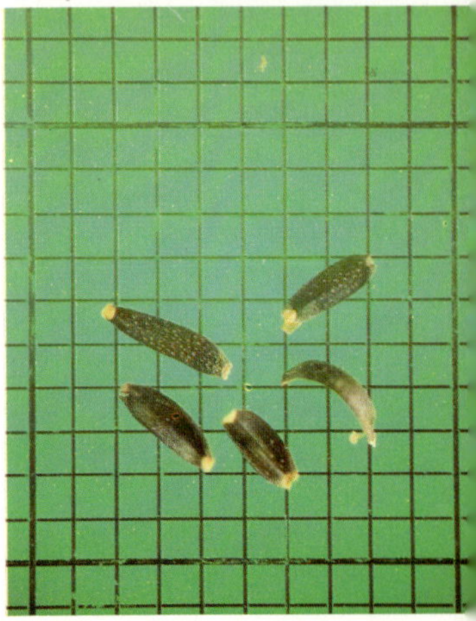

Coreopsis basalis

An den äußeren Saatguteigenschaften können wir die meisten Arten unserer Sommerblumen erkennen und unterscheiden. Sie geben uns gleichzeitig manchen Hinweis auf biologische Eigenarten. So tragen viele Samen der Korbblütler arteigene Flugvorrichtungen für die Verbreitung durch den Wind. Während der Aufbereitung des Saatgutes nach der Ernte werden sie entfernt.

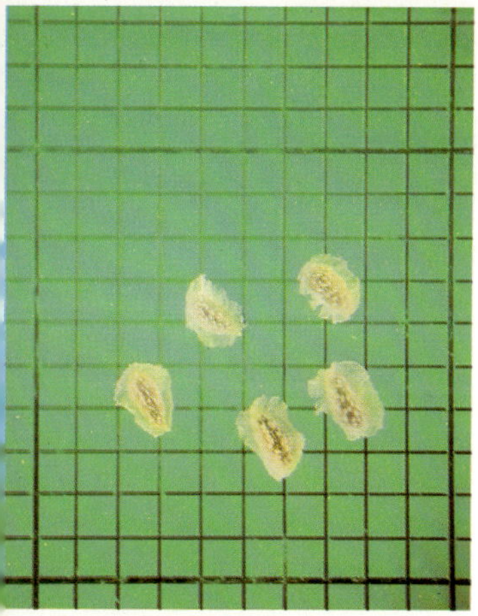
Nemesia strumosa

Setaria italica

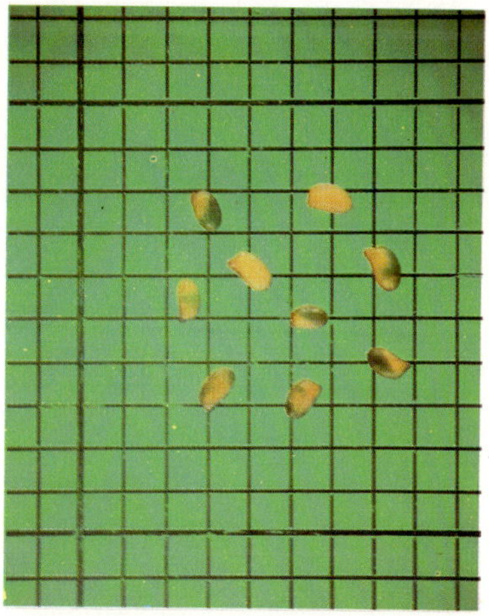
Eragrostis tef

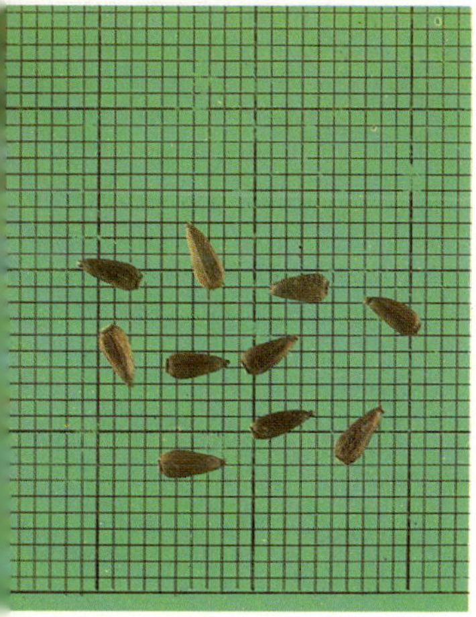
Callistephus chinensis

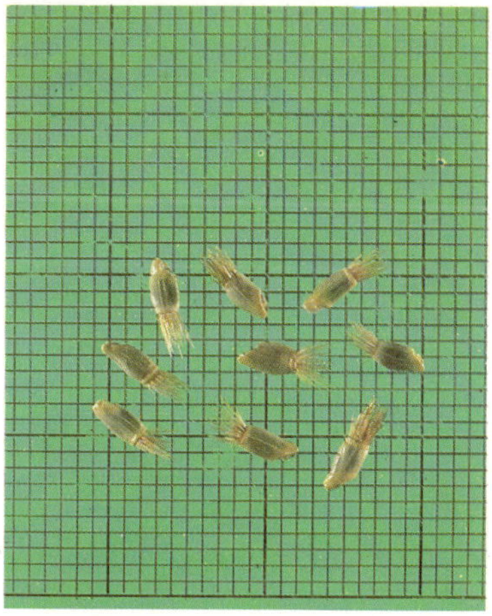
Centaurea cyanus

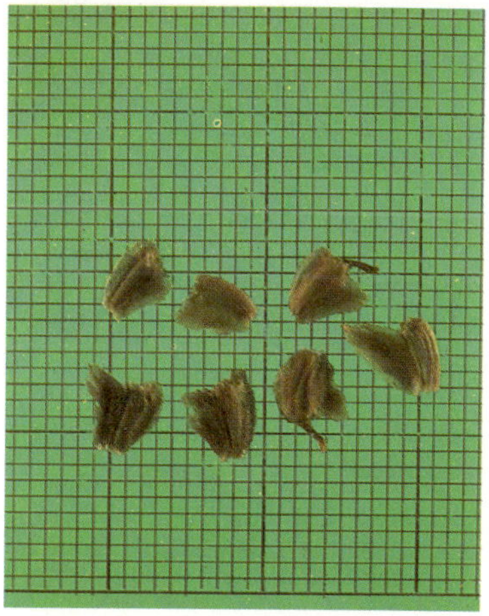
Chrysanthemum carinatum

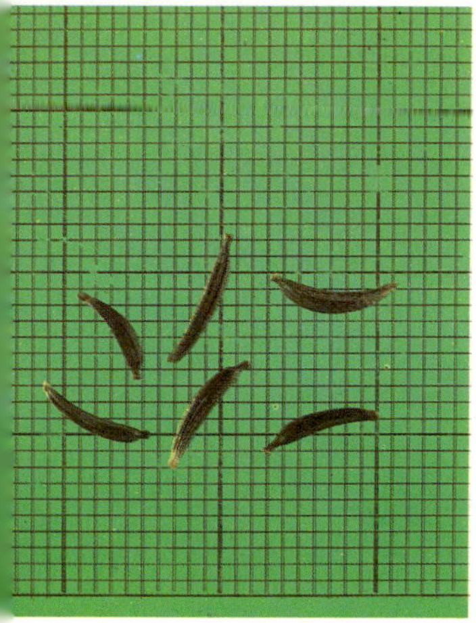
Cosmos bipinnatus

Dimorphotheca sinuata

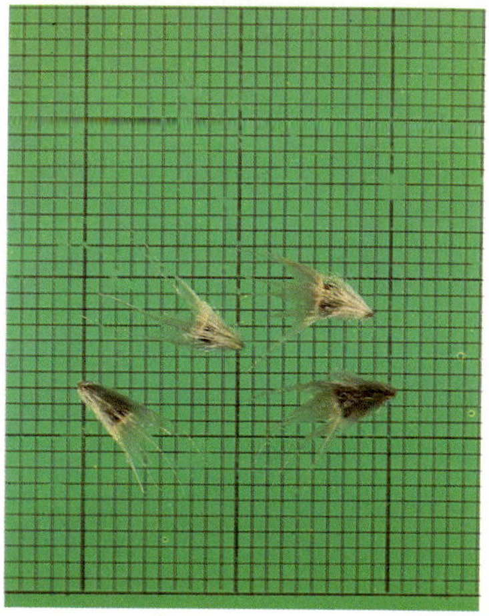
Gaillardia pulchella

Oft können wir aus der Größe und Beschaffenheit des Saatgutes Rückschlüsse auf die Aussaatmethode ziehen. Fast alle Feinsämereien werden unter Glas in Gefäßen ausgesät und über eine Vorkultur für das spätere Auspflanzen ins Freie vorbereitet. Mit Ausnahme der aus tropischen Gebieten stammenden werden Arten mit großen Samenkörnern überwiegend direkt ins Freie gesät.

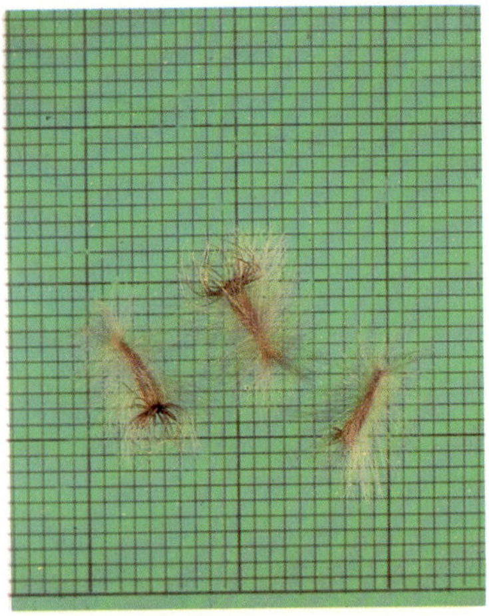

Gazania-Hybriden

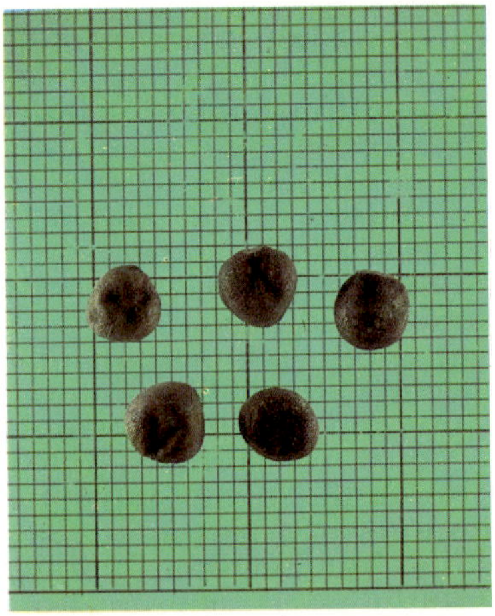

Lathyrus odoratus

Scabiosa atropurpurea

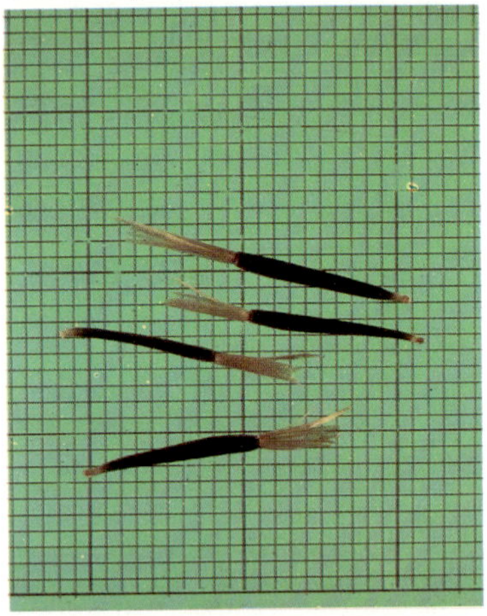

Tagetes-Patula-Hybriden

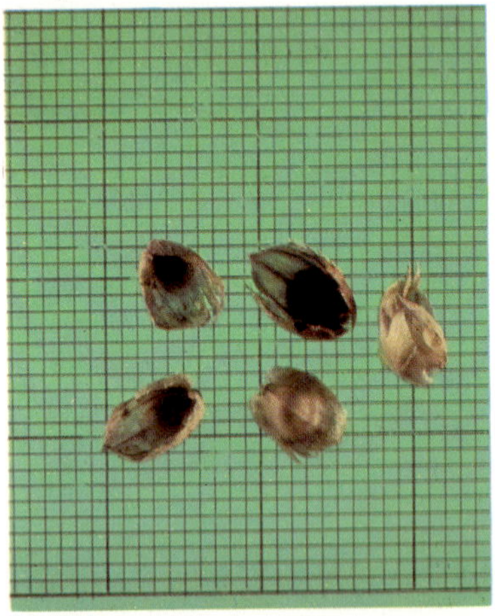

Briza maxima

Sorghum nigricans

Lunaria annua

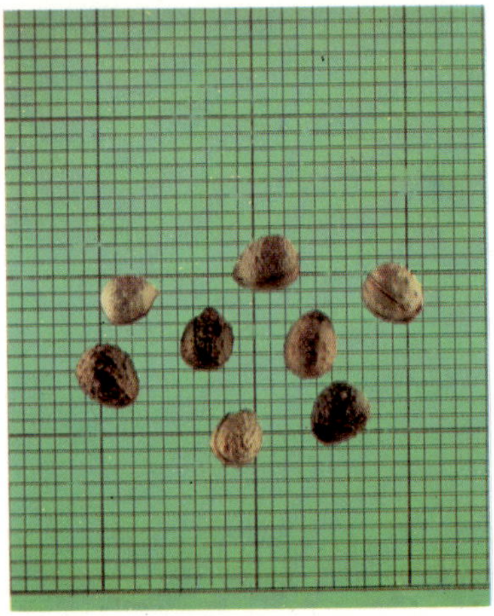

Euphorbia marginata

Lindheimera texana

Auch Farbe und Form der Sommerblumensämereien lohnen eine nähere Betrachtung. Viele von ihnen sind eigenartig geformt und farbig getönt. Am Glanz des Samens erkennt man bei nicht wenigen Arten, ob es sich um frisches oder altes, überlagertes Saatgut handelt. Samenkörner der Feuerbohne, des Wunderbaumes und anderer Sommerblumen kann man in geeigneten Gefäßen als Tischschmuck verwenden.

Ursinia anethoides

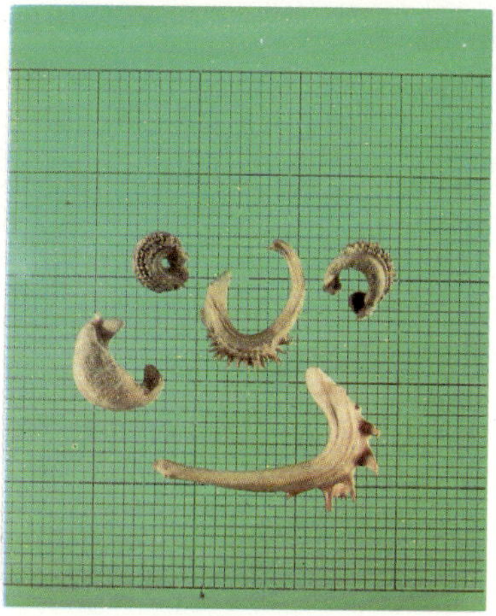
Calendula officinalis

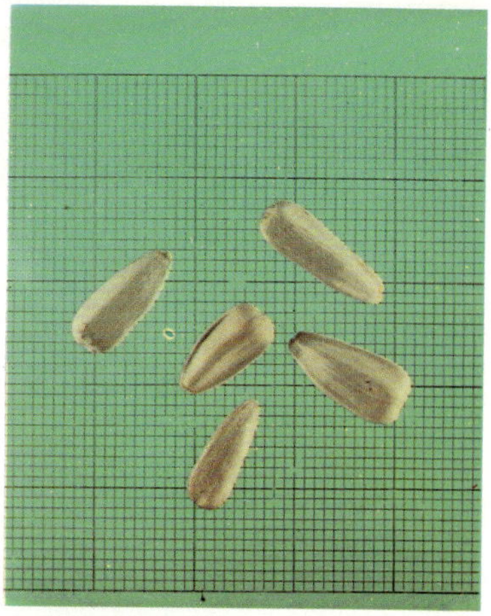
Helianthus annuus

Limonium sinuatum

Limonium bonduellei

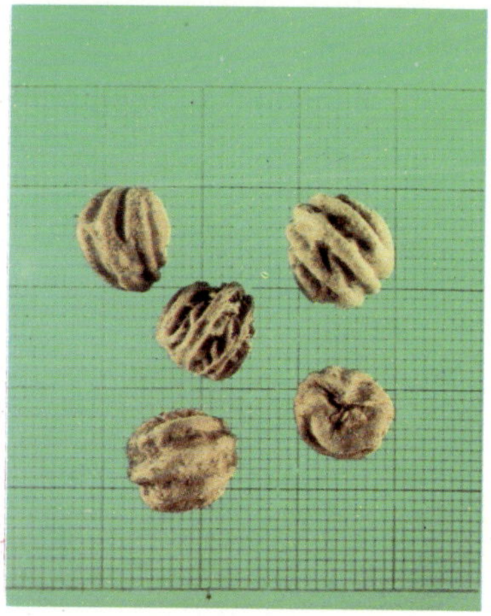
Tropaeolum majus

Lagurus ovatus

Ricinus communis

Phaseolus coccineus

Es ist ratsam, jährlich frisches Saatgut im Fachgeschäft zu kaufen. Damit werden neben der hohen Keimfähigkeit auch die Arten- und Sortenechtheit garantiert. Vor allem jedoch sichert die ständige Selektion der typischen, bestentwickelten und damit leistungsfähigsten Samenträgerpflanzen durch den Züchter den inneren Wert der zahlreichen und wertvollen Sorten.

Gräser werden gern in Trockensträußen verarbeitet. Ihre Formenschönheit regt uns zu Gestaltungsideen an. In kleinere Gefäße können wenige Stiele auserlesener Exemplare gesteckt werden. Höher wachsende Arten ergeben repräsentative Vasenfüllungen. Besonders reizvoll sind arrangierte Gräsersortimente, die uns den Reichtum dieser Pflanzenfamilie immer wieder neu entdecken lassen.

Art	Kornzahl je g	Saatgutbedarf für 1 000 Pflanzen in g	Aussaatzeit – Monate	Keimtemperatur in °C	Keimzeit in Tagen	Pflanzenabstand in cm	Blütezeit – Monate	Bemerkungen
Helichrysum bracteatum	1 500	3–4	III–IV	18	14–18	25–30	VII–X	
Heliotropium arborescens	1 500	3	I–III	20	16–20	25–30	VI–IX	Stecklingsvermehrung ist möglich
Helipterum roseum	350	8–10	III–IV	18	16–20	20–25	VI–VIII	Direktsaat ist möglich
Hibiscus trionum	150–200	15	III	16	18–20	40–60	VII–IX	
Humulus scandens	60–80	30	III–IV	20	10–14	100	VII–VIII	
Impatiens balsamina	100	20	I–IV	18–20	16–20	30–35	VII–IX	
Impatiens wallerana	2 000	1	I–IV	18–20	16–20	20–30	V–X	Stecklingsvermehrung ist möglich
Ipomoea tricolor	40–60	50–80	III–IV	18	14–16	40–50	VII–IX	
Kochia scoparia	1 000–1 400	4–6	III–IV	18	10–14	50–80	VII–X	Für Hecken wird 30 bis 40 cm weit gepflanzt
Lagenaria siceraria	6–8	200–300	III	22–24	8–12	60–100	VI–IX	
Layia elegans	1 600	1–1,5	III	14–16	14–18	15–20	VII–VIII	Direktsaat erfolgt oft
Limonium bonduellei	100	15	III	18	10–14	25–30	VII–X	Saatgutbedarf bezieht sich auf reine Saat (s. Textteil)
Limonium sinuatum	100	15	III	18	10–14	25–30	VII–X	
Limonium suworowii	350	5	III	16	14–18	25–30	VII–X	
Lindheimera texana	100–120	15–18	III	16	14–18	25–30	VII–IX	Direktsaat ist möglich
Lobelia erinus	30 000–40 000	2 Portionen	II–III	18	10–14	10–20	VI–IX	
Lobelia fulgens	30 000–40 000	2 Portionen	I–II	18	14–18	15–20	VIII–X	
Lobularia maritima	3 500	2	IV	16	8–12	10–15	VI–X	Direktsaat erfolgt oft
Lonas annua	1 200	2	III–IV	18	12–14	20–25	VII–IX	Direktsaat erfolgt oft
Lunaria annua	50	50	III oder V–VII	18	10–14	30–40	V–VII	Bei winterannueller Kultur erfolgt stets Direktsaat
Malope trifida	300–400	5–7	III–IV	14–16	14–18	50	VI–X	Direktsaat erfolgt oft

Art	Kornzahl je g	Saatgutbedarf für 1000 Pflanzen in g	Aussaatzeit – Monate	Keimtemperatur in °C	Keimzeit in Tagen	Pflanzenabstand in cm	Blütezeit – Monate	Bemerkungen
Matthiola incana	600	4–6	III–IV	16–18	8–14	15–40	VI–X	Bei ‚Allgefüllten' Sorten verdoppelt sich der Saatgutbedarf
Mesembryanthemum crystallinum	3000–4000	2	III	16–18	16–20	10–15	VII–X	
Mimulus guttatus	20000–30000	3 Portionen	III–IV	14–16	8–12	20–25	VII–IX	
Mimulus-Hybriden	20000–30000	3 Portionen	III–IV	14–16	8–12	20–25	VII–IX	
Mimulus luteus	20000–30000	3 Portionen	III–IV	14–16	8–12	20–25	VI–VIII	
Mirabilis jalapa	15–20	100	III	12–14	10–14	40–60	VII–X	
Molucella laevis	50–100	15–25	II–III	12–14	14–28	30–40	VIII–X	
Myosotis sylvatica	2000	2	VII	18	14–20	15–20	V–VI	
Nemesia-Hybriden	3500–5000	0,5–1	IV	12–14	14–20	15–20	VI–IX	Folgesätze sind zweckmäßig
Nemesia strumosa	3500–5000	0,5–1	IV	12–14	14–20	15–20	VI–IX	
Nemesia versicolor	3500–5000	0,5–1	IV	12–14	14–20	15–20	VI–IX	
Nicotiana alata	8000–12000	0,25	III	20	14–20	60–80	VII–IX	
Nicotiana × sanderae	8000–12000	0,25	III	20	14–20	40–60	VII–IX	
Nicotiana sylvestris	8000–12000	0,25	III	20	14–20	60–80	VII–IX	
Nierembergia hippomanica var. *violacea*	500	5	III	18	10–12	15–20	VI–VIII	Stecklingsvermehrung ist möglich
Nigella damascena	400–500	5	III–IV	18	8–12	20–25	VII–IX	Direktsaat erfolgt oft
Papaver nudicaule	9000	0,5	VII	14–16	14–18	15	VI–IX	
Penstemon-Hybriden	2000–3000	1–2	II–III	18	14–18	20–30	VI–IX	
Perilla frutescens	4000	0,5	III	20	16–20	40–50	IX–X	
Petunia-Hybriden	7000–10000	0,25	II–III	18–20	14–20	20–30	V–X	
Pharbitis hederacea	40–60	50–80	III–IV	18	14–16	40–60	VII–IX	
Pharbitis nil	40–60	50–80	III–IV	18	14–16	40–60	VII–IX	Direktsaat ist möglich
Pharbitis purpurea	40–60	50–80	III–IV	18	14–16	40–60	VII–IX	
Phlox drummondii	300–500	5–6	III–IV	18	8–12	15–25	VI–IX	

Art	Kornzahl je g	Saatgutbedarf für 1000 Pflanzen in g	Aussaatzeit – Monate	Keimtemperatur in °C	Keimzeit in Tagen	Pflanzenabstand in cm	Blütezeit – Monate	Bemerkungen
Polygonum orientale	1000	2–3	III–IV	16–18	14–20	40–50	VII–X	
Portulaca grandiflora	7000–10000	1	III–IV	20	10–14	15–20	VII–X	Direktsaat ist möglich
Quamoclit hederifolia	50–60	60–80	III–IV	20	12–14	60–80	VII–IX	
Reseda odorata	700–800	3–4	III–IV	16–18	10–14	15–25	VII–IX	Direktsaat ist möglich
Ricinus communis	20–25	1200–1500	III–IV	20	16–20	150–350	VIII–X	
Rudbeckia hirta	2500–3000	1–2	III–IV	18	16–20	25–30	VII–X	
Salpiglossis sinuata	5000–6000	1	III–IV	16–18	14–18	25–30	VI–IX	Direktsaat ist möglich
Salvia coccinea	400	8–10	III	20	8–14	30–40	VI–X	
Salvia farinacea	800–1000	4–5	III	20	8–14	30–40	VI–IX	
Salvia patens	200	12–15	I–III	20	8–14	30–35	VII–IX	
Salvia splendens	400	8–10	I–III	20	8–14	25–35	VI–X	
Sanvitalia procumbens	1000–1200	2–3	III	16	8–14	20–25	VI–X	
Scabiosa atropurpurea	200–250	8–12	III	20	10–14	25–30	VII–IX	Direktsaat ist möglich
Schizanthus-Wisetonensis-Hybriden	1500–2000	2	III–IV	12–14	16–20	20–30	VI–IX	Direktsaat ist möglich
Senecio bicolor	2500–3000	2	II–III	18	10–14	20–25	VII–IX	Stecklingsvermehrung ist möglich
Silene coelirosa	1000–1200	2–3	IV	12–14	10–14	15–20	VII–VIII	Aussaaten im August des
Silene pendula	1000–1200	2–3	IV	12–14	10–14	12–20	VI–IX	Vorjahres ermöglichen die Blütezeit ab V
Tagetes-Erecta-Hybriden	300–400	6 10	III–IV	16–18	10–14	30–50	VI–X	
Tagetes-Patula-Hybriden	400–500	5–8	III–IV	16–18	10–14	20–25	VI–X	
Tagetes tenuifolia	1200–1500	3–4	III–IV	16–18	10–14	20–25	VII–X	
Thunbergia alata	40–50	50	III	20	18–20	40–60	VI–IX	
Tithonia rotundifolia	300–400	10–15	III	20	10–14	50–70	VIII–IX	
Tropaeolum majus	10–15	200–250	IV	16–18	14–18	30–50	VII–X	Direktsaat erfolgt oft
Tropaeolum peregrinum	20–30	150–200	III	20	18–20	60–100	VII–IX	
Ursinia anethoides	100–200	15–20	III–IV	18	10–14	20–25	VI–VIII	Direktsaat ist möglich
Ursinia versicolor	100–200	15–20	III–IV	18	10–14	15–20	VII–IX	Direktsaat ist möglich

Art	Kornzahl je g	Saatgut-bedarf für 1000 Pflanzen in g	Aussaat-zeit – Monate	Keim-tempe-ratur in °C	Keim-zeit in Tagen	Pflan-zen-abstand in cm	Blütezeit – Monate	Bemer-kungen
Venidium fastuosum	500–600	4–6	III–IV	20	16–20	30	VII–IX	
Verbena canadensis	800–1000	4–5	II–IV	20	20–28	15–25	VI–IX	
Verbena-Hybriden	700–800	8–10	II–III	20	20–28	15–25	VI–IX	
Verbena rigida	800–1000	4–5	II–IV	20	20–28	15–25	VI–IX	
Verbena tenera	800–1000	4–5	II–IV	20	20–28	20–25	VI–IX	
Viola-Wittrokkiana-Hybriden	800	3–5	VI–VII	16	14–18	15–20	III–VII	
Zinnia angustifolia	150–300	10	III–IV	20	10–12	20	VII–X	
Zinnia elegans	100–150	20	III–IV	20	10–14	20–40	VII–X	

Aussaat an Ort und Stelle im Freiland

Art	Kornzahl je g	Saatgut-bedarf für 1000 Pflanzen in g	Aussaatzeit – Monate	Pflanzen-abstand in cm	Blütezeit – Monate	Bemerkungen
Amaranthus caudatus	1500–2000	3	IV	40–50	VIII–X	Vorkultur erfolgt oft
Amaranthus hybridus	1500–2000	3	IV	40–50	VIII–X	Vorkultur erfolgt oft
Amberboa moschata	250–300	10	IV–V	20	VII–IX	Vorkultur ist möglich, Folgesaaten sind zweckmäßig
Asperula orientalis	1000	3–4	III–IV oder IX	15	VII–IX	
Calendula officinalis	150	15–20	III–V	25–30	VI–IX	Folgesaaten sind zweckmäßig
Centaurea cyanus	250–300	10	III–IV oder IX	15–20	VI–VIII	
Chrysanthemum carinatum	350	8–10	Ende IV–V	30–35	VII–IX	Vorkultur erfolgt oft
Chrysanthemum coronarium	600	8	Ende IV–V	30–35	VII–IX	
Chrysanthemum multicaule	500	8–10	Ende IV–V	20–25	VII–IX	
Chrysanthemum segetum	400–450	8–10	Ende IV–V	30	VII–IX	
Clarkia pulchella	3000–4000	2	Ende III–IV oder IX	20–25	VII–IX	
Clarkia unguiculata	3000–4000	2	IV oder IX	20–25	VII–IX	

Art	Kornzahl je g	Saatgutbedarf für 1 000 Pflanzen in g	Aussaatzeit – Monate	Pflanzenabstand in cm	Blütezeit – Monate	Bemerkungen
Convolvulus tricolor	80–100	25–30	IV	20–25	VII–X	Vorkultur ist möglich
Coreopsis basalis	3 500	1,5	IV	20–25	VII–IX	
Coreopsis tinctoria	3 500–4 000	1,5	IV	15–25	VII–IX	Vorkultur ist möglich
Cucurbita ficifolia	10–18	200–250	Mitte V	50–70	VII–IX	Vorkultur erfolgt oft
Cucurbita pepo var. *ovifera*	10–18	200–250	Mitte V	50–70	VII–IX	Vorkultur erfolgt oft
Cynoglossum amabile	200–250	8–10	Anfang IV	20	VI–IX	
Delphinium ajacis	500–600	6–7	III	20–25	VII–VIII	Herbstaussaat
Delphinium consolida	500–600	6–7	III	20–30	VII–VIII	Vorkultur ist seltener üblich
Digitalis purpurea	10 000	0,5–0,8	V–VII	40–50	VI–VIII	Vorkultur erfolgt oft
Dimorphotheca sinuata	700–900	6–8	IV–V	15–25	VII–IX	Vorkultur ist möglich
Echium plantagineum	250	7–8	III oder IX	20–25	VI–VIII	
Echium vulgare	250	7–8	III oder IX	20–25	VI–VIII	
Eschscholzia californica	500–600	4–5	III–IV oder IX	20–30	VI–X	
Euphorbia marginata	60–70	30–40	IV	40–60	VII–IX	Vorkultur erfolgt oft
Gaillardia pulchella	400–500	8–9	IV	30	VII–X	Vorkultur erfolgt oft
Gilia tricolor	1 500	3	IV	15–20	VII–VIII	
Godetia-Hybriden	1 500–2 000	4	III–IV	25–40	VII–IX	Vorkultur ist möglich, Folgesaaten sind zweckmäßig
Gypsophila elegans	800–1 000	2,5–3	III–V	20–25	VI–IX	Folgesaaten sind zweckmäßig
Helianthus annuus	15–25	100–120	IV–V	40–70	VII–X	Vorkultur ist möglich
Helianthus debilis	250	10–15	IV–V	40–70	VII–X	
Helipterum roseum	350	10–12	IV	20–25	VII–VIII	Vorkultur erfolgt oft
Iberis amara	400–500	5	III–IV oder IX	20–25	VII–VIII	
Iberis umbellata	400–500	5	III–IV oder IX	20–25	VII–VIII	
Impatiens glandulifera	120–150	8–12	III–IV oder IX	70–80	VIII–IX	
Lathyrus odoratus	10–12	130–150	III–V	25–30	VI–IX	Folgesaaten sind zweckmäßig
Lavatera trimestris	150–200	10–15	IV–V	50–60	VII–IX	
	1 600	2–2,5	Ende IV	15–20	VII–VIII	Vorkultur ist möglich
Linaria-Bipartita-Hybriden	10 000–15 000	0,25	IV–V	15	VII–IX	

Art	Kornzahl je g	Saatgutbedarf für 1000 Pflanzen in g	Aussaatzeit – Monate	Pflanzenabstand in cm	Blütezeit – Monate	Bemerkungen
Linaria maroccana	10000–15000	0,25	IV–V	15	VII–IX	
Lindheimera texana	100–120	20–25	IV	25–30	VII–IX	
Linum grandiflorum	300–350	6–8	IV–V	12–15	VI–IX	Folgesaaten sind zweckmäßig
Lobularia maritima	3500	5–6	IV	10–15	VI–X	Vorkultur ist möglich, Folgesaaten sind zweckmäßig
Lonas annua	1200	3	IV	20–25	VII–IX	Vorkultur ist möglich
Lunaria annua	50	60	V–VII	30–40	V–VII	
Malope trifida	300–400	7–8	IV	50	VII–X	Vorkultur ist möglich
Nemophila menziesii	400	5–6	III	12–15	VI–IX	Folgesaaten sind zweckmäßig
Nigella damascena	400–500	6	III–IV	20–25	VII–IX	Vorkultur ist möglich, Folgesaaten sind zweckmäßig
Papaver glaucum	10000	0,3–0,5	III	15	VI–VIII	
Papaver rhoeas	9000	0,5	III	15	VI–VIII	
Phacelia tanacetifolia	500–600	4–6	ab III	15	VI–VIII	Folgesaaten sind zweckmäßig
Pharbitis hederacea	40–60	60–100	Ende IV–V	40–60	VII–IX	Vorkultur erfolgt oft
Pharbitis nil	40–60	60–100	Ende IV–V	40–60	VII–IX	
Pharbitis purpurea	40–60	60–100	Ende IV–V	40–60	VII–IX	
Phaseolus coccineus	1–2	1500–2000	Ende IV–V	40–60	VII–IX	
Portulaca grandiflora	7000–10000	1–1,5	V	15–20	VII–X	Vorkultur erfolgt oft
Reseda odorata	700–800	4–5	IV	15–25	VII–IX	Vorkultur erfolgt oft
Salpiglossis sinuata	5000–6000	1–1,5	IV	25–30	VII–IX	Vorkultur erfolgt oft
Saponaria calabrica	1000	2–2,5	IV	15–20	VI–IX	Folgesaaten sind zweckmäßig
Scabiosa atropurpurea	200–250	20–25	Ende IV	25–30	VIII–IX	Vorkultur erfolgt oft
Schizanthus-Wisetonensis-Hybriden	1500–2000	2,5–3	IV	20–30	VII–IX	Vorkultur erfolgt oft
Silybum marianum	50–70	25–35	III oder IX	100–120	VII–IX	
Tropaeolum majus	10–15	250	Anfang V	30–50	VII–X	Vorkultur ist möglich
Ursinia anethoides	100–200	20–25	IV	20–25	VII–VIII	Vorkultur erfolgt oft
Ursinia versicolor	100–200	20–25	IV	15–20	VII–IX	Vorkultur erfolgt oft
Xeranthemum annuum	600–700	5	IV oder IX	25–30	VII–IX	

Übersichten zur Schnellinformation

Ansprüche und Pflegemaßnahmen

Für sehr sonnige und trockene Standorte geeignet

Arctotis venusta
Argemone grandiflora
Dimorphotheca sinuata
Dorotheanthus bellidiformis
Echium plantagineum
– vulgare
Felicia bergerana
Gazania-Hybriden
– rigens
Gomphrena globosa
Gypsophila elegans
Lonas annua
Mesembryanthemum crystallinum
Phacelia tanacetifolia
Portulaca grandiflora
Saponaria calabrica
Silene pendula
Ursinia anethoides
– versicolor
Venidium fastuosum
Xeranthemum annuum
Viele Ziergräser

Auch für halbschattige Standorte geeignet

Ageratum houstonianum
Asperula orientalis
Begonia-Knollenbegonien-Hybriden
– Semperflorens-Hybriden
Bellis perennis
Calceolaria integrifolia
Cheiranthus cheiri
Coleus-Blumei-Hybriden
Cuphea ignea
Digitalis purpurea
Dolichos lablab
Erysimum × allionii
Impatiens wallerana
Kochia scoparia
Lagenaria siceraria
Lobelia erinus
Lunaria annua
Mimulus guttatus
– Hybriden
– luteus
Myosotis sylvatica
Nemophila menziesii
Nierembergia hippomanica var. *violacea*
Polygonum orientale
Reseda odorata
Silybum marianum
Viola-Wittrockiana-Hybriden

Besonders hoher Wasser- und Nährstoffbedarf

Alcea rosea
Brassica oleracea
Cobaea scandens
Cucurbita ficifolia
– pepo
Helianthus annuus
Impatiens glandulifera
Ipomoea tricolor
Lagenaria siceraria
Mirabilis jalapa
Nicotiana alata
– sylvestris
Pharbitis hederacea
– nil
– purpurea
Phaseolus coccineus
Polygonum orientale
Quamoclit hederifolia
Ricinus communis
Silybum marianum
Tithonia rotundifolia
Tropaeolum majus
– peregrinum
Hochwachsende Ziergräser

Wärmebedürftig und empfindlich gegen anhaltend naßkalte Witterung

Ageratum houstonianum
Alcea rosea
Amaranthus caudatus
– hybridus
Ammobium alatum
Arctotis venusta
Argemone grandiflora
Asarina barclaiana
Brachycome iberidifolia
Browallia viscosa
Capsicum annuum (Anbau oft unter Glas oder Folie)
Celosia argentea
Cleome spinosa

Cobaea scandens
Coleus-Blumei-Hybriden
Cucurbita ficifolia
– pepo
Cuphea ignea
Diascia barberae
Dimorphotheca sinuata
Dolichos lablab
Dorotheanthus bellidiformis
Eccremocarpus scaber
Eschscholzia californica
Euphorbia marginata
Felicia bergerana
Gazania-Hybriden
– rigens
Gilia tricolor
Gomphrena globosa
Helichrysum bracteatum
Heliotropium arborescens
Helipterum roseum
Hibiscus trionum
Ipomoea tricolor
Lagenaria siceraria (Anbau oft unter Glas oder Folie)
Lavatera trimestris
Limonium bonduellei
– sinuatum
– suworowii
Lonas annua
Mesembryanthemum crystallinum
Mirabilis jalapa
Molucella laevis
Nicotiana alata
– × sanderae
– sylvestris
Penstemon-Hybriden
Perilla frutescens
Petunia-Hybriden
Pharbitis hederacea
– nil
– purpurea
Polygonum orientale
Portulaca grandiflora
Quamoclit hederifolia
Ricinus communis
Rudbeckia hirta
Salpiglossis sinuata
Salvia coccinea
– farinacea
– patens
– splendens
Sanvitalia procumbens
Saponaria calabrica
Schizanthus-Wisetonensis-Hybriden
Silene coeli-rosa
– pendula
Thunbergia alata (Anbau auch unter Glas oder Folie)
Tithonia rotundifolia
Tropaeolum peregrinum
Ursinia anethoides
– versicolor
Venidium fastuosum
Verbena canadensis
– Hybriden
– rigida
– tenera
Xeranthemum annuum
Zinnia angustifolia
– elegans
Mehrere Ziergräser

Auspflanzung erst ab der zweiten Maihälfte

Ageratum houstonianum
Amaranthus caudatus
– hybridus
Ammobium alatum
Anchusa capensis
Arctotis venusta
Argemone grandiflora
Asarina barclaiana
Begonia-Knollenbegonien-Hybriden
– Semperflorens-Hybriden
Brachycome iberidifolia
Browallia viscosa
Calceolaria integrifolia
Capsicum annuum
Celosia argentea
Chrysanthemum parthenium
Cleome spinosa
Cobaea scandens
Coleus-Blumei-Hybriden
Cosmos bipinnatus
Cucurbita ficifolia
– pepo
Cuphea ignea
Dahlia-Hybriden
Dianthus chinensis
Diascia barberae
Dimorphotheca sinuata
Dolichos lablab
Dorotheanthus bellidiformis
Felicia bergerana
Gaillardia pulchella
Gazania-Hybriden
– rigens
Gomphrena globosa
Helichrysum bracteatum
Heliotropium arborescens
Helipterum roseum
Hibiscus trionum

Impatiens balsamina
– wallerana
Ipomoea tricolor
Kochia scoparia
Lagenaria siceraria
Limonium bonduellei
– sinuatum
– suworowii
Lindheimera texana
Lobelia erinus
– fulgens
Mesembryanthemum crystallinum
Mimulus guttatus
– Hybriden
– luteus
Mirabilis jalapa
Molucella laevis
Nemophila menziesii
Nicotiana alata
– × sanderae
– × sylvestris
Penstemon-Hybriden
Perilla frutescens
Petunia-Hybriden
Pharbitis hederacea
– nil
– purpurea
Polygonum orientale
Portulaca grandiflora
Quamoclit hederifolia
Reseda odorata
Ricinus communis
Rudbeckia hirta
Salpiglossis sinuata
Salvia coccinea
– farinacea
– patens
– splendens
Sanvitalia procumbens
Scabiosa atropurpurea
Schizanthus-Wisetonensis-Hybriden
Senecio bicolor
Tagetes-Erecta-Hybriden
– Patula-Hybriden
– tenuifolia
Thunbergia alata
Tithonia rotundifolia
Tropaeolum peregrinum
Venidium fastuosum
Verbena canadensis
– Hybriden
– rigida
– tenera
Zinnia angustifolia
– elegans

Blütezeitverlängerung durch Rückschnitt

Ständiges Entfernen abgeblühter Blumen bzw. Rückschnitt (R = Rückschnitt) erforderlich.

Ageratum houstonianum (R)
Amberboa moschata
Antirrhinum majus (R)
Centaurea cyanus
Chrysanthemum carinatum
– coronarium
– multicaule (R)
– segetum
Cleome spinosa
Coreopsis basalis
– tinctoria
Cosmos bipinnatus
Cynoglossum amabile (R)
Digitalis purpurea
Dimorphotheca sinuata
Gaillardia pulchella
Iberis amara (R)
– umbellata (R)
Lathyrus odoratus
Layia elegans
Linaria-Bipartita-Hybriden (R)
– maroccana (R)
Lobelia erinus (R)
Lobularia maritima (R)
Nemesia-Hybriden (R)
– strumosa (R)
– versicolor (R)
Rudbeckia hirta
Sanvitalia procumbens (R)
Schizanthus-Wisetonensis-Hybriden (R)
Silene coeli-rosa (R)

Vermehrung auch durch Stecklinge möglich

Ageratum houstonianum
Begonia-Semperflorens-Hybriden (gefülltblühende Sorten)
Calceolaria integrifolia
Coleus-Blumei-Hybriden
Cuphea ignea
Dahlia-Hybriden
Heliotropium arborescens
Impatiens wallerana
Nierembergia hippomanica var. *violacea*
Senecio bicolor

Verwendung, Besonderheiten in der Schmuckwirkung

Farbige Stengel, Blätter oder Stacheln

Amaranthus caudatus
– hybridus
Begonia-Semperflorens-Hybriden
Brassica oleracea
Celosia argentea var. *cristata*
– argentea var. *plumosa*
Clarkia pulchella
– unguiculata
Coleus-Blumei-Hybriden
Eschscholzia californica
Euphorbia marginata
Humulus scandens
Impatiens glandulifera
– wallerana
Kochia scoparia 'Trichophylla'
Lobelia fulgens
Lonas annua
Papaver glaucum
– nudicaule
– rhoeas
Perilla fructescens
Ricinus communis
Salvia coccinea
– farinacea
Senecio bicolor
Silene coeli-rosa
– pendula
Silybum marianum
Tropaeolum majus
Einige Ziergräser

Zierende Früchte

Argemone grandiflora
Capsicum annuum
Cucurbita ficifolia
– pepo
Delphinium ajacis
Hibiscus trionum
Lagenaria siceraria
Lunaria annua
Nigella damascena
Papaver glaucum
– nudicaule
– rhoeas
Die meisten Ziergräser

Kletter- und Schlingpflanzen

Asarina barclaiana
Cobaea scandens
Cucurbita ficifolia
– pepo
Dolichos lablab
Eccremocarpus scaber
Humulus scandens
Ipomoea tricolor
Lagenaria siceraria
Lathyrus odoratus
Pharbitis hederacea
– nil
– purpurea
Phaseolus coccineus
Quamoclit hederifolia
Thunbergia alata
Tropaeolum majus
– peregrinum

Für bunte Beetpflanzungen

Alcea rosea
Amaranthus caudatus
– hybridus
Amberboa moschata
Anchusa capensis
Antirrhinum majus
Arctotis venusta
Argemone grandiflora
Calendula officinalis
Callistephus chinensis
Celosia argentea var. *plumosa* (höhere Sorten)
Centaurea cyanus
Cheiranthus cheiri
Chrysanthemum carinatum
– coronarium
– segetum
Clarkia pulchella
– unguiculata
Cleome spinosa
Coreopsis basalis
– tinctoria
Cosmos bipinnatus
Delphinium ajacis
– consolida
Dianthus barbatus
– caryophyllus
– chinensis
Echium plantagineum
– vulgare
Erysimum × *allionii*
Eschscholzia californica
Euphorbia marginata
Felicia bergerana

Gaillardia pulchella
Gazania-Hybriden
– rigens
Gypsophila elegans
Helianthus annuus
– debilis
Helichrysum bracteatum
Heliotropium arborescens
Helipterum roseum
Hibiscus trionum
Impatiens balsamina
– glandulifera
Kochia scoparia
Lavatera trimestris
Layia elegans
Lindheimera texana
Linum grandiflorum
Malope trifida
Nicotiana alata
– × sanderae
– sylvestris
Nigella damascena
Papaver glaucum
– rhoeas
Penstemon-Hybriden
Polygonum orientale
Ricinus communis
Rudbeckia hirta
Salpiglossis sinuata
Salvia coccinea
– farinacea
– patens
Silene coeli-rosa
Tagetes-Erecta Hybriden
Tithonia rotundifolia
Venidium fastuosum
Verbena tenera
Zinnia elegans
Hohe und mittelhohe Ziergräser

Für niedrige, gemischte Beetpflanzungen und Teppichbeete

Ageratum houstonianum
Antirrhinum majus (niedrige Sorten)
Begonia-Knollenbegonien-Hybriden
– Semperflorens-Hybriden
Brachycome iberidifolia
Browallia viscosa
Calceolaria integrifolia
Calendula officinalis
Callistephus chinensis
Celosia argentea var. *cristata*
– argentea var. *plumosa*
Chrysanthemum multicaule
– parthenium
Coleus-Blumei-Hybriden
Convolvulus tricolor
Cuphea ignea
Cynoglossum amabile
Dahlia-Hybriden (niedrige Formen)
Dianthus barbatus
– caryophyllus
– chinensis
Diascia barberae
Dorotheanthus bellidiformis
Eschscholzia californica
Gilia tricolor
Gomphrena globosa
Helichrysum bracteatum (niedrige Sorten)
Iberis amara
– umbellata
Impatiens wallerana
Linaria-Bipartita-Hybriden
– maroccana
Lobelia erinus
Lobularia maritima
Matthiola incana (buschige und niedrige Formen)
Mesembryanthemum crystallinum
Myosotis sylvatica
Nemesia-Hybriden
– strumosa
– versicolor
Nicotiana × sanderae
Nierembergia hippomanica var. *violacea*
Perilla frutescens
Petunia-Hybriden
Phlox drummondii
Portulaca grandiflora
Reseda odorata
Salvia splendens
Sanvitalia procumbens
Senecio bicolor
Silene pendula
Tagetes Erecta-Hybriden (niedrige Sorten)
– Patula-Hybriden
– tenuifolia
Tropaeolum majus
Ursinia anethoides
– versicolor
Verbena canadensis
– Hybriden
– rigida
Viola-Wittrockiana-Hybriden
Zinnia angustifolia (niedrige Sorten)
– elegans
Mittelhohe und niedrige Ziergräser

Für die einheitliche Bepflanzung größerer Beetflächen

Ageratum houstonianum
Antirrhinum majus
Asperula orientalis
Begonia-Knollenbegonien-Hybriden
– Semperflorens-Hybriden
Calceolaria integrifolia
Calendula officinalis
Callistephus chinensis
Chrysanthemum multicaule
– parthenium
Convolvulus tricolor
Cynoglossum amabile
Dahlia-Hybriden (niedrige Formen)
Delphinium ajacis
Dimorphotheca sinuata
Dorotheanthus bellidiformis
Eschscholzia californica
Gazania-Hybriden
Godetia-Hybriden
Iberis amara
– umbellata
Impatiens wallerana
Linaria-Bipartita-Hybriden
Lobularia maritima
Matthiola incana
Mesembryanthemum crystallinum
Nemesia-Hybriden
Petunia-Hybriden
Phacelia tanacetifolia
Phlox drummondii
Portulaca grandiflora
Rudbeckia hirta
Salvia splendens
Sanvitalia procumbens
Tagetes-Erecta-Hybriden
– Patula-Hybriden
– tenuifolia
Tropaeolum majus
Verbena canadensis
– Hybriden
– rigida
– tenera
Viola-Wittrockiana-Hybriden
Zinnia angustifolia

Einfassungspflanzen

Ageratum houstonianum
Antirrhinum majus (niedrige Sorten)
Begonia-Knollenbegonien-Hybriden
– Semperflorens-Hybriden
Bellis perennis
Brachycome iberidifolia
Brassica oleracea
Browallia viscosa
Calceolaria integrifolia
Callistephus chinensis
Celosia argentea var. *cristata*
– argenta var. *plumosa*
Chrysanthemum multicaule
– parthenium
Coleus-Blumei-Hybriden
Convolvulus tricolor
Coreopsis basalis
– tinctoria
Cuphea ignea
Dahlia-Hybriden (niedrige Sorten)
Dianthus barbatus
– caryophyllus (niedrige Sorten)
– chinensis (niedrige Sorten)
Dimorphotheca sinuata
Dorotheanthus bellidiformis
Erysimum × allionii
Eschscholzia californica
Felicia bergerana
Gazania-Hybriden
– rigens
Gilia tricolor
Godetia-Hybriden
Gomphrena globosa
Iberis amara
– umbellata
Impatiens wallerana
Kochia scoparia
Layia elegans
Linaria-Bipartita-Hybriden
– maroccana
Lobelia erinus
Lobularia maritima
Mesembryanthemum crystallinum
Mimulus guttatus
– Hybriden
– luteus
Myosotis sylvatica
Nemesia-Hybriden
– strumosa
– versicolor
Nicotiana alata
Nicotiana × sanderae
Nierembergia hippomanica var. *violacea*
Papaver nudicaule
Perilla frutescens
Petunia-Hybriden
Phlox drummondii
Portulaca grandiflora
Rudbeckia hirta
Salvia splendens
Sanvitalia procumbens
Schizanthus-Wisetonensis-Hybriden

Senecio bicolor
Silene pendula
Tagetes-Erecta-Hybriden (niedrige Sorten)
– *Patula-Hybriden*
– *tenuifolia*
Tropaeolum majus
Verbena canadensis
– *Hybriden*
– *rigida*
Viola-Wittrockiana-Hybriden
Zinnia angustifolia
– *elegans* (niedrige Sorten)
Niedrige und mittelhohe Ziergräser

Für die Pflanzung zwischen Stauden

Ageratum houstonianum
Antirrhinum majus
Argemone grandiflora
Bellis perennis
Calceolaria integrifolia
Callistephus chinensis
Campanula medium
Cheiranthus cheiri
Chrysanthemum multicaule
– *parthenium*
Clarkia pulchella
– *unguiculata*
Cleome spinosa
Convolvulus tricolor
Dahlia-Hybriden (niedrige Formen)
Dianthus chinensis
Digitalis purpurea
Dorotheanthus bellidiformis
Erysimum × *allionii*
Eschscholzia californica
Euphorbia marginata
Godetia-Hybriden
Gypsophila elegans
Helianthus debilis
Hibiscus trionum
Iberis amara
– *umbellata*
Impatiens balsamina
– *glandulifera*
Kochia scoparia
Lavatera trimestris
Layia elegans
Limonium bonduellei
– *sinuatum*
– *suworowii*
Lobelia fulgens
Lobularia maritima
Lonas annua
Malope trifida
Mimulus guttatus
– *luteus*
– *Hybriden*
Myosotis sylvatica
Nemesia-Hybriden
– *strumosa*
– *versicolor*
Nemophila menziesii
Nicotiana alata
– × *sanderae*
– *sylvestris*
Nierembergia hippomanica var. *violacea*
Papaver glaucum
– *nudicaule*
– *rhoeas*
Penstemon-Hybriden
Petunia-Hybriden
Polygonum orientale
Portulaca grandiflora
Reseda odorata
Ricinus communis
Rudbeckia hirta
Salpiglossis sinuata
Salvia coccinea
– *farinacea*
– *patens*
Sanvitalia procumbens
Saponaria calabrica
Scabiosa atropurpurea
Senecio bicolor
Silene pendula
Tagetes-Erecta-Hybriden
– *Patula-Hybriden*
– *tenuifolia*
Tithonia rotundifolia
Verbena canadensis
– *Hybriden*
– *rigida*
– *tenera*
Viola-Wittrockiana-Hybriden
Zinnia angustifolia
Ziergräser, außer *Zea mays*

Als Solitärpflanzen oder für einzeln stehende Gruppen

Alcea rosea
Amaranthus caudatus
– *hybridus*
Argemone grandiflora
Asarina barclaiana (als kletternde Pflanze)
Brassica oleracea
Campanula medium
Cleome spinosa
Cobaea scandens (als kletternde Pflanze)
Cosmos bipinnatus
Cucurbita ficifolia

– *pepo* (als kletternde Pflanze)
Delphinium ajacis
Digitalis purpurea
Dolichos lablab (als kletternde Pflanze)
Eccremocarpus scaber (als kletternde Pflanze)
Euphorbia marginata
Helianthus annuus
– *debilis*
Hibiscus trionum
Humulus scandens (als kletternde Pflanze)
Impatiens glandulifera
Ipomoea tricolor (als kletternde Pflanze)
Lagenaria siceraria (als kletternde Pflanze)
Lavatera trimestris
Limonium suworowii
Malope trifida
Mirabilis jalapa
Nicotiana alata
– × *sanderae*
– *sylvestris*
Pharbitis hederacea
– *nil*
– *purpurea* (als kletternde Pflanze)
Phaseolus coccineus (als kletternde Pflanze)
Polygonum orientale
Quamoclit hederifolia (als kletternde Pflanze)
Ricinus communis
Silybum marianum
Thunbergia alata
Tithonia rotundifolia
Tropaeolum majus (als kletternde Pflanze)
Venidium fastuosum
Hohe Ziergräser

Für natürliche Abgrenzungen und Hecken

Alcea rosea
Cosmos bipinnatus
Helianthus annuus
– *debilis*
Impatiens glandulifera
Kochia scoparia
Lavatera trimestris
Malope trifida
Nicotiana sylvestris
Ricinus communis
Tithonia rotundifolia
Zea mays
Geeignet sind außerdem mehrere kletternde und schlingende Sommerblumen an entsprechenden Gerüsten.

Als Topfblumen angebaut

Ageratum houstonianum
Antirrhinum majus (niedrige Sorten)
Begonia-Knollenbegonien-Hybriden
– *Semperflorens-Hybriden*
Bellis perennis
Browallia viscosa
Calceolaria integrifolia
Callistephus chinensis (niedrige Sorten)
Capsicum annuum (niedrige Sorten)
Celosia argentea var. *cristata*
– *argentea* var. *plumosa*
Cheiranthus cheiri
Chrysanthemum parthenium
Coleus-Blumei-Hybriden
Cuphea ignea
Dahlia-Hybriden (niedrige Sorten)
Dianthus caryophyllus
– *chinensis* (niedrige Sorten)
Gomphrena globosa
Impatiens balsamina
– *wallerana*
Lobelia erinus
Matthiola incana (buschige und niedrige Sorten)
Mimulus-Hybriden
Myosotis sylvatica
Nemesia-Hybriden
Nicotiana × *sanderae*
Nierembergia hippomanica var. *violacea*
Petunia-Hybriden
Salvia splendens
Sanvitalia procumbens
Schizanthus-Wisetonensis-Hybriden
Tagetes-Erecta-Hybriden (niedrige Sorten)
– *Patula-Hybriden*
– *tenuifolia*
Verbena canadensis
– *Hybriden*
– *rigida*
Viola-Wittrockiana-Hybriden
Zinnia angustifolia
– *elegans*

Für keramische Ziergefäße und Pflanzkübel

Amaranthus caudatus
– *hybridus*
Antirrhinum majus
Begonia-Knollenbegonien-Hybriden
– *Semperflorens-Hybriden*
Calceolaria integrifolia
Callistephus chinensis
Celosia argentea var. *plumosa*
Cheiranthus cheiri
Chrysanthemum multicaule
– *parthenium*
Coleus-Blumei-Hybriden
Dahlia-Hybriden (niedrige Formen)
Dianthus chinensis

Erysimum × allionii
Gazania-Hybriden
Gomphrena globosa
Hibiscus trionum
Impatiens balsamina
– *wallerana*
Kochia scoparia
Lavatera trimestris
Lobelia erinus
Malope trifida
Matthiola incana
Mimulus-Hybriden
Myosotis sylvatica
Nemesia-Hybriden
Nicotiana alata
– *× sanderae*
Nierembergia hippomanica var. *violacea*
Perilla frutescens
Petunia-Hybriden
Reseda odorata
Ricinus communis
Salvia splendens
Sanvitalia procumbens
Senecio bicolor
Silene pendula
Tagetes-Erecta-Hybriden
– *Patula-Hybriden*
– *tenuifolia*
Thunbergia alata (als Kletterpflanze)
Tropaeolum majus
Verbena canadensis
– *Hybriden*
– *rigida*
– *tenera*
Viola-Wittrockiana-Hybriden
Zinnia angustifolia
– *elegans*
Viele niedrige und mittelhohe Ziergräser

Balkonpflanzen

Ageratum houstonianum
Antirrhinum majus (niedrige Sorten)
Asarina barclaiana (als Kletterpflanze)
Begonia-Knollenbegonien-Hybriden
– *Semperflorens-Hybriden*
Bellis perennis
Browallia viscosa
Calceolaria integrifolia
Callistephus chinensis (niedrige Sorten)
Celosia argentea var. *cristata*
– *argentea* var. *plumosa*
Cheiranthus cheiri
Chrysanthemum multicaule
– *parthenium*
– *segetum* (niedrige Sorten)
Cobaea scandens (als Kletterpflanze)
Coleus-Blumei-Hybriden
Cuphea ignea
Dahlia-Hybriden (niedrige Formen)
Dianthus chinensis
Dolichos lablab (als Kletterpflanze)
Dorotheanthus bellidiformis
Eccremocarpus scaber (als Kletterpflanze)
Erysimum × allionii
Gazania-Hybriden
Gomphrena globosa
Iberis amara
– *umbellata*
Impatiens wallerana
Ipomoea tricolor (als Kletterpflanze)
Lathyrus odoratus (als Kletterpflanze)
Lobelia erinus
Lobularia maritima
Mimulus-Hybriden
Myosotis sylvatica
Nemesia-Hybriden
Nicotiana × sanderae
Nierembergia hippomanica var. *violacea*
Perilla frutescens
Petunia-Hybriden
Pharbitis hederacea
– *nil*
– *purpurea* (als Kletterpflanze)
Phaseolus coccineus (als Kletterpflanze)
Phlox drummondii
Portulaca grandiflora
Reseda odorata
Salvia splendens
Sanvitalia procumbens
Schizanthus-Wisetonensis-Hybriden
Senecio bicolor
Silene pendula
Tagetes-Erecta-Hybriden (niedrige Sorten)
– *Patula-Hybriden*
– *tenuifolia*
Thunbergia alata (als Kletterpflanze)
Tropaeolum majus
– *peregrinum* (als Kletterpflanze)
Verbena canadensis
– *Hybriden*
– *rigida*
Viola-Wittrockiana-Hybriden
Zinnia angustifolia
– *elegans* (niedrige Sorten)

30 Vorschläge für Pflanzkombinationen in Balkonkästen

Ageratum houstonianum
Begonia-Knollenbegonien-Hybriden (großblumig; lachs oder orange)
Tagetes tenuifolia

Ageratum houstonianum
Begonia-Semperflorens-Hybriden (mittelhoch; rot)
Chrysanthemum multicaule

Ageratum houstonianum
Coleus-Blumei-Hybriden (mit gelblich-bräunlichem Laub)
Silene pendula

Ageratum houstonianum
Linaria-Bipartita-Hybriden (bunte Farben)

Ageratum houstonianum
Salvia splendens

Antirrhinum majus (niedrig; verschiedenfarbig)
Lobularia maritima (weiß)

Begonia-Knollenbegonien-Hybriden
Sanvitalia procumbens
Verbena-Hybriden (rot)

Begonia-Knollenbegonien-Hybriden (großblumig, rot)
Chrysanthemum multicaule
Lobelia erinus

Begonia-Semperflorens-Hybriden (niedrig; rot oder rosa)
Petunia-Hybriden (blaue Farbtöne)

Begonia-Semperflorens-Hybriden (niedrig; rot)
Iberis umbellata (bunte Farben)
Perilla frutescens

Bellis perennis (weiß)
Cheiranthus cheiri (gelb bis rotbraun)

Calceolaria integrifolia
Lobelia erinus

Calceolaria integrifolia
Petunia-Hybriden (rote, rosa und blaue Farbtöne)

Calceolaria integrifolia
Lobelia erinus
Petunia-Hybriden (rot)

Calceolaria integrifolia
Lobularia maritima (violett)
Pelargonium-Zonale-Hybriden

Chrysanthemum segetum (gelb)
Pelargonium-Zonale-Hybriden (rot)
Tagetes-Patula-Hybriden (gelb bis rotbraun)

Coleus-Blumei-Hybriden
Lobelia erinus
Tagetes-Patula-Hybriden

Coleus-Blumei-Hybriden (bräunliches Laub)
Portulaca grandiflora
Tagetes-Erecta-Hybriden (niedrig; gelb bis orange)

Dahlia-Hybriden (rote und rosa Farbtöne)
Lobularia maritima (weiß)

Dahlia-Hybriden (bunte Farbtöne)
Lobelia erinus

Dahlia-Hybriden (rote und rosa Farbtöne)
Zinnia angustifolia

Dianthus chinensis (rot)
Lobelia erinus
Tagetes tenuifolia

Dorotheanthus bellidiformis
Pelargonium-Zonale-Hybriden (niedrig; einfachblühend; einfarbig)

Dorotheanthus bellidiformis
Gomphrena globosa
Senecio bicolor

Erysimum × allionii
Viola-Wittrockiana-Hybriden (bunte Farbtöne außer Gelb und Weiß)

Impatiens wallerana (weiß)
Nicotiana × sanderae (rot)
Tagetes tenuifolia

Impatiens wallerana (lachs)
Lobularia maritima (weiß)
Pelargonium-Zonale-Hybriden (rot)
Tagetes-Patula-Hybriden (gelb bis orange)

Lobularia maritima (violett)
Tagetes-Patula-Hybriden

Petunia-Hybriden (weiß)
Salvia splendens

Phlox drummondii
Nemesia-Hybriden
Reseda odorata

Bewährt für Mooswände

Ageratum houstonianum
Begonia-Semperflorens-Hybriden
Cuphea ignea
Iberis umbellata
Impatiens wallerana
Lobelia erinus
Lobularia maritima
Nemesia-Hybriden
Petunia-Hybriden
Sanvitalia procumbens
Senecio bicolor
Tagetes-Patula-Hybriden
– tenuifolia
Tropaeolum majus
Verbena canadensis
– Hybriden

Für Friedhöfe und Grabbepflanzungen

Ageratum houstonianum
Antirrhinum majus
Asperula orientalis
Begonia-Knollenbegonien-Hybriden
– Semperflorens-Hybriden
Bellis perennis
Browallia viscosa
Calceolaria integrifolia
Callistephus chinensis (besonders niedrige Sorten)
Cheiranthus cheiri
Chrysanthemum parthenium
Cuphea ignea
Dahlia-Hybriden (niedrige Formen)
Dianthus barbatus
– chinensis
Erysimum × allionii
Iberis amara
– umbellata
Impatiens balsamina
– wallerana
Kochia scoparia
Linaria-Bipartita-Hybriden
– maroccana
Lobelia erinus
Mimulus guttatus
– luteus
– Hybriden
Myosotis sylvatica
Nemesia-Hybriden
– strumosa
– versicolor
Nierembergia hippomanica var. *violacea*
Petunia-Hybriden
Phlox drummondii
Portulaca grandiflora
Salvia farinacea
– patens
– splendens
Sanvitalia procumbens
Silene pendula
Tagetes-Erecta-Hybriden
– Patula-Hybriden
– tenuifolia
Verbena canadensis
– Hybriden
– rigida
Viola-Wittrockiana-Hybriden

Hervorragende Schnittblumen

Antirrhinum majus
Callistephus chinensis
Dianthus barbatus
– caryophyllus
Lathyrus odoratus
Matthiola incana
Zinnia elegans

Bewährte Schnittblumen

Amberboa moschata
Bellis perennis
Calendula officinalis
Campanula medium
Capsicum annuum (Fruchtstiele hoher Sorten)
Centaurea cyanus
Chrysanthemum-Arten (über 40 cm hohe Sorten)
Cosmos bipinnatus
Dianthus chinensis
Helianthus annuus
– debilis
Helichrysum bracteatum
Limonium sinuatum
Penstemon-Hybriden
Rudbeckia hirta
Scabiosa atropurpurea
Tagetes-Erecta-Hybriden
Die meisten Ziergräser

Für den Blumenschnitt geeignetes, erweitertes Sortiment

Ageratum houstonianum
Alcea rosea
Amaranthus caudatus
– hybridus
Ammobium alatum

Celosia argentea var. *plumosa*
Centaurea cyanus
Cheiranthus cheiri
Clarkia pulchella
– *unguiculata*
Coreopsis basalis
– *tinctoria*
Dahlia-Hybriden (niedrige, als Sommerblumen angebaute Formen)
Delphinium ajacis
Digitalis purpurea
Dimorphotheca sinuata
Erysimum × *allionii*
Eschscholzia californica
Gaillardia pulchella
Gazania-Hybriden
– *rigens*
Godetia-Hybriden
Gypsophila elegans
Helipterum roseum
Iberis umbellata
Lavatera trimestris
Layia elegans
Limonium bonduellei
– *suworowii*
Linaria-Bipartita-Hybriden
– *maroccana*
Lobelia fulgens
Lonas annua
Lunaria annua (Fruchtstände)
Malope trifida
Molucella laevis
Myosotis sylvatica
Nemesia-Hybriden
Nigella damascena
Papaver glaucum
– *rhoeas*
Phlox drummondii
Reseda odorata
Salpiglossis sinuata
Salvia coccinea
– *farinacea*
– *patens*
Schizanthus-Wisetonensis-Hybriden
Silybum marianum
Verbena rigida
– *tenera*
Viola-Wittrockiana-Hybriden
Zinnia angustifolia
Einige, bisher weniger bekannte Ziergräser

Als Schnittblumen unter Glas oder Folie

Antirrhinum majus
Bellis perennis
Calendula officinalis
Cheiranthus cheiri
Chrysanthemum segetum
Lathyrus odoratus
Matthiola incana
Myosotis sylvatica

Trockenblumen

Amaranthus hybridus
Ammobium alatum
Capsicum annuum (Fruchtstiele hoher Sorten)
Celosia argentea var. *plumosa* (hohe Sorten)
Delphinium ajacis (Fruchtstiele)
Gomphrena globosa
Helichrysum bracteatum
Helipterum roseum
Limonium bonduellei
– *sinuatum*
– *suworowii*
Lonas annua
Lunaria annua (Fruchtstiele)
Molucella laevis (muschelartige Kelchblätter)
Nigella damascena (Fruchtstiele)
Papaver glaucum (bei allen die Fruchtstände)
– *nudicaule*
– *rhoeas*
Xeranthemum annuum
Die meisten Ziergräser

Bienenweidepflanzen

Amberboa moschata
Argemone grandiflora
Asperula orientalis
Callistephus chinensis
Centaurea cyanus
Cheiranthus cheiri
Clarkia-Arten
Convolvulus tricolor
Cosmos bipinnatus
Cynoglossum amabile
Echium-Arten
Erysimum × *allionii*
Helianthus-Arten
Heliotropium arborescens
Hibiscus trionum
Iberis-Arten
Impatiens balsamina
Lavatera trimestris
Limonium-Arten
Lobelia-Arten
Lobularia maritima
Nigella damascena
Phacelia tanacetifolia
Papaver-Arten
Reseda odorata

Rudbeckia hirta
Salvia-Arten
Scabiosa atropurpurea
Silybum marianum
Tagetes-Arten
Tropaeolum-Arten
Zinnia-Arten

Die Blüten schließen sich zu bestimmten Zeiten

Arctotis venusta
bei Dunkelheit und trübem Wetter
Convolvulus tricolor
bei Dunkelheit und trübem Wetter
Dimorphotheca sinuata
bei Dunkelheit und trübem Wetter
Dorotheanthus bellidiformis
von 16 bis 10 Uhr und bei trübem Wetter
Eschscholzia californica
von 17 bis 10 Uhr und bei trübem Wetter
Gazania-Hybriden und *G. rigens*
von 17 bis 9 Uhr und bei trübem Wetter
Hibiscus trionum
am Tage; bei der Ausgangsform nur frühmorgens, bei den Gartenformen ganztags geöffnet
Mesembryanthemum crystallinum
bei Dunkelheit und trübem Wetter
Nicotiana alata
am Tage
Nicotiana × sanderae und *N. sylvestris*
bei Dunkelheit und trübem Wetter (bei neueren Sorten auch tagsüber geöffnet)
Portulaca grandiflora
bei Dunkelheit und trübem Wetter
Ursinia versicolor
bei Dunkelheit und trübem Wetter
Venidium fastuosum
bei Dunkelheit und trübem Wetter

Mehrjährige, nicht winterharte Beetpflanzen, die oft gemeinsam mit Sommerblumen gepflanzt werden

Alternanthera amoena
Canna-Indica-Hybriden
Echeveria-Arten und Gartenformen
Fuchsia-Hybriden
Iresine lindenii
Lantana-Camara-Hybriden
Pelargonium-Peltatum-Hybriden
Pelargonium-Zonale-Hybriden
Pilea microphylla
Santolina chamaecyparissus

Blütezeit – Übersichten

Frühblühende Vertreter für das zweite Quartal

Bellis perennis
Cheiranthus cheiri
Erysimum × allionii
Myosotis sylvatica
Viola-Wittrockiana-Hybriden

Frühsommerblüher

Amberboa moschata
Campanula medium
Dianthus barbatus
– *caryophyllus* (Landnelken)
Digitalis purpurea
Echium plantagineum
Echium vulgare
Helipterum roseum
Papaver glaucum
– *nudicaule*
– *rhoeas*
Phacelia tanacetifolia
Saponaria calabrica
Silene coeli-rosa
Silene pendula

Bewährte Dauerblüher für den Sommer

Ageratum houstonianum
Alcea rosea
Antirrhinum majus
Argemone grandiflora
Begonia-Knollenbegonien-Hybriden
– *Semperflorens-Hybriden*
Calceolaria integrifolia
Calendula officinalis
Celosia argentea
Chrysanthemum carinatum
– *multicaule*
– *parthenium*
– *segetum*
Cleome spinosa
Convolvulus tricolor
Cosmos bipinnatus
Cuphea ignea
Dahlia-Hybriden
Dianthus chinensis
Dimorphotheca sinuata
Dorotheanthus bellidiformis
Eccremocarpus scaber
Eschscholzia californica
Gaillardia pulchella
Gazania-Hybriden
– *rigens*

Godetia-Hybriden
Heliotropium arborescens
Hibiscus trionum
Impatiens wallerana
Lathyrus odoratus
Lavatera trimestris
Limonium bonduellei
– sinuatum
– suworowii
Linaria-Bipartita-Hybriden
– maroccana
Lobelia erinus
Lobularia maritima
Malope trifida
Mesembryanthemum crystallinum
Nemesia-Hybriden
Nicotiana × sanderae
Nigella damascena
Nierembergia hippomanica var. *violacea*
Penstemon-Hybriden
Petunia-Hybriden
Phlox drummondii
Polygonum orientale
Portulaca grandiflora
Rudbeckia hirta
Salpiglossis sinuata
Salvia coccinea
– farinacea
– patens
– splendens
Sanvitalia procumbens
Scabiosa atropurpurea
Tagetes-Erecta-Hybriden
– Patula-Hybriden
– tenuifolia
Tropaeolum majus
Verbena canadensis
– Hybriden
– rigida
– tenera
Zinnia angustifolia
– elegans

Sommerblumen mit Blütezeithöhepunkten im August/September

Amaranthus caudatus
Ammobium alatum
Asarina barclaiana
Callistephus chinensis
Cobaea scandens
Dolichos lablab
Gilia tricolor
Gomphrena globosa
Helianthus annuus
– debilis
Helichrysum bracteatum
Humulus scandens
Limonium-Arten
Lobelia fulgens
Pharbitis hederacea
– nil
– purpurea
Quamoclit hederifolia
Ricinus communis
Thunbergia alata
Tithonia rotundifolia
Xeranthemum annuum

Arbeitskalender

Vorjahr des Anbaues

Vorbereiten der Aussaatsubstrate

Herbst des Vorjahres

Festlegen der Standorte
Vorbereiten der Freilandflächen für die Aussaat und Bepflanzung (Bodenbearbeitung, Vorratsdüngung)
Erarbeiten der Anbaukonzeptionen

Herbst und Winter

Fertigstellen der Aussaat- und Bepflanzungspläne
Beschaffen des Saatgutes

November bis März

Reinigen, Desinfizieren und Füllen der Aussaatgefäße
Beizen des Saatgutes für Gefäßaussaaten
Aussaaten im Gewächshaus
Pflanzenschutzmaßnahmen während der Anzucht

Februar bis März

Vorbereiten der Frühbeete
Beizen des Saatgutes für Frühbeetaussaaten
Aussaaten im Frühbeet
Pflanzenschutzmaßnahmen während der Anzucht

Februar bis April

Pikieren oder Eintopfen der Sämlinge

März bis April

Auspflanzen der winterannuell angezogenen Arten an die vorgesehenen Standorte

März bis Mai

Zweites Pikieren oder Umtopfen
Entspitzen der Triebe bei einigen Arten
Zusatzdüngung der Jungpflanzen
Pflanzenschutzmaßnahmen während der Anzucht
Aussaaten an Ort und Stelle ins Freiland

April bis Mai

Anbringen von Stäben bei kletternden und schlingenden Sommerblumen
Vorbereiten der Balkonkästen und anderer Gefäße für die Bepflanzung
Herrichten der Mooswände

April bis Juni

Vereinzeln der Sämlinge aus den Direktaussaaten an Ort und Stelle

April bis August

Direkte Bekämpfungsmaßnahmen gegen Krankheiten und Schädlinge im Freiland

April bis September

Zusätzliches Bewässern gemäß den Pflanzenansprüchen und dem Witterungsverlauf

Ende April bis Mitte Mai

Auspflanzen der meisten vorkultivierten Sommerblumen (selbstgezogene und gekaufte)

Ende April bis Juni

Nachpflanzen der durch Ausfälle entstandenen Lükken

Mitte Mai bis Anfang Juni

Auspflanzen der besonders empfindlichen, vorkultivierten Sommerblumen

Mai bis Juni

Anbringen der Klettergerüste bei den entsprechenden Arten

Mai bis Juli

Zusätzliche Düngergaben gemäß den Pflanzenansprüchen und der Nährstoffversorgung des Bodens

Mai bis August

Bodenpflege (Hacken, Lockern) und Bekämpfen des Unkrautes
Aussaaten der winterannuell angebauten Arten

Juni bis August

Entfernen abgeblühter Pflanzenteile
Rückschnitt der Pflanzen bei einigen Arten

Juni bis September

Ernte der meisten Schnittblumen und Ziergräser

Juli bis September

Auspflanzen der winterannuell angebauten Arten auf Pflanzbeete im Freiland

Juli bis Oktober

Ernte von Schnittblumen, Ziergräsern und Fruchtständen zum Trocknen; Bündeln und Aufhängen der Stiele an geeigneten Stellen

August bis Oktober

Ernte von zierenden Früchten

September

Herbstaussaat einiger Arten an Ort und Stelle im Freiland

September bis November

Eintopfen einiger winterannuell angebauter Arten; Einstellen der Töpfe zum Überwintern in Frühbeete oder frostfrei zu haltende Gewächshäuser

November bis Dezember

Abdecken der Pflanzbeete im Freiland als Winterschutz bei empfindlichen Arten

November bis März

Pflege- und Pflanzenschutzmaßnahmen bei den in Frühbeeten oder Gewächshäusern überwinternden winterannuellen Arten

Liste ungültiger Pflanzennamen (Synonyme)

Ungültiger Name (Synonym)	**Gültiger Name**
Acroclinium roseum Hook.	*Helipterum roseum* (Hook.) Benth.
Ageratum mexicanum Sims	*Ageratum houstonianum* Mill.
Aira elegans Willd. ex Gaud. pp.	*Aira elegantissima* Schur
Aira pulchella Link non Willd.	*Aira tenorei* Guss.
Althaea rosea (L.) Cav.	*Alcea rosea* L.
Alyssum maritimum (L.) Lam.	*Lobularia maritima* (L.) Desv.
Amaranthus hypochondriacus L.	*Amaranthus hybridus* L.
Arctotis stoechadifolia auct. non Bergius	*Arctotis venusta* T. Norl.
Asperula azurea Jaub. et Spach.	*Asperula orientalis* Boiss. et Hohen.
Aster bergeranus (Spreng.) Harv.	*Felicia bergerana* (Spreng.) O. Hoffm.
Athanasia annua L.	*Lonas annua* (L.) Vines et Druce
Balsamina hortensis Desp.	*Impatiens balsamina* L.
Begonia × semperflorens-cultorum Krauss	*Begonia-Semperflorens-Hybriden*
Begonia × tuberhybrida Voss	*Begonia-Knollenbegonien-Hybriden*
Briza rubra Lam.	*Briza maxima* L.
Bromus jubatus Ten.	*Bromus sterilis* L.
Calceolaria rugosa Ruiz et Pav.	*Calceolaria integrifolia* Murr.
Calliopsis tinctoria (Nutt.) DC.	*Coreopsis tinctoria* Nutt.
Celosia cristata L.	*Celosia argentea* var. *cristata* (L.) O. Kuntze
Celosia plumosa Burvenich	*Celosia argentea* var. *plumosa* (Burvenich) Voss.
Centaurea moschata L.	*Amberboa moschata* (L.) DC.
Centaurea suaveolens L.	*Amberboa moschata* (L.) DC.
Cheiranthus × allionii hort.	*Erysimum × allionii* hort.
Cineraria maritima L.	*Senecio bicolor* (Willd.) Tod.
Clarkia elegans Dougl. non Poir.	*Clarkia unguiculata* Lindl.
Cleome gigantea hort. non L.	*Cleome spinosa* Jacq.
Coleus blumei Benth.	*Coleus-Blumei-Hybriden*
Cucurbita lagenaria L.	*Lagenaria siceraria* (Mol.) Standl.
Dahlia × cultorum Thorsr. et Reis.	*Dahlia-Hybriden*
Dahlia variabilis hort. non (Willd.) Desf.	*Dahlia-Hybriden*
Dimorphotheca aurantiaca hort. non DC.	*Dimorphotheca sinuata* DC.
Echium lycopsis L. p.p.	*Echium plantagineum* L.
Eragrostis abyssinica (Jacq.) Link.	*Eragrostis tef* (Zuccagni) Trotter
Euphorbia variegata Sims	*Euphorbia marginata* Pursh
Gaillardia bicolor Lam.	*Gaillardia pulchella* Foug.
Gazania splendens hort. angl. ex E. G. et A. Henders.	*Gazania rigens* (L.) Gaertn.
Heliotropium peruvianum L.	*Heliotropium arborescens* L.
Humulus japonicus Sieb. et. Zucc.	*Humulus scandens* (Lour.) Merr.
Iberis coronaria hort.	*Iberis amara* L.
Impatiens holstii Engl. et Warb.	*Impatiens wallerana* Hook. f.
Impatiens roylei Walp.	*Impatiens glandulifera* Royle

Impatiens sultani Hook. f.	*Impatiens wallerana* Hook. f.
Ipomoea hederacea Jacq.	*Pharbitis hederacea* (Jacq.) Choisy
Ipomoea nil (L.) Roth.	*Pharbitis nil* (L.) Choisy
Ipomoea purpurea Roth.	*Pharbitis purpurea* (Roth.) Bojer
Ipomoea rubrocaerulea Hook.	*Ipomoea tricolor* Cav.
Ipomoea violacea Lunan et auct. mult., non L.	*Ipomoea tricolor* Cav.
Kochia scoparia var. childsii Kraus	*Kochia scoparia* (L.) Schrad. 'Childsii'
Kochia scoparia var. trichophylla (Voss.) Boom	*Kochia scoparia* (L.) Schrad. 'Trichophylla'
Lagenaria vulgaris Ser.	*Lagenaria siceraria* (Mol.) Standl.
Lonas inodora (L.) Gaertn.	*Lonas annua* (L.) Vines et Druce
Lunaria biennis Moench	*Lunaria annua* L.
Matricaria eximia hort.	*Chrysanthemum parthenium* (L.) Bernh.
Maurandya barclaiana Lindl.	*Asarina barclaiana* (Lindl.) Pennell
Mesembryanthemum criniflorum L. f.	*Dorotheanthus bellidiformis* (Burm. f.) N. E. Br.
Myosotis alpestris hort. non F. W. Schmidt	*Myosotis sylvatica* Ehrh. ex Hoffm.
Nemophila insignis Dougl.	*Nemophila menziesii* Hook. et Arn.
Nicotiana affinis T. Moore	*Nicotiana alata* Link et Otto
Pennisetum longistylum hort. Vilm.non Hochst.ex A. Rich.	*Pennisetum villosum* R. Br.ex Fresen.
Pennisetum macrostachyum Fresen	*Pennisetum setaceum* (Forsk.) Chiov.
Pennisetum rueppellianum Hochst.	*Pennisetum setaceum* (Forsk.) Chiov.
Pennisetum rueppellii Steud.	*Pennisetum setaceum* (Forsk.) Chiov.
Penstemon Ait.	*Penstemon* Schmidel
Perilla ocimoides L.	*Perilla frutescens* (L.) Britt.
Persicaria orientalis (L.) Vilm.	*Polygonum orientale* L.
Saponaria graeca Boiss.	*Saponaria calabrica* Guss.
Schizanthus × wisetonensis Low	*Schizanthus-Wisetonensis-Hybriden*
Setaria glauca (L.) Beauv. quoad descr., excl. basion	*Setaria pumila* (Poir.) Roem. et Schult.
Sorghum vulgare var. angolense Rendle	*Sorghum nigricans* (Ruiz et Pav.) Snowden
Statice L. p.p.	*Limonium* Mill.
Statice bonduellii Lestib.	*Limonium bonduellei* (Lestib.) O. Kuntze
Statice sinuata L.	*Limonium sinuatum* (L.) Mill.
Statice suworowii Regel	*Limonium suworowii* (Regel) O. Kuntze
Tagetes signata Bartl.	*Tagetes tenuifolia* Cav.
Tricholaena rosea Nees	*Rhynchelytrum repens* (Willd.) C. E. Hubb.
Tropaeolum canariense hort. ex Lindl. et T. Moore	*Tropaeolum peregrinum* L.
Verbena aubletia Jacq.	*Verbena canadensis* (L.) Britt.
Verbena × hybrida Voss.	*Verbena-Hybriden*
Verbena venosa Gill.et Hook.	*Verbena rigida* Spreng.
Viola × wittrockiana Gams	*Viola-Wittrockiana-Hybriden*
Viola tricolor var. maxima hort.	*Viola-Wittrockiana-Hybriden*
Zinnia linearis Benth.	*Zinnia angustifolia* H. B. K.

Weitere Aufgaben der Züchtung und Ausblick

Die Vielfalt, Pracht und Leistungsfähigkeit des derzeitigen Sommerblumen-Sortimentes ist das Ergebnis des erfolgreichen Schaffens vieler erfahrener Züchter in zahlreichen Ländern. In der bereits mehr als ein Jahrhundert währenden Tätigkeit wurden die rasch zunehmenden wissenschaftlichen Erkenntnisse der Genetik und anderer naturwissenschaftlicher Zweige in praktische züchterische Arbeit umgesetzt. Damit wurden vielfach die Zeitspannen bis zum Entstehen einer neuen Sorte verkürzt. Insgesamt konnten und können die Arbeiten mittels der weiter vervollkommneten theoretischen Grundlagen immer zielgerichteter und effektiver durchgeführt werden.

In ästhetischer Hinsicht stehen in den Zielstellungen die Anzahl, Größe, Farben- und Formenvielfalt der Blüten und Blumen weiterhin im Vordergrund. Dabei ist die Ausbildung und Vollkommenheit gefülltblühender Sorten besonders bedeutungsvoll. Bei einigen Arten, wie z. B. bei Nelken, wird weiterhin an der Erhöhung des Anteiles gefülltblühender Nachkommen gearbeitet.

Bei einigen Sortengruppen von Levkojen wurde auf züchterischem Wege erreicht, daß die gefülltblühenden Pflanzen durch die Kopplung der Erbfaktoren „gefülltblühend" und „helle Keimblätter" bereits als Sämlinge ausgelesen werden können. Dadurch ist es möglich, hundertprozentig gefülltblühende Bestände zu sichern. Da der Anteil gefüllt- bzw. einfachblühender Exemplare in einer Nachkommenschaft etwa gleich groß ist, wird gegenüber den Sortengruppen ohne die genannten Kennfaktoren die doppelte Saatgutmenge benötigt. Für den Schmuckwert sind auch die Form, Größe und bei vielen Arten die Färbung des Laubes mitbestimmend. Bei *Begonia-Semperflorens-Hybriden, Coleus-Blumei-Hybriden* und anderen Sommerblumen beeinflussen solche Faktoren den Gebrauchswert und damit die Verwendungsmöglichkeiten der Sorten maßgeblich.

Für sehr viele Arten stehen als Züchtungsziele die Frühblütigkeit, Blühdauer und das Verhalten der Pflanzen nach dem ersten Flor an vorderer Stelle. Die Widerstandsfähigkeit gegenüber extremen Witterungseinflüssen, aber auch gegenüber parasitär verursachten Krankheiten sind entscheidende Wertmerkmale. Da die Sommermonate oftmals besonders heiß oder kühl, trocken oder feucht sind, sollen gute Sorten weitgehend anpassungsfähig und damit anbausicher sein.

Für alle als Schnittblumen verwendeten Arten sind in der Züchtung der Ertragsreichtum und die Haltbarkeit der Schnittstiele vorrangige Ziele.

Einige Aufgaben tragen überwiegend ökonomischen Charakter. Ertragsleistungen, Stiellängen, einheitliche Sortierungsanteile und ausgeglichen hohe Qualität bestimmen entscheidend die Wirtschaftlichkeit des Anbaues der Schnittblumen.

Für den feldmäßigen Großanbau kommen die Wuchseigenschaften als bedeutungsvolle Faktoren hinzu. So ermöglicht der schlank aufstrebende Wuchscharakter einiger Sortengruppen bei Sommerastern den Einsatz maschineller Technik zur Bearbeitung großer Flächen.

Durch die gleichmäßige Entwicklung der Blüten werden die Voraussetzungen für zeitlich engere Erntetermine geschaffen. Damit können für die Zukunft auch für die mechanisierte Ernte von Schnittblumen Fortschritte erwartet werden.

Alle guten Sorteneigenschaften sollen nicht nur erhalten, sondern ständig vervollkommnet werden. Deshalb sind mit der Entstehung einer neuen Sorte die Aufgaben des Züchters nicht abgeschlossen. Im erhaltungszüchterischen Bereich werden in den Zuchtstationen und Vermehrungsbetrieben jährlich die besten und leistungsfähigsten, dem jeweiligen Sortentyp entsprechenden Pflanzen ausgelesen. Sie sind die Grundlage für hohe Zuchtstufen, aus denen schließlich das Handelssaatgut gewonnen wird.

Aus diesem Grund sollten wir auf die Samengewinnung aus unseren Schmuckpflanzungen in Gärten und Anlagen verzichten. Hochwertiges Saatgut mit einer entsprechenden Nachkommenschaft wird in spezialisierten Saatzuchtbetrieben unter fachmännischer und wissenschaftlicher Leitung erzeugt. Wir kaufen es jährlich im Fachhandel mit der Garantie der Sortenreinheit und der vorgeschriebenen Keimfähigkeit.

In den letzten Jahrzehnten wurde die Hybridzüchtung zunehmend erfolgreich angewandt. Sie geht davon aus, daß die betreffende Sorte stets neu aus der Kreuzung reinerbiger Väter und Mütter als Eltern gewonnen wird. Diese Sorten bezeichnen wir als „F_1-Sorten", da der Effekt der absoluten Einheitlichkeit der Eigenschaften und der außergewöhnlich hohen Leistungsfähigkeit ausschließlich in der ersten Generation (F_1: lateinisch filius = Sohn) auftritt. Eine Nachzucht aus Pflanzen der F_1-Generation ist erfolglos, teilweise auch vom Samenansatz her gar nicht möglich.

Für Arten, die als Freilandschmuckpflanzen auf

Beeten, Rabatten und in anderen Anwendungsbereichen verwendet werden, bestehen besonders hohe Forderungen nach Einheitlichkeit, wie ausgeglichener Wuchshöhe und Blütenfarbe. Dazu kommen als Eigenschaften langanhaltender Flor, Witterungsbeständigkeit und Selbstreinigung der Pflanzen. Diesen Forderungen wird das Sortiment der Hybridsorten am besten gerecht. Ihr ständig zunehmender Anteil am Gesamtsortiment ist also sehr begründet.

Die Vielzahl der durch züchterische Tätigkeit jährlich neu entstehenden Sorten macht es erforderlich, daß stets nur solche Neuheiten in das Sortiment aufgenommen werden, die echte Verbesserungen oder Ergänzungen darstellen. Deshalb werden in allen Ländern staatlich oder durch internationale Organisationen geleitete Prüfungen, Attestierungen und Zulassungsverfahren angewandt. In einigen Ländern erhalten besonders wertvolle Sorten Prädikate, die in Verbindung mit der Sortenbezeichnung verwendet werden.

Zunehmend werden neue Sorten rechtlich geschützt. Solche, die entsprechend sortenrechtlich geschützt sind, tragen vor dem Sortennamen das Zeichen Ⓢ. Das Zeichen ® hinter dem Namen bedeutet „Geschütztes Warenzeichen". Die mit diesen Schutzmerkmalen verbundenen Rechte und Pflichten für die Benutzer der Sorten sind in den Samenkatalogen erläutert.

Bei der Auswahl der Sommerblumenarten für dieses Buch stand der Verfasser oft vor der Frage, an welcher Stelle wohl das zu empfehlende Sortiment abzugrenzen sei. Die Palette noch wenig bekannter, dabei jedoch sehr schöner und für die züchterische Bearbeitung reizvoller Arten umfaßt noch Dutzende zukunftsträchtiger Vertreter, wie z. B. *Cardiospermum halicacabum; Chrysanthemum tenuiloba, Eustoma russelianum, Scabiosa stellata* oder *Verbascum bombyciferum.* Wir begegnen ihnen heute meistens nur in botanischen Gärten. In einigen Jahren oder Jahrzehnten werden sie möglicherweise zu den bekannten und gebräuchlichen Zierpflanzen zählen. Viele Sommerblumen, die heute die „Stammbesetzung" im Sortiment bilden, haben vor Jahren schließlich auch als „Anfänger" begonnen. Züchtung und Produktion, aber auch die Erprobung in unseren Gärten durch unzählige Blumenfreunde, haben sie bedeutungsvoll werden lassen.

So wird sich diese Entwicklung auch künftig fortsetzen. Daran beteiligt zu sein ist beglückend und eine dankbare Aufgabe. Möge das Buch ein wenig dazu beitragen.

Literaturverzeichnis

Encke, F./Buchheim, G. und Seybold S.: ZANDER, Handwörterbuch der Pflanzennamen, Stuttgart 1980

Herbel, D.: Sommerblumen, Stuttgart 1980

Hielscher, A.: Sommerblumen für den Garten, Radebeul 1975

Mölzer, V.: Der blühende Garten, Prag 1981

Pareys Blumengärtnerei, Band 1 und 2, Berlin und Hamburg 1961

Schellhase, R.; Wegfraß, K.: Sommerblumen – Schnittblumen, aus „Gartenbau", Berlin 3/1980

Steiner, M.: Gestaltetes mit Sommerblumen, aus „Informationen und Dokumentationen Berliner Blumen", Berlin 10/1981

Register

Die gültigen Pflanzennamen und die Seitenzahlen für die Hauptbeschreibungen sind kursiv gedruckt. Farbfotos tragen ein *, Zeichnungen zwei ** hinter der Seitenzahl.